Speth
Boller
Mayländer
Hartmann
Hug

Betriebs- und Volkswirtschaft

Berufliches Gymnasium Gesundheit und Soziales
Berufliches Gymnasium Technik

Qualifikationsphase – Jahrgang 12

Speth
Boller
Mayländer
Hartmann
Hug

Betriebs- und Volkswirtschaft

Berufliches Gymnasium Gesundheit und Soziales
Berufliches Gymnasium Technik

Qualifikationsphase – Jahrgang 12

Wirtschaftswissenschaftliche Bücherei für Schule und Praxis
Begründet von Handelsschul-Direktor Dipl.-Hdl. Friedrich Hutkap †

Verfasser:

Dr. Hermann Speth, Dipl.-Handelslehrer

Dr. Eberhard Boller, Dipl.-Handelslehrer

Etta Mayländer, Studienrätin

Gernot B. Hartmann, Dipl.-Handelslehrer

Hartmut Hug, Dipl.-Handelslehrer

* * * *

4. Auflage 2015

Gesamtherstellung:
MERKUR VERLAG RINTELN Hutkap GmbH & Co. KG, 31735 Rinteln

E-Mail: info@merkur-verlag.de
lehrer-service@merkur-verlag.de

Internet: www.merkur-verlag.de

ISBN 978-3-8120-**0592-0**

Vorwort

Das vorliegende Lehrbuch richtet sich an Schülerinnen und Schüler der beruflichen Gymnasien Technik sowie Gesundheit und Soziales (mit den Schwerpunkten Agrarwirtschaft, Ökotrophologie, Gesundheit/Pflege und Sozialpädagogik). Es orientiert sich dabei an den Eckwerten und Vorgaben der Rahmenrichtlinien für das Unterrichtsfach **Betriebs- und Volkswirtschaft** des Landes Niedersachsen und umfasst alle dort geforderten Lerngebiete und Lerninhalte der **Qualifikationsphase I – Jahrgang 12.**

Für die Arbeit mit dem vorliegenden Lehrbuch möchten wir Sie auf Folgendes hinweisen:

- Zweck dieses Buches ist es, das komplizierte und abstrakte Stoffgebiet allen Schülerinnen und Schülern zu erschließen. Aus diesem Grund haben wir darauf geachtet, komplexe Themengebiete in kleinere Lerneinheiten mit anschließender zielgerichteter Übungsphase zu gliedern.
- Das Lehrbuch soll helfen, die Lerninhalte in Allein-, Partner- oder Teamarbeit zu erarbeiten, Entscheidungen zu treffen, diese zu begründen und die Ergebnisse verbal oder schriftlich zu präsentieren.
- Zur Vertiefung dienen neben zahlreichen Aufgabenstellungen besonders hervorgehobene Merksätze zu Begrifflichkeiten und Zusammenfassungen. Die Merksätze und Zusammenfassungen sind auch dazu geeignet, die Lerninhalte im Schnelldurchlauf zu wiederholen.
- Zahlreiche Abbildungen, Schaubilder, Beispiele, Begriffsschemata, Gegenüberstellungen und Internet-Adressen erhöhen die Anschaulichkeit und Einprägsamkeit der Informationen.
- Fachbegriffe und Fremdwörter werden grundsätzlich im Text oder in Fußnoten erklärt.
- Ein ausführliches Stichwortverzeichnis hilft, Begriffe und Erläuterungen schnell aufzufinden.

Wir hoffen, mit der Vorlage dieses Buches die erforderlichen Unterrichtshilfen für die praktische Umsetzung der Lerninhalte geben zu können.

Wir wünschen uns eine gute Zusammenarbeit mit allen Benutzern dieses Buches und sind für jede Art von Anregungen und Verbesserungsvorschlägen im Voraus dankbar.

Die Verfasser

Hinweis zur 4. Auflage

Im Lerngebiet 3 wurden die Kapitel 1 „Leistungserstellungsprozess" und Kapitel 2 „Absatzprozesse" gründlich überarbeitet, aktualisiert und teilweise neu gestaltet.

Kapitel 3 „Personalmanagement" ist Schwerpunktthema im Abitur 2016. Die dafür vorgegebenen Unterrichtsaspekte wurden vollständig berücksichtigt. Die neu aufgenommenen Stoffinhalte führten dazu, dass das Kapitel ausgeweitet und neu strukturiert werden musste.

Lerngebiet 4 wurde durchgesehen und wo erforderlich aktualisiert.

Wir wünschen uns weiterhin eine gute Zusammenarbeit mit allen Benutzern dieses Buches.

Die Verfasser

Inhaltsverzeichnis

Lerngebiet 3: Leistungserstellung, Absatz und Personalmanagement planen, steuern und kontrollieren

Lerngebiet 4: Strukturwandel untersuchen und Globalisierung einschätzen

Lerngebiet 3: Leistungserstellung, Absatz und Personalmanagement planen, steuern und kontrollieren

1 Leistungserstellungsprozess[1]

1.1 Charakterisierung des Industriebetriebs

1.1.1 Begriff Unternehmen und die Leistung von Unternehmen

In der Regel bezieht ein Unternehmen von vorgelagerten Unternehmen eine Reihe von **Vorleistungen** (Werkstoffe verschiedener Art, Maschinen, Werkzeuge, Strom, Wasser, Erfindungen, Entwürfe, Dienstleistungen usw.). Wir nennen diese Vorleistungen **betriebliche Mittel.**

Durch den **Einsatz der eigenen Leistung** versucht das Unternehmen die übernommenen betrieblichen Mittel so zu verändern, dass sie für eine weitere Verwendung geeignet sind. Das Ergebnis der eigenen Leistung sind **Sachgüter** (z. B. Lebensmittel, Kleidung, Fahrzeug) oder **Dienstleistungen** (z. B. Transporte, Beratung durch einen Rechtsanwalt), die anderen Unternehmen wiederum als „betriebliche Mittel" dienen oder aber unverändert dem menschlichen Bedarf (Konsum) zugeführt werden können. Die wirtschaftliche Leistung des Unternehmens – und damit auch seine Berechtigung – ergibt sich immer daraus, dass es übernommene betriebliche Mittel einem **neuen Zweck** zuführt.

- Ein **Unternehmen**[2] ist eine planvoll organisierte Wirtschaftseinheit, in der Sachgüter und Dienstleistungen beschafft, erstellt und verkauft werden.
- Die **Leistung eines Unternehmens** besteht darin, durch **eigene Anstrengungen** die **übernommenen betrieblichen Mittel (Vorleistungen)** für **weitere Zwecke** geeignet zu machen.

1.1.2 Betrieblicher Leistungsprozess am Beispiel des Industriebetriebs

(1) Begriff Industriebetrieb

- Im **Industriebetrieb** verbinden sich **soziale Elemente (Menschen)** mit **technischen Elementen (Anlagen)** und **Werkstoffen,** um auf **ingenieurwissenschaftlicher Grundlage Sachgüter** mit dazugehörigen **Dienstleistungen** zu schaffen.
- Durch den Verkauf der Sachgüter soll ein **Erfolg** erzielt werden.

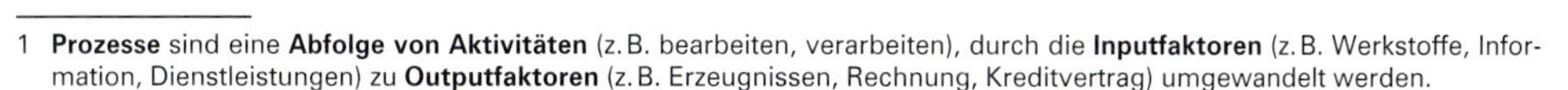

1 **Prozesse** sind eine **Abfolge von Aktivitäten** (z. B. bearbeiten, verarbeiten), durch die **Inputfaktoren** (z. B. Werkstoffe, Information, Dienstleistungen) zu **Outputfaktoren** (z. B. Erzeugnissen, Rechnung, Kreditvertrag) umgewandelt werden.

2 Die Begriffe **Unternehmen** und **Betrieb** werden hier aus Vereinfachungsgründen gleichbedeutend (synonym) verwendet.

(2) Modell eines industriellen Sachleistungsprozesses

Beispiel:

Angenommen, eine Möbelfabrik stellt lediglich Labormöbel her.

Zu beschaffen sind (neben den bereits vorhandenen bebauten und unbebauten Grundstücken, Maschinen, Fördereinrichtungen und der Betriebs- und Geschäftsausstattung):

- **Rohstoffe:**[1] Holz, Spanplatten, Kunststofffurniere;
- **Vorprodukte**[1] (Fertigteile, Fremdbauteile): Scharniere, Schlösser;
- **Hilfsstoffe:**[1] Lacke, Farben, Schrauben, Muttern, Nägel;
- **Betriebsstoffe:**[1] Schmiermittel, Reinigungsmittel.

Außerdem sind die erforderlichen Mitarbeiter, sowie die notwendigen Geldmittel, die zum Teil aus Erlösen (dem Umsatz), zum Teil aus Krediten und Beteiligungen bestehen, bereitzustellen.

Die Fertigerzeugnisse werden anschließend geprüft und bis zur Auslieferung in das Fertigerzeugnislager genommen.

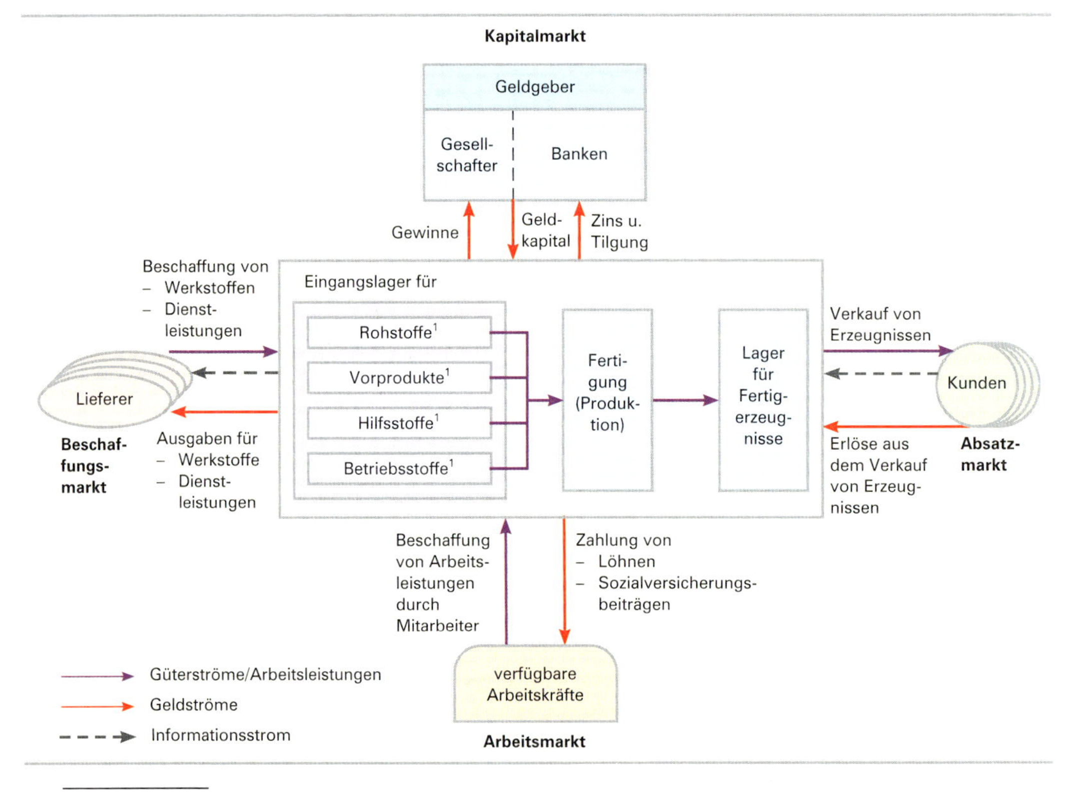

1 – **Rohstoffe** werden nach der Bearbeitung oder Verarbeitung wesentliche Bestandteile der Fertigerzeugnisse, z.B. Eisen und Stahl im Maschinenbau; Wolle und Baumwolle in der Textilindustrie.
– **Hilfsstoffe** sind Stoffe, die bei der Bearbeitung verbraucht werden, um das Erzeugnis herzustellen, die aber nicht als wesentliche Bestandteile der Fertigerzeugnisse zu betrachten sind, z.B. Farben in der Tapetenherstellung oder Lacke, Schrauben, Muttern, Nieten in der Automobilindustrie.
– **Betriebsstoffe** dienen dazu, die Maschinen zu „betreiben", z.B. Schmierstoffe, Kühlmittel, Reinigungsmittel. Sie gehen nicht in das fertige Produkt ein.
– **Vorprodukte** sind Teile oder Baugruppen (zusammengesetzte Teile) von Vorlieferern, die zur Erstellung eigener Produkte benötigt werden.

(3) Erläuterungen zu den Hauptfunktionen eines Industriebetriebs

Beschaffung	Als Beschaffung bezeichnet man alle Tätigkeiten, die darauf abzielen, die Güter und Dienstleistungen zu erwerben, die notwendig sind, um eine reibungslose Produktion zu garantieren. In der Regel werden die bezogenen Materialien anschließend gelagert.
Leistungserstellung	Gegenstand der Leistungserstellung ist zunächst die zielgerichtete Planung des Leistungserstellungsprozesses. Es ist z. B. zu entscheiden, in welchen Qualitäten und Mengen die Erzeugnisse hergestellt werden sollen. Außerdem ist über die Planung, Lenkung, Durchführung und Kontrolle der Fertigung sowie der anschließenden Lagerung der fertiggestellten Erzeugnisse zu entscheiden.
Absatz	Der Absatz beinhaltet den Verkauf der Sachgüter und Dienstleistungen und ermöglicht durch den Rückfluss der eingesetzten Geldmittel die Fortsetzung (Finanzierung) der Beschaffung, der Leistungserstellung und des Absatzes.
Finanzierung	Die Finanzierung hat die Aufgabe, die zur Durchführung der erforderlichen Zahlungen notwendigen finanziellen Mittel in Form von Eigen- oder Fremdkapital zu beschaffen.

1.1.3 Informations-, Güter- und Geldstrom im Industriebetrieb

(1) Grundüberlegungen

Durch den Verkauf der hergestellten Güter oder erbrachten Dienstleistungen erhält das Unternehmen einen Geldwert (Einnahmen), den es dazu nutzt, alle anfallenden Ausgaben sowie die Investitionsgüter zu finanzieren. Dem **Güterstrom** steht damit – in entgegengesetzter Richtung – ein **Geldstrom** (Wertestrom) gegenüber.

- Jedem **Zugang an Gütern oder Dienstleistungen** steht ein **Abgang an Geldmitteln** an die Vorstufe gegenüber.
- Jedem **Abgang an Gütern oder Dienstleistungen** steht ein **Zugang an Geldmitteln** aus der Nachstufe gegenüber.

Damit der Güter- und Geldstrom in Gang kommt bzw. aufrechterhalten wird, muss das Unternehmen die geeigneten Lieferer auswählen und die möglichen (potenziellen) Kunden finden. Hierzu ist ein **Informationsstrom** erforderlich, der von den Kunden, als den Abnehmern der Leistungen, ausgeht und über das eigene Unternehmen bis zu den Lieferern reicht.

(2) Zusammenhang zwischen Informations-, Güter- und Geldstrom

Informationsstrom	Der Industriebetrieb bietet seine Sachgüter und Dienstleistungen am Markt an. Er erhält daraufhin Anfragen, gibt Angebote ab und erhält so Aufträge. Damit entsteht ein Informationsstrom vom Kunden über den eigenen Betrieb bis zum Lieferer. Der Auftrag muss bearbeitet werden. Geht man von der Annahme aus, dass das Unternehmen nur aufgrund eines Kundenauftrags fertigt, dann müssen die Produktionsabläufe nach Eingang des Kundenauftrags geplant und gesteuert werden. Hierfür ist der Bezug von Gütern und/oder Dienstleistungen notwendig, welche beim Lieferer bestellt werden müssen.
Güterstrom	Die Lieferung der bestellten Werkstoffe löst einen Güterstrom vom Lieferer zum Kunden aus, denn die bezogenen Güter werden verarbeitet, die entstandenen Teile und Baugruppen zu Enderzeugnissen montiert und für den Versand an den Kunden bereitgestellt. Der Güterstrom läuft dem Informationsstrom entgegen.
Geldstrom	Im Gegenzug für die Lieferung der Fertigerzeugnisse erhält das Unternehmen vom Kunden einen Geldstrom, und zwar in der Regel in Form von Einnahmen. Dieser Strom an Zahlungsmittel wird benötigt, um die Ausgaben für die Leistungserstellung (z. B. Löhne, Energie, Materialverbrauch, Zinsen) und die Anlagegüter zu finanzieren. Damit entsteht ein Geldstrom vom Kunden zum Lieferer.

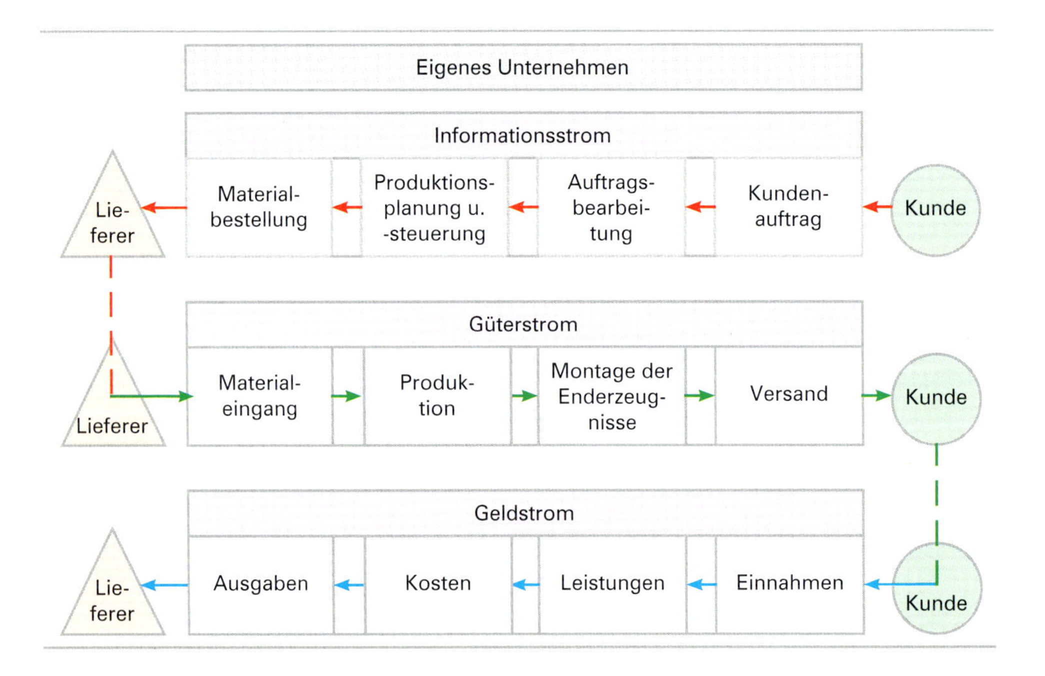

Zusammenfassung

- **Unternehmen** sind Wirtschaftseinheiten, die planvoll handeln. Sie beschaffen Sachgüter und Dienstleistungen, stellen hieraus gegebenenfalls eigene Erzeugnisse her und verkaufen ihre Leistungen.
- **Industrieunternehmen** zeichnen sich dadurch aus, dass sie auf der Grundlage von besonderen Kenntnissen ingenieurwissenschaftlicher Art Sachgüter herstellen und diese verkaufen.
- Ihre Hauptfunktionen bestehen daher in **Beschaffung, Produktion, Absatz** und **Finanzierung**.
- Eine **Auftragserteilung** durch einen Kunden löst einen **Informations-, Güter-** und **Geldstrom** aus.
- Die vorherrschenden **Strömungsrichtungen**:

  für den **Informationsstrom**: vom Kunden zum Lieferer
  für den **Güterstrom**: vom Lieferer zum Kunden
  für den **Geldstrom**: vom Kunden zum Lieferer

Übungsaufgabe

1

1. Unternehmen und Industrieunternehmen stehen zueinander im Verhältnis eines Ober- zu einem Unterbegriff. Erläutern Sie, was die Begriffe gemeinsam haben und worin der Unterschied liegt!
2. Nennen Sie die Hauptaufgaben eines Industriebetriebs und bilden Sie hierfür jeweils Beispiele aus Ihrer Erfahrungswelt!
3. Erläutern Sie die Begriffe Güterstrom, Geldstrom und Informationsstrom!
4. Ordnen Sie folgende Ereignisse den drei Strömen zu:

Nr.	Ereignis	Art des Stromes
4.1	Kunde erhält von uns ein Angebot	
4.2	Kunde schickt uns einen Auftrag	
4.3	Wir richten eine Anfrage an einen Lieferer	
4.4	Lieferer schickt uns Rohmaterial zusammen mit Lieferschein	
4.5	Werkstoffe werden gegen Materialentnahmeschein dem Lager entnommen	
4.6	Auf unserem Bankkonto wird uns eine Lastschrift des Lieferers belastet	

2 Speth - ISBN 978-3-8120-0592-0

1.2 Produktentstehung und Produktentwicklung

1.2.1 Produktentstehung

1.2.1.1 Begriff Produkt

Das **Produkt** stellt die Leistung (Sachgüter und/oder Dienstleistungen) eines Anbieters dar, die dieser erbringt, um die Bedürfnisse und Ansprüche der Abnehmer (Problemlösungsanspruch) zu befriedigen. Die Gesamtheit der Leistungen eines Unternehmens bildet dessen **Angebotspalette.** In der Industrie spricht man, soweit sich die Angebotspalette auf das Erzeugnis bezieht, vorzugsweise vom **Produktprogramm,** während der Begriff **Sortiment** Handelsbetrieben vorbehalten ist. Der ökonomische Erfolg eines Anbieters ist dabei umso größer, je besser die von ihm angebotene Leistung das Bedürfnis- und Anspruchsbündel der Nachfrager befriedigt.

Inwieweit das Produkt dem Bedürfnis- und Anspruchsbündel entspricht, ist immer auch eine subjektive Entscheidung der Nachfrager. Insoweit umfasst das Produkt einen **Grundnutzen (objektiven Nutzen),** z. B. ein T-Shirt dient der Bekleidung, und einen **Zusatznutzen (subjektiven Nutzen),** z. B. das T-Shirt einer bestimmten Marke befriedigt das Modebewusstsein bzw. das Geltungsstreben des Trägers.

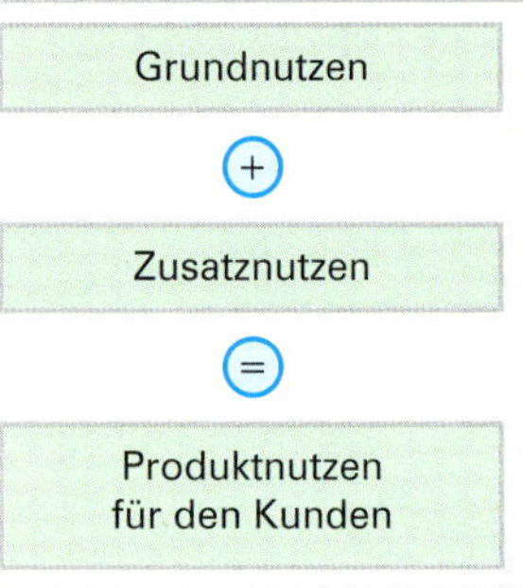

- **Produkte** sind sowohl **Sachgüter** als auch **Dienstleistungen.**
- Aus der **Sicht der Kunden** stellt ein Produkt eine **Summe von nutzenstiftenden Eigenschaften** dar.

1.2.1.2 Planungsprozess der Produktentstehung

Prozesse sind eine **Abfolge von Aktivitäten** (z. B. bearbeiten, verarbeiten), durch die **Inputfaktoren** (z. B. Werkstoffe, Information, Dienstleistungen) zu **Outputfaktoren** (z. B. Erzeugnisse, Kreditvertrag) umgewandelt werden.

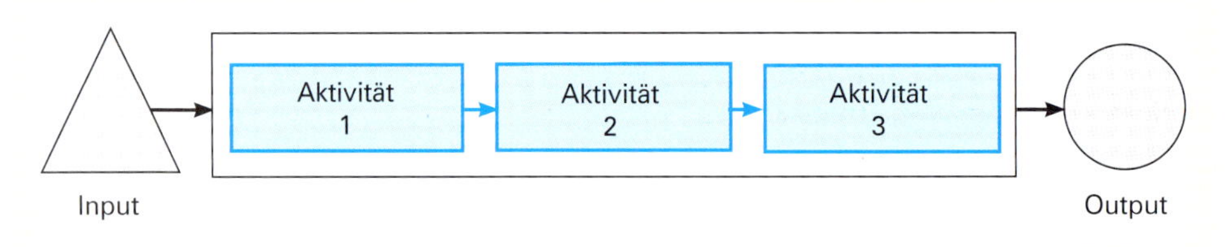

Gliedert man den Planungsprozess der Produktentstehung in seine **Teilprozesse** auf und ordnet diesen deren **betriebswirtschaflichen Inhalte** zu, dann erhält man die nachfolgende Übersicht (siehe S. 19).

Teilprozesse	Betriebswirtschaftliche Inhalte
Produkt-entwicklung	■ Planungsprozess der Produktentwicklung ■ Forschung und Entwicklung ■ Produktgestaltung und Produktentwicklung ■ Produktdokumente: Konstruktionszeichnung, grafischer Baum, Basisstückliste, Basisarbeitsplan[1] ■ Planung des Produktionsprogramms[1]
Rechtsschutz der Produkte	■ Rechtsschutz der Produkte – Patent, Gebrauchs- und Geschmacksmuster, Marken- und sonstige Kennzeichen, Gütezeichen
Planung des Fertigungs-verfahrens	■ Planung der fertigungstechnischen Rahmenbedingungen – nach dem Grad der Automatisierung – nach der Häufigkeit der Prozesswiederholung (Fertigungstypen) – nach der Anordnung der Betriebsmittel im Produktionsprozess (Organisationstypen) ■ Rationalisierung – Einzelmaßnahmen der Rationalisierung – ganzheitliche Rationalisierungsansätze

1.2.2 Produktentwicklung

1.2.2.1 Überblick über den Planungsprozess der Produktentwicklung

Der Planungsprozess der Produktentstehung umfasst vier Schritte. Zunächst gilt es, die **Planung zur Entwicklung neuer Produkte** aufzunehmen, durch die Abteilung **Forschung und Entwicklung** abzusichern und „Probeprodukte“ zu erstellen. Entscheidet sich die Unternehmensleitung zur Aufnahme der neuen Produkte in das bestehende Produktprogramm, werden in einem weiteren Schritt die für die Planung des Produktionsprozesses erforderlichen **Produktdokumente** (z. B. Konstruktionszeichnung, Arbeitsplan) erstellt. Im letzten Schritt der Produktentstehung werden die neuen Produkte in das bestehende **Produktprogramm eingegliedert.**

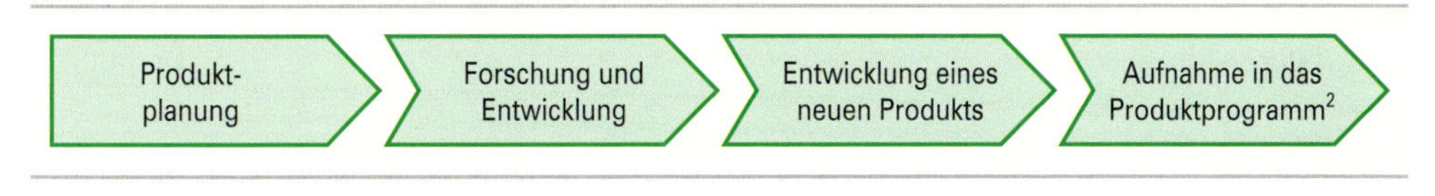

1 Auf diese Themengebiete wird im Folgenden nicht eingegangen.

2 Hierauf wird im Folgenden nicht eingegangen.

1.2.2.2 Ablauf der Produktplanung

Die **Produktplanung** ist zunächst ein **strategischer Prozess** und kann grundsätzlich in vier Schritte aufgegliedert werden:

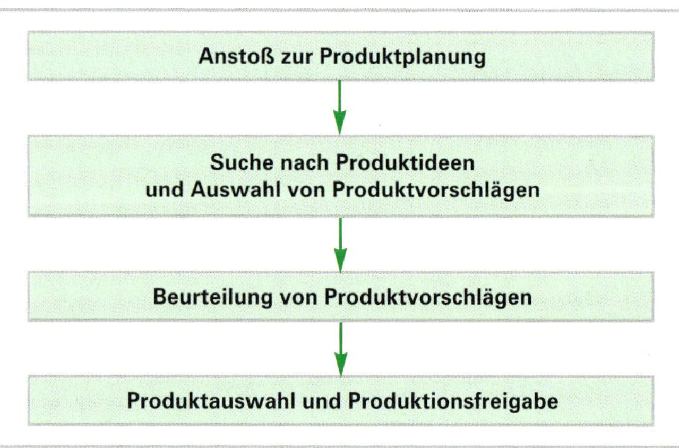

(1) Anstöße zur Produktplanung

Eine ergebnisorientierte Unternehmensführung achtet ständig auf den Lebenszyklus[1] der einzelnen Produkte und ermittelt zukünftige Wachstumslücken. Für einzelne Produktkategorien musste in den letzten Jahren eine wesentlich kürzere Lebensdauer als früher üblich festgestellt werden, sodass eine entsprechende Verkürzung der Forschungs- und Entwicklungsphase für neue Produkte (Innovationszeit) notwendig wird. Daraus leitet sich ein ständiger Zwang ab, neue Produktideen zu generieren (entwickeln).

(2) Suche nach Produktideen und Auswahl von Produktvorschlägen

Die Suche nach neuen Produkten ist die gedankliche Vorwegnahme möglicher Problemlösungen durch neue Produkte oder die Imitation[2] bereits vorhandener Produkte. Bei der Entwicklung von Produktideen kann das Unternehmen grundsätzlich zwei Wege einschlagen: entweder es sammelt systematisch Produktideen, die mehr oder weniger zufällig entstanden sind oder es beauftragt eine Institution (z. B. die F&E-Abteilung, ein wissenschaftliches Institut einer Universität) mit der gezielten „Produktion" von Ideen.

Die gesammelten Produktideen werden systematisch aufbereitet und bewertet, um daraus anschließend einen detaillierten **Produktvorschlag** abzuleiten. Der Produktvorschlag enthält z. B. den möglichen Einsatzbereich des Produkts, die technischen Daten für die Produktion, das voraussichtliche Marktvolumen sowie eine grobe Kosten-/Erlös-Prognose.

---

1 Siehe S. 74 ff.

2 **Imitation** (lat.): Nachahmung.

(3) Beurteilung von Produktvorschlägen

Die Produktvorschläge werden in der dritten Stufe der Produktplanung bewertet. Häufig werden sogenannte **Produktbewertungsprofile** erstellt, die einen Überblick über Stärken und Schwächen der einzelnen Produktvorschläge geben.

Beispiel:[1]

	sehr gut (6)	gut (4)	durch- schnittl. (2)	schlecht (0)	sehr schlecht (-2)	Punkt- zahlen	Gewich- tungsfak- toren	Gewichtete Punkt- zahlen
Absatzeignung:								
Markteignung						6	2	12
Vertriebseignung						6	2	12
Produktionseignung:								
Verfahrensbeherrschung						2	2	4
Kapazitätsbeanspr.						4	1,5	6
Beschaffungseignung:								
Rohstoffverfügbarkeit						4	1,5	6
Lieferantenabhängigkeit						2	1	2
F&E-Eignung:								
Know-how d. Mitarbeiter						2	1	2
techn. Ausstattung						–2	1	–2
Kapitalbindung:								
Anlagevermögen						2	0,5	1
Umlaufvermögen						4	0,5	2
Ergebnisbeiträge nach produktspezifischen fixen Kosten (ggf. incl. Lizenzk.)						6	2	12
GESAMTEIGNUNG								57

Produktbewertungsprofil

1.2.2.3 Forschung und Entwicklung

Im Rahmen der Produktplanung ist die **Forschung und Entwicklung (F&E)** eine wesentliche Grundlage für Produkt- und Verfahrensinnovationen. In Anlehnung zum Begriff der industriellen Produktion kann F&E als **Produktion neuen Wissens** definiert werden.

1 Nach: Hahn, D./Laßmann, G.: Produktionswirtschaft, 3. Aufl. Heidelberg 1999, S. 220.

(1) Forschung

Forschung ist das Herausfinden, Bestimmen und Festlegen von Wirkungszusammenhängen mithilfe naturwissenschaftlicher Methoden mit dem Ziel, das Wissen zu erweitern.

Die Forschung wird aufgegliedert in **Grundlagenforschung** und **angewandte Forschung.**

Grundlagenforschung	Die Grundlagenforschung dient der Erweiterung des Wissens. Sie will Erkenntnisse **grundlegender** Art gewinnen. Trotz der nicht zweckbezogenen Aufgabe der Grundlagenforschung erhofft man sich von ihr – vor allem wenn es sich um die **betriebliche** Grundlagenforschung handelt – Ergebnisse, die auch wirtschaftlich genutzt werden können.
Angewandte Forschung	Im Gegensatz zur Grundlagenforschung ist die angewandte Forschung auf die wirtschaftliche Verwertbarkeit ihrer Ergebnisse gerichtet. Die angewandte Forschung wird vor allem von Industrieunternehmen getragen. Die Ergebnisse der angewandten Forschung können rechtlich geschützt werden.

(2) Entwicklung

Entwicklung ist die zweckgerichtete Auswertung und Anwendung von Forschungsergebnissen in technischer und wirtschaftlicher Hinsicht.

Die Entwicklung ist ein Teilbereich der Produktpolitik. Sie besteht aus der Weiterentwicklung bereits eingeführter Produkte, der Entwicklung neuer Produkte und der Entwicklung der erforderlichen Fertigungsverfahren.

Fast 66000 neue Patentanmeldungen registrierte das Deutsche Patent- und Markenamt (DPMA) im Jahr 2014 – ein Plus von mehr als 4% gegenüber dem Vorjahr. Etwa jede vierte Erfindung kam von Anmeldern aus dem Ausland; drei Viertel stammten aus Deutschland. Die meisten kamen aus Bayern (15533), gefolgt von Baden-Württemberg (14533) und Nordrhein- Westfalen (7116). Auf je 100000 Bundesbürger entfielen rechnerisch 60 Patentanmeldungen. Spitzenreiter waren bei dieser Betrachtungsweise Baden-Württemberg und Bayern mit 137 und 123 Patenten je 100000 Einwohner. Diese hohe Zahl verdanken sie vor allem den forschungsintensiven Hochtechnologie-Unternehmen aus Branchen wie Elektronik, Fahrzeug- und Maschinenbau. Die drei aktivsten Unternehmen waren Bosch, Schaeffler und Siemens; sie meldeten 4008, 2518 und 1806 Patente an.

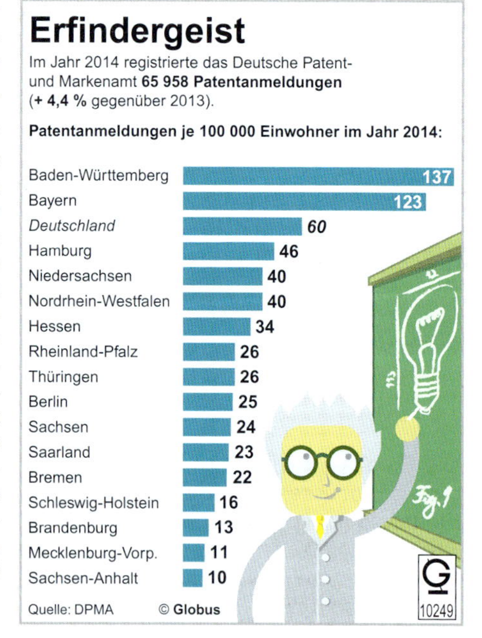

1.2.2.4 Produktgestaltung und Entwicklung eines neuen Produkts

(1) Produktgestaltung und Kostenentwicklung

Bei der Gestaltung eines neuen Erzeugnisses ist der gesamte Produkt-Lebenszyklus in den Gestaltungsprozess einzubeziehen, da die späteren Phasen des Lebenszyklus bereits im Entwurf des Erzeugnisses berücksichtigt werden müssen. Dies ist insbesondere deshalb wichtig, weil Änderungen an der Konzeption des Erzeugnisses immer teurer werden, je später sie in der Produktentwicklung eingeleitet werden. Änderungen an der Produktidee sind nahezu gratis, während Änderungen in einer angelaufenen Serienproduktion unter Umständen mit teuren und rufschädigenden Rückrufaktionen verbunden sein können.

Die nachfolgende Grafik zeigt den Zusammenhang zwischen Gestaltungsspielraum und Kosten einer Konzeptänderung in Abhängigkeit von der Phase der Produktentwicklung.

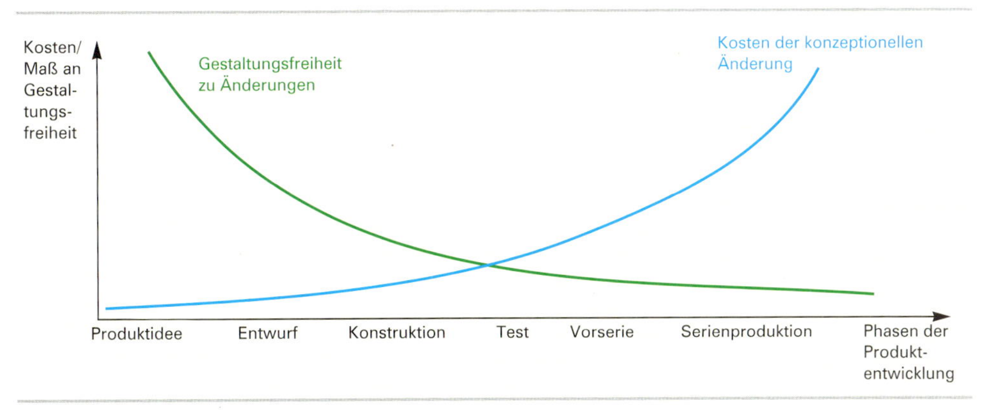

Man erkennt, dass in der Phase der „Produktidee" Änderungen kaum Kosten verursachen, da sie noch „im Kopf" stattfinden. Der Entwickler hat also noch ein hohes Maß an Gestaltungsfreiheit. Mit zunehmendem Reifegrad der Produktentwicklung gewinnt der Konstrukteur dann Erkenntnisse über die Machbarkeit seiner Idee, ob er der richtigen Idee oder einem Irrweg gefolgt ist.

Gleichzeitig wird der Entwickler jedoch in seinen Freiheitsgraden mehr und mehr eingeschränkt, denn notwendige Änderungen werden immer teurer. Darüber hinaus entscheiden die Festlegungen im Rahmen der Konstruktion darüber, inwieweit das Erzeugnis fertigungsgerecht ist. Der Konstrukteur trägt somit ein besonders hohes Maß an Kostenverantwortung.

(2) Konstruktion

Die Produktentwicklung lässt sich in weitere Teilprozesse untergliedern. Im Mittelpunkt dieses Prozesses steht die **Konstruktion.** In dieser Entwicklungsphase müssen bereits die Einflussfaktoren berücksichtigt werden, die erst in den späteren Lebensphasen eines Produkts wirksam werden. Die Funktionskette auf S. 24 zeigt, auf welche Weise die Entwicklungs- und Lebensphasen eines Erzeugnisses bereits im Voraus im Rahmen der Konstruktion berücksichtigt werden müssen.

In der senkrechten Anordnung zeigt das Schaubild auf S. 24 die Lebensphasen eines Produkts, wobei der Prozess der Produktentwicklung besonders hervorgehoben ist. Diese Wirkungsrichtung ist durch die rückführenden Pfeile dargestellt.

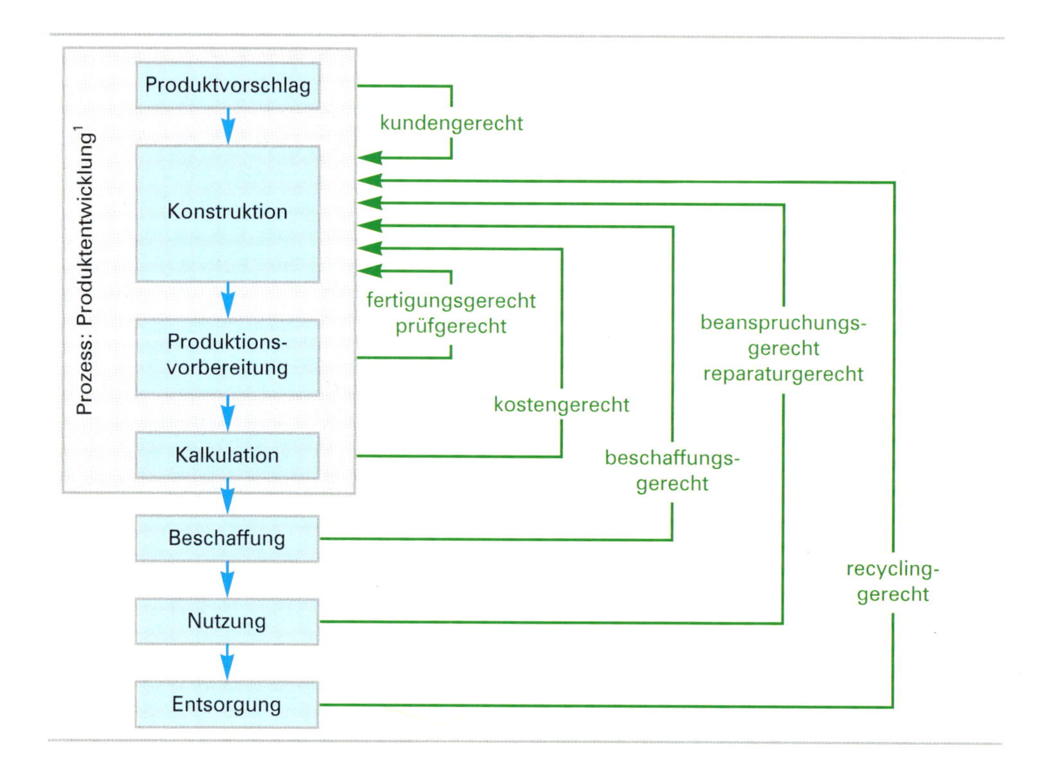

(3) Produktionsvorbereitung

Hier sind im Rahmen der Konstruktion eine Fülle von Faktoren zu berücksichtigen. Nachfolgend werden beispielhaft einige wichtige Faktoren vorgestellt:

Normierte Passstellen	Bei einem Pkw, der mit unterschiedlichen Motorvarianten geliefert werden kann, müssen alle Motorblöcke an jener Stelle einheitlich konstruiert sein, an denen der Motor in der Karosserie aufgehängt wird.
Fertigungsgerechte Materialien	Montageroboter können z.B. weiche Teile (Membran) nicht greifen. Hier müssen Materialien verwendet werden, welche die gewünschte Funktion erfüllen und gleichzeitig „robotergerecht" sind.
Rückgriff auf bereits konstruierte Komponenten[2]	Dies erspart sowohl erheblichen Konstruktions- und Entwicklungsaufwand als auch Fertigungskosten. Bereits die Bildung von Teilefamilien[3] trägt zur Kostensenkung bei.
Berücksichtigung von Toleranzgrenzen	Sinnvoll ist es, nur jene Toleranzgrenze zu fordern, die für die Funktion des Erzeugnisses notwendig ist. Exaktere Toleranzen werden in der Regel nur mit teureren Maschinen erreicht. Damit steigen die Fertigungskosten.

1 Vgl. Scheer, A. W.: Wirtschaftsinformatik, 2. Aufl., Berlin 1997, S. 533.

2 **Komponente:** Teil.

3 Das sind Teile, die in Bezug auf eine oder mehrere Eigenschaften untereinander gleich sind.

(4) Kalkulation

Die Herstellkosten des Erzeugnisses werden in starkem Maße beeinflusst durch die Art des verwendeten Materials und die damit verbundenen Herstellungsverfahren. So lassen sich z. B. Tanks aus Kunststoff kostengünstig durch ein Blaseverfahren herstellen. Darüber hinaus sind Kunststofftanks eher geeignet, Hohlräume im Unterbau eines Autos auszunutzen.

(5) Materialbeschaffung

Die Anforderungen an das Vormaterial (Roh-, Hilfs- und Betriebsstoffe, Fertigteile, Baugruppen) lassen sich in einem **Lastenheft** formulieren. Es beinhaltet aus der **Sicht des Anwenders** bzw. **des Kunden** alle Anforderungen, die das Erzeugnis erfüllen soll. Das Lastenheft ist Basis für Ausschreibungen und Verhandlungen mit den Zulieferern. Es klärt, **WAS** verlangt wird und **WOFÜR** etwas verlangt wird.

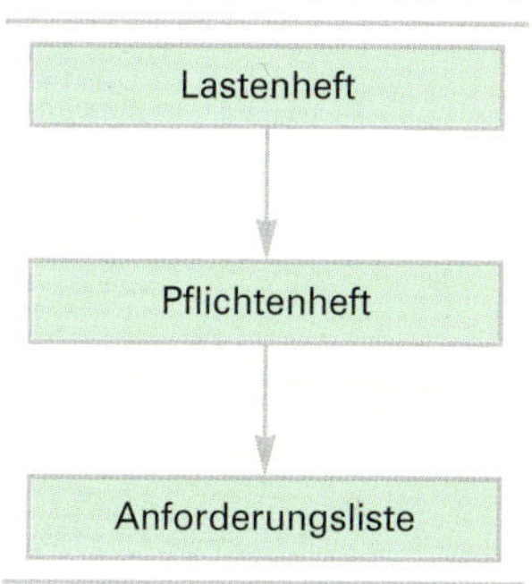

Aus dem Lastenheft entwickelt sich das **Pflichtenheft.** Es wird vom **Auftragnehmer** erstellt und beschreibt, **WIE** und **WOMIT** die im Lastenheft formulierten Anforderungen gelöst werden.

Konkretisiert wird das Pflichtenheft durch die **Anforderungsliste.** Sie enthält die **Einzelanforderungen,** die konkret zu beschaffen sind. Die Anforderungsliste ist die Basis für die vertragliche Vereinbarung zwischen Auftraggeber und Auftragnehmer.

(6) Nutzung

Produkteigenschaften	Erläuterungen
Beanspruchungs-gerecht	Der Kunde erwartet, dass das Erzeugnis für den Zweck geeignet ist, für den er es gekauft hat. Je nach Erzeugnis werden unterschiedliche Erwartungen gestellt wie z. B. Robustheit, vielfältige Kombinationsmöglichkeit, Stabilität, Leichtigkeit usw.
Reparaturgerecht	Hier fördert z. B. die konsequente Modulbauweise eine rasche und kostengünstige Reparatur.

(7) Entsorgung

Die Verwendung weniger, sortenreiner Materialien und eine demontagegerechte Konstruktion (schrauben statt schweißen, zerstörungsfreie Demontage) unterstützen eine kostengünstige Entsorgung. Allerdings befindet sich der Konstrukteur hier unter Umständen in einem Dilemma.[1] So wird z. B. bei einem Autounfall von der Karosserie ein hohes Maß an Verformbarkeit zur Energieverzehrung erwartet, ohne dass sich allerdings die Struktur des Autos auflöst. Gerade Letzteres wird aber bei der Entsorgung gewünscht.

1 **Dilemma:** Wahl zwischen zwei (unangenehmen) Dingen; Zwangslage.

1.3 Rechtsschutz der Produkte

Unseriöse Konkurrenten können die Erzeugnisse, Muster, Modelle, Erfindungen und Warenzeichen anderer Unternehmen kopieren (nachahmen), um diese gewerblich zu verwerten. Deshalb kann dieses **geistige Eigentum** vor unberechtigter gewerblicher Verwertung und Nachahmung geschützt werden. Die wichtigsten Schutzrechte sind der nachfolgenden Tabelle zu entnehmen.

Patent (Patentgesetz [PatG])	Das Patent ist eine Urkunde, die dem Eigentümer gestattet, die zugrunde liegende Erfindung (z. B. Gegenstände, Herstellungsverfahren) **allein** auszuwerten. Das Patent wird in ein vom **Patentamt** geführtes Register eingetragen [§ 30 PatG]. Sitz des Patentamts ist München. Der **Patentschutz** dauert höchstens 20 Jahre [§ 16 I PatG]. Für jedes Patent und jede Anmeldung ist für das dritte und jedes folgende Jahr eine Jahresgebühr zu entrichten [§ 17 I PatG]. Wer seine Erfindung gegenüber dem Ausland schützen will, hat sie auch dort zur Patentierung anzumelden **(Auslandspatent).** Ein Erfinder, der wirtschaftlich nicht in der Lage ist, sein Patent selbst auszunutzen, kann dieses Recht verkaufen oder verpachten. Im Fall einer Verpachtung erteilt der Patentinhaber einem anderen die Erlaubnis, das Patent wirtschaftlich zu verwerten. Dieses **Verwertungsrecht** wird als **Lizenz** bezeichnet.
Gebrauchsmuster (Gebrauchsmustergesetz [GebrMG])	Als Gebrauchsmuster werden technische Erfindungen geschützt, die **neu** sind, auf einem **erfinderischen Schritt** beruhen und **gewerblich anwendbar** sind [§ 1 GebrMG]. Der Gegenstand eines Gebrauchsmusters gilt als neu, wenn er nicht zum Stand der Technik gehört [§ 3 I GebrMG]. Gebrauchsmuster betreffen z.B. neue Gestaltungen, Anordnungen, Schaltungen oder Vorrichtungen zur Verbesserung des Arbeits- oder Gebrauchszwecks von Gebrauchsgegenständen, Arbeitsgeräten oder Teilen davon. **Beispiele:** An den Enden abgestumpfte statt spitze Scheren für Kinder; Spaten mit zugespitztem Vorderende anstelle der viereckigen Form; Stiele für Gartengeräte mit Vorrichtungen zur wahlweisen Verwendung unterschiedlicher Geräte; Leuchtfarben in Filzstiften; Solarzellen, die sich selbsttätig nach dem Sonnenstand richten; Handschuhe mit Reibflächen zum Schälen von Kartoffeln. Gebrauchsmuster werden in das beim Patentamt geführte Register für Gebrauchsmuster eingetragen [§ 8 GebrMG]. Der Rechtsschutz dauert maximal 10 Jahre [§ 23 I GebrMG]. Die Aufrechterhaltung des Schutzes muss ab dem vierten Jahr durch die Zahlung einer Aufrechterhaltungsgebühr bewirkt werden [§ 23 II GebrMG]. Das Recht ist vererbbar und übertragbar [§ 22 GebrMG].
Design (Designgesetz [DesignG])	Als **Design** im Sinne des Designgesetzes gilt die **zwei- oder dreidimensionale Erscheinungsform** eines ganzen Erzeugnisses[1] oder eines Teils davon, die sich insbesondere aus den **Merkmalen** ▪ der Linien, Konturen, Farben, ▪ der Gestalt, ▪ der Oberflächenstruktur oder ▪ der Werkstoffe des Erzeugnisses selbst oder seiner Verzierung ergibt [§ 1, Nr. 1 DesignG].

1 Als ein **Erzeugnis im Sinne des DesignG** gilt jeder industrielle oder handwerkliche Gegenstand – einschließlich Verpackung, Ausstattung, grafischer Symbole und typografischer Schriftzeichen sowie von Einzelteilen, die zu einem komplexen Erzeugnis zusammengebaut werden sollen. Ein Computerprogramm gilt nicht als Erzeugnis [§ 1, Nr. 2 DesignG]. Das **„eingetragene Design"** ersetzt den bisher verwendeten Begriff „Geschmacksmuster".

	Als eingetragenes Design wird ein Design geschützt, das **neu** ist und **Eigenart** hat. Ein Design hat Eigenart, wenn sich der Gesamteindruck, den es beim informierten Benutzer hervorruft, von dem Gesamteindruck unterscheidet, den ein anderes Design bei diesem Benutzer hervorruft, das vor dem Anmeldetag offenbart worden ist [§ 2 DesignG]. **Beispiele:** Zweidimensionale Muster sind z.B. Druckmuster auf Tapeten und Stoffen, neue Muster auf Tischdecken und Teppichen oder ein neues Design auf Keramiken. Dreidimensionale Muster sind z. B. neue Flaschenformen, neue Formen eines Tafelservices, Formen von Personal Computer oder Autos. Designs werden in das „Register für eingetragene Designs" eingetragen, das beim Deutschen Patent- und Markenamt geführt wird [§§ 11, 19 DesignG]. Der Schutz dauert maximal 25 Jahre [§ 27 II DesignG]. Zur Aufrechterhaltung des Schutzes muss ab dem sechsten Jahr eine Aufrechterhaltungsgebühr gezahlt werden [§ 28 I, III DesignG].
Marke (Markengesetz [MarkenG])	Eine Marke oder ein anderes Kennzeichen ist dazu bestimmt, **Waren und Dienstleistungen eines Unternehmens** von denjenigen **anderer Unternehmen** (Hersteller, Händler oder Dienstleistungsunternehmen) zu **unterscheiden** [§ 3 I MarkenG]. Der Schutz der eingetragenen Marke dauert 10 Jahre. Eine Verlängerung um jeweils 10 Jahre ist möglich [§ 47 MarkenG]. Dritten ist es untersagt, ohne Zustimmung des Markeninhabers im geschäftlichen Verkehr ein mit der geschützten Marke identisches oder ihr ähnliches Kennzeichen für identische oder ähnliche Waren und/oder Dienstleistungen im Geltungsbereich des Markengesetzes (in der Bundesrepublik Deutschland) zu benutzen und dadurch Verwechslungsgefahr zu schaffen [§ 14 MarkenG]. Die Marke wird in das Markenregister, das beim Patentamt geführt wird, eingetragen. **Beispiele:** Coca-Cola, Nivea, „Mercedesstern", Milka, Siemens. Wer bereits eine nationale (deutsche) Marke besitzt, kann diese im Ausland unter Einschluss aller derzeitigen EU-Mitgliedstaaten als **internationale IR-Marke** schützen lassen. Ein neu entworfenes Kennzeichen kann auch direkt als **Gemeinschaftsmarke** angemeldet werden. Die Gemeinschaftsmarke ist ab dem Tag der Anmeldung 10 Jahre geschützt und kann auf Antrag beliebig oft um jeweils weitere 10 Jahre verlängert werden.
Gütezeichen	Im Unterschied zur Marke, die die Ware eines einzelnen Lieferers bzw. das Erzeugnis eines einzelnen Herstellers kennzeichnet, werden Gütezeichen von **mehreren Lieferern** (bzw. Herstellern) **gleichartiger Waren** aufgrund freiwilliger Vereinbarung **gemeinschaftlich** geschaffen und geführt (**Kollektivmarken** [§ 97 MarkenG]). Das Gütezeichenrecht richtet sich nach den Bestimmungen des jeweiligen Erzeuger- oder Händlerverbands, der das Gütezeichen geschaffen hat. Die Zeichenunterlagen und Gütebedingungen werden vom **RAL Deutsches Institut für Gütesicherung und Kennzeichnung e.V.** geprüft und in die **„RAL-Gütezeichenliste"** eingetragen. **Beispiele:** Rein Leinen, Wollsiegel, M (für Möbel), Euro-Blume, Blauer Umweltengel, ISO 9000:2008ff.

Zusammenfassung

- Unter **Produkten** werden sowohl Sachgüter als auch Dienstleistungen verstanden.
- Der Ablauf der Produktplanung und der Produktentwicklung sind aus der nachfolgenden Tabelle zu entnehmen.[1]

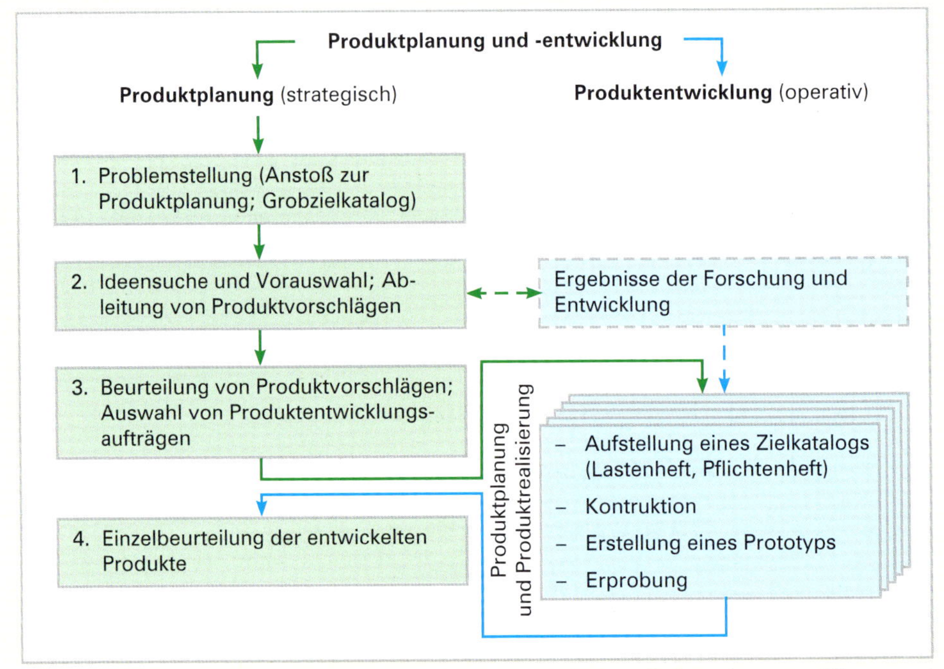

- Die **Aufgabe** von **Forschung** und **Entwicklung** ist es, systematisch nach neuem Wissen und nach neuen Erkenntnissen zu suchen. In einem Industriebetrieb bedeutet dies, neue Produkte zu entwickeln bzw. bestehende kontinuierlich zu verbessern.
- Im Mittelpunkt der **Produktentwicklung** steht die **Konstruktion.**
- Mit zunehmendem **Fortschritt in der Produktentwicklung**
  - **steigen die Kosten** für Konstruktionsänderungen,
  - **sinkt die Gestaltungsfreiheit** des Konstrukteurs.
- Festlegungen im Rahmen der Konstruktion haben auf die nachfolgenden Phasen des Lebenszyklus der Produkte erhebliche **Konsequenzen in Bezug auf die Kosten,** insbesondere auf die Kosten der Herstellung, der Reparatur und der Entsorgung.
- Die Anforderungen an das Produkt werden im **Lasten-** und **Pflichtenheft** festgehalten.
  - Das **Lastenheft** beschreibt die Anforderungen aus der **Sicht des Kunden** und klärt, **was** und **wofür** etwas verlangt wird.
  - Im **Pflichtenheft** beschreibt der **Auftragnehmer, wie** und **womit** er die im Lastenheft formulierten Anforderungen erfüllen will.
- Das **geistige Eigentum** an den Erzeugnissen wird **geschützt** durch das **Patent-, Gebrauchsmuster-, Design-** und **Markengesetz**. Zu Einzelheiten siehe Tabelle S. 26f.

1 Nach: Hahn, D./Laßmann, G: Produktionswirtschaft, 2. Aufl., Heidelberg 1999, S. 213.

Übungsaufgaben

2 Für Forschung und Entwicklung werden erhebliche Mittel aufgewendet.

Aufgaben:

1. Unterscheiden Sie die Begriffe Forschung und Entwicklung!
2. Begründen Sie die Notwendigkeit von Forschung und Entwicklung aus der Sicht eines Industriebetriebs!

3

1. Beschreiben Sie, weshalb der Konstruktion ein besonderes Maß an Kostenverantwortung zukommt!
2. Veranschaulichen Sie grafisch das Problem des Konstrukteurs mit fortschreitender Produktentwicklung zwischen steigenden Kosten und sinkender Gestaltungsfreiheit!
3. Zeigen Sie auf, in welcher Weise nachfolgende Lebensphasen eines Produkts bereits im Rahmen der Konstruktion berücksichtigt werden müssen!

1.4 Planung des Fertigungsverfahrens

1.4.1 Gründe für die Festlegung auf ein Fertigungsverfahren

Fertigungsverfahren sind die Betriebsmittel und deren Organisation.

Die **Gestaltung der Fertigungsverfahren,** also die technisch-organisatorische Durchführung der Produktion, hängt u.a. ab

Vom **Produktionsprogramm**	So ist z.B. bei der Baustellenfertigung verhältnismäßig viel, bei der Massenfertigung verhältnismäßig wenig Handarbeit erforderlich. In der chemischen Industrie unterscheiden sich die Fertigungsverfahren völlig von denen der Textilindustrie und die wiederum von denen des Maschinenbaus.
Von der **Höhe der Lohnkosten**	In Regionen mit niedrigem Lohnniveau sind in der Regel mehr Menschen in der Produktion beschäftigt als in Regionen mit hohen Lohnkosten.
Von der **Höhe des Kapitalbedarfs**	Kapitalintensive Fertigungsverfahren wie z.B. die Massenfertigung mit „Automaten" erfordern einen viel höheren Kapitaleinsatz als arbeitsintensive Verfahren. Sie verursachen deshalb auch höhere Kapitalkosten (z.B. Zinskosten). Die erforderlichen hohen Finanzmittel müssen auf dem Kapitalmarkt beschafft werden. Je höher die Zinskosten in einem Land sind, desto geringer wird die Neigung sein, in kapitalintensive Fertigungsverfahren zu investieren.
Von **staatlichen Vorschriften**	Regierungen in den verschiedenen Ländern nehmen mit unterschiedlichen Vorschriften (z.B. Umweltauflagen, Verbot der Kinderarbeit, Arbeitsschutz) Einfluss auf die Wahl der Fertigungsverfahren.

1.4.2 Arten von Fertigungsverfahren

1.4.2.1 Fertigungsverfahren nach dem Grad der Automatisierung

(1) Handarbeit

Unter Handarbeit wird sowohl die vorwiegend körperliche Arbeit als auch die handwerkliche oder künstlerische manuelle Fertigung (Produktion) verstanden. Die Handarbeit ist die älteste Form der Fertigung. Hilfsmittel ist das Werkzeug, aber nicht die Maschine. Die schwere körperliche Arbeit wird in den hochindustrialisierten Ländern immer seltener, weil aufgrund der hohen Löhne der Einsatz kapitalintensiverer Fertigungsverfahren (d.h. die Substitution[1] der Handarbeit durch Maschinenarbeit) rentabel wird. Arbeiten mit gestalterischem Inhalt (z.B. Anfertigen von Entwürfen, Modellen, Mustern) werden auch in der Industrie ihre Bedeutung behalten.

(2) Maschinenarbeit

Von Maschinenarbeit wird gesprochen, wenn dem Arbeitenden ein wesentlicher Teil der Arbeitsvorgänge – vor allem schwere körperliche Tätigkeiten – durch Maschinen abgenommen wird. Wird dem Arbeitenden lediglich die Energie für den Antrieb der Maschine abgenommen, so spricht man von **Kraftmaschinen.**

Beispiel:

Die Drehbewegungen einer Drehbank werden nicht mehr durch den Menschen, sondern mithilfe eines Elektromotors erzeugt. Das Herausarbeiten des Profils bleibt der Geschicklichkeit des Arbeitenden überlassen.

Kraftmaschinen bedürfen gut ausgebildeter Arbeitskräfte, weil das Werkzeug manuell geführt werden muss.

Ist die Maschine so konstruiert, dass sie selbst die Führung des Werkzeugs übernehmen kann, handelt es sich um eine **Arbeitsmaschine.**

Beispiel:

Eine Drehbank kann, nachdem der Arbeitende die erforderlichen Einstellungen vorgenommen hat, den Abdrehstahl selbst an dem zu drehenden Material entlangführen und das vorgeschriebene Profil herausarbeiten.

(3) Automatische Fertigung

Unter **Automation** versteht man die vollständige mechanisierte Durchführung von Arbeiten mithilfe von Maschinen, die in der Lage sind, **selbsttätig** einen oder mehrere Arbeitsgänge ohne menschliches Zutun durchzuführen.

Die in der Fertigung eingesetzten Automaten verrichten nicht nur eine bestimmte Arbeit, sondern sie kontrollieren und korrigieren sich selbst.

1 **Substitution**: Gegenseitiger Austausch von Produktionsfaktoren (Leistungsfaktoren).

Beispiel:

Eine Maschine in einer Zwirnerei ist so konstruiert, dass die gewünschte Stärke des Wollfadens vollkommen gleichmäßig und selbsttätig hergestellt wird. Da das Material der Maschine in unterschiedlichen Mengen zugeführt wird, kann eine gleichbleibende Stärke des Fadens nur erreicht werden, indem die Maschine langsamer läuft (weniger Material ansaugt), wenn die Materialmenge zu groß ist. Dagegen wird bei zu knapper Materialzufuhr ein Ausgleich durch erhöhte Geschwindigkeit (größere Ansaugmenge) herbeigeführt.

Die Automation stellt an den arbeitenden Menschen **andere Anforderungen** als die Maschinenarbeit:

- Die Kontrollen (z. B. Ablesen der Instrumente, Proben) können in unregelmäßigen Abständen erfolgen. Der Arbeitstakt wird von der Maschine vorgegeben.
- Die Kontrollaufgaben erfordern Konzentration und Wachsamkeit, um bei Störungen sofort eingreifen zu können.
- Die Verantwortung für Mensch und Maschine ist größer als bei manueller oder maschineller Fertigung.

1.4.2.2 Fertigungsverfahren nach der Häufigkeit der Prozesswiederholung (Fertigungstypen)

Die Unterscheidung in Fertigungstypen richtet sich danach, inwieweit ein Betrieb das **Prinzip der Massenfertigung** verwirklicht. Die nachfolgende Grafik gibt einen Überblick über die Fertigungstypen:

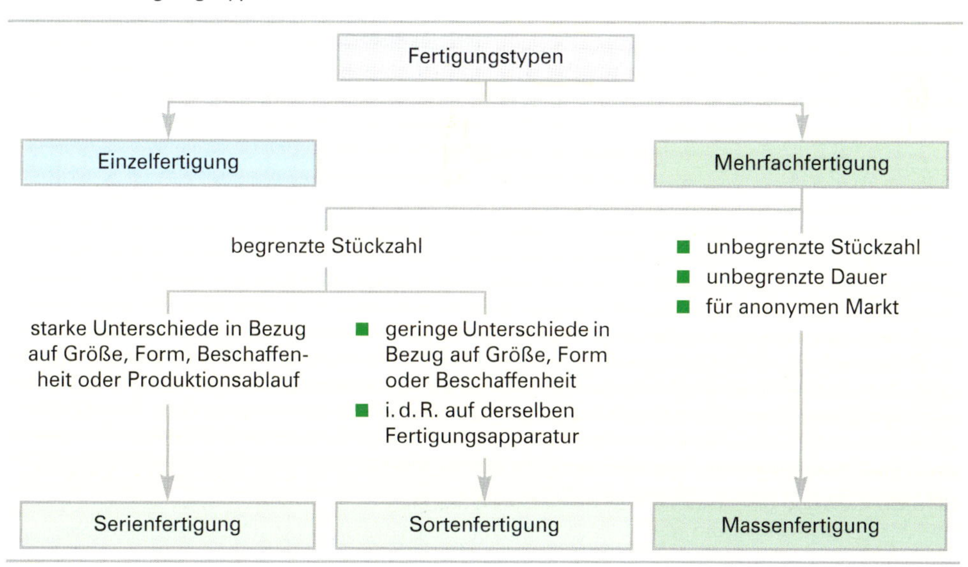

(1) Einzelfertigung

Hier wird ein bestelltes Produkt nur einmal in seiner Art gefertigt. Die Einzelfertigung ist in der Lage, individuelle Wünsche zu berücksichtigen.

Beispiele:

Anfertigen eines Maßanzugs, Konstruktion einer Spezialmaschine, Bau von Häusern, Fabriken, Schiffen, Straßen, Brücken oder Turbinen.

(2) Serienfertigung

Werden bei der industriellen Fertigung von einem Produkt größere Stückzahlen erzeugt (z. B. Werkzeugmaschinen oder Autos), spricht man von Serienfertigung. Durch den Übergang von der Einzel- zur Serienfertigung sinken die Stückkosten: Einerseits muss die Vorplanung und Arbeitsvorbereitung nicht mehr für jedes einzelne Produkt gesondert, sondern nur einmal für die ganze Serie durchgeführt werden, andererseits kann infolge der Arbeitsteilung der Einsatz der Betriebsmittel rationalisiert werden.

Bei der Serienfertigung werden die Fertigungsanlagen einmal für die Produktion der Serie vorbereitet, sodass nur ein bestimmtes Produkt während des geplanten Zeitraums gefertigt werden kann. Verlangt der Markt ein verbessertes Produkt, wird die Produktion der bisherigen Serie eingestellt und die neue Serie aufgelegt (z.B. Motorräder, Automobile). Der Übergang dieser sogenannten **Großserienfertigung** zur Massenfertigung ist fließend.

(3) Sortenfertigung

Hier weisen die Endprodukte bestimmte Größen-, Formen- und Beschaffenheitsunterschiede auf, die mit der gleichen, allerdings zumeist verstellbaren Produktionseinrichtung und dem **gleichen Rohmaterial** mit **unterschiedlichen Zusatzstoffen** erreicht werden.

Beispiele:

Die Bekleidungsindustrie bietet konfektionierte[1] Herren- und Knabenanzüge, Damen- und Herrenmäntel in den verschiedensten Größen, in anderen Musterungen und mit unterschiedlichen Qualitäten an. Schokoladenfabriken bringen verschiedene Sorten mit z.B. spezifisch bitterem oder zartbitterem oder anderem Geschmack auf den Markt.

(4) Massenfertigung

Erstellt ein Unternehmen ein ausgereiftes Produkt und sieht es sich einem praktisch unbegrenzt aufnahmefähigen Markt gegenüber, wird es zur **Massenfertigung** übergehen (z. B. Zigaretten, Ziegelsteine, Stahlbleche, Waschmittel, Zement).

1.4.2.3 Fertigungsverfahren nach der Anordnung der Betriebsmittel im Produktionsprozess (Organisationstypen)

(1) Werkstättenfertigung

Werkstättenfertigung bedeutet die Zusammenfassung aller artgleichen Fertigungsmaschinen und Fertigungseinrichtungen in besonderen Abteilungen, z.B. Drehbänke in der Dreherei, Fräsmaschinen in der Fräserei usw. Das Werkstück wandert von Abteilung zu Abteilung, wobei es wiederholt in die gleiche Abteilung zurückkommen kann.

1 **Konfektioniert:** Serienmäßig hergestellt, verkaufsfertig.

Das folgende Organisationsschema zeigt das Prinzip der Werkstättenfertigung.

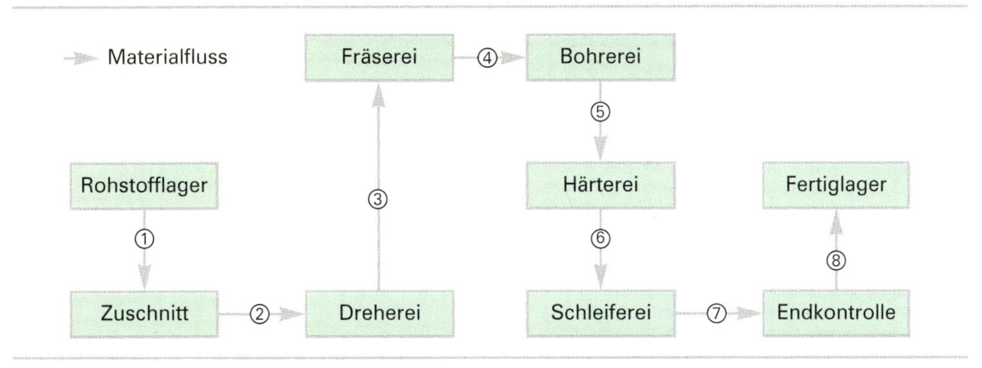

Werkstättenfertigung aus Sicht des Unternehmers	
Vorteile	**Nachteile**
■ Geeignetes Fertigungsverfahren für Einzel- und Kleinserienfertigung. ■ Große Anpassungsfähigkeit an Nachfrageänderungen, da der häufige Wechsel der Kundenaufträge hinsichtlich Art und Qualität der Produkte den Einsatz von umrüstbaren Maschinen (Universalmaschinen im Gegensatz zu Spezialmaschinen) verlangt. ■ Guter Überblick über Kapazitätsauslastung.	■ Hohe Fertigungskosten im Vergleich zur Fließfertigung aufgrund ■ langer innerbetrieblicher Transportwege, ■ ungleicher Kapazitätsauslastung der Werkstätten, ■ hoher Zwischenlagerkosten, ■ hoher Lohnkosten (Facharbeiterlöhne) und ■ hoher Kosten der Arbeitsvorbereitung (z. B. Bereitstellung der Arbeitsunterlagen, Reihenfolgeplanung, Terminplanung, Maschinenbelegungsplanung).

(2) Fließfertigung

Von **Fließfertigung** spricht man, wenn sich die Anordnung der Maschinen und der Arbeitsplätze nach der technisch erforderlichen Bearbeitungsreihenfolge richtet.

Zu unterscheiden sind zwei Formen von Fließfertigung:

- die Reihenfertigung und
- die Fließbandfertigung.

Reihenfertigung

Gelingt es, innerhalb der einzelnen Werkstätten die Maschinen und damit die Arbeitsplätze nach dem Fertigungsablauf anzuordnen, spricht man von **Reihenfertigung.** Hier wird der Produktionsprozess in kleine und kleinste Arbeitsgänge zerlegt, die entsprechend dem Produktionsfortschritt miteinander verbunden sind.

3 Speth - ISBN 978-3-8120-0592-0

Das folgende Organisationsschema zeigt das Prinzip der Reihenfertigung.

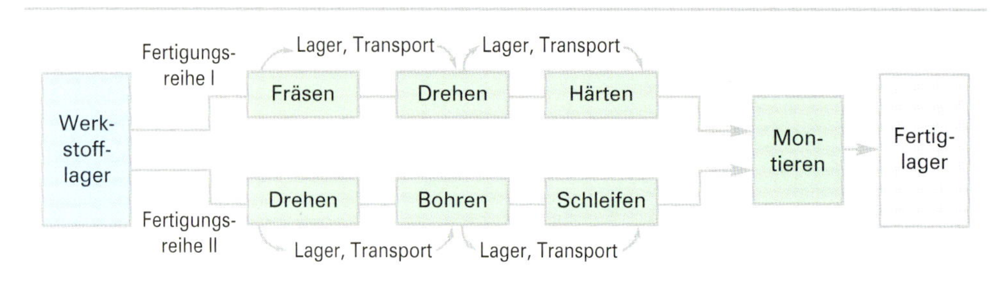

Reihenfertigung aus Sicht des Unternehmers	
Vorteile	**Nachteile**
■ Geeignetes Fertigungsverfahren für größere Serien. ■ Niedrigere Fertigungskosten gegenüber der Werkstättenfertigung aufgrund ■ kurzer innerbetrieblicher Transportwege, ■ gleichmäßiger Kapazitätsauslastung in den Fertigungsreihen, ■ niedrigerer Lohnkosten (an Spezialmaschinen ist der Einsatz angelernter Arbeitskräfte möglich), ■ niedriger Kosten für die Arbeitsvorbereitung.	■ Hohes Unternehmerwagnis (steigende Stückkosten bei zurückgehender Nachfrage aufgrund hoher fixer Kosten). ■ Mangelnde Anpassungsfähigkeit an Nachfrageänderungen. (Spezialmaschinen können entweder überhaupt nicht oder nur mit hohen Kosten umgerüstet werden, falls andere Erzeugnisse hergestellt werden sollen.)

■ Fließbandfertigung

Die Fließbandfertigung ist dadurch charakterisiert, dass sie, bei einem gleichmäßigen Arbeitsfluss, Arbeitsgänge in einer zeitlich bestimmten, lückenlosen Folge ausführt. Die Bearbeitungsgänge von unterschiedlicher Dauer sind daher aufeinander abzustimmen, „auszutakten", damit das Werkstück alle Fertigungsstufen mit der gleichen, planmäßig vorgegebenen Geschwindigkeit durchläuft. Bei diesem Taktverfahren ist die Arbeit an dem sich bewegenden Werkstück in der festgesetzten Zeit auszuführen. Die Arbeitsausführung ist an den Takt (Rhythmus) gebunden.

Das folgende Organisationsschema zeigt das Prinzip der Fließbandfertigung.

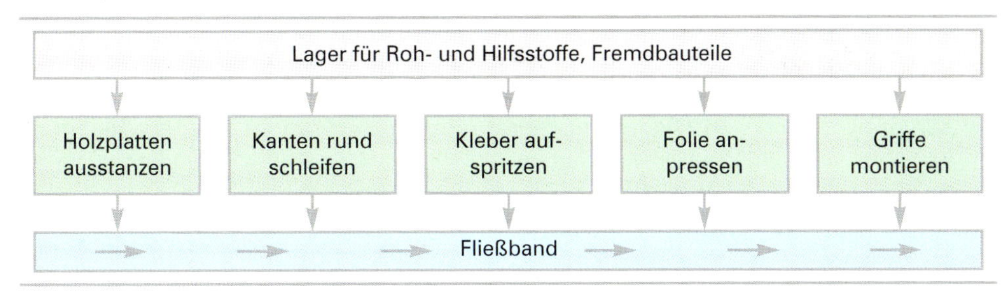

Die Fließbandfertigung galt lange Zeit als das bestmögliche Produktionsverfahren, weil sie eine hohe Arbeitsproduktivität garantiert (geringer Raumbedarf je Arbeitsplatz, schnelle Durchlaufzeiten des Materials, höchstmögliche Ausnutzung der Arbeitskapazität des Arbeitenden).

Seit Beginn der siebziger Jahre haben Gewerkschafter, Arbeitspsychologen, Soziologen und Techniker erkannt, dass die Nachteile der Fließbandarbeit überwiegen können.

Die **Nachteile der Fließbandfertigung** aus **Sicht des arbeitenden Menschen** sind vor allem:

- Der Mitarbeiter kann sich **nicht mehr mit dem Produkt identifizieren.** Er weiß häufig gar nicht mehr, welchen Anteil er am Gesamtprodukt hat. Die Arbeitsfreude kann dadurch verloren gehen.
- Die ständige Wiederholung von gleichartigen Arbeitsgängen führt zur **Monotonie.** Die einseitige Beanspruchung bei der Arbeit führt möglicherweise zu **physischen** (körperlichen) und **psychischen** (seelischen) **Belastungen.**
- Für viele Tätigkeiten am Fließband ist keine umfassende Berufsausbildung mehr notwendig. Ungelernte oder angelernte Arbeit genügt. Damit entsteht eine **neue, wenig angesehene Bevölkerungsschicht.**

Die angeführten Nachteile sind ein Grund dafür, dass viele große Industriebetriebe entweder das Fließband „humanisieren" (menschlicher gestalten) oder abschaffen.

Fließbandfertigung aus Sicht des Unternehmers	
Vorteile	**Nachteile**

■ Geeignetes Fertigungsverfahren für die Großserien- und Massenproduktion,
■ niedrige Fertigungskosten, weil
  ■ die Zwischenlagerung der Werkstücke verringert wird,
  ■ die Fertigungszeiten verkürzt werden,
  ■ der Ausschuss abnimmt (die Spezialisierung der Arbeitenden auf wenige Handgriffe erhöht die Geschicklichkeit),
  ■ die Lohnkosten verhältnismäßig niedrig sind (angelernte statt gelernte Arbeitskräfte). Die angelernten Arbeitskräfte können an Spezialmaschinen eingesetzt werden.
	■ Hohes Unternehmerwagnis (steigende Stückkosten bei zurückgehender Nachfrage aufgrund hoher fixer Kosten),
	■ mangelnde Anpassungsfähigkeit an Nachfrageänderungen (geringe Flexibilität),
	■ Probleme beim „Austakten" (Abstimmen) der einzelnen Fertigungsbereiche (z.B. Fertigungsstraßen),
	■ hohe Störanfälligkeit, denn beim Ausfall eines Arbeitsplatzes muss die Fertigung gestoppt werden, falls keine Zwischenlager vorhanden sind,
	■ starke einseitige Beanspruchung des arbeitenden Menschen.

(3) Inselfertigung (Gruppenfertigung)

Die Nachteile der Fließbandarbeit führen dazu, dass immer mehr Betriebe dazu übergehen, die Fließbandfertigung durch die Inselfertigung (auch Gruppenfertigung genannt) zu ersetzen.

Bei der Inselfertigung werden Elemente der Werkstättenfertigung mit der Fließfertigung kombiniert, indem der Montageablauf in genau definierbare Arbeitsabschnitte gegliedert wird. Wie die Arbeit im einzelnen Abschnitt erledigt wird, regelt kein Einzelner, sondern die Gruppe. Die Gruppe organisiert in eigener Verantwortung den Materialabruf, die Belegung der Maschinen sowie das Arbeitstempo. Je nach Bedarf wechseln die Gruppenmitglieder – bei gegenseitiger Abstimmung – die Arbeitsplätze (Jobrotation). Diese Eigenverantwortung führt zu einer Steigerung der Arbeitsmotivation und erhöht die Produktqualität. Die Gruppen können dabei sehr unterschiedliche Produkte herstellen. Dies reicht von der Produktion bestimmter Einzel- oder Bauteile bis hin zu einem Fertigerzeugnis.

Das folgende Organisationsschema zeigt das Prinzip der Inselfertigung.

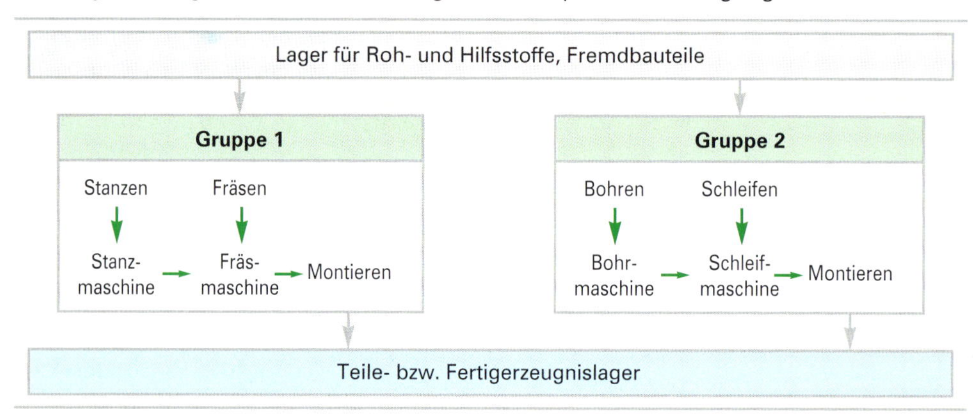

Nachteile der Inselfertigung sind z. B. die schwierigere Entgeltfestsetzung für die einzelnen Arbeitskräfte und der zwischen den Arbeitskräften bestehende Gruppenzwang.

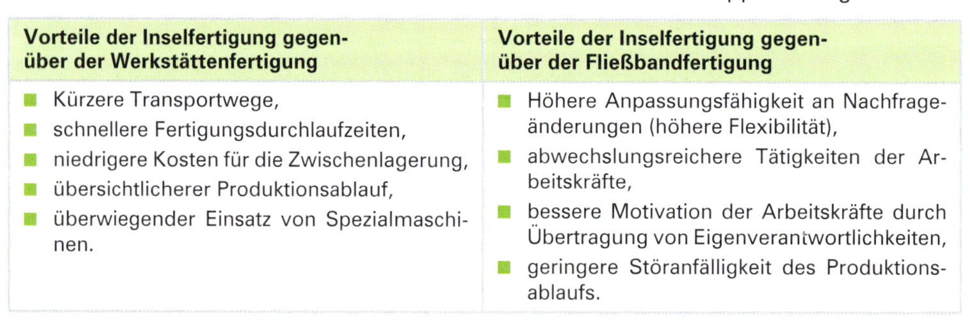

Vorteile der Inselfertigung gegenüber der Werkstättenfertigung	Vorteile der Inselfertigung gegenüber der Fließbandfertigung
■ Kürzere Transportwege, ■ schnellere Fertigungsdurchlaufzeiten, ■ niedrigere Kosten für die Zwischenlagerung, ■ übersichtlicherer Produktionsablauf, ■ überwiegender Einsatz von Spezialmaschinen.	■ Höhere Anpassungsfähigkeit an Nachfrageänderungen (höhere Flexibilität), ■ abwechslungsreichere Tätigkeiten der Arbeitskräfte, ■ bessere Motivation der Arbeitskräfte durch Übertragung von Eigenverantwortlichkeiten, ■ geringere Störanfälligkeit des Produktionsablaufs.

1.4.3 Zusammenhang zwischen Kosten und Fertigungslosen: optimale Losgröße

Werden die einzelnen Produkte nicht kontinuierlich, sondern **mit Unterbrechungen** hergestellt, handelt es sich um **Intervallfertigung.** Außerhalb der „Intervalle" werden mit den gleichen Fertigungsanlagen andere Erzeugnisse produziert. Die Intervallfertigung ist häufig eine **Kleinserienfertigung**. Auch bei der **Sortenfertigung** findet sich die Intervallfertigung.

(1) Begriff und Bestimmungsfaktoren der optimalen Losgröße

Ein wichtiges Problem der Intervallfertigung ist die Bestimmung der optimalen Losgröße (Seriengröße, Auflagengröße).

Ein **Los (Serie, Auflage)** ist die Menge, die ohne **Umrüsten der Anlage** produziert wird.

Die Losgröße wird von der Kostenseite her von den Rüstkosten und den Lagerhaltungskosten beeinflusst.

Bestimmungsfaktoren der optimalen Losgröße	Erläuterungen	Beispiele
Rüstkosten	Sie entstehen durch das Einrichten der Produktionsanlagen auf die Herstellung einer anderen Produktart. Rüstkosten treten je Los nur einmal auf und entstehen unabhängig von der Stückzahl der in einem Los gefertigten Produkte. Man bezeichnet sie daher auch als **auflagefixe Kosten.** Durch die Verminderung der Anzahl der durchgeführten Rüstvorgänge bzw. Erhöhung der in einem Los gefertigten Güter werden die Umrüstkosten insgesamt abgesenkt und damit auch die Losstückkosten.	■ Zinskosten, Abschreibungen, Wagniskosten oder Miete für die ruhenden maschinellen Anlagen und Räume; ■ Heiz-, Strom-, Be- und Entlüftungskosten; ■ Personalkosten während der Umrüstungszeit.
Lagerhaltungskosten	Es handelt sich um mengenabhängige Kosten. Sie steigen mit wachsender Losgröße an und sinken mit fallender Losgröße. Die Lagerhaltungskosten bezeichnet man auch als **auflagevariable Kosten.**	■ Versicherungskosten für die Lagervorräte, ■ Zinskosten für das im Lager gebundene Kapital, ■ Wagniskosten für Lagerschwund durch Güterverderb und Diebstahl, ■ Personalkosten, ■ Abschreibung der Lagereinrichtung, ■ Mietkosten.

Rüstkosten und Lagerhaltungskosten verlaufen, bezogen auf die Losgröße, entgegengerichtet, d.h., eine hohe Auflage (geringe Anzahl von Losen) führt zu niedrigen Rüstkosten, aber zu höheren Lagerkosten und umgekehrt.

Die **optimale Losgröße (Seriengröße, Auflagengröße)** ist gegeben, wenn die Summe aus Rüst- und Lagerhaltungskosten in einem bestimmten Planungszeitraum ein Minimum bildet.

(2) Berechnung der optimalen Losgröße

Ermittlung der auflagevariablen Lagerhaltungskosten

Die Ermittlung der **auflagevariablen Lagerhaltungskosten** (K_e) ist in der Praxis sehr schwierig. An einem sehr vereinfachenden Beispiel wird gezeigt, warum die variablen Lagerhaltungskosten auch **je Stück** steigen.

Beispiel:

Die Büromöbel Unna AG produziert pro Jahr 12000 Auszugssysteme für ihre Schreibtische, Büroschränke und Rollcontainer. Deren Selbstkosten betragen 10,00 EUR je Stück. Der Lagerhaltungskostensatz[1] beträgt 30 %.

Aufgaben:

1. Berechnen Sie, wie sich die Lagerhaltungskosten für die Lagerung je Stück entwickeln, wenn der Monatsbedarf, der Zweimonatsbedarf, der Dreimonatsbedarf, der Viermonatsbedarf, der Halbjahresbedarf und der Jahresbedarf zu Beginn der jeweiligen Periode produziert und auf Lager genommen wird! Es wird eine kontinuierliche Lagerabgangsrate unterstellt.
2. Stellen Sie den Sachverhalt grafisch dar!

Lösungen:

Zu 1.: Entwicklung der Lagerhaltungskosten

Losgröße	Auflagenhäufigkeit	Durchschn. Lagerbestand in Stück	Durchschn. Lagerbestand in EUR	Lagerhaltungskosten in EUR	Lagerhaltungskosten pro Jahr und Stück in EUR
1000	12	500	5000,00	1500,00	0,125
2000	6	1000	10000,00	3000,00	0,250
3000	4	1500	15000,00	4500,00	0,375
4000	3	2000	20000,00	6000,00	0,500
6000	2	3000	30000,00	9000,00	0,750
12000	1	6000	60000,00	18000,00	1,500

Zu 2.: Grafische Darstellung

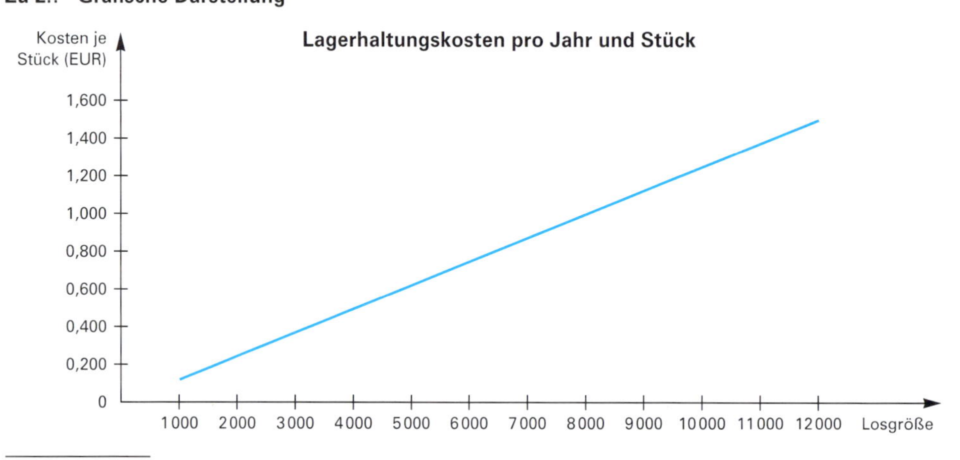

1 Der **Lagerhaltungskostensatz** gibt in Prozent an, wie hoch die Lagerhaltungskosten im Vergleich zum durchschnittlichen Wert des Lagerbestandes sind.

Ermittlung der optimalen Losgröße

Beispiel:

Ausgehend von den Daten des Beispiels von S. 38 betragen die Rüstkosten (auflagefixen Kosten) 1 000,00 EUR.

Aufgaben:

1. Berechnen Sie die optimale Losgröße!
2. Stellen Sie die optimale Losgröße grafisch dar!

Lösungen:

Zu 1.: Rechnerische Ermittlung der optimalen Losgröße

Losgröße	Auflagen-häufigkeit	Rüst-kosten pro Jahr in EUR	Durchschn. Lager-bestand in Stück	Durchschn. Lager-bestand in EUR	Lager-haltungs-kosten in EUR	Gesamt-kosten in EUR
1 000	12	12 000,00	500	5 000,00	1 500,00	13 500,00
2 000	6	6 000,00	1 000	10 000,00	3 000,00	9 000,00
3 000	**4**	**4 000,00**	**1 500**	**15 000,00**	**4 500,00**	**8 500,00**
4 000	3	3 000,00	2 000	20 000,00	6 000,00	9 000,00
6 000	2	2 000,00	3 000	30 000,00	9 000,00	11 000,00
12 000	1	1 000,00	6 000	60 000,00	18 000,00	19 000,00

☐ optimale Losgröße

Zu 2.: Grafische Darstellung

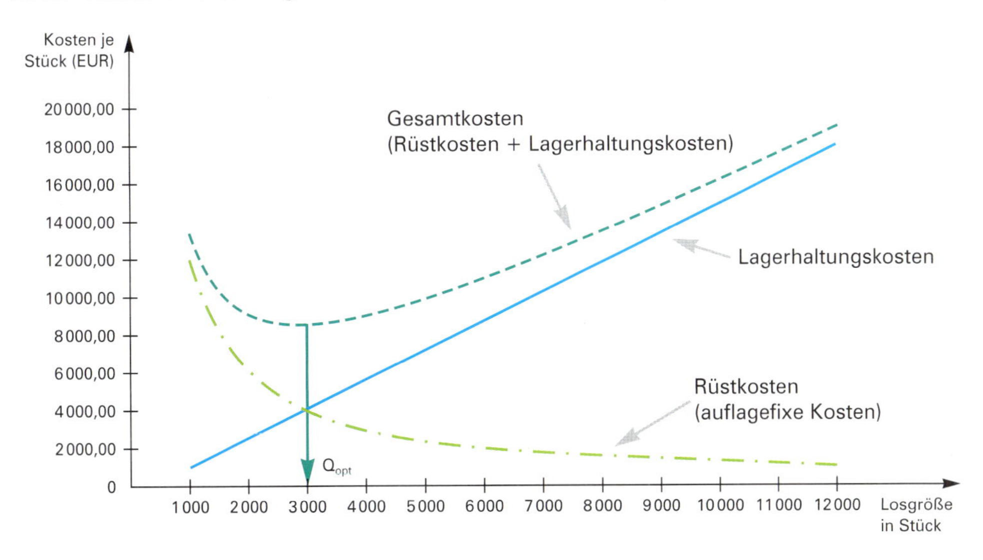

Zusammenfassung

- Nach dem **Einsatz menschlicher Arbeitskraft** unterscheidet man folgende Fertigungsverfahren: **Handarbeit, Maschinenarbeit** und **automatische Fertigung.**
- **Fertigungsverfahren nach der Häufigkeit der Prozesswiederholungen** sind:
  - Einzelfertigung
  - Serienfertigung
  - Sortenfertigung
  - Massenfertigung
- **Fertigungsverfahren nach der Anordnung der Betriebsmittel im Produktionsprozess** sind:
  - Werkstättenfertigung
  - Inselfertigung
  - Fließfertigung
    - Reihenfertigung
    - Fließbandfertigung
- Ein **Los** ist die Menge, die **ohne Umrüstung der Anlage** produziert wird.
- Bei der **optimalen Losgröße** bildet die **Summe aus Rüst- und Lagerhaltungskosten** in einem bestimmten Planungszeitraum ein **Minimum.**

Übungsaufgaben

4

1. Beschreiben Sie Fertigungsverfahren nach dem Grad der Automatisierung!
2. Erläutern Sie, welche Vor- und Nachteile die Automation für den Betrieb, die Belegschaftsmitglieder und die Verbraucher bringt!
3. Beschreiben Sie die Fertigungsverfahren nach der Häufigkeit der Prozesswiederholung!
4. Bei der Intervallfertigung tritt u.a. das Problem der optimalen Losgröße auf.

   Aufgaben:

   4.1 Erklären Sie, was unter optimaler Losgröße zu verstehen ist!

   4.2 Berechnen Sie die optimale Losgröße für Edelstahl-Handläufe unter folgenden Bedingungen:
   - Der Jahresbedarf beträgt 18000 Stück.
   - Die Herstellkosten je Einheit betragen 15,00 EUR.
   - Der Lagerhaltungskostensatz beträgt 25%.
   - Die auflagefixen Kosten betragen 2000,00 EUR.
   - Die Losgröße beträgt 1000 Stück oder ein Mehrfaches davon!

5

1. Erläutern Sie den Begriff Werkstättenfertigung!
2. Erklären Sie den Begriff Reihenfertigung!
3. Erläutern Sie, inwiefern die Fließfertigung (einschließlich Fließbandfertigung) eine Weiterentwicklung der Reihenfertigung ist!
4. Erklären Sie den Unterschied zwischen Fließfertigung (einschließlich Fließbandfertigung) und Reihenfertigung!
5. Erläutern Sie den Zusammenhang zwischen der Anzahl gleichartiger Erzeugnisse und der Organisation der Fertigung!
6. Veranschaulichen Sie in einer Grafik den Zusammenhang zwischen der Organisation der Fertigung und der Dauer der Durchlaufzeit!

6 Lesen Sie zunächst sorgfältig nachstehenden Textauszug:

Peter Holzer ist ein gestandener Mann. Sechs Jahre lang hat der 43-jährige Kfz-Mechatroniker im Lastwagenwerk geschuftet, zuletzt in der Nachbearbeitung und Endkontrolle. Peter Holzer weiß aber auch, was es heißt, monatelang nichts anderes zu tun, als Kotflügel zu montieren. Kotflügel, Kotflügel, nichts als Kotflügel – acht Stunden am Tag, fünf Tage die Woche, mitunter auch nachts, je nach Schicht. Alles ein geschlossener Kreislauf, monoton und ermüdend. Auch Willi Bayer mit seinen 19 Jahren weiß schon gut, was das bedeutet. Er hat Kfz-Mechatroniker gelernt und dann in einer Automobilfabrik Kabelsätze montiert. Nichts als Kabelsätze, Tag für Tag – jeder für sich, keiner für alle.

Doch jetzt ist alles anders. Hightech, die den Mitarbeiter zum Handlanger macht, sucht man vergebens. Spektakuläre Automation gibt es nicht, lediglich das induktionsgesteuerte Transportsystem, das die Karossen wie von Geisterhand über den hellgrauen Betonboden schweben lässt, mutet futuristisch an. „Verrenken" muss sich keiner mehr: Über-Kopf-Arbeit ist vorbei, sogenannte Hub-Schwenk-Plattformen und Hänge-Dreh-Plätze ermöglichen ergonomisches Arbeiten und halten die Körperbelastung deutlich geringer. Auch die Endkontrolle entfällt. Der Arbeiter ist der Letzte vor dem Kunden und zeichnet mit einem Stempel für sorgfältig erledigte Arbeit.

Im neuen Werk arbeiten auf einer Fertigungsinsel acht bis maximal zwölf Mitarbeiter, die ihre Arbeit im Wesentlichen selbst organisieren und für ihren Arbeitsabschnitt die volle Verantwortung übernehmen. Das soll für die Motivation sorgen. Nicht umsonst erwarten die Verantwortlichen, dass statistisch gesehen pro Mann und Jahr ein Verbesserungsvorschlag kommt. Zum Vergleich: In anderen Werken liegt die Quote zehnmal niedriger.

Aufgaben:

1. Arbeiten Sie heraus, von welcher Fertigungsart in Bezug auf die Anordnung der Betriebsmittel im Produktionsverfahren im ersten Abschnitt des obigen Textes die Rede ist!
2. Erläutern Sie, welche Fertigungsart in Bezug auf die Häufigkeit der Prozesswiederholung vorliegt!
3. Nehmen Sie das Internet bzw. ein Lexikon zu Hilfe und erklären Sie folgende im zweiten Textabschnitt erwähnten Begriffe:
   3.1 Hightech,
   3.2 Automation,
   3.3 ergonomisch,
   3.4 futuristisch,
   3.5 Motivation und
   3.6 statistisch!
4. Arbeiten Sie heraus, welche Fertigungsart in Bezug auf die Anordnung der Betriebsmittel im Produktionsprozess im zweiten Abschnitt beschrieben wird!

7 Die Motorenwerke Anton Thomalla GmbH muss für die Herstellung der Motoren verschiedene Werkstücke herstellen, u.a. Spannhülsen. Die Halle 3, in welcher die Werkstätten untergebracht sind, hat folgendes Layout:

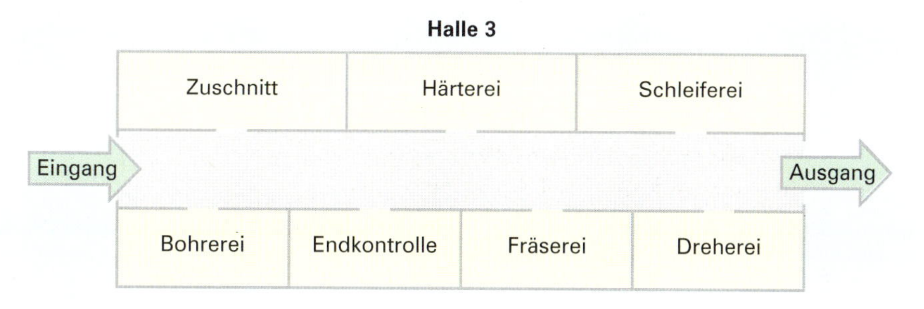

Die Spannhülsen durchlaufen zu ihrer Herstellung folgenden Ablauf:

Arbeitsgang 1: Zuschnitt
Arbeitsgang 2: Dreherei
Arbeitsgang 3: Fräserei
Arbeitsgang 4: Bohrerei
Arbeitsgang 5: Härterei
Arbeitsgang 6: Schleiferei
Arbeitsgang 7: Endkontrolle

Aufgaben:

1. Übertragen Sie die obige Grafik in Ihr Hausheft und zeichnen Sie den Fluss des Werkstücks durch die Werkstätten der Halle 3 ein!
2. Angenommen, Sie wollen die Abläufe für die Herstellung der Spannhülsen beschleunigen und überlegen daher, die davon berührten Arbeitsplätze nach dem vorgesehenen Arbeitsablauf anzuordnen. Entwerfen Sie ein neues Layout für die Halle 3 und zeichnen Sie erneut den Materialfluss!
3. Erläutern Sie, welche Nachteile Sie dafür in Kauf nehmen müssen!

8

Die Weber Metallbau GmbH stellt u.a. Metallzäune im Baukastensystem her.

Bisher werden die verschiedenen Modelle des Metallzauns in Serie gefertigt. Seit Jahren steigt die Nachfrage nach den Zaunelementen. Aufgrund der steigenden Seriengrößen überlegt die Geschäftsleitung daher, das Fertigungsverfahren von der eher handwerklich orientierten Werkstattfertigung auf Fließfertigung umzustellen.

Aufgaben:

1. In der kommenden Woche ist die Sitzung der Geschäftsführer, in deren Rahmen über die Änderung des Fertigungsverfahrens diskutiert und entschieden werden soll. Ihre Aufgabe in dieser Konferenz ist es, in einer vergleichenden Betrachtung die charakteristischen Merkmale der beiden Fertigungsverfahren (Werkstatt- und Fließfertigung) einander gegenüberzustellen!
2. Ein immer wiederkehrendes Thema auf diesen Sitzungen der Geschäftsführer ist auch die Diskussion über die Dimensionierung der Seriengrößen. Geschäftsführer Kleiner, zuständig für die Materialwirtschaft, tendiert zu kleinen Seriengrößen und Herr Seibold, zuständig für die Produktionswirtschaft, bevorzugt große Seriengrößen.

   2.1 Versetzen Sie sich in die Lage von Herrn Kleiner und Herrn Seibold und formulieren Sie jeweils Argumente für deren Position!

   2.2 Veranschaulichen Sie die gegensätzlichen Positionen der beiden Geschäftsführer anhand einer Grafik und beschreiben Sie diese kurz!

   2.3 Unterstützen Sie Ihre theoretischen Ausführungen aus der Aufgabe 2.2 durch ein konkretes Zahlenbeispiel. Aus der Materialwirtschaft und der Kostenrechnung erhalten Sie für das „Rahmenelement 210773" folgende Werte:

Jahresbedarf in Stück	2000
Herstellkosten je Element	150,00 EUR
Umrüstkosten	100,000 EUR
Lagerhaltungskostensatz	30,00 %

   Verwenden Sie hierzu die nachfolgende Tabelle:

Losgröße	Auflagenhäufigkeit	Rüstkosten pro Jahr in EUR	Durchschnittl. Lagerbestand in Stück	Durchschnittl. Lagerbestand in EUR	Lagerhaltungskosten in EUR	Gesamtkosten
20						
30						
40						

Losgröße	Auflagenhäufigkeit	Rüstkosten pro Jahr in EUR	Durchschnittl. Lagerbestand in Stück	Durchschnittl. Lagerbestand in EUR	Lagerhaltungskosten in EUR	Gesamtkosten
50						
60						
80						
100						
120						
150						
200						
250						
2000						

1.5 Rationalisierung

1.5.1 Begriff, Anlässe und Ziele der Rationalisierung

(1) Begriff Rationalisierung

Rationalisierung[1] ist die Durchführung von Maßnahmen zur Verbesserung bestehender Zustände.

Beispiele:

Verminderung des Ausschusses durch verbesserte Materialprüfung. – Senkung der Lagerhaltungskosten aufgrund der ABC-Analyse. – Verkürzung der Produktionszeit durch verbesserte Anordnung der Betriebsmittel. – Verringerung des Krankenstands der Belegschaft durch Verbesserung der Arbeitsbedingungen und des Betriebsklimas.

(2) Anlässe der Rationalisierung

Die Bundesrepublik Deutschland ist ein exportabhängiges, rohstoffarmes Land auf einer hohen technisch-wirtschaftlichen Entwicklungsstufe (Hightech-Industrieland). Hieraus folgt, dass die in Deutschland ansässigen Industriebetriebe versuchen müssen, weltweit

1 **Ratio** (lat.): Vernunft.

mit ihren Mitbewerbern Schritt zu halten. Die Produkte müssen **technisch, qualitativ, gestalterisch** und **preislich** mit den Produkten der Konkurrenz vergleichbar sein. Es ist deshalb erforderlich, dass alle Maßnahmen ergriffen werden, um

- die **technische Entwicklung** voranzutreiben,
- das **Qualitätsmanagement** weiter zu verbessern,
- die **schöpferischen Kräfte** zu fördern und
- das **Verhältnis von Leistung zu Kosten** zu verbessern, um zu konkurrenzfähigen Konditionen Erzeugnisse und Dienstleistungen anbieten zu können.

(3) Ziele der Rationalisierung

Ziele der Rationalisierung	Erläuterungen
In technischer Hinsicht	Erstrebt wird eine **Steigerung der mengenmäßigen Ergiebigkeit** bzw. der **Erzeugnisqualität** bei gegebenem Mitteleinsatz[1] und/oder die **Verringerung des Mitteleinsatzes** bei gegebenen Ausbringungsmengen und -qualitäten. Angestrebt wird somit die Umsetzung des **ökonomischen Prinzips**.
In kaufmännischer Hinsicht	Es wird versucht, durch **Senkung der Faktorpreise** (z.B. durch Großmengeneinkauf), **Ersetzen von menschlicher Arbeit** (z.B. Schweißer durch schnellere und leistungsfähigere Maschinen) und **Erhöhung des Umsatzes** (z.B. durch einen geschickten Marketing-Mix) den **Gewinn zu erhöhen** bzw. den **Verlust zu mindern.**
In organisatorischer Hinsicht	Angestrebt wird, die betrieblichen Zustände zu erfassen (z.B. mittels eines ausgebauten Rechnungswesens), auszuwerten und darauf aufbauend den **Betriebsaufbau** und die **betrieblichen Abläufe** im Sinne des ökonomischen Prinzips zu **verbessern.**
In ökologischer Hinsicht	Angestrebt wird, durch die Rationalisierungsmaßnahmen zugleich zur Umweltentlastung beizutragen. **Beispiele:** Ersatz alter Feuerungsanlagen durch Feuerungsanlagen mit höheren Wirkungsgraden bei gleichzeitigem Einsatz umweltschonender Brennstoffe. – Übergang zu umweltschonenden Produktionsverfahren bei gleichzeitiger Kapazitätserweiterung.
In soziologischer[2] Hinsicht	In soziologischer Hinsicht versucht die Rationalisierung, durch **Verbesserung** des **Zusammenwirkens der Menschen** (z.B. Verbesserung des Betriebsklimas) die Gesamtleistung des Betriebs zu erhöhen.

1 **Mittel** sind z.B. Arbeit, Betriebsmittel, Werkstoffe.

2 **Soziologie**: Lehre vom Zusammenleben und -wirken der Menschen; soziologisch: zwischenmenschlich.

1.5.2 Einzelmaßnahmen der Rationalisierung

1.5.2.1 Ersatz unwirtschaftlicher Anlagen

„Unwirtschaftlich" ist eine Produktionsanlage immer dann, wenn es kostengünstigere und/oder leistungsfähigere Alternativen gibt.

Unwirtschaftliche und veraltete Anlagen müssen ersetzt werden, damit qualitativ hochwertige Güter mit möglichst geringem Aufwand an Roh-, Hilfs- und Betriebsstoffen sowie Energiestoffen und menschlicher Arbeitskraft erzeugt werden können. In welchem Umfang und Tempo diese technologischen Verjüngungsmaßnahmen **(Rationalisierungsinvestitionen)** erfolgen, lässt sich am **Altersaufbau des Anlagevermögens** und dessen Veränderungen ablesen.

1.5.2.2 Standardisierung

(1) Begriff Standardisierung

Die moderne Wirtschaft ist bestrebt, den Arbeitsertrag u.a. durch Vereinheitlichung der Fabrikate zu steigern. Gerade auf diesem Gebiet hat die Rationalisierung das gesamte Wirtschaftsleben von Grund auf umgestaltet. So passen z.B. die genormten Glühbirnen in alle elektrischen Lampen, Autoreifen unterschiedlicher Hersteller auf die Felgen des entsprechenden Formats.

Unter **Standardisierung** sind alle Maßnahmen zu verstehen, die der Vereinheitlichung von Erzeugnissen, Baugruppen oder Einzelteilen dienen.

Gliedert man die Standardisierungsmaßnahmen nach der **Zunahme produktionswirtschaftlicher Vorteile,** so kann man unterscheiden in

- **Teilefamilienfertigung,**
- **Normung,**
- **Baukastensystem** und
- **Typung.**

Die Zunahme der produktionswirtschaftlichen Vorteile beinhalten jedoch gleichzeitig **absatzwirtschaftliche Nachteile,** da hiermit die Variantenvielfalt und damit die individuelle Bedarfsdeckung der Kunden abnimmt.

(2) Teilefamilienfertigung

Bei der Teilefamilienfertigung sind die produktionswirtschaftlichen Vorteile des Unternehmens im Vergleich zu den anderen Einzelmaßnahmen relativ gering. Das Ziel beschränkt sich darauf, **ähnliche Teile** zusammenzufassen und sie als **ein** Los[1] durch die Fertigungsstation zu schleusen. Ähnlichkeit bedeutet, dass die Teile in Bezug auf mindestens eine Eigenschaft gleich sind. Die „Gleichheit" kann sich z.B. auf die Form, ein Maß oder ein Verfahren beziehen.

Gleichheit der Form

Verschiedene Teile besitzen die gleiche Form, z.B. zur Herstellung der Komponenten des Tisches (Querrohr, Längsrohr, Fußrohr) muss ein Vierkantrohr von einheitlich 30 x 30 mm auf unterschiedliche Längen abgesägt werden.

1 Ein **Los** (Serie, Auflage) ist die Menge, die **ohne Umrüsten der Anlage** produziert wird.

■ **Gleichheit des Maßes**

Unterschiedliche Teile müssen mit derselben Bohrung versehen werden.

■ **Gleichheit des Verfahrens**

Alle Teile durchlaufen denselben Fertigungsprozess, z.B. Brennen in einem Ofen.

In der Regel erfolgt die Fertigung auf derselben Apparatur mit denselben Werkzeugen, nur unter Verwendung eines anderen NC-Programmes. Die nebenstehende Abbildung zeigt eine Teilefamilie an Gegengewichten, Kipp- und Schwinghebeln.[1]

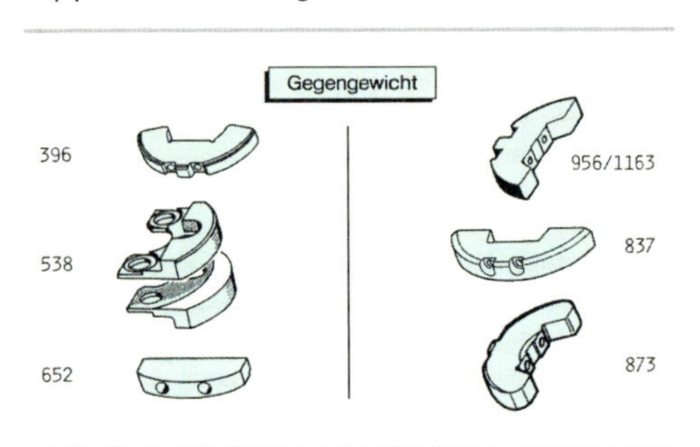

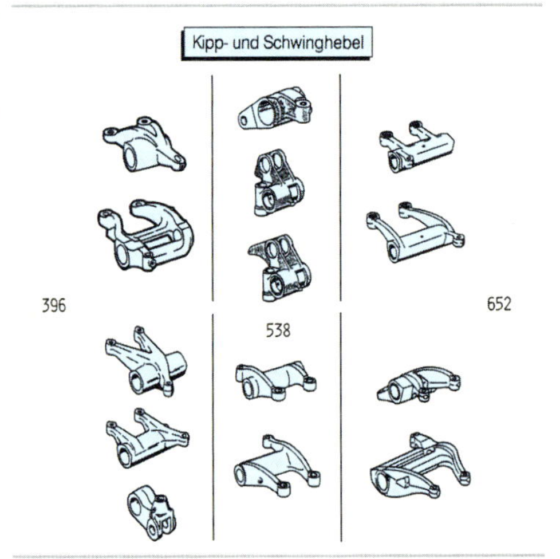

(3) Begriffe Normung und Normen und die Arten von Normen

■ **Begriff Normung**

Normung ist die allgemein anerkannte Vereinheitlichung von Maßen, Formen, Begriffen, Herstellungsverfahren usw. für **Einzelteile** (z.B. Schrauben).

Die Normung fördert die Rationalisierung und Qualitätssicherung in Wirtschaft, Technik, Wissenschaft und Verwaltung und dient einer sinnvollen Ordnung und der Information auf dem jeweiligen Normungsgebiet. Daneben können von der Normung Anstöße zur Qualitätsverbesserung ausgehen.

Die Ergebnisse der Normungsarbeit in Deutschland sind **„Deutsche Normen"**. Sie werden vom **Deutschen Institut für Normung e.V.** Berlin, unter dem Zeichen **DIN** herausgegeben. Das Deutsche Normenwerk ist in der DIN 820 festgelegt.

■ **Begriff Normen**

Normen sind nach einem vorgegebenen Verfahren aufgestellte und dokumentierte technische Bestimmungen oder Regeln für die Herstellung, Beschaffenheit, Verwendung, Bezeichnung, Kontrolle und den Vertrieb von Sachgütern und Dienstleistungen.

1 Quelle: Rück/Stückert/Vogel: CIM und Logistik in Unternehmen, München 1992, S. 637.

Arten von Normen

Normen kann man nach den verschiedensten Gesichtspunkten einteilen. Nachstehende Tabelle gibt eine Übersicht.

Arten der Normen		
Nach dem Umfang ihrer Anwendung	Nach dem Gebiet der Normen	
	Grundnormen	Fachnormen
Verbandsnormen nationale Normen internationale Normen	Formelzeichen (z. B. Π) Bezeichnungen (z. B. Kesselturbine, Spezialturbine) Formate (z. B. Papierformate wie DIN A4: Geschäftsbrief, DIN A6: Geschäftspostkarte) Gewindetoleranzen, Passungen	im Bauwesen (z. B. Beschläge) im Straßenbau im Brückenbau für Büromöbel im Lokomotivbau usw.

Erläuterungen:

- **Verbandsnormen** werden von Verbänden und Vereinen in Form von Richtlinien und Vorschriften entwickelt.

Beispiel:

Der Verband der Elektrotechnik (VDE) erarbeitet DIN-VDE-Normen für die Sicherheit in der Elektrotechnik.

- **Nationale Normen** werden von nationalen Vereinen, in der Bundesrepublik Deutschland vom **Deutschen Institut für Normung (DIN)** erarbeitet.

Beispiel:

Einheitliche Papierformate. Die Größe DIN A4 ist immer genau 21 cm breit und 29,7 cm lang.

- **Internationale Normen** werden in den einzelnen Staaten erst wirksam, wenn sie von den jeweiligen nationalen Normenausschüssen übernommen werden.

Beispiel:

Auf europäischer Ebene arbeitet u.a. das Europäische Komitee für Normung (CEN), auf weltweiter Ebene die ISO (International Organization for Standardization). Z.B. Verschlüsselung von Zeichen im Rahmen von Datenübertragungen (E-Mail, Internet).

Europäische Normen

Europäische Normen gewinnen mit dem Zusammenwachsen Europas zunehmend an Bedeutung. Mit der Einführung europäischer Normen werden die einzelstaatlichen Regelungen nicht aufgehoben. Die Rechtsangleichung auf der Ebene der Gemeinschaft greift nur ausnahmsweise da ein, wo die Ziele der einzelstaatlichen Gesetze nicht gleich sind.

Eine **Norm im Sinne der EU** ist eine schriftliche technische Beschreibung, die die Merkmale eines Erzeugnisses wie z. B. Leistung, Sicherheit, Abmessungen usw. festlegt.

Beispiel:

Greifen wir die Produktgruppe elektrische Haushaltsgeräte heraus. Die technische Sicherheit erfordert, dass die Stromleitung ein drittes Kabel enthält, das mit der Erde verbunden wird. Bevor die Kommission gesetzgeberisch tätig wird, muss sie prüfen, ob alle 28 Mitgliedstaaten ein drittes Kabel vorschreiben. Ist dies der Fall, bedarf es keiner Rechtsangleichung. Ist dies nicht der Fall, so wird sich der EU-Gesetzgeber darauf beschränken, ein drittes Kabel gemeinschaftsweit vorzuschreiben. Er wird aber nicht vorschreiben, ob der dritte Steckerstift rund oder rechteckig sein, ob er sich in der Mitte oder an der Seite des Steckers befinden soll.

Es werden also nur grundlegende Anforderungen in Form von allgemeinen Schutzvorschriften verbindlich vorgeschrieben. Die Regelung von Einzelheiten wird den **europäischen Normeninstitutionen** überlassen.

Die **Schaffung von europäischen Normen** ermöglicht

- **erweiterte Märkte** (größerer Absatz, Stückkostensenkung aufgrund des Gesetzes der Massenproduktion),
- **niedrigere Entwicklungskosten** der einzelnen Hersteller,
- **erleichterte Zusammenarbeit** zwischen den europäischen Unternehmen und
- **bessere Beschaffungsmöglichkeiten** in Europa.

Vorteile der Normung

- Die **Beschaffung von Ersatzteilen** (z. B. bei Maschinen oder Autos) wird erleichtert.
- Die **Konstruktion neuer Produkte** wird erleichtert, weil bereits genormte Lösungen für Einzelteile vorliegen (z. B. Schrauben, Muttern, Ventile).
- Die **Arbeitszeit wird verkürzt,** da den Arbeitskräften die Normteile geläufig sind.
- Die **Verkleinerung des Lagers wird ermöglicht,** weil eine Beschränkung auf weniger Teile möglich ist. Damit sinken Lagerhaltungskosten und Lagerrisiko.
- Die Normung der Qualitäten führt zu **Qualitätsverbesserungen.**
- Dem Käufer wird der **Einkauf wesentlich erleichtert.** Der Käufer vertraut bei einem Produkt mit einem DIN-Zeichen darauf, dass die sich aus der Norm ergebende Produkteigenschaft und Qualitätanforderung vorhanden ist und überwacht wird.

(4) Baukastensystem

Beim **Baukastensystem** setzen sich die Produkte aus Bausteinen zusammen. Bausteine werden dazu genutzt, verschiedene Produkte aufgrund von Baumusterplänen herzustellen.

Der Gefahr des Nachfragerückgangs bei zu starker Typenbeschränkung begegnet die Industrie durch Einführung des Baukastensystems (z. B. bei langlebigen Gebrauchsgütern wie Autos, Waschmaschinen, Fernsehgeräten, Rundfunkgeräten usw.). Hier werden einzelne Baugruppen vereinheitlicht, um sie dann wahlweise kombinieren zu können.

Beispiel:

Eine Automobilfabrik stellt Autos mit drei Motoren mit (A) 1,2 Liter, (B) 1,5 Liter und (C) 1,7 Liter her. Es werden zwei Arten von Karosserien gebaut, nämlich (I) Limousine und (II) Cabrio. Die Farben sind (a) blau, (b) grau und (c) grün. Alle übrigen Teile sind für sämtliche hergestellten Automobile gleich.

Die Beschränkung auf wenige Baugruppen ermöglicht dennoch, durch Kombination den verschiedenen Kundenwünschen entgegenzukommen. Wie die nachstehende Darstellung der Verbindungsmengen zeigt, haben die Kunden eine Auswahl zwischen 18 Kombinationen.

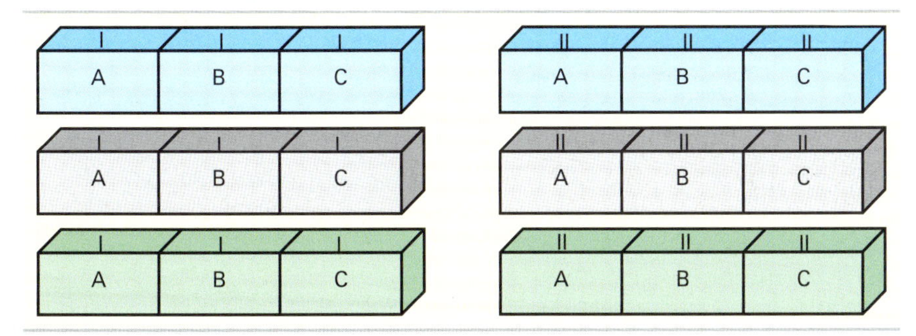

Aufgabe:

Ermitteln Sie, welche Motoren- und Farbkombinationen bei Limousinen und Cabrios den Kunden angeboten werden können!

Lösung:

Limousinen		Cabrios	
Motor	Farbe	Motor	Farbe
1,2 Liter	blau	1,2 Liter	blau
1,2 Liter	grau	1,2 Liter	grau
1,2 Liter	grün	1,2 Liter	grün
1,5 Liter	blau	1,5 Liter	blau
1,5 Liter	grau	1,5 Liter	grau
1,5 Liter	grün	1,5 Liter	grün
1,7 Liter	blau	1,7 Liter	blau
1,7 Liter	grau	1,7 Liter	grau
1,7 Liter	grün	1,7 Liter	grün

(5) Typung

Begriff und Zweck

Typung bedeutet die **Vereinheitlichung** von **Endprodukten.** Typen sind **gleichartige Produkte,** die sich in Einzelheiten unterscheiden können.

Zweck der Typung (oder Typisierung) ist die Konzentrierung der Nachfrage auf wenige Produkte, um zur Großserien- oder Massenfertigung übergehen zu können. Diese Aussage lässt sich am Beispiel der Autoindustrie verständlich machen. Die Herstellung individueller Autos ist teuer, weil der Fixkostenanteil sehr hoch ist. Kann jedoch durch

4 Speth - ISBN 978-3-8120-0592-0

Normung der Einzelteile, durch Baukastensystematik und durch Beschränkung auf wenige „Typen" zur großen Serie übergegangen werden, verbilligt sich der einzelne Wagen. Dadurch erhöht sich der Absatz.

Umgekehrt kann auch steigende Nachfrage die Typisierung beschleunigen.

Arten der Typung

Man unterscheidet zwischen **betrieblicher** und **überbetrieblicher Typung.** Bei der betrieblichen Typung beschränkt sich ein einzelner Hersteller auf wenige „typische" Produkte. Überbetriebliche Typung liegt vor, wenn sich mehrere Hersteller zusammenschließen, um die Herstellung bestimmter Typen gleichartiger Erzeugnisse unter sich aufzuteilen, etwa Heizkessel verschiedener Größen (Typenkartell).

Vorteile und Nachteile der Typung

Vorteile	Nachteile
■ Verkleinerung des Sortiments bzw. Erzeugnisprogramms. Dadurch werden z.B. Produktionskosten, Lagerhaltungskosten und Lagerrisiken gesenkt; ■ Vereinfachung des Rechnungswesens und damit ■ genauere Kalkulation; ■ einprägsame Werbewirkung durch Schaffung von Markenartikeln.	■ Bei zu weit geführter Typenbeschränkung können die Kunden das Produkt ablehnen, weil es ihren individuellen Wünschen nicht entgegenkommt. Dies gilt vor allem für Konsumgüter. Mit zunehmender Typenbeschränkung steigt also das Absatzrisiko. ■ Die Typung kann zur geschmacklichen Verarmung führen. ■ Mangelnde Anpassungsfähigkeit an Nachfrageänderungen wegen der in der Fertigung eingesetzten Spezialmaschinen bzw. -automaten.

1.5.2.3 Eigenfertigung oder Fremdbezug[1] (Make or Buy)

Die Entscheidung zwischen Eigenfertigung oder Fremdbezug (Outsourcing) ist zum einen eine strategische und zum anderen eine operative Planungsentscheidung.

- Die **strategische[2] Planungsentscheidung** ist langfristig angelegt und wird bereits im Rahmen der Produktentwicklung gefällt. Indem der Konstrukteur die Materialart und die Toleranzen in der Bearbeitungsgenauigkeit festlegt, bestimmt er bereits über die Fertigungstechnologie. Verlässt er bei der Wahl des Werkstoffs die Materialien, mit denen der Betrieb umzugehen gewohnt ist (z.B. Stoßstange aus Kunststoff statt aus Metall), ergibt sich zwangsläufig die Frage, ob die erforderliche Fertigungskapazität auch vorhanden ist.

---

1 Die Berechnung, wann Eigenfertigung und wann Fremdbezug kostengünstiger ist, wird im Jahrgang 13 im Kapitel Deckungsbeitragsrechnung dargestellt.

2 **Strategie** (gr.-lat.): genauer Plan des eigenen Vorgehens, um ein militärisches, politisches, wirtschaftliches oder ein anderes Ziel zu erreichen, indem man diejenigen Faktoren, die in die eigene Aktion hineinspielen könnten, von vornherein einzuplanen versucht. Strategische Ziele sind **langfristig** zu erreichende Ziele. Dementsprechend versteht man unter strategischer Planung eine langfristige Planung, die durch eine **taktische Planung** (mittelfristige Planung) und eine **operative Planung** (kurzfristige Planung) ergänzt werden muss. Taktik wurde früher vor allem im militärischen Bereich im Sinne von „geschickter Kampf- und Truppenführung" verwendet. Unter Operation (gr.-lat.) versteht man eine Handlung, ein Verfahren oder einen Denkvorgang (operativ: als konkrete Maßnahme unmittelbar wirkend).

Konstrukteure entwickeln die Produkte der Zukunft und arbeiten daher auch an der Zukunft des Unternehmens. Andererseits sind sie in ihrer Gestaltungsfreiheit nicht ungebunden. Sie müssen bestrebt sein, die geplante Funktionalität mit dem günstigsten Werkstoff und der günstigsten Fertigungstechnik herzustellen. Daher sind es in der Regel Konstrukteure, Fertigungstechniker, Einkäufer und Mitarbeiter des Rechnungswesens, die als Team bei der Entwicklung neuer Produkte zusammenarbeiten. So ist sichergestellt, dass alle technischen und kaufmännischen Gesichtspunkte ausreichend berücksichtigt werden.

- Die **operative Planungsentscheidung** für eine Eigenfertigung bzw. den Fremdbezug ist kurzfristig ausgerichtet und hängt insbesondere von der jeweiligen Beschaffungssituation ab. Ist beispielsweise Eigenfertigung geplant, die Kapazitätsgrenze jedoch erreicht, dann wird die Unternehmensleitung, um die kurzfristige Lieferbereitschaft bei den Erzeugnissen zu sichern, einen Wechsel zum Fremdbezug vornehmen. Bei geringer Auslastung der vorhandenen Kapazität wird die Unternehmensleitung dagegen versuchen, kurzfristig vom Fremdbezug zur Eigenfertigung zu wechseln.

  Grundsätzlich kann man jedes Erzeugnis selbst fertigen bzw. kaufen. Die Entscheidung fällt in der Regel nicht aufgrund eines kurzfristigen Kostenvorteils, sondern aufgrund längerfristiger, **strategischer Fragestellungen,** wie z. B.:

  - Wodurch kann sich das eigene Unternehmen technologisch von den übrigen Wettbewerbern unterscheiden?
  - Inwieweit trägt eine Baugruppe bzw. eine Leistungskomponente dazu bei, Kundennutzen zu schaffen und damit einen Wettbewerbsvorteil zu erringen?
  - Kann der Lieferant Forschungs- und Entwicklungsarbeit übernehmen?
  - Entstehen durch den Bezug Abhängigkeiten vom Lieferanten?
  - Wird durch die Fremdfertigung dem Zulieferer ein Know-how geliefert, das selbst nur schwer und teuer aufzubauen oder zu halten ist?

Zusammenfassung

- Alle Maßnahmen zur Verbesserung der bestehenden Zustände bezeichnet man als **Rationalisierung.**
- **Ziele** der Rationalisierung:
  - **technisch:**
    - Steigerung der mengenmäßigen Ergiebigkeit bzw. der Erzeugnisqualität
    - Verringerung des Faktoreinsatzes bei gleichbleibender Leistung
  - **kaufmännisch:**
    - Senkung der Faktorpreise
    - Erhöhung des Umsatzes
    - Erhöhung des Gewinns bzw. Minderung des Verlustes
  - **organisatorisch:**
    - Verbesserung der Aufbau- und Ablauforganisation des Unternehmens
  - **soziologisch:**
    - Verbesserung des Zusammenwirkens der Menschen
  - **ökologisch:**
    - Produktion umweltgerechter Produkte
- Zu den Einzelmaßnahmen der Rationalisierung gehört die **Standardisierung** von Erzeugnissen mit dem Ziel, die Anzahl gleichartiger Arbeitsabläufe zu erhöhen.

- **Beispiele für Standardisierungsmaßnahmen:**

Teilefamilien-fertigung	Erfassung von **ähnlichen Teilen.** Ähnlichkeit bedeutet, dass Teile in Bezug auf mindestens eine Eigenschaft gleich sind (z.B. Form, Maß, Fertigungsverfahren). In der Regel erfolgt die Herstellung auf derselben Apparatur mit denselben Werkzeugen, aber unterschiedlichen NC-Programmen.
Normung	**Vereinheitlichung von Einzelteilen** in Bezug auf Abmessungen, Materialeigenschaften. Die Reichweite von Normen bezieht sich auf einen Verband (Verbandsnorm, VDE), ein Land (nationale Norm, DIN) oder weltweit (internationale Norm, ISO).
Baukasten-systematik	**Vereinheitlichung von Baugruppen,** die sich zu verschiedenen Endprodukten kombinieren lassen. Voraussetzung ist die Normung der Passstellen.
Typung	**Vereinheitlichung des Produktganzen.**

Zunahme produktionswirtschaftlicher Vorteile und gleichzeitig **Abnahme absatzwirtschaftlicher Vorteile,** da hiermit die Variantenvielfalt und damit die individuelle Bedarfsdeckung abnimmt.

- **Vorteile der Standardisierung:**
  - Einsparung von Konstruktionskosten;
  - Verringerung der Rüstkosten;
  - Tendenz zur Verwendung von Spezialmaschinen und einheitlichen Werkzeugen;
  - Tendenz zum Einsatz angelernter und ungelernter Arbeitskräfte;
  - Vereinfachung des Bestellwesens, da Teilevielfalt abnimmt;
  - günstigere Einkaufsbedingungen, da wenige Varianten und mehr gleichartige Teile;
  - Vereinfachung der Fertigungsplanung und -steuerung;
  - Einsatz kostengünstigerer Fertigungsverfahren.

- **Eigenfertigung oder Fremdbezug** (Make or Buy) ist nicht nur eine operative Frage (z.B. Höhe der Kosten, Erhalt der Lieferbereitschaft), sondern auch eine Fragestellung von längerfristiger, strategischer Natur.

Übungsaufgabe

9 Die Chlorer GmbH kann durchschnittlich im Monat 4000 Einheiten Elektromotoren herstellen. Die fixen Kosten belaufen sich auf monatlich 1 Mio. EUR, die variablen Kosten auf 120,00 EUR je Produktionseinheit. Die Unternehmensberatung Klever & Partner meint, dass das bisherige Fertigungsverfahren veraltet sei und durch ein moderneres ersetzt werden müsse. Die fixen Kosten des neuen Verfahrens liegen 15 % über denen des bisherigen. Die variablen Kosten des neuen Verfahrens sind jedoch 50 % niedriger als die des alten Verfahrens.

Aufgaben:

1. Nennen Sie zwei Gründe, die für den Ersatz einer alten Anlage durch eine neue Anlage sprechen!
2. Ermitteln Sie, ob sich für die Chlorer GmbH rein rechnerisch der Ersatz der alten Anlage durch die neue Anlage lohnt!

3. Die Chlorer GmbH plant weitere Rationalisierungsmaßnahmen. Gedacht wird an eine Vervollständigung des Baukastensystems.
   3.1 Erklären Sie das Baukastenprinzip an einem Beispiel!
   3.2 Stellen Sie den Vorteil dar, den das Baukastenprinzip hat!
4. Häufig sind Normung und Typung wichtige Rationalisierungselemente.
   4.1 Beschreiben Sie diese beiden Rationalisierungselemente an einem Beispiel!
   4.2 Stellen Sie dar, worin die Vor- und Nachteile der Typung liegen!

1.5.3 Ganzheitliche Rationalisierungskonzepte

1.5.3.1 Just-in-time-Konzeption[1]

(1) Grundlegendes zur Just-in-time-Konzeption

- Die **Just-in-time-Konzeption** ist eine **marktorientierte Unternehmenskonzeption** mit der Zielsetzung, rasch und flexibel auf die sich schnell ändernde Nachfrage reagieren zu können.
- Die verlangte Flexibilität setzt voraus, dass die betrieblichen Fertigungsanlagen so beschaffen sind, dass eine **nachfragebedingte Änderung des Produktionsprogramms** binnen **kurzer Frist** möglich ist.

Mit der fortschreitenden Entwicklung auf dem Gebiet der Fertigungsflexibilisierung wird der Unternehmensführung ein Instrumentarium in die Hand gegeben, das es erlaubt, relativ kurzfristig und in einer weiten Variationsbreite auf die sich ändernden Nachfrageentwicklungen einzugehen.

Durch die bedarfs- und zeitnahe Produktion der nachgefragten Produktvarianten bzw. -mengen können die **Lagerbestände sehr stark reduziert** werden. In letzter Konsequenz besitzt ein nach dem Just-in-time-Prinzip gestaltetes Unternehmen überhaupt keine Lagerbestände (theoretischer Grenzfall).

Der Abbau von Lagerbeständen, insbesondere auch von Roh-, Hilfs- und Betriebsstoffen, Vorprodukten und Handelswaren bedingt die Einrichtung eines fertigungssynchronen Beschaffungssystems. Die Lieferer müssen absolut zuverlässig sein.

Das Just-in-time-Prinzip verlangt jedoch nicht nur eine absolut pünktliche Lieferung der Werkstoffe und Betriebsmittel, sondern auch ein **zuverlässiges Qualitätsmanagement** und **leistungsfähige elektronische Informations- und Kommunikationssysteme**.

1 **Just in time** (engl.): gerade rechtzeitig.

(2) Problematik der Just-in-time-Konzeption

Bei zahlreichen Werkstoffen, Vorprodukten und Handelswaren ist die fertigungssynchrone Beschaffung nicht oder wenigstens nicht in ihrer extremen Anwendung durchführbar, weil die Vorlieferer ihre Produktion nicht an dem schwankenden Bedarf der Abnehmer ausrichten können oder wollen. Sie streben aus **kosten- und beschäftigungspolitischen Gründen** selbst eine kontinuierliche Produktion an. Des Weiteren können **technische Gegebenheiten** eine Anpassung an Nachfrageschwankungen verhindern. So benötigt z. B. ein Kohlekraftwerk – je nach Dauer der Stillstandszeit – zwei bis sieben Stunden Anlaufzeit. Auch **natürliche Bedingungen** können die Produktionsmengen bestimmen (z. B. die Jahreszeiten in der Landwirtschaft, Bauwirtschaft, der Fremdenverkehrswirtschaft).

Die Just-in-time-Konzeption wird auch dann erschwert, wenn die Anlieferung der Werkstoffe und Waren durch Lastkraftwagen erfolgt. Verspätungen durch Staus verteuern letztlich die Anlieferung. Aus ökologischen Gesichtspunkten heraus ist die „Verlegung der Lager auf die Straße" wegen der damit verbundenen Umweltbelastung abzulehnen.

1.5.3.2 Lean Production

(1) Begriff und Merkmale der Lean Production

Begriff Lean Production

- **„Lean Production"**[1] bedeutet eine **Verringerung der Produktionstiefe** je Produktionsschritt und Werk.
- Die der Endfertigung vorgelagerten Fertigungsschritte werden auf unterschiedliche Werke im In- und Ausland ausgelagert.

Merkmale der Lean Production

Merkmale der schlanken Produktion im ursprünglichen Sinne sind:

- die Produktionsdauer wird verkürzt;
- Personal wird abgebaut, d. h., die Personalkosten sinken;
- Lagerhaltungskosten nehmen ab;
- durch die Verlagerung der Vorproduktion auf andere Werke und Länder nimmt die Bedeutung der Just-in-time-Anlieferung zu.

(2) Instrumente der Lean Production

Das im Rahmen der Lean Production verfolgte Ziel, einen verschwenderischen Einsatz von Ressourcen in allen Bereichen der Leistungserstellung zu vermeiden, spiegelt sich in den eingesetzten Instrumenten wider.

1 **Lean Production:** schlanke Fabrikation.

Wichtige Instrumente der Lean Production sind z.B.:

Instrumente der Lean Production	Erläuterungen
Sofortige grundlegende Fehlerbeseitigung	Die Fehler werden bis zur Verursachungsquelle verfolgt, um ein wiederholtes Auftreten des gleichen oder eines ähnlichen Fehlers zu vermeiden.
Vereinfachung des Werkzeugwechsels	Durch eine Vereinfachung und infolgedessen eine Beschleunigung des Werkzeugwechsels werden Rüstkosten eingespart.
Vorbeugende Instandhaltung der Produktionsanlagen	Die Anlagen werden ständig vorbeugend instand gehalten, um aufwendige Reparaturarbeiten und damit verbunden einen längeren Produktionsausfall zu vermeiden. Dies ist besonders wichtig, wenn vom Unternehmen das Just-in-time-Konzept zugrunde gelegt wird, da dieses Konzept einen reibungslosen Materialfluss voraussetzt.
Förderung der Leistungsfähigkeit der Mitarbeiter	Die Leistungsfähigkeit der Mitarbeiter kann durch Schulungsmaßnahmen, Erfolgsbeteiligung der Mitarbeiter, Prämienzahlung an die Mitarbeiter für Verbesserungsvorschläge erhöht werden.

(3) Lean Management

Lean Management ist eine aus Japan stammende Unternehmensphilosophie zur Unternehmensführung und bedeutet das Weglassen aller überflüssigen Arbeitsgänge in der Produktion und in der Verwaltung (Lean administration) durch eine intelligentere (besser durchdachte) Organisation.

Im Mittelpunkt dieser erweiterten Auffassung von Lean Production – dem **Lean Management** – stehen

- flache Hierarchien sowie **Eigenverantwortung** und **Teamarbeit** verbunden mit einer hohen Qualifikation und Motivation aller Mitarbeiter,
- starke **Kundenorientierung** in allen Unternehmensbereichen,
- kontinuierlicher Verbesserungsprozess **(Kaizen)** und **Total Quality Management**[1] sowie
- **enge Zusammenarbeit mit den Lieferanten** verbunden mit **Simultaneous Engineering**[2] und produktionssynchroner Anlieferung (Just-in-time-Anlieferung).

Lean Management ist ein Managementsystem, das **Serienprodukte** und **Dienstleistungen** mit ungewohnt **niedrigen Kosten** in **vorzüglicher Qualität** ermöglicht.

1 Siehe Ausführungen auf S. 56.
2 Siehe Ausführungen auf S. 57.

(4) Merkmale des Lean Managements

Eigenverantwortung und Teamarbeit

Durch die ausgeprägte **Delegation von Aufgaben** insbesondere an **Gruppen** ergeben sich viel **flachere Hierarchien** als bei den herkömmlichen Organisationsstrukturen. Die einzelnen Arbeitsgruppen erfüllen ihre Aufgaben weitgehend eigenverantwortlich.

An die einzelnen Mitglieder werden **hohe Qualifikationsanforderungen** gestellt. Jedes Mitglied muss alle weitgehend standardisierten Teilaufgaben der Gruppe bis hin zur Wartung der Maschinen zuverlässig erledigen können und bereit sein, sich laufend weiterzubilden.

Ein weiteres Merkmal des Lean Managements ist die **offene Kommunikation zwischen den Arbeitsgruppen** (auch über die wenigen Hierarchiestufen hinweg), da zahlreiche Aufgabenstellungen und Projekte team- bzw. bereichsübergreifend zu bearbeiten sind.

Kundenorientierung

Produziert (bzw. eine Dienstleistung erbracht) wird nur, wenn ein **Kundenbedarf** gegeben ist. Eine Produktion aus anderen Gesichtspunkten, z.B. zur Auslastung der Maschinen, erfolgt nicht und damit wird z.B. unverkäufliche Lagerware vermieden.

Neben **regelmäßigen Kundenbefragungen** hinsichtlich ihrer Zufriedenheit mit Produkt und Händler ist hier der direkte Kontakt zwischen Managern und Ingenieuren des Unternehmens und Kunden selbstverständlich. Durch den direkten Kontakt werden die im Markt auftretenden Probleme sofort analysiert und einer Lösung zugeführt.

Da Fehler trotz Total Quality Management nicht völlig ausgeschlossen werden können, soll ein **umfangreicher Kundenservice** selbst aus reklamierenden noch zufriedene Kunden machen.

Kaizen und Total Quality Management

Die Teams sollen die standardisierten Aufgaben ständig infrage stellen, in kleinen Schritten ändern und in diesem Sinne Problemlösungen entwickeln. Dieser **kontinuierliche Verbesserungsprozess (Kaizen)**[1] ist mit seinem Streben nach Perfektion eine weitere Stärke der Lean-Management-Konzeption.

Die durch Kaizen erzielbaren **Ergebniswirkungen** konzentrieren sich dabei nicht nur auf die beiden Erfolgsfaktoren Zeit und Kosten, sondern führen ferner zu einer Verbesserung der Produktqualität. Konkreter Ausdruck hierfür sind geringere Fehler-, Ausschuss- und Nacharbeitsquoten, eine Reduzierung von Reklamationen, ein geringerer Anteil an Sonderverkäufen und geringere technische Änderungen.

Zur Sicherung beziehungsweise Verbesserung des Qualitätsstandards wird im gesamten Fertigungsbereich ein **Total Quality Management** durchgeführt, das bereits bei der Planung von Produkten und Prozessen **Qualitätsmängel verhindern** und auftretende Mängel **schnellstmöglich beseitigen** soll. Aus diesem Grund ist jeder Mitarbeiter zu jeder Zeit befugt, bei Auftreten eines Fehlers das Fließband unverzüglich zu stoppen, die aufgetretene Störung schnellstmöglich zu beseitigen und deren Ursachen zu analysieren.

Je früher die notwendige Korrektur erfolgt, desto leichter ist sie möglich und desto niedriger sind die erforderlichen Beeinflussungskosten.

1 Kaizen ist eine japanische Philosophie und bedeutet Verbesserung in kleinen Schritten.

Intensive Lieferantenbeziehungen

Noch enger als mit den Kunden werden beim Lean Management die Beziehungen zu den Lieferanten gestaltet. Diese Beziehungen unterscheiden sich in vielerlei Hinsicht von den traditionellen Geschäftsbeziehungen:

Traditionelles Management	Lean Management
Ständige Preisverhandlungen mit vielen Lieferanten	Langfristige Partnerschaften mit wenigen Lieferanten
Kostenüberwälzung Hersteller/Zulieferer	Preisgestaltung unter Berücksichtigung beidseitiger Gewinninteressen
Einkauf als abgeleitete Unternehmensfunktion	Strategisches Beschaffungsmanagement
Viele Zulieferer/große Teilevielfalt	Systemlösungen
Technikzentrierung/Vernachlässigung der Kundenorientierung	Einbindung des Lieferanten und Kundennähe
Nach Serienlauf zahlreiche Änderungswünsche	Weniger Änderungen durch Simultaneous Engineering
Verzögerte Informationspolitik	Intensiver Informationsaustausch
Qualitätskontrollen nach Liefereingang	Durchgehendes Qualitätsmanagement bereits beim Lieferanten
Schwankende Abrufe in Losen	Produktionssynchrone (Just-in-time-)Beschaffung
Bürokratische Kontakte	Transparente Spielregeln, gegenseitiger Einblick in die Datenstände
Gegenseitiges Abgrenzungs-/Konkurrenzverhalten	Lieferantenförderung, -pflege und -entwicklung

Das Lean Management konzentriert sich somit auf das **wettbewerbsentscheidende Kerngeschäft.** Kostenintensive **Randbereiche der Produktion** (z.B. Pflege des Maschinenparks) werden nach **außen verlagert (Outsourcing).** Wegen der dadurch bedingten geringen Fertigungstiefe der Eigenfertigung konzentriert sich die Beschaffung auf vergleichsweise **wenige Lieferanten.** Diese liefern dann zumeist **ganze Komponenten** und koordinieren ihrerseits die Zulieferungen für die von ihnen benötigten Teile.

Die Zusammenarbeit mit den Zulieferern ist dabei von Anfang an **auf lange Sicht angelegt** und beginnt in der frühen Startphase einer Modellentwicklung, sodass der Einfluss des Lieferanten auf Funktionen, Qualitäten und Kosten maximal ist. Die Hersteller-Zulieferer-Beziehungen gehen sogar so weit, dass der Hersteller Einblick in die Produktionsstrukturen des Zulieferers erhält. Ziel bei dieser Vorgehensweise ist es, die gesamte **Prozesskette** des Zulieferers zu optimieren und die daraus resultierenden Kostenvorteile untereinander aufzuteilen.

Die intensivste Zusammenarbeit zwischen dem schlanken Unternehmen und seinen Lieferanten ist das sogenannte **Simultaneous Engineering.** Durch eine gemeinsame, parallel geschaltete Entwicklung von Produkten und den benötigten Produktionsmitteln können Zeit- und Kostenvorteile realisiert werden. Dabei werden Experten der Lieferanten über die gesamte Lebenszeit des Produktes (im beiderseitigen Interesse) einbezogen.

Beispiel:

Die Designer eines „schlanken" Autoherstellers haben den Leuchten für ein neues Modell ein bestimmtes Aussehen gegeben. Der Zulieferer entwickelt nun in Zusammenarbeit mit dem Hersteller die kompletten Systemkomponenten „Beleuchtung" für das neue Modell und ist auch bei einem späteren Facelifting beteiligt.

Zusammenfassung

Ganzheitliche Rationalisierungskonzepte

Just-in-time-Konzeption	Die erforderlichen Produktvarianten bzw. -mengen werden bedarfs- und zeitnah produziert bzw. beschafft. Dadurch werden die Lagerbestände sehr stark reduziert. **Voraussetzungen:** ■ Ausgefeiltes Informationssystem nicht nur innerhalb des Unternehmens, sondern auch zu den Lieferanten ■ Hohe Zuverlässigkeit der Lieferanten ■ Gut funktionierendes Qualitätsmanagement
Lean Production	Lean Production ist das Zusammenwirken aller Bereiche eines Unternehmens in einem optimal abgestimmten Prozess. Die Konzeption erfordert eine ganzheitliche Betrachtungsweise des Unternehmens und nicht eine isolierte Verschlankung einzelner Teilbereiche. **Kennzeichen:** ■ Konsequente Kundenorientierung, d.h. schnelle, flexible Anpassung an spezielle Kundenwünsche ■ Hohe Produktqualität ■ Hohe Innovationsgeschwindigkeit ■ Konkurrenzfähige Preise ■ Kurze Lieferfristen ■ Enge Kooperation der betrieblichen Aufgabenbereiche ■ Integration der externen Partner in den betrieblichen Informationsfluss ■ Besondere Organisationsformen wie z.B. Teamarbeit ■ Ausgeprägte Kommunikations- und Informationsmöglichkeiten ■ Übertragung von Verantwortung auf untere Hierarchieebenen ■ Konzentration auf Wertschöpfung

Übungsaufgaben

10

1. Erläutern Sie Vor- und Nachteile der Just-in-time-Konzeption für Abnehmer und Zulieferer!
2. Nennen Sie „Social Costs", die durch die Verwirklichung der Just-in-time-Konzeption entstehen! (Social Costs sind Kosten, die nicht der Verursacher trägt, sondern die Allgemeinheit.)
3. Beschreiben Sie den Inhalt der nachstehenden Karikatur!

Quelle: Bundeszentrale für politische Bildung (Hrsg.), Zeitlupe Nr. 18: Neue Technologien, Bonn 1986, S. 16ff.

11 **Textauszug:**

„... Kein Zweifel: Die ‚rechnergesteuerte Fertigung' verändert Schritt für Schritt die Arbeit in den Fabriken. Heute herrscht noch die **Massenproduktion** vor. Weil es sehr viel Geld kostet, bis ein **Fließband** mit allen dazugehörigen Maschinen eingerichtet ist, werden auf diesen ‚Fertigungsstraßen' dann sehr große Mengen des gleichen Produkts hergestellt. Soll hingegen ein Einzelstück, zum Beispiel ein sehr spezielles Werkzeug, gebaut werden, muss dies – wie in Urväterzeiten – weitgehend in Handarbeit geschehen. Wenn sich in Zukunft die **Roboter** per Knopfdruck ohne großen zusätzlichen Aufwand programmieren lassen, wird es hingegen möglich sein, auch einzelne Stücke **automatisiert** zu produzieren. Gerade deshalb ist diese Entwicklung zur ‚flexiblen Automatisierung' auch für die deutsche Industrie von großem Interesse. Denn eine ihrer Stärken ist der Maschinen- und Anlagenbau, bei dem die Kleinserienfertigung Vorrang hat.

Weil die neuen Techniken ganze Arbeitsabläufe automatisieren, gehen traditionelle Arbeitsplätze verloren. Dennoch ist die ‚Fabrik der Zukunft' keine Geisterfabrik, in der Computer und Roboter den Menschen vollständig verdrängt haben. Denn es bleibt eine große Zahl von Aufgaben, die auf absehbare Zeit nur der Mensch erfüllen kann. Dabei zeichnet sich ab, dass die verbleibende Arbeit vielgestaltiger und verantwortungsvoller, kurz, interessanter wird. Denn die Roboter übernehmen vor allem die ‚Jobs', in denen einfache und eintönige Handgriffe zu verrichten waren. Dafür entstehen neue Arbeitsplätze, zum Beispiel in den Bereichen Forschung und Entwicklung, Überwachung und Instandhaltung ..."

Aufgaben:

1. Erklären Sie kurz die fett gedruckten Begriffe!
2. Nennen Sie die sozialen Folgen der Automatisierung, die im Text angesprochen werden!

12 1. **Textauszug:**

„... Lean Production fordert den ganzen Menschen, sein Wissen, sein Können und seine Identifizierung mit dem Unternehmen. Er soll nicht nur arbeiten, sondern mitdenken ...

Die Autoren einer Studie versprechen Europas Massenproduzenten, bei einer Umstellung ihrer Fertigung auf Lean Production könne dieselbe Menge mit weniger als der Hälfte der gegenwärtigen Mitarbeiter erarbeitet werden. Für Gewerkschaften muss dies schlicht eine Horrorvision sein, schon gar in einer Zeit, in der eine weltweite Rezession ohnehin Arbeitsplätze massenweise vernichtet".

Aufgaben:

1.1 Nennen Sie wichtige Merkmale der Lean Production!

1.2 Nennen Sie Vor- und Nachteile, die die Lean Production für die Arbeitnehmer hat!

2. Im Bauunternehmen Stehlin KG in Neuhausen wird zurzeit viel über notwendige Rationalisierungsmaßnahmen gesprochen.

Aufgaben:

2.1 Erklären Sie den Begriff Rationalisierung!

2.2 Erläutern Sie an zwei Beispielen, welche Ziele die Stehlin KG mit ihren Rationalisierungsmaßnahmen anstreben kann!

3. Ein niedersächsischer Waschmaschinenhersteller ist von der Leistungsfähigkeit des Lean-Management-Konzepts überzeugt und plant das Reengineering (die Umstrukturierung) der Unternehmensorganisation.

Aufgaben:

3.1 Erläutern Sie, welche Besonderheiten der Lean-Management-Ansatz aufweist!

3.2 Formulieren Sie ein Unternehmensleitbild, das den Gedanken des Lean Managements widerspiegelt!

3.3 Beschreiben Sie, durch welche Merkmale die Organisation eines Unternehmens mit Lean Management gekennzeichnet ist!

13

Porsche-Methoden im Operationssaal

von Lukas Heiny (München)

Klinikmanager nehmen die Automobilindustrie als Vorbild, um die Abläufe in ihren Häusern zu verbessern. Erfolgsrezepte von Porsche und Toyota werden auf OP-Säle übertragen.

Was in einem Autowerk funktioniert, das geht auch in einem Krankenhaus, behauptet Porsche-Chef Wendelin Wiedeking und hat den Beweis angetreten, dass sich eine Herzchirurgie ähnlich optimieren lässt wie die Produktion eines Carrera. Im Frühjahr 2005 krempelten Spezialisten des Sportwagenherstellers zusammen mit Beratern von McKinsey die Herzchirurgie der Uniklinik Freiburg um. Ihr Ziel: Die Abläufe so zu verbessern, dass unnötige Arbeitsschritte wegfallen – genau wie seit Anfang der 90er-Jahre an den Fließbändern der Porsche-Werke.

Die Autoindustrie gilt wegen des harten Preiswettbewerbs als hocheffiziente Branche. Kein Wunder, dass sie als Vorbild für die Neuordnung von Klinikstrukturen herangezogen wird. Bislang orientierten sich zwar vor allem amerikanische und britische Häuser an Autowerken. Doch seit einiger Zeit diskutieren auch deutsche Klinikmanager über die Kopie von Industrie-Know-how.

Der Porsche-Versuch in Freiburg gilt dabei als Vorzeigeprojekt. „Der Durchlauf eines Patienten durch das Krankenhaus berührt viele Schnittstellen, um die sich bislang kaum gekümmert wurde", sagte Cornelius Clauser, Leiter von Porsche Consulting, auf dem Europäischen Gesundheitskongress in München. Ein Großteil der Arbeit sei ineffizient. „Nur rund 20 bis 30 Prozent der Zeit kümmern sich die Mitarbeiter darum, wofür sie eigentlich bezahlt werden." Dieser Anteil müsse gesteigert werden. Speziell ausgearbeitete Pfade legen nun die Abläufe der Behandlungen fest. Ein zentraler Patientenmanager koordiniert Betten- und Operationsbelegung. Die durchschnittliche Verweildauer der Patienten sank von 11,2 auf 9,6 Tage, die Produktivität stieg um 30 Prozent.

„Von der Autoindustrie können wir uns viel abgucken", sagt Alexander Schmidtke, Geschäftsführer des St. Vinzenz Krankenhauses in Fulda. Noch orientierten sich die Organisationspläne für OPs meist am Notfall - mit entsprechenden Überkapazitäten. Dabei seien rund 90 Prozent der Eingriffe planbar. Wie die Montage eines Autos.

In den USA schauen Kliniken bereits seit Jahren auf die Industrie. Sie haben das Lean-Management-Modell des Autoherstellers Toyota auf ihre Abteilungen übertragen. Danach wird jeder Mitarbeiter einbezogen, um ineffiziente Arbeitsschritte zu vermeiden. Das Virginia Mason Hospital in Seattle reduzierte so binnen zwei Jahren die Nebenzeiten in der Onkologie um zwei Drittel. Und im Pittsburgh Hospital wurden in zwei Jahren die Überstunden um 45 Prozent reduziert, bei steigenden Fallzahlen.

Lean-Management steigert Effizienz erheblich

In Deutschland erprobt der private Klinikbetreiber SRH das Lean-Konzept. Seit einigen Monaten werden im SRH Klinikum Karlsbad-Langensteinbach die Behandlungs- und OP-Abläufe mit den Mitarbeitern analysiert. „Leider haben Ärzte und Krankenschwestern meist nicht gelernt, ihr Know-how in einer komplexen Organisation rationell zum Einsatz zu bringen", sagt SRH-Vorstandschef Klaus Hekking. Das soll sich nun ändern.

Grundsätzlich steigere die Einführung von Lean-Management-Konzepten die Effizienz im zweistelligen Prozentbereich, sagt Matthias Will, der für General Electric (GE) den Bereich Performance Solutions in Zentraleuropa leitet. Im vergangenen Jahr hat GE weltweit rund 100 Lean-Modelle in Krankenhäusern umgesetzt - bislang jedoch nicht in Deutschland.

Just-in-Time-Lieferung für Kliniken

Besonders Ärzte scheuen oft den Vergleich mit der Industrie; ein Patient sei kein Auto. Sie wehren sich gegen die Vorstellung einer Medizin am Fließband. Und ein Krankenhaus sei viel komplizierter als ein Autowerk. Doch Porsche-Mann Clauser entgegnet: „Die Autoindustrie ist in der Prozessoptimierung viel weiter als die meisten anderen Branchen." Sie tauge als Vorbild. Gesundheitsökonom Günter Neubauer kritisiert, die Abläufe hingen noch stark von der Person des Chefarztes ab. Er empfiehlt „eine industrielle Organisation nach Vorbild des Fließbandes".

Dabei könnten die Kliniken sich noch mehr abschauen als die Prozessgestaltung. „Auch logistisch ist die Autoindustrie mit ihrer Just-in-Time-Lieferung ein Vorbild", sagt Rudolf Kösters, Präsident der Deutschen Krankenhausgesellschaft. Wenn in Kliniken die monströsen Lagerbestände verringert werden, könnten erhebliche Effizienzreserven gehoben werden. Dazu brauche man eine punktgenaue Lieferung - wie in der Industrie. So verspricht Robert Schrödel, Chef des Dienstleisters Vanguard, mit speziellen IT-Plattformen das Eintreffen benötigter Tupfer oder Klemmen im OP-Saal minutengenau steuern zu können. ... Die Branche industrialisiert sich.

Quelle: Financial Times Deutschland vom 19. Oktober 2006.

Aufgaben:

1. Arbeiten Sie die im Zeitungsartikel genannten Pro- und Kontra-Argumente bezüglich der Einführung von Lean Management in Kliniken heraus!
2. Diskutieren Sie darüber, ob ein Managementvergleich Klinikum – Industrie vertretbar ist! Formulieren Sie dazu Pro- und Contra-Argumente!

2 Absatzprozesse[1]

2.1 Grundlagen und Ziele des Marketings

2.1.1 Grundlagen des Marketings[2]

(1) Entwicklung vom Verkäufer- zum Käufermarkt

Durch die zunehmende Sättigung der Bedürfnisse, den technischen Fortschritt und die Liberalisierung der Märkte kommt es derzeit zu einem **Überhang des Leistungsangebots.** Die Märkte entwickeln sich vom **Verkäufermarkt** zum **Käufermarkt.**

- Der **Verkäufermarkt** ist ein Markt, in dem die Nachfrage nach Gütern größer ist als das Güterangebot. Es besteht ein **Nachfrageüberhang.** Die **Marktmacht** hat der **Verkäufer.**
- Der **Käufermarkt** ist ein Markt, in dem das Angebot an Gütern größer ist als die Nachfrage nach Gütern. Es besteht ein **Angebotsüberhang.** Die **Marktmacht** hat der **Käufer.**

Der Wandel vom Verkäufer- zum Käufermarkt führt dazu, dass weniger die Produktion und ihre Gestaltung, sondern der Absatz der erzeugten Produkte zur Hauptaufgabe der Unternehmen wird. Diese Veränderungen bleiben nicht ohne nachhaltige Auswirkungen auf die Durchführung des Absatzes. Während zu Zeiten des Verkäufermarktes vorrangig die Verteilung der Erzeugnisse das Problem war, kommt es nun darauf an, den Absatzmarkt systematisch zu erschließen. Dies erfordert für das Erreichen der Unternehmensziele zunehmend die Ausrichtung aller Unternehmensfunktionen auf die tatsächlichen und die zu erwartenden Kundenbedürfnisse. Für diese Führungskonzeption wird das aus dem Amerikanischen übernommene Wort **Marketing** verwendet.

(2) Begriff Marketing

Die Marketingkonzeption besagt, dass der Schlüssel zur Erreichung des gesetzten Unternehmensziels darin liegt, die Bedürfnisse und Wünsche des Kunden zu ermitteln und diese dann wirksamer und wirtschaftlicher zufriedenzustellen als die Mitbewerber. Oberstes **Ziel des Marketings** ist die **Kundenzufriedenheit.**

Schlagworte zum Marketing

- Erfülle Kundenbedürfnisse auf profitable Art!
- Entdecke Kundenwünsche und erfülle sie!
- Wir richten es, wie Sie es wollen!
- Bei uns sind Sie der Boss!

---

1 Die Ausführungen dieses Kapitels lehnen sich an die folgende Literatur an:
Nieschlag, R./Dichtl, E./Hörschgen, H.: Marketing, 24. Aufl., Berlin 2010.
Meffert, H.: Marketing, Grundlagen marktorientierter Unternehmensführung, 9. Aufl., Wiesbaden 2005.
Weis, H. Ch.: Marketing, 9. Aufl., Ludwigshafen (Rhein) 1995.

2 **Marketing** (engl.): Markt machen, d. h. einen Markt für seine eigenen Produkte schaffen bzw. ausschöpfen.

Ein zufriedener Kunde

- kauft mehr und bleibt länger „treu“,
- kauft bevorzugt vom gleichen Unternehmen, wenn dieses neue oder verbesserte Produkte bringt,
- denkt und spricht gut über das Unternehmen und seine Produkte,
- beachtet Marken, Werbe- und Preisangebote der Mitbewerber weniger stark,
- bietet dem Unternehmen gern neue Ideen zu Produkt und Service an.

- **Marketing** ist eine Konzeption, bei der alle Aktivitäten eines Unternehmens konsequent auf die Erfüllung der Kundenbedürfnisse ausgerichtet sind.
- Ziel der Marketingkonzeption ist die **Kundenzufriedenheit.**

2.1.2 Ziele des Marketings

(1) Begriff Marketingziele

Marketingziele formulieren eine angestrebte künftige **Marktposition,** die vor allem durch den **Einsatz der absatzpolitischen Instrumente** erreicht werden soll.

(2) Beispiel für die Festlegung von Marketingzielen

Beispiel:

Die Sport-Burr KG legt folgende Marketingziele zugrunde:

- Wir bieten eine hohe Produkt- und Servicequalität an.
- Unsere Produkte sind zertifiziert und unsere Produktionsverfahren ressourcensparend und umweltfreundlich.
- Wir streben eine Erhöhung unseres Marktanteils am Gesamtmarkt für Sommer- und Wintersportgeräte an.
- Wir bieten attraktive Preise, die in der Regel unter denen der Mitbewerber liegen.
- Die Rentabilität und damit die Sicherung des Unternehmens steht im Vordergrund. Kein Verkauf um jeden Preis.
- Wir halten die vereinbarten Liefertermine ein, schaffen Vertrauen und streben langfristige Kundenbindungen an.

Aufgabe:

Formulieren Sie unter Berücksichtigung der Marketingziele für das Produktprogramm Wintersportgeräte preispolitische, produktpolitische, distributionspolitische und werbepolitische Teilziele!

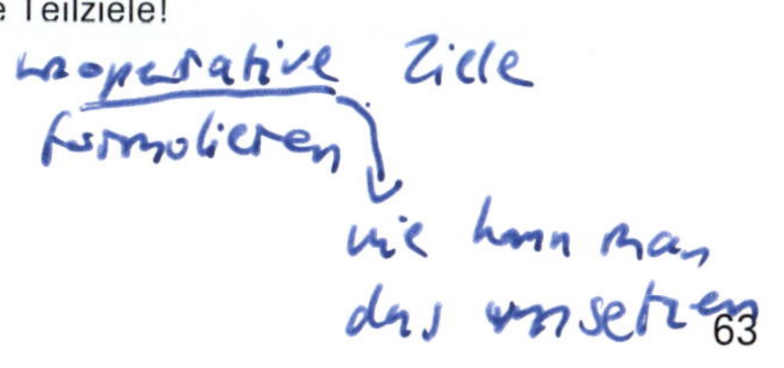

Lösung:

Marketingziele für das Produktprogramm Wintersportgeräte (Auswahl)			
Preispolitische Teilziele	**Produktpolitische Teilziele**	**Distributionspolitische Teilziele**	**Werbepolitische Teilziele**
■ Preisunterbietung der Konkurrenz um mindestens 3 % und höchstens 5 % bei vergleichbaren Sportgeräten. ■ Forderung eines umsatzmaximalen Preises in Abhängigkeit von örtlichen Gegebenheiten. ■ Preisdifferenzierung. ■ ...	■ Hochwertige, den Konkurrenzunternehmen mindestens gleichwertige Produktqualität. ■ Modernes, mit den Kundenbedürfnissen abgestimmtes Design. ■ Hohe Funktionalität der Sportgeräte. ■ Produktdifferenzierung. ■ ...	■ Übernahme von 10 Sportgeschäften nahe der Ballungszentren innerhalb von 5 Jahren. ■ Senkung der Logistikkosten um 10 % innerhalb von 2 Jahren. ■ Steigerung des Marktanteils um jeweils 2 % pro Jahr. ■ Einrichtung einer zentralen Serviceabteilung. ■ Direktverkauf über das Internet. ■ ...	■ Innovation und Zertifizierung der Sportgeräte hervorheben. ■ Vertrauen bei den Kunden stärken. ■ Deutlich machen, dass die Sportgeräte den Sportgeschäften (Kunden) beste Verkaufschancen bieten. ■ Hohes Verantwortungsbewusstsein gegenüber Kunden und Gesellschaft herausstellen. ■ Mit Spitzensportlern, die die Sportgeräte benutzen, Werbeveranstaltungen durchführen und damit das Unternehmensimage steigern. ■ ...

2.1.3 Planungsprozess des Marketings

Gliedert man den Planungsprozess des Marketings in seine **Teilprozesse** auf und ordnet diesen deren **betriebswirtschaftliche Inhalte** zu, dann erhält man die nachfolgende Übersicht.

Teilprozesse	Betriebswirtschaftliche Inhalte
Marktforschung	■ Marktanalyse ■ Marktbeobachtung ■ Marktprognose ■ Primär-, Sekundärforschung ■ Marktsegmentierung
Produktpolitik	■ Konzept des Produkt-Lebenszyklus ■ Portfolio-Analyse ■ Produktprogramm: Produktinnovation, -modifikation, -elimination ■ Anbieten von Sekundärdienstleistungen: Beratung, Kundendienst, Garantieleistungen

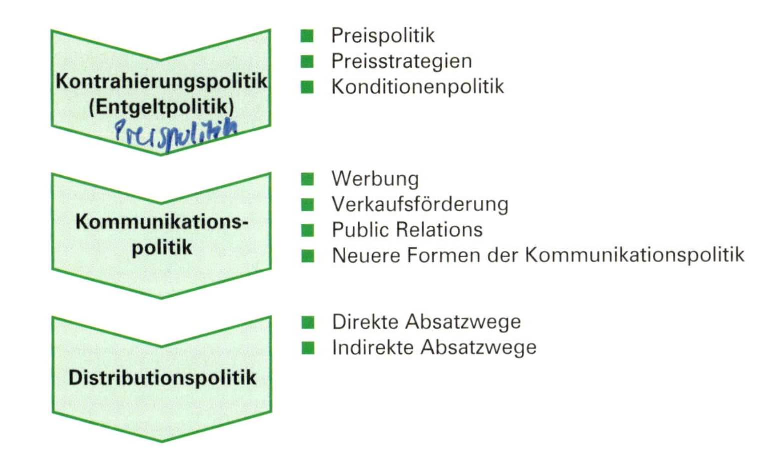

Zusammenfassung

- Herausragende Zielsetzung bei der Grundeinstellung des Unternehmens gegenüber dem Markt ist die **Orientierung an den Kundenbedürfnissen** (Marketingkonzeption).
- **Marketing** ist eine Konzeption, bei der alle Aktivitäten eines Unternehmens konsequent auf die Erfüllung der Kundenbedürfnisse ausgerichtet sind.
- Ziel der Marketingkonzeption ist die **Kundenzufriedenheit.**

Übungsaufgabe

14

1. Erklären Sie, welche Gründe für das Entstehen des Marketings maßgebend waren!
2. Charakterisieren Sie den Begriff Marketing mit eigenen Worten!
3. Die Ziele, die im Marketing angestrebt werden, leiten sich aus den Unternehmenszielen ab.
   Aufgabe:
   Erklären Sie diesen Sachverhalt anhand von zwei selbst gewählten Beispielen!
4. Erklären Sie, welche Zusammenhänge die Abbildungen ausdrücken!

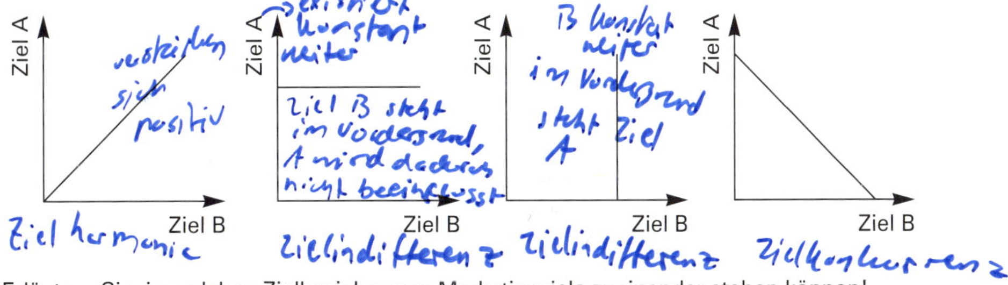

5. Erläutern Sie, in welchen Zielbeziehungen Marketingziele zueinander stehen können!

5 Speth - ISBN 978-3-8120-0592-0

6. Auszug aus dem Konjunkturbericht[1] eines Marktforschungsinstituts:

   Das Marktforschungsinstitut sieht „erhebliche Abwärtsrisiken“ für die deutsche Konjunktur. In seinem Bericht zur wirtschaftlichen Lage erklärt das Institut, die deutsche Wirtschaft entwickele sich mit merklich gedämpfter Dynamik. „Die Stimmung bei den Unternehmern hat sich weiter verschlechtert.“

   Der Anstieg der Erwerbstätigkeit sei erstmals seit zweieinhalb Jahren zum Erliegen gekommen. Dadurch würden auch die Impulse für den privaten Konsum kleiner, der gleichwohl die Konjunktur auch in der zweiten Jahreshälfte weiter stützen werde.

   Aufgabe:

   Lesen Sie den Konjunkturbericht sorgfältig durch und interpretieren Sie, welche Auswirkungen der Konjunkturbericht auf die Marketingziele der Sport-Burr KG haben könnte!

2.2 Marktforschung

2.2.1 Begriff Marktforschung und die Träger der Marktforschung

(1) Begriff Marktforschung

Unternehmen, die ohne grundlegende Kenntnisse der Märkte und ohne sinnvolle Abstimmung der Marketinginstrumente Produkte auf den Markt bringen, laufen Gefahr, auf ihren Produkten ganz oder teilweise „sitzen zu bleiben“.

Werden hingegen **vor** dem Verkauf der Produkte Marktinformationen (z.B. über Kundenwünsche, Kaufkraft der Kunden, Verhalten der Konkurrenten, die Lage auf den Beschaffungsmärkten und allgemeine Marktdaten) beschafft, sind die Aussichten wesentlich besser, die Absatzpläne zu verwirklichen.

- **Marktforschung** ist die systematische Erforschung, Beschaffung und Aufbereitung von Marktinformationen.
- Marktforschung geschieht durch **Marktanalyse** und **Marktbeobachtung.**

Marktanalyse

Die **Marktanalyse** untersucht die Marktgegebenheiten zu einem **bestimmten Zeitpunkt.**

1 Als **Konjunktur** bezeichnet man den Sachverhalt, dass die wirtschaftliche Entwicklung einer Volkswirtschaft in gewisser Regelmäßigkeit in mehrjährigen Auf- und Abwärtsbewegungen verläuft.

Eine Marktanalyse wird z. B. vorgenommen, wenn **neue Produkte** oder **weiterentwickelte Produkte** auf den Markt gebracht werden sollen. **Untersuchungsgegenstände** sind z. B.:

- Anzahl der Personen, Unternehmen und Verwaltungen, die als Käufer infrage kommen,
- Einkommens- und Vermögensverhältnisse der mutmaßlichen Käufer,
- persönliche Meinung der (möglichen) Käufer zum angebotenen Produkt,
- Beschaffung von Daten über die Konkurrenzunternehmen, die den zu untersuchenden Markt bereits beliefern (z. B. deren Preise, Lieferungs- und Zahlungsbedingungen, Qualitäten der angebotenen Erzeugnisse, Werbung).

Marktbeobachtung

- Die **Marktbeobachtung** hat die Aufgabe, Veränderungen auf den Märkten **laufend** zu erfassen und auszuwerten.
- Beobachtet werden zum einem die vorhandenen bzw. neu zu gewinnenden **Kunden**, und zum anderen das Verhalten der Konkurrenzunternehmen.

Die **Fragestellungen** lauten z. B.:

- Wie entwickelt sich die Zahl der Nachfrager, wie die mengen- und wertmäßige Nachfrage nach einem bestimmten Produkt?
- Wie entwickeln sich die Einkommen, wie die Vermögensverhältnisse der Abnehmer?
- Wie verändert sich die Einstellung der Käufer zum angebotenen Produkt?
- Wie reagieren die Konkurrenzunternehmen auf absatzpolitische Maßnahmen (z. B. Preisänderungen, Werbemaßnahmen)?

Ziel der Marktbeobachtung ist die Ermittlung von Tendenzen, Veränderungen sowie Trends innerhalb eines bestimmten Zeitraums.

(2) Marktprognose

Marktanalyse und Marktbeobachtung haben letztlich den Zweck, das **Marktrisiko zu vermindern.** Dies ist nur möglich, wenn die Gegenwartsentscheidungen der Geschäftsleitung auf Daten beruhen, die die zukünftige Entwicklung auf den Märkten mit einiger Sicherheit aufzeigen können.

Marktprognosen sind Vorhersagen über künftige Entwicklungen am Absatzmarkt, z. B. über den Absatz bestimmter Produkte oder Leistungen.

(3) Träger der Marktforschung

Die Träger der Marktforschung sind die Großbetriebe mit ihren wissenschaftlichen Stäben, wissenschaftliche Institute und vor allem Marktforschungsinstitute.

Marktforschungsinstitute sind gewerbliche Einrichtungen und Unternehmen, die sich im Auftrag von Industrie und Handel der Meinungsforschung und der Marktforschung widmen.

Beispiele:

EMNID-Institut GmbH & Co. KG, Bielefeld; Institut für Demoskopie Allensbach GmbH, Allensbach (Bodensee); INFRA-TEST-Marktforschung, Wirtschaftsforschung, Motivforschung, Sozialforschung GmbH & Co. KG, München.

2.2.2 Arten der Marktforschung

2.2.2.1 Grundlegendes

Informationen über Marktdaten (z. B. über die Kunden eines Unternehmens) können unmittelbar am Markt erhoben oder es kann auf bereits vorhandenes Datenmaterial zurückgegriffen werden. Im ersten Fall spricht man von **Primärforschung**[1] **(Feldforschung).** Sie ermittelt **Primärdaten.** Im zweiten Fall spricht man von **Sekundärforschung**[2] **(Schreibtischforschung).** Sie geht von Daten aus, die häufig bereits für andere Zwecke ermittelt worden sind. Man bezeichnet diese Daten als **Sekundärdaten.**

- Eine **Primärforschung (Feldforschung)** liegt vor, wenn unmittelbar am Markt Informationen gezielt zu einer bestimmten Fragestellung gewonnen und anschließend ausgewertet werden.
- Von **Sekundärforschung (Schreibtischforschung)** spricht man, wenn aus bereits vorhandenen Zahlenmaterialien (Daten) Informationen zu einer bestimmten Fragestellung gewonnen und anschließend ausgewertet werden.

2.2.2.2 Primärforschung

Die Primärforschung gewinnt die Informationen direkt an ihrem Entstehungsort. Voraussetzung für die Gewinnung von Marktinformationen (z. B. über die Kunden) ist eine möglichst umfassende und genaue Planung aller erforderlichen Einzelschritte.

Der Ablauf einer Primärerhebung umfasst vier Phasen:

Phasen	Erläuterungen	Beispiele
Phase der Problemformulierung	Es ist zu klären, worin das Marketingproblem besteht. Anschließend sind die Erhebungsziele zu formulieren.	Rückgang von Bestellungen und Umsatzeinbruch. Erhebungsziel: Rückgewinnung von Kunden.
Phase der Informationsgewinnung	Auswahl der Methoden, mit denen die gewünschten Daten gewonnen werden sollen.	Befragung der Kundenmeinung über das Image des Unternehmens, der Qualität und Aktualität der Produkte mithilfe von Fragebögen und Interviews.
Phase der Informationsverarbeitung	Die gewonnenen Informationen werden aufbereitet, ausgewertet, interpretiert und dokumentiert.	Die Produkte haben mindere Qualität und sind technisch veraltet. Außerdem fehlt ein modernes Design.
Phase der Ergebnispräsentation	Die dokumentierten Ergebnisse werden den zuständigen Entscheidungsträgern präsentiert.	Der Geschäftsführung werden die Informationen mit einem Vorschlag zur Verbesserung der Produkte präsentiert.

1 **Primär:** an erster Stelle stehend, vorrangig.
2 **Sekundär:** an zweiter Stelle stehend, zweitrangig.

2.2.2.3 Sekundärforschung

Gegenstand der Sekundärforschung ist die Beschaffung und Zusammenstellung des bereits vorhandenen Datenmaterials. Die Daten können aus **internen und externen Informationsquellen** stammen. Diese Form der Informationsgewinnung ist im Vergleich zur Gewinnung von Primärdaten schneller und kostengünstiger. Außerdem erweitert die Verfügbarkeit weltweiter elektronischer Netze (z. B. Internet) und Datenbanken die Möglichkeiten der Sekundärforschung, bei vergleichweise geringen Kosten, erheblich. Darüber hinaus sind bestimmte Daten (z. B. volkswirtschaftliche Gesamtgrößen, Branchenkennziffern, Entwicklungszahlen) auf anderem Wege für das einzelne Unternehmen praktisch nicht zugänglich.

Einen **Überblick über Quellen der Sekundärforschung** zeigt die folgende Aufstellung:

I. Unternehmensinterne Quellen

- Umsatz- und Absatzstatistik
- Auftragsstatistik
- Kundendatei, Kundenkorrespondenz, Berichte des Einkaufs
- Vertreter- und Kundendienstberichte
- Kostenrechnung
- Berichte aus früheren Sekundär- und Primäruntersuchungen

II. Unternehmensexterne Quellen

- Amtliche Quellen
  (z. B. Berichte des Statistischen Bundesamtes: Daten zur Entwicklung von Bevölkerung, Verbrauch, Preisen, Einkommen, Umsatz und Produktion einzelner Wirtschaftszweige, Konkurse, usw.; Statistische Landesämter: regionale Wirtschafts- und Bevölkerungsdaten; Kommunale statistische Ämter: Wirtschafts- und demografische Daten auf Kreis- und Stadtebene)
- Internationale Organisationen
  (z. B. EU, UN, OECD)
- Staatliche oder halbstaatliche Einrichtungen
  (z. B. Bundesversicherungsanstalt, IHK, Krankenkassen, Kraftfahrzeugbundesamt)
- Verbände und Organisationen
  (z. B. Zentralausschuss der Werbewirtschaft, Ring Deutscher Makler, Architektenkammer, Deutscher Direktmarketing Verband)
- Firmenveröffentlichungen
  (z. B. Geschäftsberichte, Prospekte)
- Wirtschaftswissenschaftliche Institute, Hochschulen, Fachzeitschriften u. Ä.
- Online-Dienste
  (z. B. Ifo-Institut, statistische Ämter, Börsen, Suchhilfen im WWW)
- Externe Datenbanken

2.2.3 Marktsegmentierung[1]

(1) Grundlegendes

In der Regel setzt sich ein Gesamtmarkt aus einer Vielzahl von tatsächlichen und potenziellen Kunden zusammen, die – bezogen auf das Produktprogramm eines Unternehmens – unterschiedliche Bedürfnisse haben. Es ist daher sinnvoll, wenn ein Unternehmen

1 **Segment**: Teilstück, Abschnitt.

intern die Kunden hinsichtlich ihres Kaufverhaltens in Gruppen **(Segmente, Cluster)** aufteilt **(segmentiert),** die weitgehend homogen sind, sich von anderen Gruppen aber deutlich unterscheiden. Durch die Marktsegmentierung kann das Unternehmen differenzierte, auf die Kunden abgestimmte Marktleistungen erbringen.

- **Marktsegmentierung** ist die interne Aufteilung eines Gesamtmarktes in homogene[1] und untereinander sich deutlich unterscheidende Gruppen zur Bearbeitung der Marktsegmente mit segmentspezifischen Marketingprogrammen.
- Die Marktsegmentierung ist eine **Konzeption zur Markterfassung und Marktbearbeitung.**

(2) Kriterien zur Marktsegmentierung

Bei der Segmentierung des Marktes kann nach verschiedenen Kriterien vorgegangen werden. In der betriebswirtschaftlichen Literatur wird die Marktsegmentierung üblicherweise nach geografischen, soziodemografischen und psychografischen Kriterien sowie nach Kriterien des beobachtbaren Kaufverhaltens vorgenommen.

Bereiche	Beispiele
Geografische Marktsegmentierung Der Markt wird nach räumlichen Gesichtspunkten aufgegliedert.	Aufteilung nach Bundesländern, Großstädten, Regierungsbezirken, Wohngebietstypen (gekennzeichnet durch homogene Lebensstile und Kaufverhaltensmuster) u.Ä. Ein Beispiel für eine geografische Segmentierung finden Sie auf S. 71.
Psychografische Marktsegmentierung Der Markt wird nach gleichartigen Käuferschichten aufgegliedert. Erfasst wird die gleichartige Käuferschicht, indem übereinstimmende Persönlichkeitsmerkmale ermittelt werden.	Persönlichkeitsmerkmale sind etwa die allgemeine grundsätzliche Einstellung der Verbraucher, die Persönlichkeitsstruktur der Konsumenten, ihre Wertvorstellungen, ihre Interessen, ihre soziale Orientierung, ihre Risikobereitschaft, Lebensstil, Nutzenerwartungen u.Ä.
Soziodemografische Marktsegmentierung Der Markt wird nach demografischen und sozioökonomischen Kriterien aufgedeckt.	■ **Demografische Kriterien,** wie Geschlecht, Alter, Familienstand, soziale Schicht, Haushaltsgröße, Zahl der Kinder usw. ■ **Sozioökonomische Kriterien,** wie Ausbildung, Beruf, Einkommen usw.
Marktsegmentierung nach dem beobachtbaren Kaufverhalten	■ **Produktbezogene Verhaltensmerkmale,** wie Markentreue, Kaufrhythmus, bevorzugte Packungsgröße, Kauf bestimmter Preisklassen, Reaktion auf Sonderangebote usw. ■ **Einkaufsstättenwahl,** wie Einkauf im Fachgeschäft, beim Discounter, Supermarkt; Geschäftstreue u.Ä.

Hauptziel der Marktsegmentierung ist es, einen hohen Übereinstimmungsgrad zwischen den Bedürfnissen der Zielgruppen und den angebotenen Marktleistungen zu erreichen.

1 **Homogen** (lat.): gleichartig.

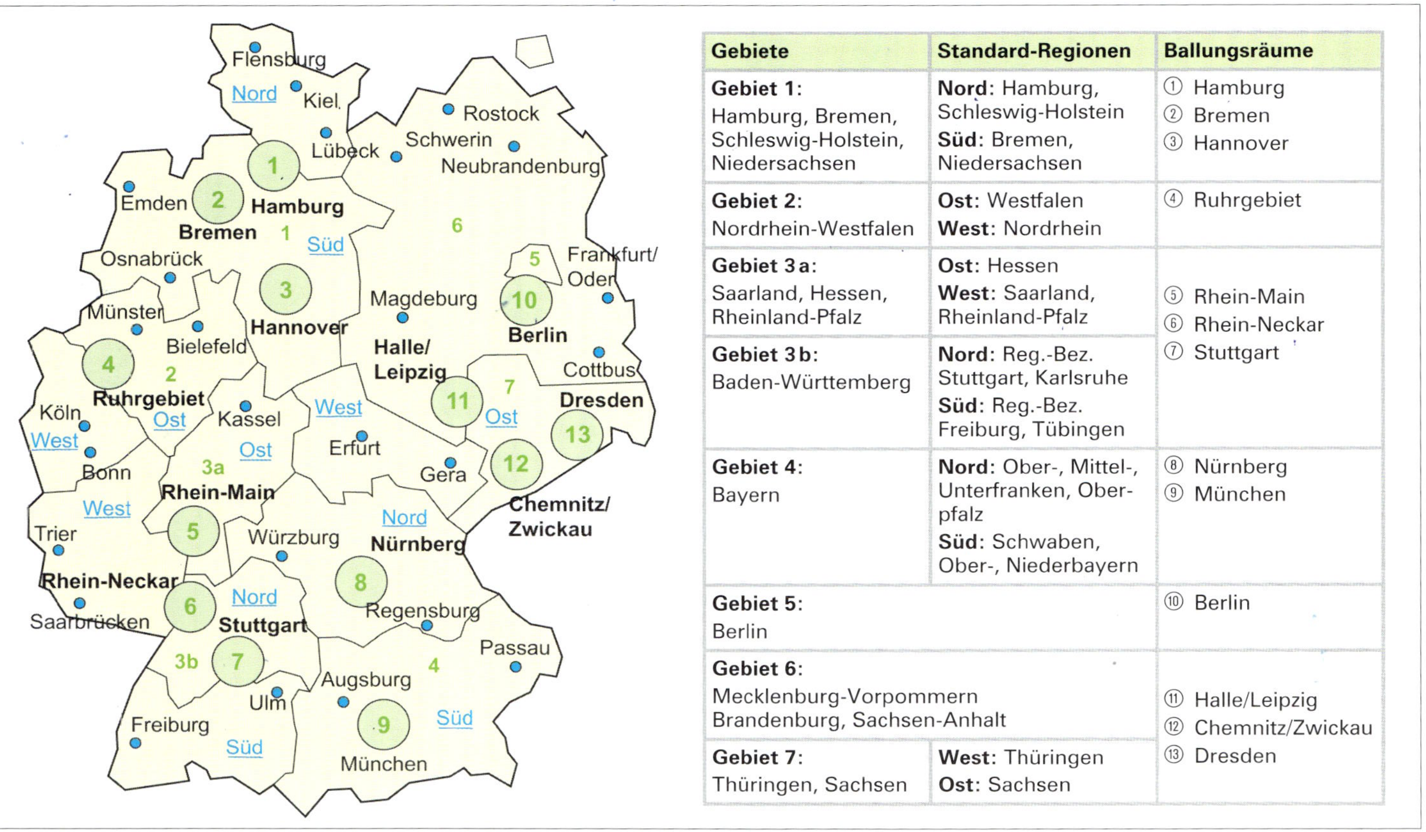

Gebiete	Standard-Regionen	Ballungsräume
Gebiet 1: Hamburg, Bremen, Schleswig-Holstein, Niedersachsen	**Nord:** Hamburg, Schleswig-Holstein **Süd:** Bremen, Niedersachsen	① Hamburg ② Bremen ③ Hannover
Gebiet 2: Nordrhein-Westfalen	**Ost:** Westfalen **West:** Nordrhein	④ Ruhrgebiet
Gebiet 3 a: Saarland, Hessen, Rheinland-Pfalz	**Ost:** Hessen **West:** Saarland, Rheinland-Pfalz	⑤ Rhein-Main ⑥ Rhein-Neckar ⑦ Stuttgart
Gebiet 3 b: Baden-Württemberg	**Nord:** Reg.-Bez. Stuttgart, Karlsruhe **Süd:** Reg.-Bez. Freiburg, Tübingen	
Gebiet 4: Bayern	**Nord:** Ober-, Mittel-, Unterfranken, Oberpfalz **Süd:** Schwaben, Ober-, Niederbayern	⑧ Nürnberg ⑨ München
Gebiet 5: Berlin		⑩ Berlin
Gebiet 6: Mecklenburg-Vorpommern Brandenburg, Sachsen-Anhalt		⑪ Halle/Leipzig ⑫ Chemnitz/Zwickau ⑬ Dresden
Gebiet 7: Thüringen, Sachsen	**West:** Thüringen **Ost:** Sachsen	

Geografische Marktsegmentierung[1]

Quelle: Meffert, H.: Marketing, Grundlagen marktorientierter Unternehmensführung, 9. Aufl., Wiesbaden 2005, S. 190.

1 Diese Marktsegmentierung geht auf das Marktforschungsinstitut A.C. Nielsen GmbH zurück.

Zusammenfassung

- Die **Marktforschung** bedient sich wissenschaftlicher Methoden, um die Gegebenheiten und die Entwicklungen auf den Absatzmärkten zu erforschen. Dies geschieht durch **Marktanalyse** und **Marktforschung**.
- Eine wichtige **Aufgabe der Marktforschung** ist die **Kunden- und Konkurrenzstruktur** zu ermitteln.
- Die Marktforschung kann auf zweierlei Weisen betrieben werden.
- **Primärforschung** liegt vor, wenn unmittelbar am Markt Informationen gewonnen und anschließend ausgewertet werden.
- Von **Sekundärforschung** spricht man, wenn aus bereits vorhandenen Daten Erkenntnisse für die Marktanalyse, Marktbeobachtung und Marktprognose gewonnen werden.
- Durch die **Marktsegmentierung** wird der Gesamtmarkt in Teilmärkte aufgeteilt.
- **Ziel der Marktsegmentierung** ist, die Bedürfnisse der Kunden und die angebotenen Marktleistungen in Übereinstimmung zu bringen.

Übungsaufgaben

15

1. Um eine Entscheidung treffen zu können, soll Marktforschung betrieben werden. Informationen können mithilfe der Primärforschung oder mithilfe der Sekundärforschung beschafft werden.
   - 1.1 Erläutern Sie die Begriffe Primärforschung und Sekundärforschung!
   - 1.2 Begründen Sie, welche der beiden oben genannten Methoden kostengünstiger ist!
   - 1.3 Erklären Sie, aus welchen Gründen vor Primärerhebungen Sekundärerhebungen vorgenommen werden sollten!
   - 1.4 Beschreiben Sie den Ablauf einer Primärforschung!
   - 1.5 Beschreiben Sie jeweils an einem Beispiel die Vor- und Nachteile der internen und der externen Informationsbeschaffung!
2. Der französische Käsehersteller Dubois S.A. möchte die neue Käsesorte „Tête de Chèvre" auf den deutschen Markt bringen. Um die Absatzchancen zu untersuchen, wird intensive Marktforschung betrieben.

   Aufgaben:
   - 2.1 Erläutern Sie, warum die Marktforschung die Grundlage für Entscheidungen im Marketing liefert!
   - 2.2. Erläutern Sie, warum der Käsehersteller vor allem Primärforschung betreiben muss!
   - 2.3 Begründen Sie, warum die Dubois S.A. zunächst vor allem Marktanalyse (und nicht Marktbeobachtung) betreiben muss!

16

1. Erläutern Sie den Begriff Marktsegmentierungsstrategie!
2. Erklären Sie die psychografische Marktsegmentierung an einem Beispiel!
3. Beschreiben Sie, worin das Hauptziel der Marktsegmentierung besteht!

17 Textauszug:

„Kundenorientierung" ist das neue Zauberwort im Kampf um Märkte und Absatz

Der Chef der Berliner Software AG ist auf seine Mitarbeiter nicht gut zu sprechen. „Zufriedene Aktionäre setzen zufriedene Kunden voraus", sagt er. Aber die Service-Qualität sei ein Schwachpunkt seines Unternehmens, bemängelte er gestern im Frankfurter Presse-Club. Schon auf der CeBit hatte er wissen lassen, die Mitarbeiter der Berliner Software AG müssten jetzt beharrlich und notfalls mit Härte darauf hinwirken, dass konsequente Kundenorientierung gelebte Praxis wird.

„Kundenorientierung" ist aber nicht nur bei der Berliner Software AG die Losung. Es ist für viele Unternehmen das neue Zauberwort im schärfer werdenden Konkurrenzkampf um Märkte und Kunden. Porsche hat eine Aktion „Liebe deinen Kunden" gestartet, selbst der Infodienst für Landwirtschaft verteilt eine Broschüre „Kommunikation mit Urlaubsgästen auf Bauernhöfen". In den Wirtschaftsmagazinen häufen sich Seminarangebote. Der Kontakt zum Kunden wird nicht mehr der Willkür von Charakter oder Laune der Mitarbeiter überlassen ...

Weil so (wenig freundliche) Appelle wie die des Chefs der Berliner Software AG den Mitarbeitern keine Service-Mentalität vermitteln, lernen sie in Seminaren, freundlich und verbindlich zu sein ...

Wie viele Mitarbeiter die Berliner Software AG jährlich schult, bleibt Betriebsgeheimnis vor der Konkurrenz. Die Berliner Software AG macht sozusagen im Kleinen durch, was die allgemeine wirtschaftliche Entwicklung ist: Den Wandel zur Dienstleistungsgesellschaft ...

Folgende Grundmotive hat die Verkaufspsychologie beim Kunden festgestellt: Geltungsbedürfnis und Gewinnstreben, Sicherheitsbedürfnis und Selbsterhaltung, Bequemlichkeit, Wissensdrang und Kontakt.

Aufgaben:

1. Erläutern Sie den Zusammenhang zwischen „zufriedenen Kunden" einerseits und „zufriedenen Aktionären" andererseits!
2. Erklären Sie mit eigenen Worten, was Sie unter Kundenorientierung verstehen!

2.3 Produktpolitik

Aus der **Sicht des Marketings** stellt ein **Produkt**[1] (Sachgüter und/oder Dienstleistungen) eine Summe von nutzenstiftenden Eigenschaften dar.

Die meisten Unternehmen bieten in ihrem Produktprogramm mehrere Produkte an. Für die Unternehmensleitung stellt sich daher die Frage,

- **welches Produkt** man besonders fördern will und
- in welchem **Umfang** man **Marketinginstrumente** einsetzen soll.

Die Lösung dieser Fragestellungen hängt insbesondere von zwei Faktoren ab:

- vom „Lebensalter" der Produkte **(Konzept des Produkt-Lebenszyklus)** und
- vom Marktanteil des Produkts sowie den damit verbundenen Wachstumsaussichten **(Marktwachstum-Marktanteil-Portfolio).**

1 Wiederholen Sie hierzu die Ausführungen von S. 18.

2.3.1 Konzept des Produkt-Lebenszyklus

(1) Grundlegendes zum Konzept des Produkt-Lebenszyklus

Hat ein Unternehmen ein neues Produkt entwickelt, steht es vor der Frage, mit welchen Marketingmaßnahmen es am Markt eingeführt und anschließend begleitet und gefördert werden soll. Die betriebswirtschaftliche Theorie hat hierzu das Konzept des Produkt-Lebenszyklus entwickelt, das die „Lebensdauer" eines Produkts in verschiedene Phasen einteilt, und für jede der Phasen ein entsprechendes **Marketingziel** vorschlägt.

Das **Modell des Lebenszyklus von Produkten** möchte den „Lebensweg" eines Produkts, gemessen an Umsatz und Gewinnhöhe, **zwischen der Markteinführung** des Produkts und dem **Ausscheiden aus dem Markt** darstellen.

(2) Phasen des Produkt-Lebenszyklus

Der **Lebenszyklus eines Produkts** lässt sich in **vier unterscheidbare Phasen** gliedern.

- **Einführungsphase**

Die Einführungsphase beginnt mit dem Eintritt des Produkts in den Markt. In dieser Phase dauert es einige Zeit bis die Kunden ihr bisheriges Konsumverhalten geändert haben und das Produkt am Markt eingeführt ist. In diesem Stadium werden zunächst **Verluste** oder nur **geringe Gewinne** erwirtschaftet, da das Absatzvolumen niedrig und die Aufwendungen für die Markteroberung hoch sind. Handelt es sich um ein wirklich neues Produkt, gibt es zunächst noch keine Wettbewerber.

Um dem Produkt den Durchbruch auf dem Markt zu ermöglichen, ist die **Werbung** das wirksamste Instrument. Daneben gilt es, das Verkaufsnetz auszubauen. Das neue Produkt wird meist nur in der **Grundausführung** hergestellt.

Marketingziel in der **Einführungsphase** ist, das Produkt bekannt zu machen und Erstkäufe herbeizuführen.

- **Wachstumsphase**

Die Wachstumsphase tritt ein, wenn die Absatzmenge rasch ansteigt. Die Mehrheit der infrage kommenden Kunden beginnt zu kaufen. Die Chance auf hohe Gewinne lockt neue Konkurrenten auf den Markt. Die **Preise** bleiben aufgrund der regen Nachfrage **stabil** oder **fallen nur geringfügig.** Da sich die Kosten der Absatzförderung auf ein größeres Absatzvolumen verteilen und zudem die Fertigungskosten aufgrund der größeren Produktionszahlen sinken, **steigen die Gewinne** in dieser Phase.

Die Werbung wird in dieser Phase noch nicht nennenswert herabgesetzt. In der Produktpolitik wird in der Regel so verfahren, dass die **Produktqualität verbessert, neue Ausstattungsmerkmale** entwickelt und das **Design aktualisiert** wird.

Marketingziel in der **Wachstumsphase** ist, einen größtmöglichen Marktanteil zu erreichen.

Reife- und Sättigungsphase

Die Reife- und Sättigungsphase lässt sich in drei Abschnitte untergliedern. Im ersten Abschnitt **verlangsamt sich das Absatzwachstum,** im zweiten Abschnitt kommt es zur **Marktsättigung,** sodass der Umsatz in etwa konstant bleibt. Im dritten Reifeabschnitt wird der **Prozess des Absatzrückgangs** eingeleitet. Die Kunden fangen an, sich anderen Produkten zuzuwenden. Dies führt in der Branche zu Überkapazitäten und löst einen verschärften Wettbewerb aus. Die Gewinne gehen zurück. Die schwächeren Wettbewerber scheiden aus dem Markt aus.

Die Wettbewerber versuchen in der Reife- und Sättigungsphase insbesondere durch **Produktmodifikationen**[1] wie Qualitätsverbesserungen (z. B. bessere Haltbarkeit, Zuverlässigkeit, Geschmack, Geschwindigkeit), **Verbesserung der Produktausstattung** (z. B. Schiebedach, heizbare Sitze, Klimaanlage) und/oder **Differenzierung des Produktprogramms** (z. B. Schokolade mit unterschiedlichem Geschmack, Formen, Verpackungen) neue Nachfrager zu gewinnen. Daneben werden **preispolitische Maßnahmen** (z. B. Sonderverkauf, hohe Rabatte, Hausmarken zu verbilligten Preisen) und servicepolitische Maßnahmen (z. B. Einrichtung von Beratungszentren, kürzere Lieferzeiten, großzügigere Lieferungs- und Zahlungsbedingungen) ergriffen. Außerdem werden **spezielle Werbemaßnahmen** eingesetzt, um bestehende Präferenzen[2] zu erhalten bzw. neue aufzubauen.

Marketingziel in der **Reife- und Sättigungsphase** ist, einen größtmöglichen Gewinn zu erzielen, indem die Umsatzkurve „gestreckt" wird, bei gleichzeitiger Sicherung des Marktanteils. Da die hohen Kosten der Markteinführung und des Wachstums weitestgehend entfallen, verspricht diese Phase eine hohe Rentabilität.

Rückgangsphase (Degenerationsphase)

In der Rückgangsphase **sinkt die Absatzmenge** stark ab und **Gewinne** lassen sich nur noch **in geringerem Umfang** bzw. gar **nicht mehr erwirtschaften.** Die Anzahl der Wettbewerber sinkt. Die übrig gebliebenen Anbieter **verringern systematisch ihr Produktprogramm,** die Werbung wird zunehmend eingeschränkt, die **Distributionsorganisation wird ausgedünnt.** Auch starke Preissenkungen können sinnvoll sein.

Als Ursachen für einen Rückgang der Absatzzahlen können der technische Fortschritt, ein veränderter Verbrauchergeschmack oder Änderungen in der Einkommensverteilung, die ihrerseits zu Verschiebungen der Bedarfsstrukturen führt, angesehen werden.

Marketingziel in der **Rückgangsphase** ist, die Kosten zu senken und gleichzeitig den möglichen Gewinn noch „mitzunehmen".

(3) Gesamtdarstellung

Den Beginn und das Ende der einzelnen Abschnitte festzulegen ist Ermessenssache. Je nach Produkttyp ist die Dauer der einzelnen Phasen und der Verlauf der Umsatz- und Gewinnkurven unterschiedlich. Der abgebildete Kurvenverlauf ist daher als ein Spezialfall unter verschiedenen möglichen Verläufen anzusehen.

1 **Modifikation:** Abwandlung, Veränderung. Vgl. hierzu auch die Ausführungen auf S. 83.

2 **Präferenz:** Bevorzugung (z. B. bestimmte Produkte und/oder Verkäufer).

Umsatz- und Gewinnverlauf[1] im Produkt-Lebenszyklus

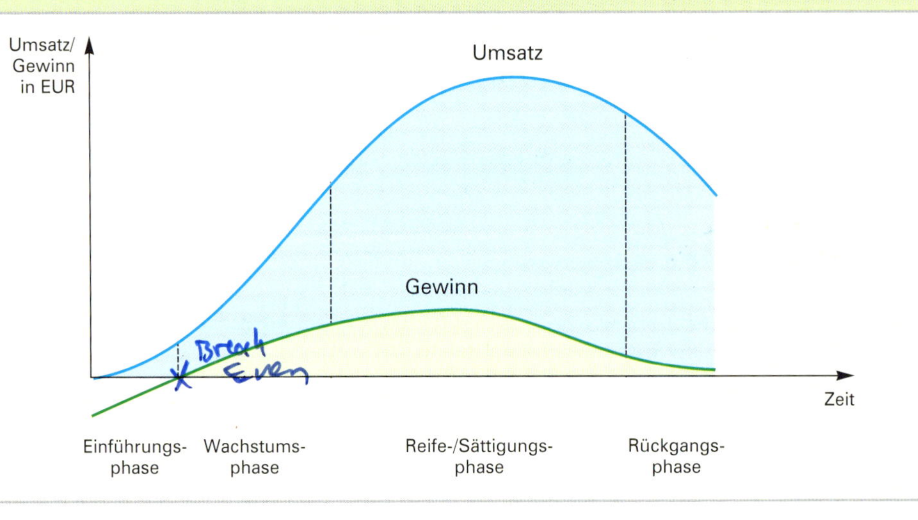

Die charakteristischen Merkmale der Produkt-Lebenszyklus-Phasen sind in der nachfolgenden Übersicht zusammengestellt.[2]

	Phasen des Produkt-Lebenszyklus			
	Einführungsphase	**Wachstumsphase**	**Reife- und Sättigungsphase**	**Rückgangsphase**
Merkmale				
Umsatz	gering	schnell ansteigend	Spitzenabsatz	rückläufig
Kosten	hohe Kosten pro Kunde	durchschnittliche Kosten pro Kunde	niedrige Kosten pro Kunde	niedrige Kosten pro Kunde
Gewinne	negativ	steigend	hoch	fallend
Konkurrenten	nur einige	Zahl der Konkurrenten nimmt zu	gleichbleibend, Tendenz nach unten setzt ein	Zahl der Konkurrenten nimmt ab
Marketingziele	Produkt bekannt machen, Erstkäufe herbeiführen	größtmöglicher Marktanteil	größtmöglicher Gewinn bei gleichzeitiger Sicherung des Marktanteils	Kostensenkung und „Gewinnmitnahme“
Marketinginvestitionen	sehr hoch	hoch (degressiv ansteigend)	mittel (sinkend)	gering
Kernbotschaft der Werbung	neu, innovativ	Bestätigung des Verhaltens	verlässlich, bewährt	Schnäppchen

1 Der **reale** Gewinn errechnet sich als Differenz zwischen dem Umsatz zu konstanten Preisen und den Kosten zu konstanten Preisen.

2 Die Tabelle ist angelehnt an Kotler, P., Bliemel, F.: Marketing-Management, 8. Aufl., Stuttgart 1995, S. 586.

2.3.2 Portfolio-Analyse

2.3.2.1 Konzept der Portfolio-Analyse und -Planung

Die Portfolio-Analyse[1] sieht das Unternehmen als eine Gesamtheit von strategischen Geschäftseinheiten (SGE).

- Eine **strategische Geschäftseinheit** umfasst eine genau abgrenzbare Gruppe von Produkten, für die es einen eigenen Markt und spezifische Konkurrenten gibt.
- Die **Portfolio-Methode** untersucht die gegenwärtige Marktsituation einer strategischen Geschäftseinheit sowie deren Entwicklungsmöglichkeit und stellt dies grafisch dar.
- Mithilfe der Portfolio-Methode lassen sich **Strategien** entwickeln, mit deren Hilfe das Management eines Unternehmens entscheidet, welche **strategischen Geschäftseinheiten** gefördert, welche erhalten und welche abgebaut werden.

2.3.2.2 Marktwachstum-Marktanteil-Portfolio[2]

(1) Aufbau

Die **Vier-Felder-Portfolio-Matrix,** die dem Marktwachstum-Marktanteil-Portfolio zugrunde liegt, gliedert die SGE nach den Kriterien **Marktanteil** und **Marktwachstum** in eine Matrix ein. In der Matrix können die einzelnen SGE vier grundlegend unterschiedliche Positionen einnehmen, die in der Portfolio-Terminologie mit den Bezeichnungen **Questionmarks, Stars, Cashcows** und **Poor Dogs** belegt werden.

- Die **horizontale Achse** zeigt den (relativen) **Marktanteil der strategischen Geschäftseinheit** auf, d. h. den eigenen Marktanteil im Verhältnis zu dem größten Konkurrenten. Der Marktanteil dient als Maßstab für die Stärke des Unternehmens im Markt.
- Die **vertikale Achse** zeigt den **Grad der Wachstumsphase** der Produkte an.

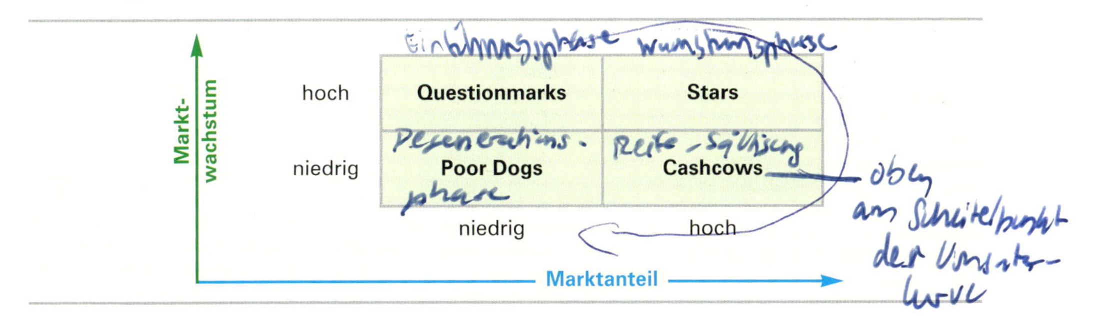

1 **Portfolio** (hier): schematische Abbildung zusammenhängender Faktoren im Bereich der strategischen Unternehmensführung.

2 Dieser Portfolio-Ansatz wurde von dem amerikanischen Beratungsunternehmen „Boston-Consulting-Group" entwickelt.

(2) Darstellung des Modells im Einzelnen

Questionmarks (Fragezeichen)

Hierunter versteht man Produkte, die neu auf dem Markt sind. Der relative Marktanteil ist (noch) gering. Man verspricht sich bei ihnen gute Wachstumschancen. Sie sollen daher besonders stark gefördert werden, was bedeutet, dass die Questionmarks einen hohen Finanzmittelbedarf haben. Der Begriff „Fragezeichen“ ist äußerst treffend, denn die Unternehmensleitung muss sich nach einer gewissen Zeit fragen, ob sie weiterhin viel Geld in diese SGE stecken oder den fraglichen Markt verlassen soll.

Strategieempfehlung: Offensivstrategie

Stars (Sterne)

Aus dem anfänglichen „Fragezeichen“, das Erfolg hat, wird ein „Star“. Ein „Star“ ist der Marktführer in einem Wachstumsmarkt. Er erfordert umfangreiche Finanzmittel, um mit dem Marktwachstum Schritt halten zu können. Im Allgemeinen bringen „Stars“ schon Gewinne. Die generelle Strategie heißt, den Marktanteil leicht zu erhöhen bzw. zu halten.

Strategieempfehlung: Investitionsstrategie

Cashcows (Melkkühe; Kühe, die bares Geld bringen)

Da der Markt kaum wächst, kommt es darauf an, durch gezielte Erhaltungsinvestitionen die erreichte Marktposition zu halten. Dadurch lassen sich Finanzmittel erwirtschaften. Cashcows stellen deshalb die Finanzquelle eines Unternehmens dar. Man lässt sie so lange „laufen“, wie sie noch Gewinn bringen.

Strategieempfehlung: Abschöpfungsstrategie

Poor Dogs (arme Hunde)

Sie weisen nur noch einen geringen Marktanteil und eine geringe Wachstumsrate auf. Es bestehen keine Wachstumschancen mehr. Die Produktion der Poor Dogs sollte eingestellt werden.

Strategieempfehlung: Desinvestitionsstrategie[1]

Beachte:

Der **Marktanteil** und das **Marktwachstum eines Produkts** sind immer auch aus der **Sicht der Mitbewerber** zu sehen.

- Wird z. B. ein Produkt von einem Unternehmen neu in den Markt eingeführt (Questionmark), so trifft es in aller Regel auf gleichartige Produkte von Mitbewerbern, die bereits auf dem Markt sind und dort eventuell schon die Stellung eines Stars besitzen. Das neue Produkt muss sich daher seinen Marktanteil erobern, indem es Mitbewerber teilweise oder ganz aus dem Markt drängt oder sich einen neuen Markt schafft.

1 **Desinvestition**: Verringerung des Bestandes an Gütern.

Umgekehrt muss sich ein Produkt, das bereits als Cashcow auf dem Markt ist, gegen „Angriffe" der Mitbewerber behaupten, die neue Produkte auf den Markt bringen.

- Bei der Auswahl der Marketingstrategie hat das Unternehmen somit immer zu berücksichtigen, dass der Mitbewerber mit einer Gegenstrategie antwortet, damit sich seine Produkte am Markt behaupten können.

(3) Beziehungen zwischen der Portfolio-Analyse und dem Konzept des Produkt-Lebenszyklus

Die folgende Darstellung zeigt, dass durch die Portfolio-Analyse das Konzept des Produkt-Lebenszyklus ergänzt wird. Die Matrix zeigt den Zusammenhang zwischen den beiden Konzeptionen sowie die inhaltliche Aussage des Marktwachstum-Marktanteil-Portfolios auf.

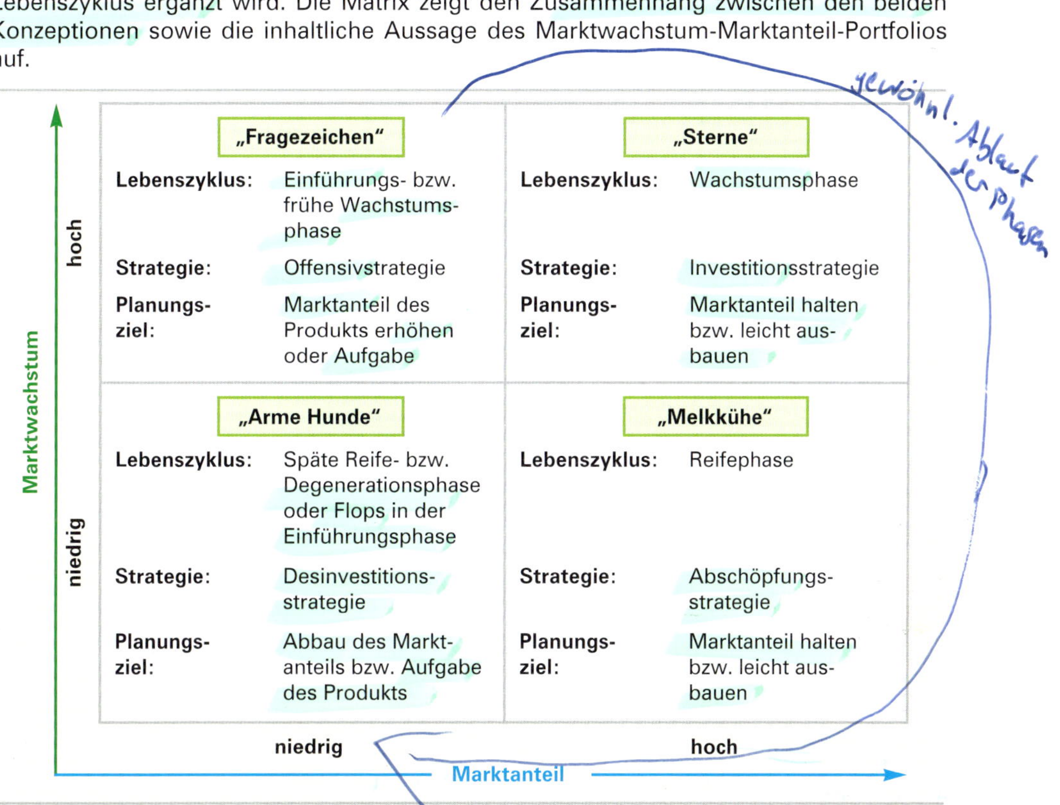

(4) Generelle Zielsetzung des Modells

Nachdem das Unternehmen alle seine strategischen Geschäftseinheiten in die Marktwachstum-Marktanteil-Matrix eingeordnet hat, gilt es festzustellen, ob das Portfolio ausgeglichen ist.

Das Portfolio ist dann **ausgeglichen**, wenn das Wachstum eines Unternehmens gesichert ist und ein Risikoausgleich zwischen den verschiedenen SGE besteht. Ein Portfolio wäre dann **nicht ausgeglichen**, wenn in der Matrix zu viele „arme Hunde" oder „Fragezeichen" bzw. zu wenig „Sterne" und „Melkkühe" existieren.

Ziel eines Unternehmens muss es sein, die einzelnen **SGE so zu positionieren,** dass es zu einer möglichst optimalen Kombination von **„kapitalliefernden" SGE** (Stars und Cashcows) in **zurückgehenden Märkten** und **„kapitalverbrauchenden" SGE** (Questionmarks) in **Wachstumsmärkten** kommt. Nur in diesem Fall kann der Unternehmenserfolg langfristig als gesichert angesehen werden.

(5) Beurteilung des Marktwachstum-Marktanteil-Portfolios

Vorteile	Nachteile
Der Unternehmensleitung wird z. B. dazu verholfen, ■ zukunfts- und strategieorientiert zu denken, ■ die aktuelle Geschäftssituation zu erfahren, ■ Chancen und Risiken zu erkennen, ■ die Planungsqualität zu steigern, ■ die Kommunikation zwischen der Unternehmensleitung und den einzelnen strategischen Geschäftseinheiten zu verbessern, ■ die anstehenden Probleme schneller auszumachen, ■ die schwachen Geschäftseinheiten zu eliminieren und die vielversprechenden durch gezielte Investitionen zu fördern.	■ Eine Eingliederung der SGE in die Matrix hängt von der Gewichtung der einzelnen Faktoren ab und diese ist teilweise subjektiv. Man kann also eine SGE in eine gewünschte Position hineinmanipulieren. ■ Es kann geschehen, dass sich die Unternehmensleitung zu stark auf die Wachstumsmärkte konzentriert und dabei andere Geschäftseinheiten vernachlässigt. ■ Die Verflechtungen zwischen den einzelnen SGE bleiben völlig unberücksichtigt. Es kann somit riskant sein, für eine SGE unabhängige, von den übrigen Bereichen „losgelöste" Entscheidungen zu treffen. Eine solche Entscheidung kann nämlich für eine SGE eine positive und für eine andere SGE eine negative Wirkung haben.

Zusammenfassung

- Aus Sicht des Marketings stellt ein **Produkt** eine Summe von **nutzenstiftenden Eigenschaften** dar.
- Produktpolitische Entscheidungen orientieren sich am **Lebenszyklus eines Erzeugnisses.** Das Nachfolgeprodukt muss am Markt eingeführt werden, solange sich das aktuelle Erzeugnis noch in der Reifephase befindet.
- Die **Portfolio-Analyse** ist ein Instrument der strategischen Planung. Sie ergänzt die Erkenntnisse aus der Lebenszyklus-Analyse und unterstützt die Unternehmensleitung bei programmpolitischen Entscheidungen.
- Zur Sicherung des Unternehmenserfolgs sind die SGE so zu positionieren, dass es zu einer optimalen **Kombination von kapitalliefernden SGE** (Stars und Cashcows) in zurückgehenden Märkten **und kapitalverbrauchenden SGE** (Questionmarks) in Wachstumsmärkten kommt.

Übungsaufgaben

18

1. Erklären Sie die Zielsetzung des Produkt-Lebenszyklus-Konzepts!
2. Stellen Sie den Zusammenhang zwischen dem Marktwachstum- und Marktanteil-Portfolio und der Theorie der Lebenszyklen der Produkte dar!

3. Erläutern Sie, wie der Lebenszyklus der verschiedenen Produkte im Portfolio verlängert werden kann! Lösen Sie diese Aufgabe, indem Sie ein Beispiel bilden!

4. Die Lebensmittel AG Braunschweig hat einen neuen Vollmilch-Schoko-Riegel auf den Markt gebracht. Der Schoko-Riegel hat die Einführungsphase glänzend überstanden und befindet sich jetzt am Beginn der Wachstumsphase.

   Aufgabe:

   Formulieren Sie mindestens drei Strategien, die in der Wachstumsphase von Bedeutung sind!

19

1. Beschreiben Sie die Grundidee der Portfolio-Methode!

2. Skizzieren Sie die Grundaussage der vier strategischen Geschäftseinheiten der Marktwachstums-Marktanteil-Matrix!

3. Beschreiben Sie die generelle Strategie, die in den einzelnen Matrix-Feldern jeweils angemessen ist!

4. Die acht Kreise in der vorgegebenen Marktwachstums-Marktanteil-Matrix symbolisieren die acht Geschäftseinheiten der Göttinger Chemie AG.

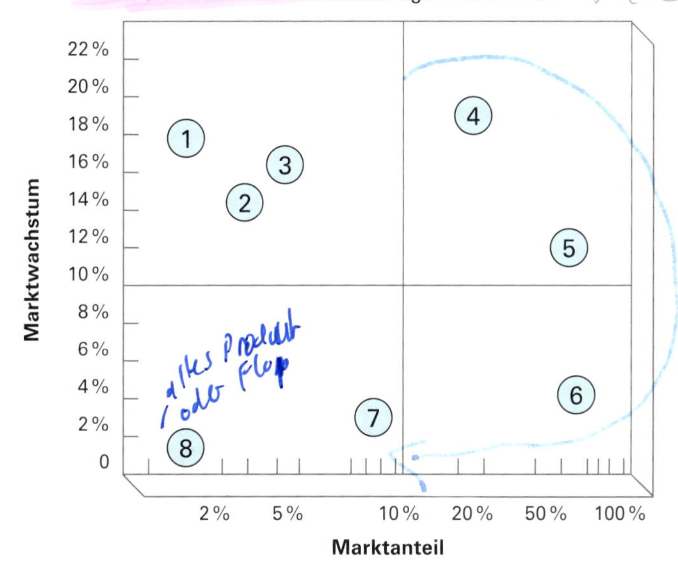

Hinweis:

- Die **vertikale Achse** zeigt das jährliche Marktwachstum der einzelnen Märkte.
- Die **horizontale Achse** zeigt den Marktanteil im Verhältnis zu dem des größten Marktführers.

(Nachweis: Kotler/Bliemel: Marketing-Management, S. 99)

Aufgabe:

Bewerten Sie die langfristigen Erfolgsaussichten der Göttinger Chemie AG!

5. Übertragen Sie das Portfolio von Aufgabe 4 (ohne Kreise) in Ihr Hausheft. Tragen Sie anschließend die folgenden Daten der Limonadenwerke Leberer GmbH in das Portfolio ein:

Nr.	Produkt	Marktanteil	Marktwachstum
1	Zitronengetränk	40 %	16 %
2	Orangengetränk	5 %	14 %
3	Multivitaminsaft	2 %	12 %
4	Grapefruitsaft	8 %	5 %
5	Apfelsaft	20 %	6 %

Aufgaben:

5.1 Beurteilen Sie das Produktprogramm der Limonadenwerke Leberer GmbH!

5.2 Formulieren Sie Empfehlungen für die zukünftig anzuwendenden Strategien!

6 Speth - ISBN 978-3-8120-0592-0

2.3.3 Entscheidungen zum Produktprogramm

2.3.3.1 Überblick

Bei der Erstellung eines Produktprogramms sind insbesondere folgende **zentrale Fragestellungen** zu lösen:

- Mit welchen neuen Produkten kann die Position des Unternehmens am Markt gefestigt werden **(Produktinnovation)?**
- Mit welchen Anpassungen kann die Produktlebenskurve verlängert werden **(Produktmodifikation, Produktvariation)?**
- Welches Erzeugnis soll aus dem Produktprogramm entfernt werden **(Produkteliminierung)?**

2.3.3.2 Produktinnovation

Unter **Produktinnovation**[1] versteht man die Änderung des Produktprogramms durch Aufnahme neuer Produkte.

Die Motivation hierzu ist, dass einerseits dem **technischen Fortschritt** Rechnung getragen werden muss, andererseits muss auf **veränderte Kundenwünsche** reagiert werden. Die Produktinnovation begegnet uns in Form

- der **Produktdiversifikation** und
- der **Produktdifferenzierung**.

Produktdiversifikation[2]

Unter **Produktdiversifikation** versteht man die Erweiterung des Produktprogramms durch Aufnahme weiterer Produkte.

Um die Wirkung der produktpolitischen Maßnahmen zu veranschaulichen, wird angenommen, dass ein Hersteller bisher die beiden Erzeugnisgruppen A und B produziert mit den jeweiligen Varianten A_1 und A_2 bzw. B_1, B_2 und B_3.

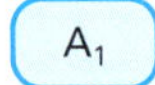

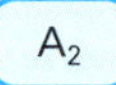

B1
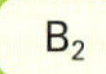

Im Folgenden wird angenommen, dass eine neue Produktgruppe C mit den Varianten C_1 und C_2 entwickelt und auf den Markt gebracht wird. Damit erhält das Unternehmen ein weiteres „Standbein" auf dem Markt. Diese Handlungsstrategie beruht auf der Erkenntnis, dass eine Risikostreuung notwendig ist und dadurch erreicht wird, dass der Umsatz aus mehreren voneinander unabhängigen Quellen geschöpft wird. Die Produktdiversifikation ist das wirksamste und nachhaltigste Mittel zur Wachstumssicherung des Unternehmens.

Grafisch lässt sich damit die Produktdiversifikation gegenüber der Ausgangssituation wie folgt darstellen:

B1 B2 B3

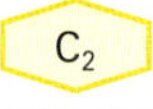

1 **Innovation:** Einführung von etwas Neuem; Neuerung.

2 **Diversifikation:** Veränderung, Vielfalt.

Produktdifferenzierung

- Bei der **Produktdifferenzierung** wird das **Grundprodukt** technisch im Erscheinungsbild oder im Statuswert (Image) verändert.
- **Ziel der Produktdifferenzierung** ist es, eine **zusätzliche Nachfrage** zu schaffen, **ohne die Hauptbestandteile** des Grundprodukts zu verändern.

Die Produktdifferenzierung lässt sich grafisch im Vergleich zur Ausgangssituation wie folgt darstellen:

Die Motivation für die Produktdifferenzierung liegt darin, dass bisher noch nicht erreichte Käuferschichten durch die verschiedenen Produktvarianten eines bereits auf dem Markt vorhandenen Produkts angesprochen werden können, welches in der Regel auf denselben Fertigungsmaschinen hergestellt werden kann. Es handelt sich um eine **Ausweitung des Erzeugnisangebots,** da das bisherige Erzeugnis nicht ersetzt, sondern durch weitere ergänzt wird. Das Basisprodukt wird in seinem wesentlichen Zweck nicht verändert. Eine Differenzierung des Produkts erfolgt auch häufig über Dienstleistungen, um sich von den Erzeugnissen der Konkurrenz abzuheben, z. B. über besondere Leistungen des Kundendienstes, über Finanzdienstleistungen, kürzere Lieferzeiten.

2.3.3.3 Produktmodifikation (Produktvariation)

Bei der **Produktmodifikation (Produktvariation)** wird das Produkt verändert (modifiziert), um es in den Augen der Verbraucher weiterhin attraktiv erscheinen zu lassen.

Grafisch lässt sich die Produktmodifikation gegenüber der Ausgangssituation folgendermaßen darstellen:

A_1 A_2 B_1 B_2 B_3

Das Produkt B_3 hat neue Eigenschaften, es wurde modifiziert.

Die Motivation für die Produktmodifikation ergibt sich durch die Änderung des Nachfrageverhaltens in einem Marktbereich (z. B. verbesserte Produkte der Konkurrenz, Änderung des Geschmacks). Ziel ist es, die Lebensdauer für ein Erzeugnis möglichst zu verlängern. Die mühsam aufgebauten positiven Einstellungen der Käufer zu einem Produkt lassen sich mit relativ geringem Aufwand auch auf das Nachfolgemodell übertragen. Es handelt sich um **keine Ausweitung des Erzeugnisangebots.**

Beispiel:

Ein Pkw-Modell erhält durch eine andere Anordnung der Scheinwerfer ein verändertes Aussehen. Das Modell mit der alten Scheinwerferanordnung wird vom Markt genommen.

2.3.3.4 Produkteliminierung

Unter **Produkteliminierung** versteht man die Herausnahme von Erzeugnissen und/ oder Dienstleistungen aus dem Produktprogramm.

Grafisch ergibt sich bei der Eliminierung einer Variante folgende Situation:

A_1 A_2 B_1 B_2 ~~B_3~~

Der Eliminierung unterliegen insbesondere Produkte in der Endphase des „Lebenszyklus“ oder jene, die sich nach der Markteinführung als Flops erwiesen haben.

2.3.4 Anbieten von Sekundärdienstleistungen

(1) Überblick

Mit dem Anbieten von Dienstleistungen als Sekundärleistung[1] – entgeltlich oder unentgeltlich – wird versucht, gegenüber den Konkurrenten einen Wettbewerbsvorteil zu erringen.

Beispiel:

Die Apotheker verkaufen den Patienten nach der Verordnung der Ärzte verschreibungspflichtige Medikamente. Apotheken können sich bei diesen Medikamenten über die Qualität oder den Preis nicht voneinander abgrenzen, denn beide Kriterien sind bei allen Apotheken gleich. Eine Abgrenzung ist aber möglich über zusätzliche Dienstleistungen, z. B. höherer Beratungsaufwand, Lieferung der Medikamente frei Haus, Bereitstellung von Impfplänen für Auslandsreisen der Kunden.

In der Regel zählen zu den angebotenen **Sekundärdienstleistungen** die **Beratung,** der **Kundendienst,** die **Gewährleistungen** und die **Garantien.**

(2) Beratung

Die Zielrichtung der Beratung besteht zunächst darin, dass der Anbieter einem potenziellen Abnehmer hilft zu erkennen, dass und woran er genau Bedarf hat. In der Nutzungsphase muss dem Käufer dann die Sicherheit gegeben werden, dass ihm im Störungsfall geholfen wird. Am Ende der Nutzungszeit schließlich zielt die Beratung darauf ab, dem Kunden beim Kauf eines neuen Produkts bzw. bei der Entsorgung des alten Produkts zu helfen.

(3) Kundendienst

■ Technischer Kundendienst

Der technische Kundendienst umfasst z. B. die **Einpassung** (z. B. von Büromöbeln) und die **Installation** (z. B. von Maschinen und maschinellen Anlagen), die **Wartung** und **Pflege** (z. B. bei Heizungsanlagen, EDV-Anlagen) sowie die **Reparatur.** Wichtig dabei ist, dass die Reparaturleistungen (unter Umständen unter Einschaltung des Reparaturhandwerks)

---

1 **Sekundär:** an zweiter Stelle stehend; in zweiter Linie in Betracht kommend.

schnell erfolgen. Dies gilt vor allem für Investitionsgüter, denn Produktionsunterbrechungen sind teuer.

Als eine weitere wichtige Leistung des technischen Kundendienstes schiebt sich derzeit verstärkt die Rücknahme und umweltgerechte sowie preisgünstige **Entsorgung des alten Produkts** in den Vordergrund. Oftmals verwandelt sich ein solcher Service in den Kern der Leistung, d.h., der Käufer erwirbt das Produkt nur dann, wenn er sicher sein kann, dass später die Entsorgung des Produkts sichergestellt ist.

Beispiel:

Der Computerhersteller A wirbt u.a. damit, dass seine Geräte zu 90 % wiederverwertbar seien. Er verpflichtet sich darüber hinaus, die Geräte nach Ablauf der Nutzungsdauer wieder zurückzunehmen. Falls der Hersteller B diese Zusicherungen nicht geben kann, hat A einen Wettbewerbsvorteil bei umweltbewussten Abnehmern. Er kann möglicherweise einen höheren Preis verlangen als B, ohne dass seine Kunden „abspringen".

Kaufmännischer Kundendienst

Der kaufmännische Kundendienst hat das Ziel, dem Käufer den Kauf vor, während und nach dem Erwerb des Produkts zu erleichtern. Zu diesen Kundendienstleistungen werden im Allgemeinen gezählt: der **Zustelldienst,** die **Inzahlungnahme** eines alten Produkts, die Bereitstellung **zusätzlicher Informationen.**

Die Grenzen zwischen technischem und kaufmännischem Kundendienst sowie der Beratung sind fließend.

(4) Garantien

Im Falle der **Garantie** übernimmt der Verkäufer oder ein Dritter (z.B. der Hersteller) unabhängig vom Bestehen oder Nichtbestehen eines Mangels bei Gefahrübergang die Gewähr für die Beschaffenheit **(Beschaffenheitsgarantie)** oder dafür, dass die Sache für eine bestimmte Dauer eine bestimmte Beschaffenheit behält **(Haltbarkeitsgarantie)** [§ 443 I BGB].

Beispiele:

- Der Hersteller bezeichnet das von ihm produzierte wertvolle Tafelservice als „garantiert spülmaschinenfest" **(Beschaffenheitsgarantie).**
- Der Hersteller eines Pkw gibt eine Garantie, dass seine Produkte innerhalb von sechs Jahren nicht durchrosten **(Haltbarkeitsgarantie).**

Eine großzügige Garantiepolitik trägt dazu bei, ein positives Unternehmens- und Produktimage aufzubauen. Freiwillige Leistungen nach Ablauf der Garantiezeit **(Kulanzleistungen)**[1] stärken ebenfalls den guten Ruf eines Unternehmens.

Zusammenfassung

- Die Änderung des Produktprogramms durch Aufnahme neuer Produkte bezeichnet man als **Produktinnovation.**

1 **Kulanz**: Entgegenkommen, Zuvorkommenheit.

- Bei der Erstellung des Produktprogramms sind insbesondere folgende zentrale Fragestellungen zu lösen:
  - Mit welchen Produkten **(Produktdiversifikation)** bzw. mit welchen Produktveränderungen **(Produktdifferenzierung)** kann die Position des Unternehmens am Markt gefestigt werden?
  - Mit welchen Anpassungen kann die Produktlebenskurve verlängert werden **(Produktmodifikation, -variation)?**
  - Welches Erzeugnis soll aus dem Produktprogramm entfernt werden **(Produkteliminierung)?**
- Wichtige **Sekundärdienstleistungen** sind die **Beratung,** der **Kundendienst** und die Gewährung von **Garantien.**

Übungsaufgaben

20

1. Erläutern Sie die folgenden Maßnahmen der Produktpolitik: Produktdifferenzierung, Produktinnovation, Produkteliminierung!
2. Ein Unternehmer erzeugt als einziges Produkt ein Vitamingetränk, das in Portionsfläschchen zu drei Stück pro Packung über Fitnesscenter vertrieben wird.

   Aufgabe:

   Bilden Sie jeweils ein konkretes Beispiel, wie das Unternehmen Produktdifferenzierung, Mehrmarkenpolitik[1] und Produktdiversifikation durchführen könnte!
3. Ein Unternehmen produziert Futter für Haustiere. In der letzten Rechnungsperiode wurde das Vogelfutter „Schrill" eliminiert.

   Aufgabe:

   Nennen Sie Gründe, die zu dieser Maßnahme geführt haben könnten!
4. 4.1 Erläutern Sie, warum Unternehmen durch eine umweltverträgliche Produktpolitik einen Wettbewerbsvorteil erlangen können!

   4.2 Nennen Sie drei Beispiele für eine umweltverträgliche Produktpolitik! Geben Sie auch an, welchen Zweck die genannten Maßnahmen verfolgen!

21

Die Angebotspalette der Flügge GmbH setzt sich aus eigenen Erzeugnissen (Dübel) und Handelswaren (Bohrmaschinen) zusammen. In einer Abteilungsleiterkonferenz wird über eine Verbesserung des Produktprogramms gesprochen. Unter anderem fallen folgende Fachbegriffe: Produktpflege, Produktfortschreibung, Produkterweiterung.

Aufgaben:

1. Erklären Sie diese Begriffe und bilden Sie je ein Beispiel!
2. Die Leiterin der Vertriebsabteilung, Frau Lanz, möchte das Angebotsprogramm erweitern. Sie schlägt vor, nicht nur Plastikdübel herzustellen, sondern auch Gips- und Metalldübel. Die Kapazität des Unternehmens müsse allerdings erweitert werden.

   2.1 Nennen Sie die Bezeichnung für diese Erweiterung der Angebotspalette!

   2.2 Erklären Sie, welchen Zweck bzw. welche Zwecke Frau Lanz mit ihrem Vorschlag verfolgt!

1 Das Produkt wird unter verschiedenen Namen (Marken) angeboten.

3. In der oben genannten Konferenz sagt Frau Lanz, dass das Angebotsprogramm keine feststehende Größe sein dürfe. Es müsse vielmehr immer wieder infrage gestellt und verändert werden.

   Begründen Sie, warum sich die Unternehmensleitung ständig überlegen muss, ob das Angebotsprogramm bereinigt und durch die Aufnahme neuer Produkte ergänzt werden soll!

4. Der Leiter des Fertigungsbereichs, Herr Moll, meint, dass die Aufgabe eines Erzeugnisses leichter sei als die Aufnahme neuer Erzeugnisse in das Produktprogramm.

   Beurteilen Sie diese Aussage!

5. Die Flügge GmbH möchte auch ihre Kundendienstpolitik verbessern.

   Beschreiben Sie die Aufgaben der Kundendienstpolitik!

6. In der im Sachverhalt beschriebenen Konferenz sagt Frau Lanz: „Je umfangreicher unser Service-Angebot ist, desto größer wird unser preispolitischer Spielraum."

   6.1 Prüfen Sie diese Aussage auf ihre Richtigkeit!

   6.2 Unterbreiten Sie Vorschläge, wie der Kunden-Service der Flügge GmbH gestaltet werden könnte!

2.4 Kontrahierungspolitik (Entgeltpolitik)

- Unter **Kontrahierungspolitik** werden im Folgenden alle **marketingpolitischen Instrumente** zusammengefasst, die der **Preispolitik**, der **Preisstrategie** und der Gestaltung der **Lieferbedingungen** zugerechnet werden.
- Im Rahmen der Kontrahierungspolitik werden die in **Geld ausgedrückten (monetären) Vereinbarungen** getroffen, die für den Kaufvertrag gelten sollen.

2.4.1 Preispolitik

Preispolitik ist das Bestimmen der Absatzpreise.

Für die Preisfindung haben sich insbesondere drei Entscheidungskriterien als nützlich erwiesen:

- die **kostenorientierte Preisfindung,**
- die **nachfrageorientierte Preisfindung** und
- die **konkurrenzorientierte Preisfindung**.

2.4.1.1 Kostenorientierte Preispolitik

- Sollen im Unternehmen **alle anfallenden** Kosten auf die Erzeugnisse verteilt werden, so spricht man von einer **Vollkostenrechnung.**[1]
- Werden hingegen zunächst nur solche Kosten berücksichtigt, die in einem direkten Verursachungszusammenhang mit den Erzeugnissen stehen **(variable Kosten),** handelt es sich um eine **Teilkostenrechnung.**[2]

1 Die **Vollkostenrechnung** wird im Band 3, Lerngebiet 6, Kapitel 3.4 dargestellt.

2 Die **Teilkostenrechnung** wird im Band 3, Lerngebiet 6, Kapitel 3.5 dargestellt.

Das nachfolgende Beispiel stellt eine Kalkulation auf **Vollkostenbasis** dar.

Beispiel:

Bei der Weber Metallbau GmbH geht eine Anfrage nach einer Fassadengestaltung aus Stahl und Glas ein. Es soll ein verbindliches Preisangebot gemacht werden.

Der Auftrag für die Fassadengestaltung erfordert 50 000,00 EUR Fertigungsmaterial und 60 000,00 EUR Fertigungslöhne.

Die Gemeinkostenzuschlagsätze betragen:

Materialgemeinkostenzuschlag	5 %	Gewinnzuschlag	7,5 %
Fertigungsgemeinkostenzuschlag	150 %	Kundenskonto	2 %
Verwaltungsgemeinkostenzuschlag/ Vertriebsgemeinkostenzuschlag	15 %	Kundenrabatt	10 %

Aufgabe:

Berechnen Sie den Angebotspreis!

Lösung:

	100 %	Materialeinzelkosten	50 000,00 EUR	
	5 %	+ Materialgemeinkosten[1]	2 500,00 EUR	
	105 %	= **Materialkosten**		52 500,00 EUR
100 %		Fertigungslöhne	60 000,00 EUR	
150 %		+ Fertigungsgemeinkosten	90 000,00 EUR	
250 %		= **Fertigungskosten**		150 000,00 EUR
	100 %	**Herstellkosten**		202 500,00 EUR
	15 %	+ Verwaltungs- und Vertriebsgemeinkosten		30 375,00 EUR
100 %	115 %	= **Selbstkosten**		232 875,00 EUR
7,5 %		+ Gewinn		17 465,63 EUR
107,5 %	98 %	= **Barverkaufspreis**		250 340,63 EUR
	2 %	+ Kundenskonto		5 108,99 EUR
90 %	100 %	= **Zielverkaufspreis**		255 449,62 EUR
10 %		+ Kundenrabatt		28 383,29 EUR
100 %		= **Angebotspreis**		283 832,91 EUR

2.4.1.2 Konkurrenzorientierte Preispolitik

Konkurrenzorientierte Preispolitik ist das Ausrichten des eigenen Preises an den Preisstellungen der Konkurrenten.

Grundsätzlich eröffnen sich einem Unternehmen, das seine Preispolitik an den Konkurrenten ausrichtet, drei Verhaltenswege:

- Anpassung an den Leitpreis,
- Unterbietung des Leitpreises und
- Überbietung des Leitpreises.

1 Der **Materialgemeinkostenzuschlagssatz** von 5 % besagt z. B., dass immer dann, wenn für 100,00 EUR Fertigungsmaterial verbraucht wurde, parallel und gleichzeitig 5,00 EUR Gemeinkosten im Materialbereich (z. B. Einkauf, Warenabnahme ...) anfallen.
Gemeinkosten sind Kosten, die für alle Erzeugnisse gemeinsam anfallen. Sie können daher den einzelnen Erzeugnissen nur indirekt (z. B. über einen Prozentsatz) zugerechnet werden.

(1) Orientierung am Leitpreis

Sich auf einen Preiswettbewerb einzulassen, stellt keine sinnvolle Maßnahme dar, wenn die Wettbewerber stark und willens sind, ihre Preispositionen auf Biegen und Brechen zu verteidigen. In solchen Fällen ist es sinnvoll, sich den Preisvorgaben des Preisführers[1] bzw. dem Branchenpreis[2] unterzuordnen und sich durch andere Leistungsmerkmale (z.B. andere Qualitätsabstufungen, Sondermodelle, besondere Vertriebswege) von der Konkurrenz abzuheben. Wird der Branchenpreis bzw. der Preis des Preisführers für die eigene Preisfindung herangezogen, dann ändert das Unternehmen immer dann seine Preise, wenn der Preisführer dies tut bzw. der Branchenpreis sich ändert. Eine Preisänderung erfolgt dagegen nicht, wenn sich lediglich seine eigene Nachfrage- oder Kostensituation ändert.

Die Preisbildung nach Leitpreisen ist relativ beliebt. Wenn ein Unternehmen seine eigenen Kosten nur schwer ermitteln kann oder wenn Wettbewerbsreaktionen Ungewissheit auslösen, dann sieht es die Ausrichtung des eigenen Preises an den Konkurrenzpreisen als zweckmäßige Lösung an.

(2) Unter- und Überbietung des Leitpreises

Unterbietung des Leitpreises	■ Die Unterbietung des Leitpreises ist für ein Unternehmen nur bis zur **kurzfristigen (absoluten) Preisuntergrenze** des Produkts sinnvoll. Sie liegt dort, wo die Summe der dem Produkt direkt zurechenbaren Kosten **(variable Kosten)** noch gedeckt ist. Kurzfristig kann das Unternehmen nämlich die fixen Kosten außer Acht lassen, denn diese fallen an, ob ein Verkauf getätigt wird oder nicht. ■ Langfristig hingegen kann ein Unternehmen nicht mit Verlusten produzieren, es muss zumindest (gesamt-)kostendeckend arbeiten. Die **langfristige Preisuntergrenze** wird daher durch die Selbstkosten je Produkteinheit bestimmt.
Überbietung des Leitpreises	■ Die Überbietung des Leitpreises ist prinzipiell nur möglich, wenn das Produkt hinsichtlich seiner **Innovation** oder seiner **Alleinstellung** aufgrund seiner Ausstattungselemente im Markt eine Sonderstellung einnimmt. ■ Gleiches gilt, wenn sich das Unternehmen wegen seines **Images** oder seiner **Trendstellung** von den anderen Unternehmen abhebt. Da es sich hier um Einzelfälle handelt, wird hierauf nicht weiter eingegangen.

2.4.2 Preisstrategien

Preisstrategien sind ein planvolles Vorgehen zur Durchsetzung eines bestimmten Preisniveaus auf dem Markt.

1 Als **Preisführer** bezeichnet man einen Anbieter, dem sich bei Preisänderungen die übrigen Anbieter anschließen. Preisführer treten insbesondere in oligopolistischen Marktstellungen wie bei Öl, Stahl, Papier oder Kunstdünger auf.

2 Von einem **Branchenpreis** spricht man dann, wenn mehrere Unternehmen den Preis mit ihrer Marktmacht bestimmen. Diese Preisfindung herrscht vor allem auf oligopolistischen und polypolistischen Märkten mit homogenen Gütern vor.

2.4.2.1 Exklusivpreisstrategie[1]

Bei der Exklusivpreisstrategie (Hochpreisstrategie) versucht der Anbieter langfristig einen hohen Preis für seine Produkte zu erzielen, indem er die Produkte mit einer „Prämie" ausstattet, z. B. gleichbleibend hoher Qualitätsstandard, hohes Image, Vertrieb nur über Exklusivläden bzw. Beratungszentren, langfristige Garantiezeiten für Ersatzteile, Reparaturservice innerhalb 24 Stunden u. Ä. Diese Art der Exklusivpreisstrategie bezeichnet man als **Prämienpreisstrategie.** Voraussetzung für diese Preisstrategie ist, dass das Produkt eine Alleinstellung hat und sich die Nachfrage bei einer Preiserhöhung nur wenig ändert.

Beispiele:

Champagner, Hummer, Kaviar, Tafelsilber, Rolls-Royce, Porsche, Rolex-Uhren, Cartier-Schmuck, Bogner-Kleidung usw.

2.4.2.2 Niedrigpreisstrategie

Beispiele für Unternehmen, die eine Niedrigpreisstrategie betreiben, sind:

Aldi, Norma, OBI, H&M, Ratiopharm (Herstellung von Generika).[2]

Bei der Niedrigpreisstrategie strebt der Anbieter an, dass der geforderte Preis dauerhaft unter dem Preis vergleichbarer Produkte liegt. Ziele einer Niedrigpreisstrategie können sein: Verdrängung von Wettbewerbern, Verhinderung des Markteintritts neuer Anbieter, Auslastung der Kapazität, Aufbau eines Niedrigpreisimages. Die Niedrigpreisstrategie wird vor allem zur **Verkaufsförderung (Promotion)** von Massenwaren, die keinen hohen Serviceanspruch haben, herangezogen. Diese Art von Preisstrategie bezeichnet man als **Promotionspreispolitik.**[3]

Die **Penetrationspreispolitik,**[4] als eine Sonderart der Niedrigpreisstrategie, versucht mit kurzfristig niedrigen Preisen für neue Produkte schnell einen hohen Marktanteil zu erreichen. Nach der Markteinführung werden die Preise dann angehoben.

Die **Festsetzung eines niedrigen Preises** ist zweckmäßig,

- wenn die Preissensibilität[5] des Marktes hoch ist,
- niedrige Preise ein Marktwachstum stimulieren und
- ein niedriger Preis den Markteintritt von Konkurrenten verhindert.

2.4.2.3 Abschöpfungspreisstrategie

Die Abschöpfungspreisstrategie **(Skimming-Strategie)**[6] stellt eine Sonderform der Exklusivpreisstrategie dar. Diese Preisstrategie setzt, insbesondere bei Innovationsgütern, den Einführungspreis hoch an, um die Forschungs- und Entwicklungskosten schnell abzudecken. Das Unternehmen senkt den Preis aber jedesmal, wenn der Absatz zurückgeht, um jeweils die nächste Schicht preisbewusster Kunden für sich zu gewinnen. Ziel dieser Preisstrategie ist das Abschöpfen des Marktes.

1 Die Exklusivpreisstrategie nennt man auch **Hochpreisstrategie.**
2 Werden Medikamente, deren Schutzrechte abgelaufen sind, in der gleichen Zusammensetzung wie das Original hergestellt, so spricht man von **Generikapräparaten.**
3 **Promotion:** Förderung.
4 **Penetration** (lat.): Durchdringung, Durchsetzung.
5 **Sensibilität:** Empfindlichkeit; sensibel: empfindsam, feinfühlig.
6 **To skim:** abschöpfen, absahnen.

Die Skimming-Strategie ist unter **folgenden Bedingungen** sinnvoll:

- Es besteht eine ausreichend große Kundenzahl, die bereit ist, das Produkt zu einem hohen Preis zu erwerben.
- Die kleine Absatzmenge bringt trotz hoher Stückkosten eine höhere Gewinnspanne.
- Der hohe Einführungspreis lockt keine weiteren Konkurrenten auf den Markt.
- Der hohe Preis unterstützt den Anspruch, dass die Ausstattungselemente des Produkts eine Alleinstellung einnehmen.

2.4.3 Konditionenpolitik

2.4.3.1 Lieferungsbedingungen[1]

Die unterschiedliche Gestaltung der Lieferungsbedingungen hat – wie der Einsatz eines jeden absatzpolitischen Instruments – die Aufgabe, bisherige Kunden zu halten und neue Kunden hinzuzugewinnen, d. h. Kaufanreize zu schaffen. Kaufanreize können z. B. darin liegen, dass das Erzeugnis frei Haus, frei Keller, frei Lager oder frei Werk **zugestellt** wird. In der Zustellung wird eine besondere Leistung gesehen, die auch bezahlt werden muss. Andererseits kann eine werbende Wirkung auch in der **Selbstabholung** liegen, z. B. dann, wenn damit ein begehrtes Ereignis verbunden ist (z. B. Werksbesichtigung bei Selbstabholung eines Neuwagens beim Hersteller). Eine Selbstabholung kann auch dann gegeben sein, wenn der Abnehmer über eigene Transportmittel verfügt. Er kommt dann in den Genuss niedrigerer Beschaffungspreise und kann außerdem Bezugskosten einsparen.

Kaufentscheidungen werden auch beeinflusst durch die Festlegung von Leistungsorten und Gerichtsständen, der Lieferzeiten und der Qualitäten. Wichtig hierbei ist, dass zugesagte Lieferzeiten und Qualitäten unbedingt eingehalten werden, denn nur die Zuverlässigkeit garantiert auf längere Sicht den Absatz. Mitunter ist es auch möglich, bei ständiger Lieferbereitschaft höhere Preise zu verlangen als die Konkurrenz.

2.4.3.2 Finanzdienstleistungen

Die Gewährung von Finanzdienstleistungen hat insbesondere die Aufgabe, die Finanzierung eines Auftrags zu erleichtern bzw. erst zu ermöglichen. Die Finanzbelastung eines Kunden wird z. B. beeinflusst durch:

- Maßnahmen der **unmittelbaren Preisgestaltung** wie z. B. der Gewährung verschiedener Rabatte, z. B. für Menge, Treue, Wiederverkäufer.
- Gestaltung der **Zahlungsbedingungen**. Diese drücken sich aus
  - in der Höhe des Skontos,
  - in der Dauer des Zeitraums, innerhalb dessen Skonto abgezogen werden kann,
  - in der Dauer des Zahlungsziels, also des Zeitraums, in welchem die Rechnung ohne Abzug von Skonto bezahlt werden kann,
  - in der Zahlungsweise (Vorauszahlung, Barzahlung, Ratenzahlung, Höhe der Raten),
  - in der Zahlungssicherung (z. B. Eigentumsvorbehalt).

1 Lieferungsbedingungen sind neben den Zahlungsbedingungen Teil der Geschäftsbedingungen. Die sogenannten **allgemeinen Geschäftsbedingungen** werden vor allem von den Wirtschaftsverbänden der Industrie, des Handels, der Banken, der Versicherungen, der Spediteure usw. normiert (vereinheitlicht) und den Verbandsmitgliedern zur Verwendung empfohlen (z. B. „Allgemeine Lieferbedingungen für Erzeugnisse und Leistungen der Elektroindustrie“, „Allgemeine Deutsche Spediteurbedingungen“).

Skonto = Preisnachlass auf Rechnungsbetrag bei Zahlung innerhalb einer best. Zeit

- Gewährung von **Absatzkrediten.**

  Durch die Gewährung von Absatzkrediten wird der Käufer darin unterstützt,

  - sich das Produkt durch Gewährung eines Darlehens **überhaupt zu beschaffen,** falls seine Bonität für ein Bankdarlehen nicht ausreicht oder
  - das Produkt zu **günstigen Darlehenskonditionen** (Zins, Ratenhöhe) zu bekommen, was letztlich einer Reduzierung des Kaufpreises entspricht.

So stellen z. B. Brauereien bei der Verpachtung von Gaststätten in Verbindung mit einem Bierliefervertrag die vollständig eingerichtete Gaststätte zur Verfügung. Automobilhersteller verfügen häufig über eine firmeneigene Bank, welche den Kauf eines Neuwagens zu besonders günstigen Bedingungen finanziert, häufig in der Nähe eines zinslosen Darlehens. Alternativ kommen sie dem Kunden bei der Inzahlungnahme des Altwagens durch besonders günstige Preisangebote entgegen.

Zusammenfassung

- Unter der **Preispolitik** versteht man das Herab- oder Heraufsetzen der Absatzpreise mit der Absicht, den Absatz und/oder Gewinn zu beeinflussen.
- Die **Preispolitik** kann **kostenorientiert** oder **konkurrenzorientiert** ausgerichtet sein.
  - Die **kostenorientierte Preispolitik** richtet sich an den betrieblichen Daten aus, d. h., die angefallenen Kosten bestimmen den Verkaufspreis. Es sind insbesondere zwei Berechnungsmethoden zu unterscheiden: die **Vollkostenrechnung** und die **Teilkostenrechnung.**
  - Die **konkurrenzorientierte Preispolitik** richtet die Preisgestaltung an den Preisstellungen der Konkurrenten aus, wobei vor allem der **Leitpreis** sowie die **oberen** und **unteren Preisgrenzen** der Wettbewerber von Bedeutung sind.
- Unter **Preisstrategien** versteht man ein planvolles Vorgehen zur Durchsetzung eines bestimmten Preisniveaus auf dem Markt.
- Als **grundsätzliche Preisstrategien** können gewählt werden:
  - **Exklusivpreisstrategie (Prämienpreisstrategie).** Sie versucht langfristig einen hohen Preis für die Produkte zu erzielen, indem die Produkte mit einer „Prämie" ausgestattet werden. Eine besondere Art der Exklusivpreisstrategie ist die **Abschöpfungspreisstrategie (Skimming-Strategie).**
  - **Niedrigpreisstrategie (Promotionspreispolitik).** Hier versucht der Unternehmer, dass der Preis für sein Produkt dauerhaft unter dem Preis vergleichbarer Produkte liegt. Eine besondere Art der Niedrigpreisstrategie ist die **Penetrationspreispolitik.**
  - **Strategie der Preisdifferenzierung,** d. h. für das gleiche Produkt werden auf abgegrenzten Teilmärkten unterschiedliche Preise verlangt.
- Die **Konditionenpolitik** ergänzt die Preispolitik, z. B. durch
  - die **Gestaltung unterschiedlicher Lieferungsbedingungen;**
  - die **Gestaltung der Zahlungsbedingungen** (Skonto, Zahlungsziel, Zahlungsweise, Zahlungssicherung) und durch
  - die **Ausgestaltung weiterer Finanzdienstleistungen,** z. B. Absatzkredite.

Übungsaufgaben

22 1. Ein Unternehmen steht vor der Entscheidung, eine Zahncreme unter neuer Marke einzuführen.

Aufgaben:

1.1 Stellen Sie dar, nach welchen Kriterien der Einführungspreis bestimmt werden kann!

1.2 Entscheiden Sie begründet, für welchen Weg der Preisbestimmung Sie sich einsetzen würden!

2. Die Kalle OHG stellt Spielzeugautos her. Sie produziert und verkauft monatlich 12000 Spielzeugautos. Die Autos werden zu einem Einheitspreis angeboten, der wie folgt kalkuliert wird:

Materialeinzelkosten 10,06 EUR, Fertigungseinzelkosten 7,00 EUR, Materialgemeinkosten 5%, Fertigungsgemeinkosten 180%, Verwaltungs- und Vertriebsgemeinkosten 20%. Der Gewinnzuschlag beträgt 5%.

Aufgaben:

2.1 Nennen Sie die Art der Preispolitik, die die Kalle OHG betreibt!

2.2 Berechnen Sie den Barverkaufspreis je Spielzeugauto!

2.3 Constantin Kalle, einer der Gesellschafter, möchte den Verkaufspreis (Barverkaufspreis) auf 41,80 EUR anheben. Die Abteilung „Marktforschung" warnt: Der (mengenmäßige) Absatz wird von bisher 12000 Stück auf 11000 Stück je Monat zurückgehen. (Die fixen Kosten betragen 175000,00 EUR monatlich, die variablen Kosten 20,00 EUR je Stück.)[1]

2.3.1 Stellen Sie dar, wie sich Constantin Kalle entscheiden könnte, wenn er vorrangig das Ziel vor Augen hat, einen möglichst großen Marktanteil zu erobern!

2.3.2 Stellen Sie dar, wie sich Constantin Kalle entscheiden könnte, wenn er nach dem kurzfristigen Gewinnmaximierungsprinzip handelt! (Belegen Sie Ihre Antwort mit Zahlen!)

2.3.3 Begründen Sie rechnerisch, ob die Entscheidung zu 2.3.2 anders ausfiele, wenn aufgrund der Preiserhöhung der Absatz

2.3.3.1 um 2000 Stück,

2.3.3.2 um 3000 Stück zurückgeht!

2.3.4 Prüfen Sie, ob im Fall 2.3.2 zwischen den Zielen „Gewinnmaximierung" und „Vergrößerung des Marktanteils" Zielkonflikt oder Zielharmonie besteht! Begründen Sie (auch mit Zahlen) Ihre Aussage!

23 Ein Hersteller von Skibindungen beabsichtigt, eine neuartige elektronische Skibindung auf den Markt zu bringen.

Aufgaben:

1. 1.1 In der Einführungsphase plant das Unternehmen, eine Abschöpfungsstrategie anzuwenden. Erläutern Sie diesen Begriff!

1.2 Nennen Sie Gründe, die das Unternehmen zur Wahl dieser preispolitischen Strategie veranlasst haben könnten!

2. Beschreiben Sie, wodurch sich die Abschöpfungspreisstrategie von der Exklusivpreisstrategie unterscheidet!

3. Wäre es Ihrer Meinung nach im vorliegenden Fall sinnvoll, dem Unternehmen zu raten, eine Penetrationspreispolitik zu betreiben? Begründen Sie Ihre Meinung!

1 **Fixe Kosten** sind Kosten, die sich bei einer Änderung der Beschäftigung in ihrer absoluten Höhe nicht verändern. **Variable Kosten** sind Kosten, die sich bei einer Änderung der Beschäftigung in ihrer absoluten Höhe verändern.

4. Nennen Sie die Ziele, die mit einer Niedrigpreisstrategie verbunden sind!

5. Bei der Preisfestsetzung kann es für das Unternehmen vorübergehend sinnvoll sein, die Preise unter die allgemein angekündigte und geforderte Preisfestsetzung abzusenken.

   Aufgabe:

   Begründen Sie die Richtigkeit dieser Aussage anhand von zwei Beispielen!

6. Viele Hersteller verpflichten sich gegenüber ihren Kunden zu Garantieleistungen.

   Aufgaben:

   6.1 Erklären Sie, wie eine Garantie rechtlich zustande kommt!

   6.2 Nennen Sie die Rechtswirkungen, die mit einer Garantieleistung verbunden sein können!

   6.3 Nennen Sie Motive, aus denen heraus ein Hersteller Garantieleistungen übernimmt!

7. Eine Maschinenfabrik erhält von ihrem Vorprodukte-Lieferer folgende Rechnung:

   Rechnungsdatum 4. Oktober 20.., Rechnungsbetrag einschließlich 19 % Umsatzsteuer 10720,00 EUR, zahlbar innerhalb 30 Tagen netto oder innerhalb 8 Tagen mit 3 % Skonto.

   Aufgaben:

   7.1 Berechnen Sie, welchem Jahreszinssatz der Skontosatz von 3 % bei den gegebenen Zahlungsbedingungen entspricht!

   7.2 Berechnen Sie, wie viel EUR die Maschinenfabrik bei rechtzeitiger Zahlung unter Ausnutzung des Skontos bei der Inanspruchnahme eines Bankkredites zu 9,5 % hätte sparen können! Dabei ist davon auszugehen, dass der Bankkredit nur für die Zeit des Zahlungsziels benötigt wird.

   Hinweis: Recherchieren Sie gegebenenfalls (z.B. im Internet), um diese Aufgabe zu lösen.

2.5 Kommunikationspolitik

Zur **Kommunikationspolitik**[1] gehören alle marketingpolitischen Maßnahmen, die das Unternehmen und seine Produkte in der Öffentlichkeit darstellen und bekannt machen.

2.5.1 Werbung

2.5.1.1 Begriff und Grundsätze der Werbung

Zur **Werbung** gehören alle Maßnahmen mit dem Ziel, bestimmte Botschaften an Personen heranzutragen, um auf ein Erzeugnis und/oder eine Dienstleistung aufmerksam zu machen und Kaufwünsche zu erzeugen.

1 Unter **Kommunikation** versteht man die Übermittlung von Informationen von einem Sender zu einem Empfänger.

Wichtige **Grundsätze** der Werbung sind:

Klarheit und Wahrheit	Die Werbung muss für den Kunden klar und leicht verständlich sein. Sie sollte sachlich unterrichten, die Vorzüge eines Artikels eindeutig herausstellen, keine Unwahrheiten enthalten und nicht täuschen. Falsche Informationen (Versprechungen) führen zu Enttäuschungen und langfristig zu Absatzverlusten. Eine irreführende Werbung ist verboten [§ 5 UWG].
Wirksamkeit	Die Werbung muss die Motive der Umworbenen ansprechen, Kaufwünsche verstärken und letztlich zum Kauf führen. Eine wichtige Voraussetzung für eine wirksame Werbung ist eine genaue Bestimmung der Zielgruppe.
Einheitlichkeit, Stetigkeit, Einprägsamkeit	Die Werbung sollte stets einen gleichartigen Stil aufweisen (bestimmte Farben, Symbole, Figuren, Slogans), um beim Kunden einen Wiedererkennungseffekt zu erzielen. Durch die regelmäßige Wiederholung der Werbebotschaft wird deren Einprägsamkeit erhöht.
Wirtschaftlichkeit	Die Aufwendungen der Werbung finden ihre Grenzen in ihrer Wirtschaftlichkeit. Die Werbung ist dann unwirtschaftlich, wenn der auf die Werbung zurückzuführende zusätzliche Ertrag niedriger ist als der Aufwand.
Soziale Verantwortung	Die Werbung darf keine Aussagen oder Darstellungen enthalten, die gegen die guten Sitten verstoßen oder ästhetische, moralische oder religiöse Empfindungen verletzen. Die rechtliche Umsetzbarkeit von Werbemaßnahmen hängt insbesondere von den Bestimmungen des Gesetzes gegen den unlauteren Wettbewerb [UWG] ab.

Um den Erfolg der Werbung sicherzustellen und um die Werbemaßnahmen kontrollieren zu können, ist für jede Form der Werbung das Aufstellen eines Werbeplans notwendig.

2.5.1.2 Werbeplan

(1) Überblick

Im Werbeplan sind insbesondere folgende Fragen zu beantworten:

- Welche **Art der Werbung** soll durchgeführt werden?
- Welche **Werbemittel** und **Werbeträger** sind einzusetzen?
- Welche Beträge können für die Werbung eingesetzt werden **(Werbeetat)?**
- Welche **Streuzeit** wird festgesetzt?
- Welche **Streugebiete** und **Streukreise** sind auszuwählen?

(2) Arten der Werbung

Beispielhaft werden im Folgenden zwei Formen der Werbung angeführt.

Werbung nach der Anzahl der Umworbenen

Direktwerbung	Massenwerbung
Einzelne Personen, Unternehmen, Behörden werden unmittelbar angesprochen, z. B. durch Werbebriefe, Reisende.	■ Die **gezielte Massenwerbung** möchte eine bestimmte Gruppe durch die Werbung ansprechen (z. B. eine Berufs- oder Altersgruppe, die Nichtraucher, die Autofahrer). ■ Die **gestreute Massenwerbung** wird mithilfe von Massenmedien (Rundfunk, Fernsehen, Zeitungen) betrieben.

Werbung nach der Anzahl der Werbenden

Alleinwerbung	Verbundwerbung	Gemeinschaftswerbung
Ein Unternehmen wirbt für seine Produkte.	Mehrere Unternehmen führen gemeinsam eine Werbeaktion durch.	Hier tritt ein ganzer Wirtschaftszweig als Werber auf.
Beispiel:	**Beispiel:**	**Beispiel:**
Beauty Moments Emmy Reisacher e. Kfr. wirbt: *„Gesichtspflege bei Beauty Moments!“*	Das Einkaufszentrum Gänsbühl wirbt: *„10 % Rabatt in allen Geschäften!“*	Der Bundesverband Deutscher Milchviehhalter e. V. wirbt: *„Trinkt Milch!“*

(3) Werbemittel und Werbeträger

Werbemittel

Werbemittel sind Kommunikationsmittel (z. B. Wort, Bild, Ton, Symbol), mit denen eine Werbebotschaft dargestellt wird (z. B. Anzeige, Rundfunkspot, Plakate usw.).

Je nachdem, **welche Sinne angesprochen** werden sollen, gliedert man die Werbemittel in:

Optische Werbemittel	Sie wirken auf das Sehen des Umworbenen (z. B. Plakate, Anzeigen, Schaufensterdekorationen, E-Mails und Short Message Service [SMS]).
Akustische Werbemittel	Sie sprechen das Gehör an (z. B. Verkaufsgespräch, Werbevorführungen, Werbespots im Radio).
Geschmackliche Werbemittel	Hier soll der Kunde durch eine Kostprobe von der Güte der Ware überzeugt werden. Die Kostproben sprechen den Geschmackssinn an.
Geruchliche Werbemittel	Sie wirken auf den Geruchssinn der Kunden (z. B. Parfümproben).

Werden die verschiedenen Werbemittel kombiniert (z. B. Lebensmittelproben können gesehen und gekostet werden, Stoffproben können gesehen und gefühlt werden), so spricht man von **gemischten Werbemitteln.** Sie sind besonders werbewirksam, weil sie verschiedene Sinne des Menschen ansprechen.

Werbeträger

Der **Werbeträger** ist das Medium, durch das ein Werbemittel an den Umworbenen herangetragen werden kann.

Wichtige Werbeträger (Streumedien) sind:

Werbeträger

Printmedien	Hörfunk Fernsehen Kino	Plakatanschlagstellen Nah- und Fernverkehrsmittel Bandenwerbung	Internet CD-Werbung	Werbegeschenke
– Zeitungen, Zeitschriften – Werbebrief, Kundenzeitschrift – Prospekte, Kataloge				z. B. Einkaufstasche mit Firmenaufdruck

(4) Streuzeit

Das Festlegen der **Streuzeit** besagt, dass in der Werbeplanung Beginn und Dauer der Werbung sowie der zeitliche Einsatz der Werbemittel und Werbeträger bestimmt werden.

Grundsätzlich hat ein Unternehmen drei Möglichkeiten für die zeitliche Planung von Werbeaktionen:

- **einmalig** bzw. **zeitlich begrenzt** und intensiv zu werben,
- **regelmäßig** zu werben (pro Tag, pro Woche, pro Monat),
- in **unregelmäßigen Abständen** kurz, aber intensiv zu werben.

Vergleicht man die Wirkung von kurzzeitigen Werbeaktionen mit Werbeaktionen, die über einen längerfristigen Zeitraum angelegt sind, so gilt: Je länger und je häufiger geworben wird, desto schneller treten wirtschaftliche Werbewirkungen ein.

Die **Vergessenskurve** aus der Lernforschung zeigt, dass binnen weniger Stunden 50 % der empfangenen Informationen bereits wieder vergessen sind.

Vergessenskurve bei Werbeabbruch nach einmaliger Veröffentlichung

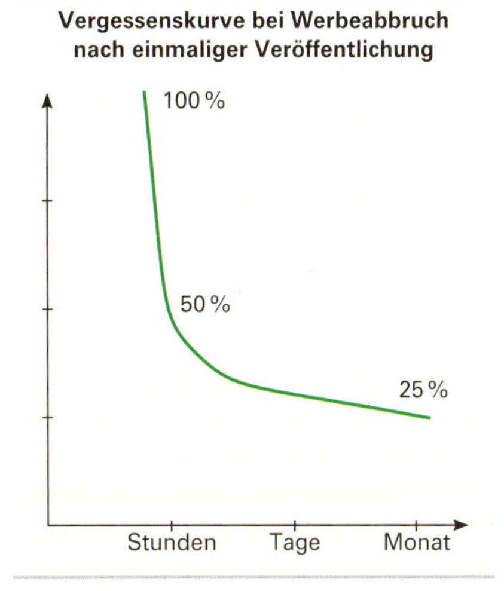

7 Speth - ISBN 978-3-8120-0592-0

Werbeplan einschließlich der Werbeetatplanung für das 2. Quartal:

Goslarer Büromöbel AG

Nr.	Werbemittel und -träger	Reichweite in Tsd.	Umfang/ Dauer	Anzahl der Werbemaßnahmen	Kosten für 1000 Kontakte	Kosten für Gestaltung/Druckvorlagen/Dekoration insg.	Kosten für Werbeverbreitung insg.	Werbedispositionen:[1]		
								April	Mai	Juni
1.	Anzeigen Titel/Ausgaben									
	1.1 Tageszeitung	180	$^1/_4$ Seite	10	8,40	1800,00	16920,00	2	2	3
	1.2 Anzeigenblatt	210	$^1/_2$ Seite	4	5,10	2200,00	6484,00	1	1	1
2.	Prospekte Titel/Ausgaben									
	2.1 Gewerbliche Büromöbel	22	6 Seiten	2	5,40	7200,00	7437,60	1		
	2.2 Schulmöbel für Kinderzimmer	22	4 Seiten	2	4,10	4400,00	4580,40			1
3.	Hörfunk Sender									
	3.1 Regio TV 1	3300	30 Sekunden	5	1,12	380,00	2228,00	1	1	1
	3.2 Regio TV 2	2400	45 Sekunden	8	1,30	290,00	2786,00	2	2	2

1 Soll der Werbeplan für ein ganzes Jahr gelten, ist die Spalte „Werbedispositionen" auf 12 Monate zu erweitern.

(5) Streukreis und Streugebiet

- Der **Streukreis** beschreibt den Personenkreis, der umworben werden soll. Der Personenkreis wird häufig noch nach **Zielgruppen** (z. B. Berufs-, Alters-, Kaufkraftgruppen, Geschlecht) untergliedert.
- Das **Streugebiet** (Werbeverbreitungsgebiet) ist das Gebiet, in welchem die Werbemaßnahmen durchgeführt werden sollen.

Streugebiete sind deswegen festzulegen, weil Art und Umfang des Bedarfs in den einzelnen Gebieten (beispielsweise sei auf die andersartigen Bedürfnisse von Stadt- und Landgemeinden hingewiesen) unterschiedlich sein können.

Ein **Beispiel für einen einfachen Werbeplan** finden Sie auf S. 98.

(6) Werbeetat

Richtet sich der Werbeetat nach der jeweiligen Finanzlage des Unternehmens, die wiederum eng mit dem Umsatz zusammenhängt, spricht man von **zyklischer**[1] **Werbung.** Das bedeutet, dass bei steigenden Umsätzen mehr, bei fallenden Umsätzen weniger geworben wird. Diese zyklische Werbung ist jedoch im Allgemeinen wenig sinnvoll, weil gerade dann geworben wird, wenn der Umsatz ohnedies steigt, die Werbung jedoch unterlassen wird, wenn der Umsatz fällt.

Aus diesem Grund wird die **antizyklische Werbung** empfohlen. Sinkt der Umsatz, werden die Werbeanstrengungen verstärkt, steigt der Umsatz, werden sie verringert. Die antizyklische Werbung erfüllt den Zweck, einen gleichbleibenden Absatz und Gewinn zu sichern.

2.5.1.3 Werbeerfolgskontrolle

(1) Begriff Werbeerfolgskontrolle

Die **Werbeerfolgskontrolle** überprüft,

- in welchem Umfang die gesetzten Werbeziele durch die eingesetzten Werbemittel und Werbeträger erreicht wurden und
- ob sich die Werbemaßnahmen gelohnt haben.

Gegenstand der Werbeerfolgskontrolle:

- Die **wirtschaftliche Werbeerfolgskontrolle** möchte den mithilfe der Werbung erzielten Gewinn feststellen.
- Die **nicht wirtschaftliche Werbeerfolgskontrolle** fragt danach, wie die Werbung bei den Umworbenen „angekommen" ist.

1 **Zyklus:** regelmäßig wiederkehrende Erscheinung.

(2) Wirtschaftliche Werbeerfolgskontrolle

Die Feststellung des Werbegewinns ist in der Praxis sehr schwierig. Die Gründe liegen darin, dass es einerseits nicht immer möglich ist, die Werbeaufwendungen für eine Periode genau abzugrenzen, und dass andererseits Umsatzsteigerungen nicht unbedingt auf die Werbung zurückzuführen sind.

Beispiel:

Mithilfe der Marktforschung soll die Wirkung einer Plakataktion („Trinkt mehr Milch!") festgestellt werden. Es werden eine Versuchsgruppe und eine Kontrollgruppe gebildet. Die Versuchsgruppe wird von der Werbung berührt, die Kontrollgruppe erhält von der Werbung keine Kenntnis.

Nach Abschluss der Werbekampagne ergeben sich folgende Zahlen:

Zeitpunkt	Milchverbrauch pro Kopf	
	Versuchsgruppe	**Kontrollgruppe**
Vor Beginn der Werbekampagne	0,32 Liter	0,32 Liter
Nach Beendigung der Werbekampagne	0,40 Liter	0,35 Liter
Verbrauchsänderung	0,08 Liter	0,03 Liter

Die Versuchsgruppe hat ihren Verbrauch um 0,08 Liter je Person erhöht. Daraus kann nicht der Schluss gezogen werden, dass die gesamte Veränderung auf die Werbung zurückzuführen ist. Das Ergebnis der Kontrollgruppe zeigt, dass der Prokopfverbrauch auch ohne Werbung um 0,03 Liter gestiegen wäre. Die durch die Werbung hervorgerufene Verbrauchsänderung beträgt also lediglich 0,05 Liter.

Betrug nun bei dem werbenden Unternehmen der **zusätzliche** Milchabsatz im untersuchten Zeitraum 160 000 Liter, so sind davon nur 100 000 Liter auf die Absatzwerbung zurückzuführen. Wenn die Kosten der Werbeaktion 2 100,00 EUR und der Reingewinn je Liter 0,05 EUR betragen, lässt sich der wirtschaftliche Werbeerfolg, also der Werbegewinn, folgendermaßen errechnen:

Auf die Werbekampagne zurückzuführender Ertrag (100 000 · 0,05 EUR)	5 000,00 EUR
– Werbeaufwand	2 100,00 EUR
Werbegewinn	2 900,00 EUR

Der Werbegewinn erhöht sich, wenn der Milchverbrauch in Zukunft auf dem einmal erreichten Niveau verharrt.

(3) Nicht wirtschaftliche Werbeerfolgskontrolle

Während die wirtschaftliche Werbeerfolgskontrolle im eigenen Unternehmen in Geld, Stückzahlen oder Prozentsätzen (z. B. Umsatz, Absatz, Marktanteil) gemessen werden kann, lässt sich der nicht wirtschaftliche Werbeerfolg nur am Umworbenen selbst messen, z. B. in der Änderung seiner Haltung gegenüber dem Produkt oder dem Hersteller.

Um diese verborgenen Daten zu gewinnen, werden spezielle Verfahren eingesetzt, wie z. B. Wortassoziationstests oder Satzergänzungstests. Auf indirekte Art und Weise erhält man dadurch Informationen über folgende Personengruppen:

Werbegemeinte (Adressaten)	Es handelt sich dabei um die Umworbenen, die durch die Werbung angesprochen werden sollen. Ihre Zahl ist die **Adressatenzahl.**
Werbeberührte	Darunter versteht man die Umworbenen, bei denen eine Sinneswirkung erzielt wird. Ihre Zahl ist die **Perzeptionszahl** (lat. perceptio: Wahrnehmung).

Werbebeein-druckte	Damit sind diejenigen Umworbenen gemeint, die nicht nur von der Werbung „berührt" worden sind, sondern bei denen die Werbung eine Aufmerksamkeitswirkung erzielt hat. Die Zahl der Werbebeeindruckten ist die **Aperzeptionszahl** (lat. aperceptio: Verarbeitung von Eindrücken).
Werbeerfüller	Hier handelt es sich um die Umworbenen, die den Werbezweck erfüllen, die z. B. das Produkt kaufen, für das geworben worden ist. Ihre Zahl ist die **Akquisitionszahl** (lat. acquisitii: die Hinzugeworbenen).

Beispiel:

Ein Industrieunternehmen möchte seinen Kunden (Händlern) ein neues Produkt vorführen. Dabei soll ein Werbefilm gezeigt werden. Darüber hinaus werden Prospekte ausgelegt. Die Einladung ergeht an 80 Händler.

Von den eingeladenen Händlern (also den Werbegemeinten) erscheinen 60 Personen (Werbeberührte). Daraus lässt sich eine Kennzahl (Streuzahl) ermitteln, nämlich der **Berührungserfolg**.

Er errechnet sich wie folgt:

$$\text{Berührungserfolg} = \frac{\text{Zahl der Werbeberührten}}{\text{Zahl der Werbegemeinten}}$$

In unserem Beispiel ergibt sich:

$$\text{Berührungserfolg} = \frac{60}{80} = \underline{\underline{0{,}75}}$$

Das bedeutet, dass $^{3}/_{4}$ der Werbegemeinten von der Werbung berührt worden sind.

Haben von den 60 erschienenen Personen 48 einen Prospekt mitgenommen, zeigt das, dass diese Personen zumindest von der Werbung beeindruckt worden sind. Der **Beeindruckungserfolg** kann daher folgendermaßen berechnet werden:

$$\text{Beeindruckungserfolg} = \frac{\text{Zahl der Werbebeeindruckten}}{\text{Zahl der Werbegemeinten}}$$

In diesem Beispiel beträgt der Beeindruckungserfolg $\frac{48}{80} = \underline{\underline{0{,}60}}$

Die Zahl bedeutet, dass 60 % der Werbegemeinten von der Werbung beeindruckt waren.

Angenommen, 20 der erschienenen Personen haben das neue Erzeugnis nach der Veranstaltung gekauft. Der **Erfüllungserfolg** (Akquisitionserfolg) kann dann wie folgt ermittelt werden:

$$\text{Erfüllungserfolg} = \frac{\text{Zahl der Werbeerfüller}}{\text{Zahl der Werbegemeinten}}$$

In diesem Fall lautet das Ergebnis:

$$\text{Erfüllungserfolg} = \frac{20}{80} = \underline{\underline{0{,}25}}$$

Die Kennzahl sagt aus, dass $^{1}/_{4}$ der Werbegemeinten den Werbezweck erfüllt haben.

Allgemein lässt sich also sagen, dass der (nicht wirtschaftliche) Werbeerfolg umso größer ist, je höher die ermittelte Kennzahl ist.

2.5.2 Verkaufsförderung

- Die Verkaufsförderung hat das Ziel, durch **Maßnahmen am Ort des Verkaufs (Point of Sale)** den Umsatz anzukurbeln.
- Die Aktionen sind **kurzfristig** und dienen der **Profilierung des Unternehmens.**

(1) Salespromotion[1]

Sie beinhaltet in der Regel eine **enge Zusammenarbeit zwischen Händler und Hersteller** – zu beiderseitigem Vorteil. Während der Hersteller durch die persönliche Ansprache der Zielgruppe (in der Regel Stammkunden des Händlers) wenig Streuverlust erleidet, profitiert der Händler vom Image einer großen Herstellermarke. Der Spielraum möglicher Salespromotion-Aktionen ist dabei sehr vielfältig. In der Regel lassen sich jedoch umsatz-, produkt- und imagebezogene Zielvorstellungen harmonisch miteinander verbinden.

Beispiele:

Eine Parfümerie lädt zu einer Typ- und Hautberatung ein und hat als Berater einen Visagisten eines Kosmetikherstellers im Haus.

In einem Haushaltswarengeschäft demonstriert ein bekannter Koch im Rahmen einer Kochvorführung die Verwendung von Küchengerätschaften eines bestimmten Herstellers. Zugleich werden Bücher dieses Kochs verkauft und zudem führt das Haushaltswarengeschäft eine Umtauschaktion „Alt gegen Neu“ für Kochtöpfe dieses Herstellers durch. Jeder Kochtopf – gleich welcher Marke – wird beim Kauf eines neuen Kochtopfs dieses einen Herstellers mit 8,00 EUR vergütet.

(2) Merchandising

Der englische Begriff „merchandise“ bedeutet Warenvertrieb, Verkauf, Vertriebsstrategie. Häufig wird der Begriff inzwischen mit dem gleichgesetzt, was man international als „Licensing“ bezeichnet. Dies ist ein Marketingkonzept, bei welchem rund um ein Hauptprodukt Ableger desselben (Storys, Figuren, CDs, Trikots, Schlüsselanhänger, Fahnen usw.) vertrieben werden. Vorreiter dieses Konzeptes war der Walt-Disney-Konzern. Heute handelt es sich bei dem Hauptprodukt in der Regel um einen Kinofilm. Dies ist der klassische Bereich des Merchandising. Inzwischen sind auch andere Bereiche wie der Sport (Formel 1, Bundesliga), Autohersteller oder auch der Kulturbereich (Musicals) angesichts der Kürzung öffentlicher Mittel davon betroffen.

Der Kerngedanke besteht darin, durch Merchandising zusätzlich Produkte zu vermarkten, indem von beliebten bzw. bekannten Charakteren oder Produkten deren besondere Qualitätsvorstellung und Image auf die Ablegerprodukte übertragen werden. Ein positives Image wird also von einem Medium auf ein anderes übertragen.

Beispiele:

So trägt der Fan eines Bundesligaclubs einen Schal „seines“ Vereins, der Besucher des Musicals ein T-Shirt, das es nur dort zu kaufen gibt und das Kind schläft in der Bettwäsche mit Motiven von Harry Potter. Und auch die Lebensmittelindustrie verwendet Packungsaufdrucke oder beigefügte Plastikfiguren, um ihre Produkte attraktiver zu machen.

1 **Salespromotion** (engl.): Verkaufsförderung; to promote: fördern, befördern, vorantreiben.

2.5.3 Public Relations (Öffentlichkeitsarbeit)

Die **Public Relations** wirbt für den guten Ruf, das Ansehen eines Unternehmens oder einer Unternehmensgruppe in der Öffentlichkeit (Verbraucher, Lieferer, Kunden, Gläubiger, Aktionäre, Massenmedien, Behörden usw.).

Mithilfe der Öffentlichkeitsarbeit soll z.B. gezeigt werden, dass ein Unternehmen besonders fortschrittlich, sozial oder ein guter Steuerzahler ist oder dass es die Belange des Umweltschutzes in besonderem Maße berücksichtigt.

Beispiele:

Mittel der Public-Relations-Politik sind u.a. die Abhaltung von Pressekonferenzen, Tage der offenen Tür, Einrichtung von Sportstätten und Erholungsheimen, Spenden, Zeitungsanzeigen („Unsere Branche weist die Zukunft") oder Rundfunk- und Fernsehspots („Es gibt viel zu tun, packen wir's an!").

2.5.4 Neuere Formen der Kommunikationspolitik

Kommunikationsformen	Erläuterungen	Beispiele
Sponsoring	Beim Sponsoring stellt der Sponsor dem Gesponserten Geld oder Sachmittel zur Verfügung. Dafür erhält er Gegenleistungen, die zur Erreichung der Marketingziele beitragen sollen.	Trikotwerbung für einen Fußballclub; Förderung einer Kunstausstellung oder eines Konzerts; Unterstützung sozial Benachteiligter; Starten von Natur- und Artenschutzaktionen.
Product-Placement	Beim Product-Placement werden Produkte werbewirksam in die Handlung eines Kino- oder Fernsehfilms, eines Videos oder eines Rundfunkprogramms integriert, wobei das Marketing verschleiert wird, der Auftraggeber dafür aber bezahlen muss. Ziel des Product-Placements ist es, über das positive Image des ausgewählten Programms und der darin auftretenden Schauspieler einen Imagetransfer auf das Werbeobjekt zu erreichen. Der Bekanntheitsgrad von bereits eingeführten Marken soll dabei erhöht und neu eingeführte Produkte sollen vorgestellt werden.	In einem Spielfilm isst eine bekannte Schauspielerin zum Frühstück ein Müsli, wobei die Marke deutlich erkennbar ist; Platzierung eines bestimmten Autotyps in einem Film.
Direktmarketing	Direktmarketing umfasst alle Maßnahmen, die ein Unternehmen einsetzt, um mit dem Empfänger einen Kontakt herzustellen.	Werbung per E-Mail; Zusendung einer Nachricht per Post; Anruf durch ein Callcenter; Zusendung einer Kundenzeitschrift.
Eventmarketing	Eventmarketing ist eine erlebnisorientierte Darstellung des Unternehmens und seiner Produkte in einer Mixtur aus Showaktionen, die den Erwartungshorizont der Zielgruppe treffen.	Ein Autohaus stellt ein neues Modell im Rahmen eines Familientages mit Essen, Trinken, Probefahrten, Spiele für Kinder, einer Band und einem bekannten Rennfahrer vor.

Zusammenfassung

- Die **Werbung** hat zum Ziel, bisherige und mögliche (potenzielle) Abnehmer auf die eigene Betriebsleistung (Waren, Erzeugnisse, Dienstleistungen) aufmerksam zu machen und Kaufwünsche zu erhalten bzw. zu erzeugen.
- Die **Public Relations** werben für den guten Ruf (das „Image") eines Unternehmens.
- Unter **Salespromotion** versteht man verkaufsfördernde Maßnahmen, bei denen in der Regel Händler und Hersteller zusammenarbeiten. Zielgruppe können daher der Handel sein (Verkäuferschulung, Beratung, Schaufensterdekoration, Displaymaterial) oder auch der Endkunde (Beratung, Produktproben, Preisausschreiben).
- **Merchandising** bedeutet, dass ein Nebenprodukt (Figur, CD, Bettwäsche, Schlüsselanhänger, Bekleidung usw.) rund um ein Hauptprodukt (Sportler, Roman- oder Filmfigur) vertrieben wird.
- Zu den modernen Kommunikationsmitteln gehören z.B. das **Sponsoring**, das **Product-Placement**, das **Direktmarketing** und das **Eventmarketing**.

Übungsaufgaben

24 Die Lorenz OHG in Weinheim stellt Haushaltsgeräte her. Weil der Absatz an Geschirrspülmaschinen stagniert, soll die Produktpalette erweitert werden.

Aufgaben:

1. Auf dem Markt für Geschirrspülmaschinen gibt es eine Vielzahl von Konkurrenten, wobei kein Unternehmen den Markt beherrscht.

   Beurteilen Sie die Möglichkeiten der Lorenz OHG, Preispolitik zu betreiben!

2. Die Geschäftsleitung der Lorenz OHG beschließt, einen neuen, Energie sparenden „Ökospüler" auf den Markt zu bringen.

   2.1 Schlagen Sie der Geschäftsleitung begründet drei Werbemittel bzw. -medien vor, die geeignet sind, das neue Produkt erfolgreich auf den Markt zu bringen!

   2.2 Die Werbung sollte bestimmten Grundsätzen genügen. Nennen Sie drei wichtige Werbegrundsätze!

   2.3 In der Diskussion über die durchzuführenden Werbemaßnahmen fallen auch die Begriffe Streukreis und Streugebiet. Erklären Sie diese Begriffe!

   2.4 Nach Meinung der Geschäftsleitung soll vor allem Massenwerbung und Alleinwerbung betrieben werden. Nennen Sie noch weitere Arten der Werbung a) nach der Zahl der Umworbenen und b) nach der Anzahl der Werbenden!

   2.5 Begründen Sie, warum die Lorenz OHG die unter 2.4 genannten Werbearten bevorzugt!

3. Die Lorenz OHG möchte den Erfolg ihrer geplanten Werbung kontrollieren. Machen Sie einen Vorschlag, wie eine Werbeerfolgskontrolle durchgeführt werden könnte!

4. Die Geschäftsleitung der Lorenz OHG prüft, ob auch Maßnahmen der Verkaufsförderung ergriffen werden sollen.

   4.1 Erläutern Sie, welche Maßnahmen zur Verkaufsförderung gehören!

   4.2 Schlagen Sie der Geschäftsleitung der Lorenz OHG Maßnahmen aus dem Bereich Salespromotion vor, um den Absatz des „Ökospülers" zu fördern!

5. Zur Absatzförderung trägt auch die Öffentlichkeitsarbeit – also Maßnahmen der Public Relations – bei.

   Begründen Sie diese Aussage!

6. Ein Autohändler plant eine Werbeaktion zur Vorstellung des „Autos des Jahres".

   6.1 Stellen Sie ein Veranstaltungsprogramm auf für ein Marketing-Event in der Ausstellungshalle und auf dem Freigelände des Automobilhändlers!

   6.2 Beschreiben Sie, wie Ihr Veranstaltungsprogramm die Aspekte Information, Emotion, Aktion und Motivation an die Zielgruppe vermitteln will!

25

Emmy Reisacher e. Kfr. möchte für ihr Kosmetikinstitut eine Werbeanzeige in einer Zeitung aufgeben. Format: 50 mm hoch, 2-spaltig (88 mm breit). Zur Wahl stehen:

- die **Bürger Zeitung.** Dies ist eine regionale Tageszeitung, die auch überregionale und internationale Informationen über Wirtschaft, Politik und Sport enthält. Jede Ausgabe wird von etwa 5 Personen gelesen.
- das **Wochenblatt.** Dies ist vorwiegend ein Anzeigenblatt mit einem nur geringen redaktionellen Anteil. Es wird wöchentlich einmal an alle lokalen Haushalte kostenlos verteilt. Jede Ausgabe wird im Durchschnitt von 2 Personen gelesen.

Um die Kosten einer Werbeanzeige in verschiedenen Zeitungen vergleichen zu können, ermittelt man den sogenannten Tausenderpreis.

$$\textbf{Tausenderpreis} = \frac{\text{Preis der Werbeanzeige} \cdot 1\,000}{\text{Höhe der Auflage} \cdot \text{Leser pro Ausgabe}}$$

Aufgaben:

1. Entscheiden Sie unter Berücksichtigung der nachfolgenden Mediadaten begründet, in welcher der beiden örtlichen Zeitungen das Inserat aufgegeben werden soll. Legen Sie Ihrer Entscheidung nicht nur die absoluten Kosten einer Anzeige und den Tausenderpreis zugrunde, sondern beziehen Sie auch qualitative Aspekte in Ihre Entscheidung ein!

   Folgende **Mediadaten** sind bekannt:

	Bürger Zeitung	**Wochenblatt**
Auflage	36 000 erscheint werktäglich	78 000 erscheint 1 x wöchentlich
Kosten einer Anzeige	2,03 EUR je mm, 1-spaltig	1,54 EUR je mm, 1-spaltig

2. Gestalten Sie die Werbeanzeige für das Kosmetikinstitut in dem oben genannten Format!

2.6 Distributionspolitik

2.6.1 Begriff Distributionspolitik

Distribution heißt Verteilung der Produkte. Die Distributionspolitik befasst sich mit der Frage, auf welchem Weg das Produkt an den Käufer herangetragen werden kann.

Im Folgenden gehen wir von einem Industriebetrieb aus, der den Absatz seiner Erzeugnisse organisiert. Für ihn stellt sich die Frage, ob er

- seine Erzeugnisse direkt an die Kunden verkauft **(direkter Absatzweg)** oder ob er
- für den Verkauf seiner Erzeugnisse vermittelnde Dritte einschaltet **(indirekter Absatzweg).**

2.6.2 Direkte Absatzwege

2.6.2.1 Begriff direkter Absatzweg

Wenden sich Herstellungsbetriebe (Industriebetriebe) bei der marktlichen Verwertung (Absatz) **unmittelbar** an die Verbraucher, Gebraucher und Weiterverarbeiter, liegt **direkter Absatz** vor. Beim direkten Absatz werden also **keine Zwischenhändler** eingeschaltet.

Der **Vorteil** des direkten Absatzes ist, dass Gewinnanteile, die fremden Unternehmen zufließen würden, dem Hersteller selbst zugute kommen. Der **Nachteil** ist, dass hohe Vertriebskosten entstehen.

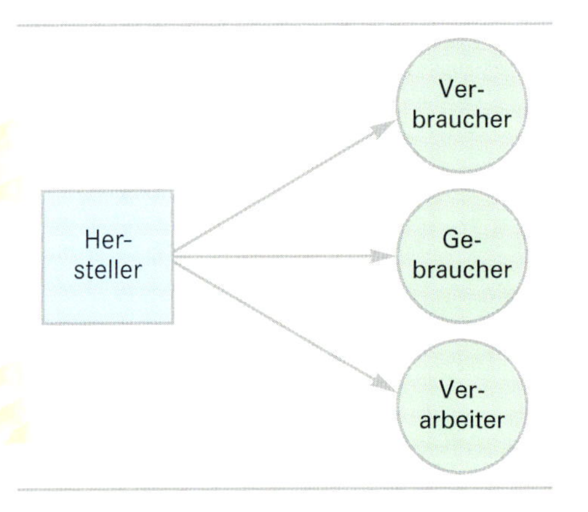

2.6.2.2 Absatz über Handlungsreisende

(1) Begriff Handlungsreisender

Handlungsreisende[1] sind **kaufmännische Angestellte,** die damit betraut sind, außerhalb des Betriebs Geschäfte **im Namen** und **für Rechnung des Arbeitgebers** zu vermitteln oder abzuschließen (vgl. § 55 I HGB).

Reisende sind weisungsgebunden. Sie schließen also **in fremdem Namen** und für **fremde Rechnung** Geschäfte (z. B. Kaufverträge) ab. Ist nichts anderes vereinbart, sind die Reisenden nur ermächtigt zum **Abschluss von Kaufverträgen** und zur **Entgegennahme von Mängelrügen.** In diesem Fall spricht man von **„Abschlussreisenden".**

1 Das HGB spricht vom Handlungsgehilfen.

Zur **Einziehung des Kaufpreises** (zum sogenannten **„Inkasso"**) sind Handlungsreisende nur befugt, wenn hierzu vom Arbeitgeber ausdrückliche Vollmacht erteilt wurde **(„Inkassoreisende")** [§ 55 III HGB].

(2) Beispiel: Geschäftsablauf bei einem Handlungsreisenden mit Abschluss- und Inkassovollmacht

Beispielhaft für den Geschäftsablauf beim Einsatz eines Handlungsreisenden wird nachfolgend der Geschäftsablauf bei einem Handlungsreisenden mit Abschluss- und Inkassovollmacht dargestellt:

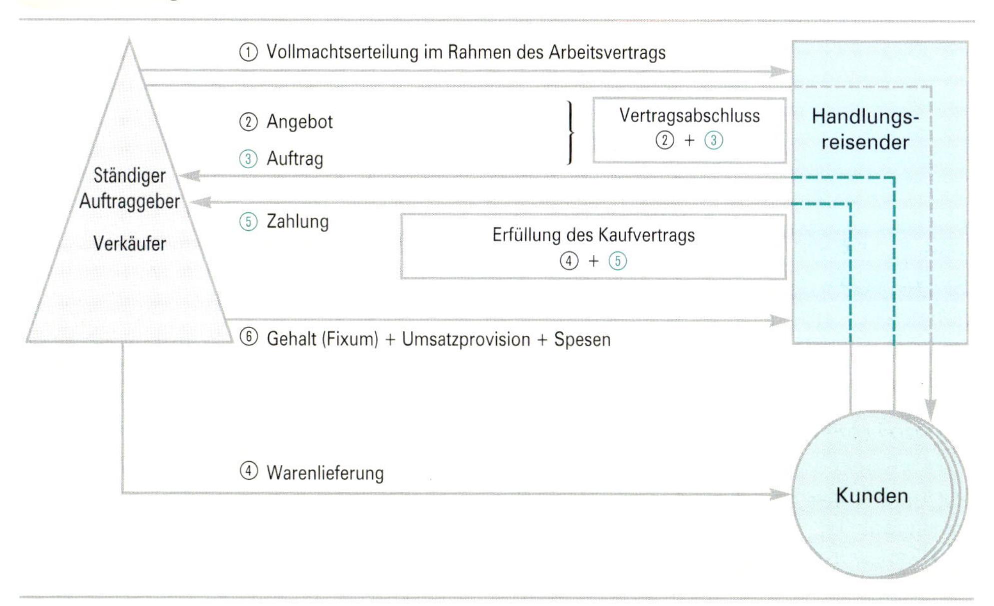

(3) Rechte und Pflichten des Handlungsreisenden

Auf die Handlungsreisenden treffen somit alle Merkmale der kaufmännischen Angestellten zu. Wie alle Angestellten erhalten die Reisenden in aller Regel ein **festes Gehalt (Fixum).**[1] Darüber hinaus steht den Handlungsreisenden als zusätzlicher Leistungsanreiz eine **Umsatzprovision** zu. Daneben werden ihnen die **Spesen** (Auslagen) erstattet.

Handlungsreisende (kurz „Reisende" genannt) haben folgende **Aufgaben**:

- Erhaltung des bisherigen Kundenstamms,
- Werbung neuer Kunden (Erweiterung des Kundenstamms),
- Information der Kunden (z.B. über Neuentwicklungen, neue Produkte, Preisentwicklung),
- Information des Geschäftsherrn (Arbeitgebers) über die Marktlage (z.B. Berichte über Kundenwünsche),
- Entgegennahme von Mängelrügen.

1 Das **Fixum** (das feste Gehalt); Mz: die Fixa.

(4) Bedeutung

Der **Vorteil** der Handlungsreisenden als eigene „Absatzorgane" ist vor allem darin zu sehen, dass bei guter Geschäftslage die Provisionskosten je Verkaufseinheit (z.B. Stück, kg, Dutzend) verhältnismäßig niedrig sind. Als weisungsgebundene Angestellte stehen die Handlungsreisenden außerdem dem Betrieb ständig zur Verfügung.

Von **Nachteil** ist, dass bei zurückgehendem Absatz der Arbeitgeber hohe fixe Kosten zu tragen hat, da die Gehälter nicht ohne Weiteres gekürzt werden können.

2.6.2.3 Verkaufsniederlassungen und Vertriebsgesellschaften

Großunternehmen können eigene **Verkaufsniederlassungen** einrichten. Diese stellen „Verkaufsfilialen" dar. Preis- und verkaufspolitische Anweisungen erteilt die Zentrale.

Es können auch eigene **Vertriebsgesellschaften** (meist in der Rechtsform der GmbH) gegründet werden. Sie sind zwar rechtlich selbstständig, wirtschaftlich jedoch vom Gesamtunternehmen abhängig.

2.6.2.4 Electronic Commerce

(1) Begriff E-Commerce

Electronic Commerce bezeichnet Geschäftsvorgänge, bei denen die Beteiligten auf elektronischem Wege, insbesondere auf dem Weg über das Internet, ihre Geschäfte anbahnen und abwickeln.

Man unterscheidet dabei verschiedene Partner-Transaktionen:

B2C	**Business to Consumer.** Die Geschäftsbeziehung berührt auf der Verkäuferseite ein Unternehmen, auf der Käuferseite eine Privatperson.
B2B	**Business to Business.** Beide Partner sind Unternehmen.
B2A/B2G	**Business to Administration/Business to Government,** z.B. Steuererklärungen, Steuervoranmeldungen über das Programm **Elster** (**El**ektronische **Steuererk**lärungen), Anträge auf Erlass eines Mahnbescheides, Ausschreibungen für Handwerksleistungen.

(2) Arten des E-Commerce

Der elektronische Commerce kann in verschiedenen Ausbaustufen betrieben werden. Die verschiedenen Ausbaustufen werden im Folgenden kurz dargestellt.

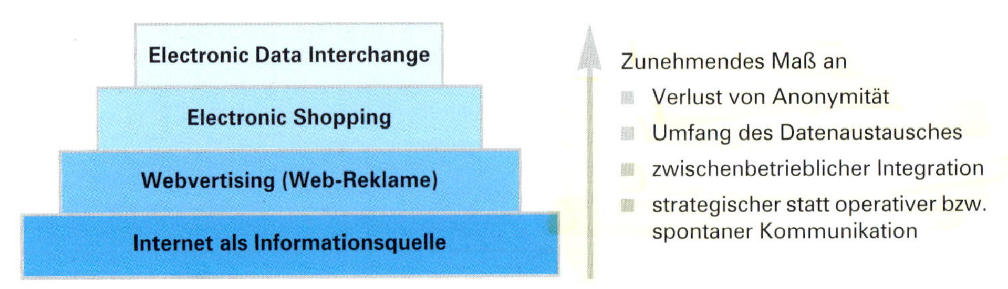

Internet als Informationsquelle	■ **Spezialisierte Informationsanbieter.** Beispiele hierfür sind die Fahrplanauskünfte der Deutschen Bahn AG, Telefonnummern, Wetterdienste, Börsen- und Wirtschaftsinformationen. ■ **Portale** sind Eingangspforten ins Internet, die z.B. von Providern erstellt werden (z.B. T-Online) oder auch von Suchmaschinen (z.B. Google).
Webvertising	Dies setzt sich zusammen aus Web-Advertising (Web-Reklame). Hierbei wird das Internet genutzt als Instrument zur Information der Kunden und zur Kommunikation mit ihnen als systematisch geplanter Teil der betrieblichen Kommunikationspolitik. Das Unternehmen stellt seine Produkte im Internet dar, bietet E-Mail- und Kontaktadressen, Gästebücher und ein Forum zum Austausch von Meinungen und Fragen an.
Electronic Shopping	Hierbei werden Produkte über das Internet an private Endkunden (B2C) oder an Unternehmen verkauft (B2B). Der Vertrieb erfolgt dabei über den traditionellen Weg via Post bzw. die Paketdienste oder ebenfalls über das Internet, z.B. bei Software.
Electronic Data Interchange	Dies ist ein Verfahren des zwischenbetrieblichen Datenaustausches. Erkennt z.B. das Warenwirtschaftssystem des Kunden die Notwendigkeit einer Nachbestellung, dann werden die Bestelldaten direkt in das Warenwirtschaftssystem des Verkäufers eingeschleust. Eingriffe von Hand entfallen auf beiden Seiten. Dies führt zu einer Verringerung der Personalkosten und der Vermeidung von Übertragungsfehlern. Bisher allerdings werden solche Transaktionen vorwiegend innerhalb geschlossener Netze durchgeführt. Offene Netze, wie das Internet, verfügen noch nicht über die erforderlichen Sicherheitsstandards.

(3) Vorteile/Nachteile des Electronic Shopping

	Für Käufer	**Für Verkäufer**
Vorteile	■ permanente Öffnungszeiten ■ rasche Suche nach Produkten durch Shop-eigene Suchmaschinen ■ umfangreiches Angebot ■ bequem von zu Hause aus erreichbar, keine Fahrten notwendig, keine Parkplatzsuche, Ware wird ins Haus gebracht ■ einfache Preisvergleiche	■ weltweites Absatzgebiet ■ Kundeninformationen als Basis für „one-to-one“-Marketing fallen quasi als Abfallprodukt an ■ aufwendige Warenpräsentation und Ladeneinrichtung entfällt
Nachteile	■ in Deutschland noch weitgehend Befangenheit bezüglich der Sicherheit beim Zahlungsvorgang ■ Einkaufserlebnis entfällt ■ kein Berühren des Produkts möglich ■ keine persönliche Produktberatung durch qualifiziertes Verkaufspersonal	■ hohe Unsicherheit ■ hohe Anfangsinvestitionen

2.6.3 Indirekte Absatzwege

2.6.3.1 Begriff indirekter Absatzweg

Verkaufen Herstellungsbetriebe an solche Personen oder Betriebe, die die Erzeugnisse nicht für ihren eigenen Verbrauch oder Gebrauch verwenden, sondern diese mehr oder weniger unverändert weiterverkaufen, spricht man von **indirektem Absatz.** Der Absatzweg ist also länger, weil andere Unternehmen eingeschaltet werden.

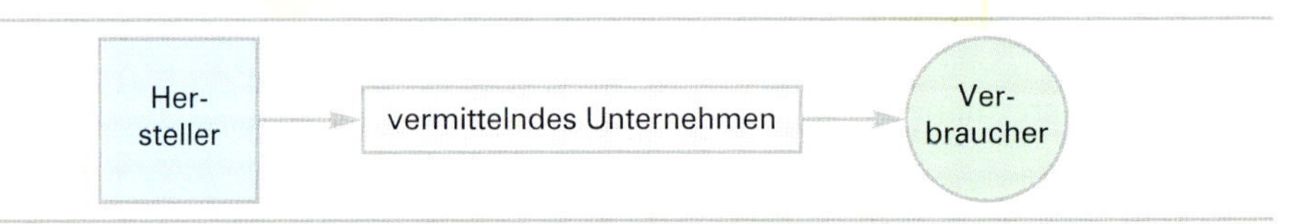

Vorteile für den Hersteller sind, dass Vertriebskosten eingespart werden können, der Handel (meist) kurz- und mittelfristig das Absatzrisiko übernimmt[1] und die Kunden die Erzeugnisse in den Lagern besichtigen können. Der **Nachteil** ist, dass der Handel Gewinnanteile beansprucht, die andernfalls (beim direkten Absatz) dem Hersteller zufließen würden. Der direkte und indirekte Absatz kann zentralisiert oder dezentralisiert sein.

2.6.3.2 Vertragshändler

Der **Vertragshändler** ist ein **rechtlich selbstständiger Händler,** der sich vertraglich dazu verpflichtet, die Ware für einen Hersteller in **eigenem Namen** und auf **eigene Rechnung** zu verkaufen.

In der Regel wird dem Vertragshändler vom Hersteller das Recht eingeräumt, dass er die Waren innerhalb eines bestimmten Gebiets allein verkaufen kann. Der Vertragshändler erhält dadurch einen Gebietsschutz (Exklusivvertrieb) und kann den bekannten Namen des Herstellers für die Werbung nutzen. Im Gegenzug verzichtet dann der Vertragshändler häufig darauf, Konkurrenzprodukte zu verkaufen.

Beispiel:

Eine Bäckerei wird Vertragshändler für Jakobs-Kaffee und verzichtet gleichzeitig darauf, Kaffee von anderen Herstellern zu verkaufen. Der Kaffeehersteller stellt die Kaffeemaschinen und das Kaffeegeschirr.

Als rechtlich selbstständiger Händler erzielt der Vertragshändler durch den Warenverkauf eine Gewinnspanne. Er erhält keine Provision vom Hersteller.

1 Langfristig trägt der Hersteller das Absatzrisiko, da der Handel beim Hersteller auf Dauer keine Waren kaufen wird, die sich nicht verkaufen lassen.

2.6.3.3 Franchising

(1) Begriff Franchising

Beim **Franchising** handelt es sich um vertraglich geregelte Kooperationen zwischen rechtlich selbstständigen Unternehmen. Es ist ein besonderes Vertriebsbindungssystem, das in der Praxis zahlreiche (mehrere hundert) Ausprägungsformen besitzt.

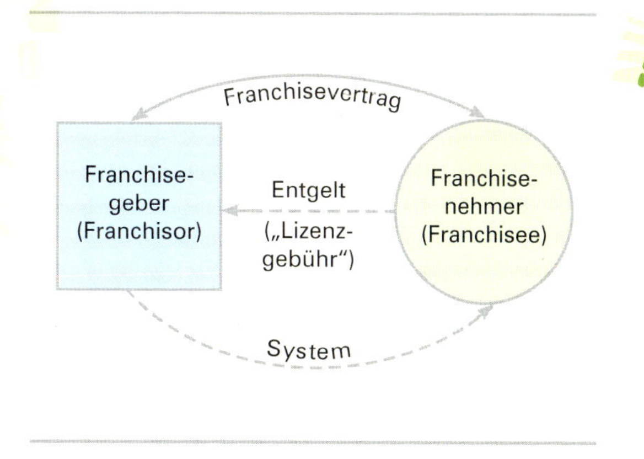

Der Franchisevertrag (im Grunde ein ganzes Bündel vereinbarter Rechte und Pflichten) wird zwischen dem **Franchisegeber** (meist ein Hersteller) und dem **Franchisenehmer** (z. B. ein Handels- oder ein sonstiger Dienstleistungsbetrieb) abgeschlossen.

(2) Merkmale des Franchisings

Das Franchising geht über das reine Alleinvertriebssystem hinaus. Folgende Merkmale, die nicht vollständig auf jedes System zutreffen müssen, sind zu nennen:

- die Franchisenehmer bleiben **rechtlich selbstständig** und handeln in **eigenem Namen** und auf **eigene Rechnung;**
- der Franchisegeber erteilt dem Franchisenehmer das Recht, gegen Entgelt (beim Handel meist in die Warenpreise einkalkuliert) seine **Marke** und seine **Symbole,** seine **Marktkenntnisse** und seine **Waren** absatzpolitisch zu verwerten;
- der Franchisenehmer verpflichtet sich, die **Absatz- und Betriebsorganisationsrichtlinien** des Franchisegebers zu befolgen;
- der Franchisegeber hat **Kontroll- und Weisungsrechte;** er verpflichtet sich andererseits, den Franchisenehmer zu beraten und zu unterstützen;
- alle Franchisenehmer treten auf dem Markt einheitlich (z. B. Aufmachung der Ladengeschäfte) auf, sodass der **Eindruck eines Filialsystems** erweckt wird.

Die individuelle Art der Ausgestaltung der genannten (und auch anderer) Merkmale des Franchisings bezeichnet man als **Franchising-System** oder kurz als **„System".** Ein Unternehmen, das ein Franchising-System entwickelt, weiterentwickelt und vergibt, bezeichnet man deshalb als **Systemanbieter**.

(3) Leistungen aus dem Franchisevertrag

Der **Franchisegeber** entwickelt die Produkt-, Sortiments-, Verpackungs- und Servicekonzeption (z. B. Garantieleistungen, Kundendienst) und stellt sie dem Franchisenehmer zur Verfügung. Er führt Marktforschungsmaßnahmen durch, schult die Inhaber und Mitarbeiter der Franchisenehmerbetriebe, entwickelt Verkaufsförderungsaktionen und führt diese durch, gibt Richtlinien für das Rechnungswesen oder übernimmt die Aufgaben des Rechnungswesens (Buchführung, Statistik, Kalkulation).

Der **Franchisenehmer** setzt sein eigenes Kapital ein, entrichtet seine Franchisegebühren, beteiligt sich an den allgemeinen Kosten (z.B. Kosten der Werbung), setzt seine Arbeitskraft allein für den Franchisegeber ein und pflegt die Beziehungen zu den Kunden.

(4) Arten des Franchisings

Nach dem **Leistungsangebot** wird unterteilt in:

Dienstleistungsbezogenes Franchising	Sachleistungsbezogenes Franchising	
	Produkt-Franchising	**Betriebs-Franchising**
Hier ruht das Schwergewicht des Franchisings auf den vom Franchisenehmer zu erbringenden Dienstleistungen. **Beispiele:** Wäschereigewerbe, Gebäudereinigungen, Autowäschereien, Betriebs- und Steuerberatungen, Finanzierungsgesellschaften, Privatschulen, Reisebüros, Reparaturwerkstätten, Gaststätten.	Das Produkt-Franchising deckt sich teilweise mit dem Vertragshändlersystem. Der Vertrieb der Ware steht im Vordergrund. Es fehlt ein umfassendes Organisationskonzept („System").	Die Franchisenehmer treten nach außen wie ein Filialsystem auf. Es besteht ein umfassendes Organisationskonzept („System").

(5) Vor- und Nachteile des Franchisings

Vorteile	Nachteile

▪ Absatzwirksames, weil einheitliches und werbewirksames Absatzkonzept
▪ Stärkung von Kleinunternehmen zu marktstarken Gruppen
▪ rationelle (kostensparende) Nutzung einer zentralen EDV-Organisation
▪ umfassende Beratung und Unterstützung der Franchisenehmer durch den Franchisegeber
▪ rasche Durchdringung des Marktes, weil Franchising Aufbaukapital spart
▪ erleichtert Möglichkeit, sich selbstständig zu machen, da ausgereiftes Systemwissen vollständig zur Verfügung gestellt wird
	▪ Gefahr der Marktsättigung durch immer gleichbleibendes und als uniform empfundenes Angebot
	▪ beim Franchising zwischen Hersteller und Einzelhandel wird der Großhandel ausgeschaltet
	▪ starke Abhängigkeit des Franchisenehmers
	  ▪ deswegen Gefahr, dass Waren auch von anderen Lieferern bezogen werden
	  ▪ Gründung von verbundunabhängigen Unternehmen durch die Franchisenehmer, um sich aus der Vertriebsbindung teilweise zu lösen
	▪ verstärkte Tendenz zur Monotonie der Märkte, damit geringer Wettbewerb

2.6.3.4 Handelsvertreter

(1) Begriff Handelsvertreter

- **Handelsvertreter** sind **selbstständige Gewerbetreibende,** die ständig damit betraut sind, **im Namen** und **für Rechnung eines anderen Unternehmers** Geschäfte zu vermitteln oder abzuschließen (vgl. § 84 I, S. 1 HGB).
- Der Handelsvertreter wird aufgrund eines **Vertretungsvertrags (Agenturvertrag)** tätig. Der Vertretungsvertrag ist auf **Dauer** ausgerichtet.

Je nachdem, ob eine Vermittlungs- oder Abschlussvertretung vereinbart ist, unterscheidet man **Abschlussvertreter** und **Vermittlungsvertreter.** Zahlungen dürfen die Vertreter nur dann entgegennehmen, wenn sie die **Inkassovollmacht (Einzugsvollmacht)** besitzen. Für den Einzug von Forderungen erhalten die Vertreter i.d.R. eine **Inkassoprovision.** Verpflichten sich die Vertreter dazu, für die Verbindlichkeiten ihrer Kunden einzustehen, erhalten sie hierfür eine **Delkredereprovision**[1] [§ 86b HGB].

(2) Beispiel: Geschäftsablauf bei einem Abschlussvertreter ohne Inkassovollmacht

1 **Delkredere** (lat., it.): (wörtl.) vom guten Glauben; hier: Haftung für die Bezahlung einer Forderung.

8 Speth - ISBN 978-3-8120-0592-0

(3) Rechte und Pflichten der Handelsvertreter

Rechte	Pflichten
■ Recht auf Bereitstellung von Unterlagen	■ Sorgfaltspflicht
■ Recht auf Provision	■ Bemühungspflicht
■ Ausgleichsanspruch nach Beendigung des Vertragsverhältnisses	■ Benachrichtigungspflicht über Geschäftsvermittlungen bzw. -abschlüsse
■ Anspruch auf Ersatz von Aufwendungen	■ Interessenwahrungspflicht
■ Gesetzliches Zurückbehaltungsrecht	■ Schweigepflicht über Geschäfts- und Betriebsgeheimnisse
	■ Einhaltung der Wettbewerbsabrede

(4) Bedeutung

Der **Vorteil** des **Einsatzes von Handelsvertretern** ist, dass sie – im Gegensatz zu den Handlungsreisenden – in der Regel in ihren Absatzgebieten ansässig sind. Sie haben somit einen engen Kontakt zur Kundschaft. Von Vorteil ist ferner, dass bei möglichen Absatzrückgängen die Vermittlungskosten (Provisionen) je Verkaufseinheit konstant bleiben, weil die Handelsvertreter in aller Regel lediglich Provisionen, aber keine Fixa erhalten. Von **Nachteil** kann für den Auftraggeber sein, dass bei starken Umsatzerhöhungen die Provisionskosten höher sind als beim Einsatz von Handlungsreisenden.

(5) Kostenvergleich von Handlungsreisendem und Handelsvertreter

Beispiel:

Ein Unternehmen steht vor der Wahl, entweder Handlungsreisende oder Handelsvertreter einzusetzen. Die Handlungsreisenden erhalten ein Fixum von insgesamt 12000,00 EUR im Monat und 4% Provision, die Handelsvertreter lediglich 8% Umsatzprovision. Es stellt sich die Frage, von welchem Umsatz an sich der Einsatz von Reisenden lohnt.

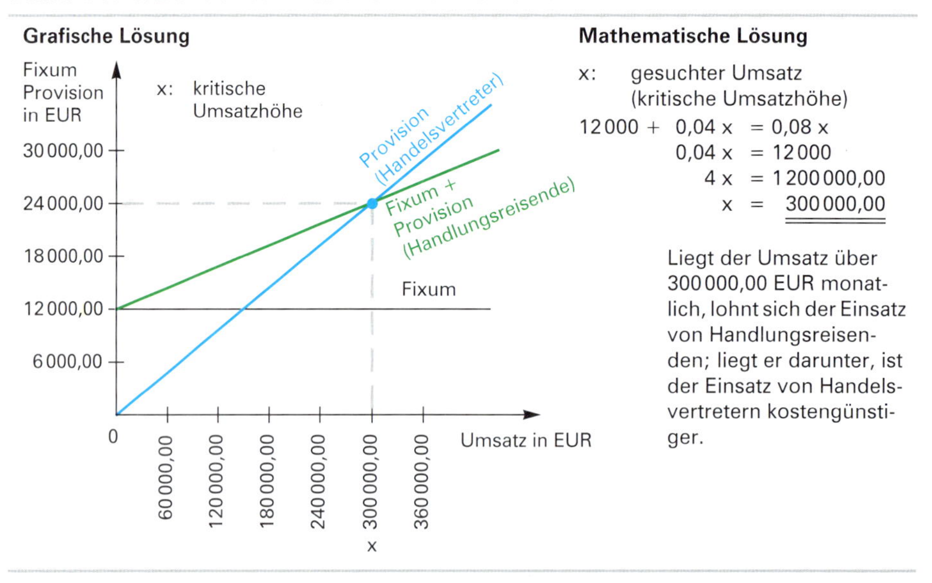

Mathematische Lösung

x: gesuchter Umsatz (kritische Umsatzhöhe)

$$12000 + 0{,}04\,x = 0{,}08\,x$$
$$0{,}04\,x = 12000$$
$$4\,x = 1200000{,}00$$
$$x = \underline{\underline{300000{,}00}}$$

Liegt der Umsatz über 300000,00 EUR monatlich, lohnt sich der Einsatz von Handlungsreisenden; liegt er darunter, ist der Einsatz von Handelsvertretern kostengünstiger.

Die Entscheidung, ob Handelsvertreter oder Handlungsreisende eingesetzt werden sollen, hängt – neben anderen Faktoren – auch davon ab, wie hoch der erwartete bzw. geplante Umsatz ist.

Zusammenfassung

- Nach den Absatzwegen unterscheidet man zwischen **direkten Absatzwegen** und **indirekten Absatzwegen.**
  - Zu den **direkten Absatzwegen** zählt der Verkauf über
    - Handlungsreisende
    - Verkaufsniederlassungen
    - Vertriebsgesellschaften
    - E-Commerce
  - Zu den **indirekten Absatzwegen** zählt der Verkauf über
    - Vertragshändler
    - Franchising
    - Handelsvertreter
-

Merkmale	Handlungsreisende	Handelsvertreter
Begriff	Fest angestellte Mitarbeiter eines Unternehmens; streng weisungsgebunden; vermitteln oder schließen Geschäfte in fremdem Namen und für fremde Rechnung ab.	Selbstständige Gewerbetreibende, die ständig damit betraut sind, für ihre Auftraggeber Geschäfte zu vermitteln oder in fremdem Namen und für fremde Rechnung abzuschließen.
Rechtsstellung	Keine Kaufleute, keine Firma, keine Handelsbücher.	Kaufleute, sofern die Art ihres Geschäftsbetriebs oder ihr Geschäftsumfang eine kaufmännische Einrichtung erfordert. Ist dies der Fall, müssen sie sich ins Handelsregister eintragen lassen.
Arten	■ Vermittlungsreisende ■ Abschlussreisende	■ Vermittlungsvertreter ■ Abschlussvertreter
Art des Vertrags	Arbeitsvertrag (Dienstvertrag)	Vertretungsvertrag (Agenturvertrag)
Rechte	Alle Rechte der kaufmännischen Angestellten	■ Recht auf Vergütung ■ Ausgleichsanspruch ■ Recht auf Bereitstellung von Unterlagen ■ Ersatz von Aufwendungen ■ gesetzliches Zurückbehaltungsrecht

Merkmale	Handlungsreisende	Handelsvertreter
Pflichten	■ alle Pflichten der kaufmännischen Angestellten ■ Mängelrügen entgegennehmen ■ Reisebericht erstellen ■ bei Inkassovollmacht – einkassieren – abrechnen	■ Sorgfalts- und Haftpflicht ■ Bemühungspflicht ■ Benachrichtigungspflicht ■ Interessenwahrungspflicht ■ Schweigepflicht ■ Einhaltung der Wettbewerbsabrede
Vergütung	■ Gehalt (Fixum) ■ Umsatzprovision ■ Spesenersatz	■ Umsatzprovision ■ Inkassoprovision ■ Delkredereprovision

Übungsaufgaben

26 Die Geschäftsleitung der Kolb & Co. KG steht vor der Entscheidung, entweder Handelsvertreter oder Handlungsreisende einzusetzen. Für die Handlungsreisenden muss sie monatlich insgesamt 20000,00 EUR Fixum zahlen. Die Handlungsreisenden erhalten 4% Umsatzprovision, die Handelsvertreter 9%. Der erwartete Monatsumsatz beträgt durchschnittlich 500000,00 EUR.

Aufgaben:

1. Erläutern Sie den Unterschied zwischen Handlungsreisenden und Handelsvertretern an mindestens vier Merkmalen!
2. Weisen Sie rechnerisch nach, ob der Einsatz von Handlungsreisenden oder von Handelsvertretern kostengünstiger ist!
3. Ermitteln Sie zeichnerisch den kritischen Umsatz!
4. Nennen Sie Gründe, die – unabhängig von Kostenüberlegungen –
   4.1 für die Einstellung von Handlungsreisenden,
   4.2 für den Einsatz von Handelsvertretern sprechen!
5. Herr Schnell ist als Handlungsreisender bei der Kolb & Co. KG beschäftigt. Über das Gesetz hinausgehende Vollmachten wurden Schnell nicht erteilt. Der Kunde Knetz reklamiert bei Schnell frist- und formgerecht eine Lieferung. Schnell sagt einen Preisnachlass von 20% zu. Beim Kunden Knurr kassierte er eine Rechnung der Kolb & Co. KG in Höhe von 850,00 EUR.
   5.1 Begründen Sie, ob Schnell berechtigt war, die Mängelrüge entgegenzunehmen und einen Preisnachlass zu gewähren!
   5.2 Begründen Sie weiterhin, ob Schnell die 850,00 EUR einkassieren durfte!

27 Die Pralinen-Auer KG in Konstanz setzt Handelsvertreter ein. Unter anderen ist Marie Braun Handelsvertreterin der Pralinen-Auer KG. Sie schließt ohne Wissen ihres Auftraggebers einen weiteren Agenturvertrag mit der Schoko-Kern OHG ab.

Aufgaben:

1. Erläutern Sie den Begriff Agenturvertrag!
2. Begründen Sie, ob Marie Braun einen Agenturvertrag mit der Schoko-Kern OHG abschließen durfte!

3. Marie Brauns Geschäfte gehen so gut, dass sie zwei Untervertreterinnen und einen Untervertreter „einstellte", denen sie Umsatzprovision bezahlt.

   Begründen Sie, ob der Einsatz von Untervertreterinnen und -vertretern durch Marie Braun rechtlich zulässig ist!

4. Franz Knigge ist Bezirksvertreter im Raum Stuttgart. Anfangs hat er sehr viel gearbeitet und für seinen Auftraggeber einen großen Kundenstamm aufgebaut. Nun ist er nicht mehr so fleißig, aber die von ihm einst geworbenen Kunden bestellen immer noch direkt bei der Pralinen-Auer KG.

   Die Geschäftsleitung der Pralinen-Auer KG verweigert die Provisionszahlung. Stellen Sie die Rechtslage dar!

28 **Textauszug:**

Electronic Commerce gehört längst auch zum deutschen Grundwortschatz. Weniger bekannt sind dagegen die verschiedenen Varianten der Geschäfte im Netz. Insider reden von

- Business-to-Business, kurz B2B, wenn sie den Geschäftsverkehr zwischen den Unternehmen meinen,
- Business-to-Consumer, kurz B2C, wenn es um die Geschäfte zwischen Unternehmen und Konsumenten geht, und
- Business-to-Public Authorities/Administration, wenn über die elektronischen Beziehungen zwischen Unternehmen und öffentlichen Verwaltungen oder Institutionen gesprochen wird. [...]

Auch für Deutschland sehen die Prognosen gut aus. Selbst die vorsichtige Schätzung der Lufthansa AirPlus rechnet damit, dass im Jahr 2000 rund 3,5 Milliarden EUR mit dem Internet-Verkauf von Waren und Dienstleistungen umgesetzt werden. [...]

Der überwiegende Teil der Umsätze im Netz entfällt heute übrigens schon auf die Geschäfte der Unternehmen untereinander (B2B). Doch auch der Verkauf an Privathaushalte (B2C) blüht, vor allem, weil die Produktpalette immer bunter wird. Längst ordern die Verbraucher nicht mehr nur Hard- und Software per Mausklick, sondern auch Eintrittskarten, Mode, Haushaltsgeräte und sogar Nahrungsmittel und Getränke.

Ob B2B oder B2C – für beides gibt es inzwischen viele Erfolgsbeispiele. [...]

Quelle: iwd vom 23. September 1999.

Aufgaben:

1. 1.1 Erläutern Sie den Begriff E-Commerce!
   1.2 Erklären Sie die im Textauszug beschriebenen Arten des E-Commerce!
   1.3 Erklären Sie, was z. B. die 2 im B2B bedeutet!
   1.4 Nennen Sie Vorteile, die der Einkauf im Internet bietet!
   1.5 Nennen Sie zwei Vorteile und zwei Nachteile, die dem Verkäufer aus dem Angebot seiner Produkte und Dienstleistungen im Internet entstehen können!
2. 2.1 Nennen und beschreiben Sie mindestens fünf wesentliche Merkmale des Franchisings!
   2.2 Nennen Sie Ihnen bekannte Franchising-Systeme!
   2.3 Unterscheiden Sie die Franchising-Systeme nach dem Leistungsangebot!
   2.4 Arbeiten Sie – eventuell in Gruppen – wesentliche Vor- und Nachteile des Franchisings heraus, und zwar für den Franchisegeber, für den Franchisenehmer, für die Kunden des Franchisenehmers!

29 1. Nennen Sie Aufgaben, die die Distributionspolitik zu lösen hat!

2. Zeigen Sie in einer schematischen Darstellung auf, welche Absatzwege grundsätzlich möglich sind!

3. Sie sind Distributionsmanager eines Textilunternehmens. Ihnen wird der Auftrag übertragen, für das spezielle Produkt „Jagdbekleidung" einen Distributionsplan zu erstellen.

   Aufgabe:

   Entwerfen Sie unter Verwendung der verschiedenen distributionspolitischen Instrumente eine Distributionsvariante!

30

I. Sachverhalt

Schon seit einiger Zeit ist die Unternehmensleitung der Sport-Detzel KG mit dem von den Reisenden erzielten Ergebnis nicht mehr zufrieden. In einer Konferenz der Unternehmensleitung vertritt der Leiter der Marketingabteilung folgende Meinung:

„Die Leistungsintensität[1] bedingt wesentlich den wirtschaftlichen Erfolg des Absatzwegs. Ein Handelsvertreter kann als selbstständiger Unternehmer im Gegensatz zum Handlungsreisenden nur Einkommen erzielen, wenn er Umsätze tätigt, denn er erhält als Vergütung nur Provision. Er muss also unablässig für die von ihm vertretenen Unternehmen Geschäfte vermitteln. Sein eigenes geschäftliches Interesse treibt ihn zu immer neuen Bemühungen bei der Kundenbearbeitung. Er hat den ständigen Zwang zum Umsatz im Nacken. Der Erfolg ist ihm wichtiger als die Arbeitszeit."

Dagegen wendet der Leiter der Einkaufsabteilung ein, dass nach seiner Erfahrung Handelsvertreter am liebsten Großkunden bearbeiten und kleine Abnehmer wegen der geringen Provisionserwartung gern vernachlässigen.

Die Unternehmensleitung muss in dieser Frage zu einer Entscheidung kommen, da bereits feststeht, dass der Verkauf über Handlungsreisende ausgereizt ist. Der Absatz des neuen Sport-Geräts „Snow-Swinger" erfordert daher entweder eine Ausweitung der eigenen Absatzorgane oder die Übertragung des Absatzes an Handelsvertreter.

Sie sind Sachbearbeiter in der Marketingabteilung der Sport-Detzel KG und sollen unter Berücksichtigung der nachfolgenden Zusatzangaben der Unternehmensleitung einen Vorschlag machen!

II. Zusatzangaben

1. Absatzprognose

Das Institut für Absatzförderung e.V., Köln, hat im Auftrag der Sport-Detzel KG die Umsatzerwartungen der beiden Absatzorgane Handlungsreisender und Handelsvertreter ermittelt. Nach diesen Marktforschungsergebnissen hat die Sport-Detzel KG in den ersten drei Jahren mit folgenden Umsätzen zu rechnen:

Gesamtumsatz 1.–3. Jahr	
Handlungsreisender	5200 Stück
Handelsvertreter	4320 Stück

2. Kostenerwartungen

Sport-Detzel KG – Abteilung Rechnungswesen

	Handlungsreisender	Handelsvertreter
Einmalige Investition	200000,00 EUR	40000,00 EUR
Fixkosten jährlich	100000,00 EUR	60000,00 EUR
Variable Stückkosten	90,00 EUR	110,00 EUR

1 **Intensität:** Stärke.

3. Entscheidungsbewertungstabelle

Anforderungen des Unternehmens	Diesen Anforderungen entspricht	
	der Handlungsreisende (Punkte)	der Handelsvertreter (Punkte)
1. Unmittelbarer Kontakt Hersteller – Einzelhändler	...	...
2. Einsatzbereitschaft	...	...
3. Möglichkeit zur Marktbeobachtung	...	...
4. Ansehen beim Kunden (Image)	...	...
5. Möglichkeit zum Vertrieb von Komplementärartikeln[1]	...	...
6. Branchenkenntnis	...	...
7. Möglichkeit zur Tätigkeitskontrolle	...	...
8. Weisungsgebundenheit	...	...
9. Eigeninteresse am Umsatz	...	...
10. Marktausschöpfung	...	...
11. Voller Einsatz für ein Produkt	...	...
12. Gewissenhaftigkeit	...	...
Gesamtpunkte	...	...

4. Gewinnerwartung der Alternativen

	Handlungsreisender	**Handelsvertreter**
Umsatzerwartung in Stück	...	...
Preis/Stück in EUR	...	...
Erlöse in EUR	...	...
Investitionen in EUR	...	...
Fixkosten in EUR (3 Jahre)	...	...
Variable Stückkosten in EUR	...	...
Gesamtkosten in EUR	...	...
Gesamt-Stückkosten in EUR	...	...
Gewinn pro Stück in EUR	...	...
Gesamtgewinn in EUR	...	...

III. Aufgaben:

1. Verwenden Sie die unter 3. vorgegebene Entscheidungsbewertungstabelle und gewichten Sie Ihre Bewertung durch die Vorgabe von jeweils 0–3 Punkten!

   Bearbeitungshinweis: Beachten Sie dabei die Zusatzangaben Nr. 1 und Nr. 2!

2. Berechnen Sie den voraussichtlichen Gesamtgewinn (4.), wenn sich die Sport-Detzel KG für die Beibehaltung der Handlungsreisenden entscheidet!

3. Berechnen Sie den voraussichtlichen Gesamtgewinn, wenn die Sport-Detzel KG künftig den Absatz über Handelsvertreter wählt!

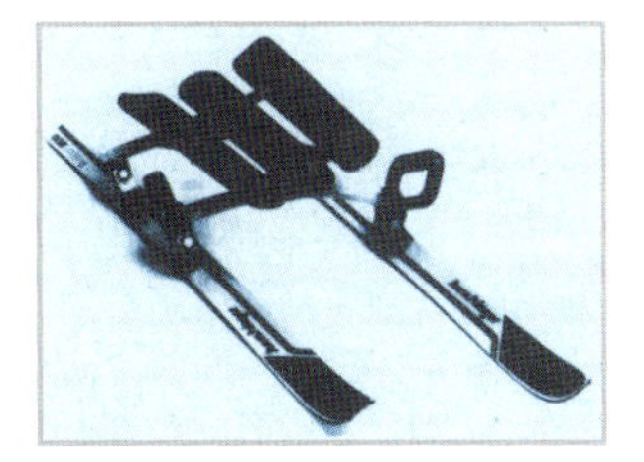

1 **Komplementärgüter** sind sich **gegenseitig ergänzende Güter** wie z. B. Bohrer und Bohrmaschine, Bleistift und Radiergummi.

2.7 Entwicklung eines Marketingkonzepts (Marketing-Mix)

(1) Begriff

Unter einem **Marketingkonzept** versteht man die individuelle Art und Weise, wie ein Unternehmen das Marketinginstrumentarium einsetzt. Die jeweilige Kombination der Marketinginstrumente bezeichnet man als Marketing-Mix.

(2) Produktidee, -planung und -einführung

Beispiel:

Die Seifenfabrik Gabriele Schwarz e.Kfr. hat bereits von mehreren Großhändlern – die ihrerseits die Erfahrungen der Einzelhändler wiedergaben – gehört, dass die Seife „Omega" deswegen nicht den gewünschten Erfolg gehabt hätte, weil sie a) zu teuer, b) ohne spezifischen Duft und c) in einer wenig ansprechenden Verpackung angeboten würde.

Die Marketingleitung der Seifenfabrik Gabriele Schwarz e.Kfr. plant daher, eine „neue" Seife gleichen Namens zu entwickeln, zu testen und – bei entsprechendem Erfolg – baldmöglichst auf den Markt zu bringen. Dies sollte nicht allzu schwer sein, denn „in der Schublade" befinden sich genügend Vorschläge zur Gestaltung von Seifen (Produktideen), die von der eigenen Entwicklungsabteilung erarbeitet wurden.

Im Rahmen der Produktentwicklung wird zunächst eine Auswahl aus den verschiedenen Produktvorschlägen (Produktideen) getroffen (Ideenselektion). Man entscheidet sich für den Vorschlag D, d.h. für eine Seife, die vor allem Männer ansprechen soll. Die Wirtschaftlichkeitsanalyse ergibt, dass der zu erwartende Umsatzzuwachs höher als der Kostenzuwachs sein wird, wenn statt der „alten" Seife das „neue" Erzeugnis auf den Markt kommt.

Marktuntersuchungen haben ergeben, dass Kosmetikprodukte für Männer häufig von Frauen gekauft und danach verschenkt werden. Die Werbebotschaft und die Produktgestaltung muss sich also an beide Käufergruppen wenden. Im Rahmen der Produktgestaltung sollen daher sowohl die Verpackung als auch die Seife selbst eine eckige, kantige Form erhalten. Die Farbgebung soll kräftig, die Duftnote männlich-herb sein. Bei der Werbung will man sich besonders an die weiblichen Kundinnen als die

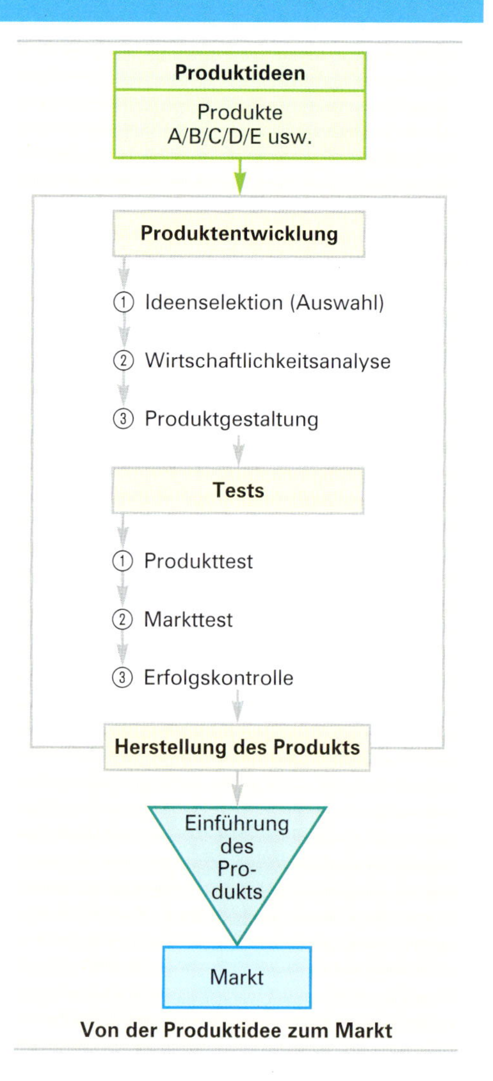

Von der Produktidee zum Markt

Träger der Kaufentscheidung wenden mit der Aussage: *„Kaufen Sie ihm Omega – bevor es eine andere tut!"*

Dabei soll die Verpackung jedoch nicht zu teuer (zu luxuriös) aussehen. Vielmehr soll der Eindruck erweckt werden, dass es sich um eine täglich zu verwendende Seife handelt.

Nach Abschluss der Produktentwicklung geht die Seife – zunächst in einer kleinen Serie (Stückzahl) – in Produktion. Da man kein Risiko eingehen will, möchte man das Produkt auf zweifache Weise testen. Zunächst soll untersucht werden, ob das Produkt tatsächlich den gesetzten Normen (z.B. Duftnote, Farbe) entspricht **(Produkttest)**. Zum anderen soll in Erfahrung gebracht werden, wie die neue Omega-Seife bei den Kunden „ankommt". Zu diesem Zweck beliefert die Seifenfabrik Gabriele Schwarz e.Kfr. einen Großhändler, der seinerseits einige wenige Einzelhandelsgeschäfte an bestimmten Orten beliefert **(Testmärkte).**

Da die Omega-Seife den gesetzten Normen entspricht und auf den Testmärkten ein Umsatzplus von 30 % gegenüber dem Umsatz der „alten" Seife zu verzeichnen ist (das Ergebnis der **Erfolgskontrolle** also positiv ist), entschließt sich die Geschäftsleitung, die neue Seife allgemein einzuführen.

(3) Marketing-Mix

Die Seifenfabrik Gabriele Schwarz e.Kfr. unterscheidet sich nicht nur durch das von ihr hergestellte Produkt von ihren Konkurrenzunternehmen, sondern auch durch den ergänzenden individuellen Einsatz weiterer Marketinginstrumente wie z.B. Preispolitik, Distributionspolitik und Kommunikationspolitik.

Beispiel:

Marketing-Mix zweier Seifenfabriken (Ausschnitt))

Marketinginstrumente	Marketing-Mix der Seifenfabrik Schwarz e.Kfr.	Marketing-Mix der Seifenfabrik Weiß GmbH
Produktpolitik (einschließlich Gestaltung der Verpackung)	Form: kantig Farbe: kräftig Duft: herb Verpackung: Karton	Form: weich, gerundet Farbe: pastell Duft: zart Verpackung: Plastikdose
Preispolitik	Durchschnittspreis	Preis überdurchschnittlich
Distributionspolitik	Einschaltung des Großhandels	Direktbelieferung des Einzelhandels
Kommunikationspolitik	■ Großhandel stellt Display-Material zur Verfügung ■ nur Zeitschriftenwerbung ■ Hinweise auf die männliche Note der Seife	■ Rundfunk-, Fernseh- und Zeitschriftenwerbung ■ Hinweise auf Eignung der Seife für die Schönheitspflege

(4) Marktwachstum-Marktanteil-Portfolio und Marketing-Mix

Überträgt man die zunächst allgemein gehaltenen Handlungsstrategien der Portfolio-Analyse (siehe S. 77ff.) auf den einzusetzenden Produkt-, Distributions-, Entgelt- und Kommunikationsmix, so ergeben sich nunmehr deutlich konkretere Handlungsstrategien, und es können folgende Aussagen getroffen werden:

Strategie-Elemente	Portfolio-Kategorien			
	Fragezeichen	**Sterne**	**Melkkühe**	**Arme Hunde**
Produktmix	Produkt-spezialisierung	Produktions-programm aus-bauen, diversifi-zieren	Unterschied-liche Marken und Modelle anbie-ten	Programm-begrenzung (keine neuen Pro-dukte, Aufgeben ganzer Linien)
Distributionsmix	Distributions-netz aufbauen	Distributions-netz ausbauen, z. B. Tankstellen	Distributions-netz weiter ver-stärken	Distributions-netz selektiv abbauen
Kontrahie-rungsmix	Tendenzielle Niedrigpreise	Anstreben von Preisführerschaft	Preisstabilisie-rung	Tendenziell fallende Preise
Kommunika-tionsmix	Stark forcieren, auf allen Ebenen Einführungswer-bung mit dem Ziel, „Neukun-den" zu gewinnen	Aktiver Einsatz von – Werbemitteln, – Zweitmarken	Werbung, die auf Bestätigung des Verhaltens ab-zielt, Verbesse-rung des Kun-dendienstes	Zurückgehender Einsatz des kom-munikationspoli-tischen Instru-mentariums

Übungsaufgabe

31

1. Erläutern Sie, was unter einem Marketingkonzept zu verstehen ist!
2. Erklären Sie, warum eine eigenständige Produktgestaltung dazu beitragen kann, den preispolitischen Spielraum eines Unternehmens zu vergrößern!
3. Eine von der Möbelfabrik Paaß GmbH durchgeführte Marktforschungsaktion für einen neuen, noch vielseitiger verstellbaren elektrischen Schreibtisch ergab, dass eine relativ große Nachfrage vorhanden wäre. Aus diesem Grund soll die Marketingabteilung eine Marketingkonzeption mit geeigneten Marketinginstrumenten entwickeln und der Geschäftsleitung vorlegen.

   Aufgabe:

   Erstellen Sie ein Marketingkonzept für das neue Schreibtischmodell „e-Desk Vario+"!

   Vorgaben bzw. Informationen, die Sie für Ihr Marketingkonzept berücksichtigen müssen, sind:

   - Die Zielgruppe für den Schreibtisch „e-Desk Vario+" sind Unternehmen, die anspruchsvolle Büromöbel benötigen.
   - Die Produktgestaltung ist frei, es werden aber nur hochwertige Materialien verwendet.
   - Die Herstellungskosten betragen maximal 500,00 EUR.
   - Der eigene Marktanteil des alten Schreibtischmodells „e-Desk" beträgt 9,2 %, der relative Marktanteil (bezogen auf den Marktanteil des Hauptkonkurrenten) 2,7 %.
   - Das Werbebudget, das zur Verfügung steht, wurde mit Umsatzzahlen des alten Schreibtischmodells bestimmt und beträgt 480 000,00 EUR.
   - Die Distribution des alten Schreibtischmodells erfolgt über einen Online-Shop und Vertragshändler.
   - Die Kommunikationspolitik muss die Zielgruppe berücksichtigen (Business-to-Business).

3 Personalmanagement

3.1 Begriff, Ziele, Aufgaben und Geschäftsprozesse der Personalwirtschaft[1]

3.1.1 Begriff und Ziele der Personalwirtschaft

Die **Personalwirtschaft** ist für die Führung, Leitung und den Einsatz der Mitarbeiter zuständig.

Für die Personalwirtschaft ergeben sich die nachfolgend aufgeführten zwei Hauptziele:

Ökonomisches Ziel	Soziales Ziel
Mitarbeiter so auswählen, fortbilden und einsetzen, dass die Existenz des Betriebs gesichert ist.	Mitarbeiter wirtschaftlich und sozial bestmöglichst absichern (z. B. sicherer Arbeitsplatz, beruflicher Aufstieg, gutes Arbeitsklima).

Die Ziele der Personalwirtschaft sind **nicht immer konfliktfrei.** So kommen hohe Arbeitsentgelte und umfassende Sozialleistungen sicher den Erwartungen der Belegschaftsmitglieder entgegen, beeinträchtigen aber unter Umständen das ökonomische Ziel der Gewinnerreichung.

3.1.2 Aufgaben der Personalwirtschaft

Aus den oben genannten Zielen leiten sich die folgenden speziellen Aufgaben der Personalwirtschaft ab:

Aufgaben der Personalwirtschaft	Beschreibung der Aufgaben
Personalbedarfsplanung	Sie stellt den gegenwärtigen und zukünftigen Personalbedarf fest.
Personalbeschaffung	Sie wählt die geeigneten Mitarbeiter aus und stellt sie ein. Dazu werden Richtlinien für den Personalbeschaffungsweg festgelegt.
Personalführung und -entwicklung	■ Die **Personalführung** hat u. a. die Aufgabe, Führungsgrundsätze zu entwickeln, Mitarbeiter zu beurteilen sowie auftretende Konflikte im Unternehmen zu lösen. ■ Zur **Personalentwicklung** zählen alle Maßnahmen die das Ziel haben, die Qualifikation der Mitarbeiter zu verbessern.
Personalentlohnung	Sie bestimmt die Personalkosten des Betriebs. Die Höhe der Personalentlohnung hat einen erheblichen Einfluss auf das Leistungsverhalten der Mitarbeiter.
Personalfreistellung	Sie hat die Aufgabe, eine Personalüberdeckung abzubauen. Man unterscheidet ■ die **interne Personalfreistellung** (z. B. durch Abbau von Mehrarbeit, Einführung von Gleitzeitarbeit, Arbeitsplatzteilung) und ■ die **externe Personalfreistellung** (z. B. durch vorgezogenen Ruhestand, Kündigung).

1 Die Ausführungen des Kapitels Personalwirtschaft lehnen sich an die folgende Literatur an:
Bröckermann, Reiner: Personalwirtschaft, Lehr- und Übungsbuch für Human Resource Management, 4. Aufl., Stuttgart 2007.
Stopp, Udo: Betriebliche Personalwirtschaft, Zeitgemäße Personalwirtschaft – Notwendigkeit für jedes Unternehmen, 27. Aufl., Renningen 2006.

3.1.3 Geschäftsprozesse der Personalwirtschaft

Teilprozesse	Betriebswirtschaftliche Inhalte
Personalbedarfs-planung	■ Analyse des Personalbedarfs ■ Arten des Personalbedarfs – quantitativ – qualitativ
Personalbeschaf-fungsplanung	■ Aufgaben der Personalbeschaffungsplanung ■ Personalbeschaffungsweg – interne – externe
Personal-beschaffung	■ Ablauf des Auswahl- und Einstellungsverfahrens ■ Stellenanzeigen formulieren ■ Eingehende Bewerbungen überprüfen ■ Durchführung der Personalauswahl ■ Personalentscheidung treffen ■ Rechtliche Anforderungen bei Arbeitsverträgen
Personaleinsatz-planung	■ Aufgaben der Personaleinsatzplanung ■ Quantitative, qualitative, zeitliche Personaleinsatzplanung ■ Arbeitszeitmodelle ■ Personaleinsatzplan
Personalführung	■ Motivation der Mitarbeiter ■ Motivationstheorien ■ Führungsstile ■ Mitarbeitergespräche
Personal-entwicklung	■ Maßnahmen zur Personalentwicklung ■ Mitarbeiterförderung ■ Arbeitsstrukturierung ■ Fort- und Weiterbildung
Personal-beurteilung	■ Summarische Beurteilung[1] ■ Analytische Beurteilung[1] ■ Datenschutz[1]
Personalkonflikte	■ Arten von Konflikten kennen ■ Lösen von Konflikten
Personal-entlohnung	■ Arbeitswertstudien ■ Formen der Entlohnung – Zeitlohn – Prämienlohn – Akkordlohn – Beteiligungslohn
Personal-freisetzung	■ Kündigung, Kündigungsschutz, Abmahnung ■ Vertragsablauf, Auflösungsvertrag ■ Arbeitsgerichtsbarkeit
Personal-controlling	■ Operatives Personal-Controlling[1] ■ Strategisches Personal-Controlling[1] ■ Personalinformationssystem[1] ■ Personalstatistik[1]

1 Die Rahmenrichtlinien sehen die Behandlung dieser Themengebiete nicht vor.

3.2 Personalbedarfsplanung

3.2.1 Personalanalyse

Ein Betrieb braucht Mitarbeiter in ausreichender Zahl sowie mit passender Qualifikation und Erfahrung. Nur so kann der Betrieb wirtschaftlich erfolgreich sein. Die Personalabteilung hat dabei die Aufgabe, die aktuell und zukünftig benötigten Mitarbeiter zur Verfügung zu stellen. Um einen Fachkräfteengpass langfristig zu vermeiden, muss die Personalabteilung die Altersstruktur und die Qualifikationen ihrer Mitarbeiter kennen. Auf diese Weise kann sie rechtzeitig Maßnahmen wie Neueinstellungen, Versetzungen oder Fortbildungsmaßnahmen ergreifen.

Beispiel:

Personalwirtschaftliche Kennzahlen der Weber Metallbau GmbH			
	Januar 20..		
	männlich	weiblich	Gesamt
Alle Beschäftigungsverhältnisse	128	72	200
davon älter als 60 Jahre	17	4	21
davon Auszubildende	7	3	10
davon schwerbehinderte Menschen	6	4	10
davon Beschäftigte mit Migrationshintergrund[1]	18	17	35

Analyse der Daten:

- Die Weber Metallbau GmbH beschäftigt 64 % Männer und 36 % Frauen.

  Maßnahme: Der Frauenanteil könnte angeglichen werden, dabei wäre eine genauere Aufteilung in Vollzeit-/Teilzeitstellen bzw. Führungskräfte, Sachbearbeiter usw. sinnvoll.

- In den nächsten Jahren gehen 10,5 % der Mitarbeiter aufgrund ihres Alters in Ruhestand, da sie älter als 60 Jahre sind.

  Maßnahme: Kurz- und mittelfristig muss dieser Abgang an Mitarbeitern durch Neueinstellungen gedeckt werden – vorausgesetzt, die Auftragslage bleibt gleich.

- Die Quote der Auszubildenden liegt bei 5 %. (Mit Übernahme der Auszubildenden kann der Abgang der älteren Mitarbeiter nicht gedeckt werden.)

  Maßnahme: Auf dem Arbeitsmarkt gibt es immer weniger Fachkräfte. Durch eine Erhöhung der Ausbildungsquote bildet die Weber Metallbau GmbH in Zukunft mehr eigene Fachkräfte aus und bindet gleichzeitig geeignete Mitarbeiter langfristig an den Betrieb.

- Der Anteil an schwerbehinderten Mitarbeitern beträgt 5 %.

  Hinweis: Laut § 71 Sozialgesetzbuch IX sind Unternehmen mit mehr als 20 Beschäftigten dazu verpflichtet, auf wenigstens fünf Prozent der Arbeitsplätze Schwerbehinderte zu beschäftigen.

  In Deutschland sind ca. 10 % der Menschen schwerbehindert. Mehr als die Hälfte der Menschen mit Schwerbehinderungen haben nach Angaben der Bundesagentur für Arbeit eine

1 Eine **Migrantin**/ein **Migrant** ist eine Person, die einen Ort verlässt und sich in einem anderen Ort in einem anderen Staat niederlässt (UNO-Definition).

abgeschlossene Berufsausbildung. Acht Prozent der Studierenden haben nach Angaben des Deutschen Studentenwerks Behinderungen oder chronische Krankheiten.[1]

Maßnahme: Die Einstellung von mehr schwerbehinderten Menschen sichert den Bedarf an motivierten und qualifizierten Mitarbeitern mit besonderen Fähigkeiten.

- Der Anteil der Beschäftigten mit Migrationshintergrund beträgt 17,5 %. Die vielfältigen, teilweise muttersprachlichen Fremdsprachenkenntnisse und der Einblick in unterschiedliche Kulturen können für die Beschaffung und den Absatz, im Schriftverkehr oder in Gesprächen eingesetzt werden.

  Durch die Einbindung der **Migranten** in die Arbeitswelt wird deren Eingliederung in die Gesellschaft **(Inklusion)**[2] gefördert. Zudem tragen die Menschen mit Migrationshintergrund dazu bei, die Wirtschaft zu stärken und die Sozialsysteme abzusichern.

  Maßnahme: Kenntnisse von Mitarbeitern mit Migrationshintergrund im Betrieb gezielt einsetzen.

3.2.2 Begriffe Personalbedarf und Personalbedarfsplanung

- Der **Personalbedarf** ist die Anzahl der Personen, die zur Erfüllung der Aufgaben in einem Betrieb notwendig sind.
- Die **Personalbedarfsplanung** ermittelt die Anzahl und die Qualifikation der Mitarbeiter, die der Betrieb in absehbarer Zeit benötigt.

Der Personalbedarf muss geplant werden nach:

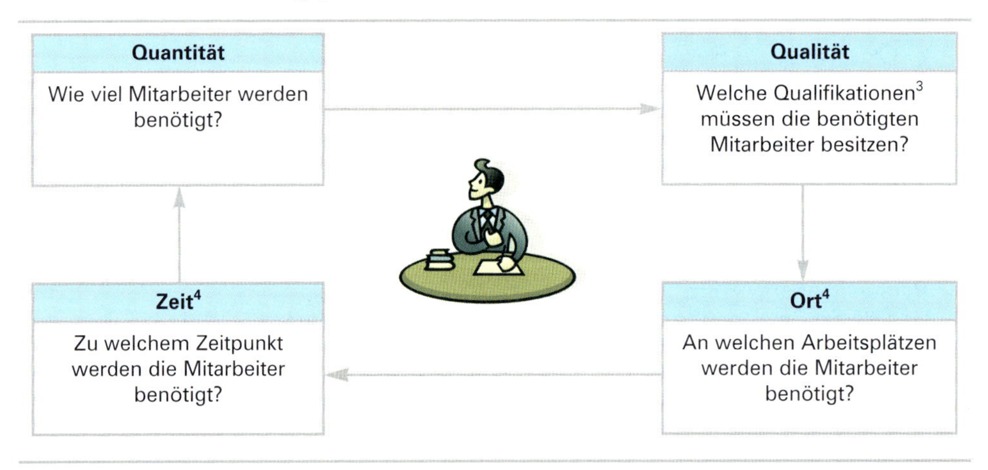

1 Quelle: http://www.bmas.de/ShareDocs/Downloads/DE/PDF-Publikationen/a755-nap-leitfaden.pdf?_blob=publicationFile [23. 11. 14].

2 **Inklusion** (lat.): Einschluss, Einbeziehung. Die Inklusion besagt, dass alle Menschen – ob Migrant oder mit Behinderung – das Recht haben, selbstständig am gesellschaftlichen Leben teilzunehmen.

3 In diesem Zusammenhang ist unter Qualifikation die Eignung einer Arbeitskraft für eine bestimmte Tätigkeit bzw. Stelle zu verstehen.

4 Auf die Behandlung der zeitlichen und örtlichen Personalbedarfsplanung wird im Folgenden nicht eingegangen.

Nach dem Betriebsverfassungsgesetz ist der Betriebsrat über die Personalplanung, insbesondere über den Personalbedarf, rechtzeitig und umfassend zu unterrichten [§ 92 I BetrVG]. Der Betriebsrat kann dem Arbeitgeber Vorschläge für die Einführung einer Personalplanung und ihre Durchführung machen [§ 92 II BetrVG].

3.2.3 Arten des Personalbedarfs

Nach dem **Grund für die Einstellung neuer Mitarbeiter** unterscheidet man folgende Arten des Personalbedarfs:

Ersatzbedarf	Hier werden **bereits vorhandene Stellen,** die durch Personalabgänge frei werden, wiederbesetzt.
Zusatzbedarf	Er entsteht bei: ▪ **Spitzenbelastungen** (z. B. Abwicklung eines eiligen Großauftrags, Einführung einer neuen Herstellermarke, Events) ▪ **befristeten Personalausfällen** (z. B. Mutterschutzfrist, Elternzeit, Urlaub, Fortbildung)
Neubedarf	Hier werden **zusätzliche Stellen** geschaffen (z. B. Gründung eines neuen Zweigwerks, Ausweitung des Produktprogramms).

3.2.4 Quantitative Personalbedarfsplanung

(1) Ermittlung des Personalbedarfs

Zur **Ermittlung des Personalbedarfs** für eine zukünftige Periode wird in der betrieblichen Praxis folgendes **Schema** angewandt:

  künftiger Personalbestand lt. Plan (Soll-Personalbestand)
– aktueller Personalbestand (Ist-Personalbestand)

= Personalbedarf, brutto
+ zu ersetzende Abgänge, z. B. Kündigungen durch Arbeitnehmer, Mutterschutz, Todesfälle, Renteneintritt, Versetzungen
– feststehende Zugänge, z. B. Übernahme Auszubildende, Rückkehr aus Mutterschutz oder Fortbildungen

= Personalbedarf, netto

(2) Berechnung des geplanten Personalbedarfs am Beispiel der Stellenplanmethode

Bei der Stellenplanmethode ermittelt der Betrieb den Personalbedarf dadurch, dass er die im Stellenplan **ausgewiesenen Stellen** (Planstellen) dem **tatsächlichen Personalbestand** gegenüberstellt.

Beispiele:

Gesamtstellenplan einer Fensterfabrik mit Zweigwerk in Polen[1]

Beschäftigte in allen Werken									
Mitarbeiter	Abteilungs-/ Werksleiter	Vollzeit	Teilzeit über 18 Std.	Teilzeit unter 18 Std.	Gering-fügige	Azubi 1. bis 2. Jahr	Azubi 3. Jahr	Hilfs-kräfte	Beschäftigte insgesamt
Gesamtzahl	42	1100	1710	280	138	20	3	158	3266
Auf Vollzeitkräfte umgerechnet[2]	42	1100	1189,8	100,5	25,9	10	2,5	4,3	2433

Stellenplan des Zweigwerkes in Polen

Stellenplan			
Stellenart	Ausgewiesene Stellen nach Stellenplan	Tatsächlicher Personalbestand	Bedarf
Abteilungs-/Werksleiter(in)	2	2	–
Stellv. Abteilungs-/Werksleiter(in)	2	1	+ 1
Kaufm. Mitarbeiter	50	45	+ 5
Mitarbeiter Produktion	160	148	+ 12
Auszubildende	15	17	– 2

3.2.5 Qualitative Personalbedarfsplanung

Jede Stelle erfordert bestimmte Qualifikationen vom Stelleninhaber. Die verlangten Qualifikationen können aus den jeweiligen **Stellenbeschreibungen**[3] bzw. **Anforderungsprofilen** entnommen werden. Die Stellenbeschreibung hat die Einordnung einer Stelle in die Verwaltungsstruktur eines Betriebs sowie die Aufgaben einer Stelle deutlich zu machen.

Mögliche **Anforderungen an eine Stelle** (Beispiele):

Anforderungen	Beispiele
Qualifikation	■ Für das Prüfen auf Einhaltung von vorgegebenen Qualitätsbedingungen kann es genügen, den Mitarbeiter anzulernen. ■ Büroangestellte, die den Schriftverkehr nach Angaben vorwiegend selbstständig erledigen, benötigen in der Regel einen Ausbildungsberuf (z. B. Kaufmann für Büromanagement).
Berufserfahrung	Der Ausbilder, der mit der Durchführung der Ausbildung für die Auszubildenden zuständig ist, benötigt neben Fachkenntnissen auch viel Berufserfahrung.

1 Aus Gründen der Übersichtlichkeit werden in dem abgebildeten Stellenplan nur die ausgewiesenen Stellen angegeben. Auf die Angabe des tatsächlichen Personalbestandes wird verzichtet.

2 Diese Zahlen sind vorgegeben und können nicht errechnet werden.

3 Zu Einzelheiten siehe S. 134.

Anforderungen	Beispiele
Auslandserfahrung und Sprachkenntnisse	Ein Verkäufer, der für sein Unternehmen in den USA Maschinen verkauft, sollte bereits in den USA Berufserfahrung gesammelt haben und gute Sprachkenntnisse besitzen.
Hohes Fachwissen	Der Leiter der betrieblichen Fort- und Weiterbildung sollte über ein hohes Fachwissen verfügen.
Leitungs- und Geschäftsführung	Der Leiter des Zentraleinkaufs, des Controllings, der Rechtsabteilung oder der Produktion sollte einen entsprechenden Hochschulabschluss aufweisen.

3.3 Personalbeschaffungsplanung

(1) Begriff Personalbeschaffungsplanung

Die **Planung** der **Personalbeschaffung** hat die Aufgabe, alle Maßnahmen festzulegen, die notwendig sind, um freie Stellen zeitlich unbefristet oder doch zumindest für einige Zeit neu zu besetzen.

Hauptproblem der Personalbeschaffungsplanung ist die Frage, ob die offenen Stellen **betriebsintern** besetzt werden sollen (Versetzung bzw. Beförderung von bisherigen Mitarbeitern) oder ob die benötigten Mitarbeiter **extern,** d.h. über den Arbeitsmarkt, zu beschaffen sind.

(2) Interne Personalbeschaffung

Die interne[1] Personalbeschaffung erfolgt durch eine innerbetriebliche **Stellenausschreibung.**[2] Die Stellenausschreibung kann den Mitarbeitern über das Schwarze Brett, das Intranet, eine Hausmitteilung oder die direkte Mitarbeiteransprache bekannt gemacht werden.

Handelt es sich bei der zu besetzenden Stelle um einen neu geschaffenen Arbeitsplatz, so wird das Problem durch interne Personalbeschaffung nicht gelöst, weil an anderer Stelle ein Arbeitsplatz frei geworden ist, der wiederum besetzt werden muss.

Innerbetriebliche Stellenausschreibung

In der Abteilung Einkauf ist ab 1. Juli folgende Stelle zu besetzen:

Stellenbezeichnung Terminsachbearbeiter/in

Stellennummer 15

Aufgaben Lieferterminüberwachung, Mahnungen schreiben

Entgelt Lohngruppe 4

Qualifikationen Gute Englischkenntnisse, MS-Office-Kenntnisse

Bewerbungsunterlagen bis 15. Februar

Datum 28. Januar Unterschrift Heine

---

1 **Intern:** innen, innerbetrieblich.

2 Nach § 93 BetrVG hat der Betriebsrat das Recht zu verlangen, dass Arbeitsplätze, die besetzt werden sollen, vor ihrer Besetzung innerhalb des Betriebs ausgeschrieben werden.

9 Speth - ISBN 978-3-8120-0592-0

(3) Externe Personalbeschaffung

Ist eine innerbetriebliche Personalbeschaffung nicht möglich (weil z. B. kein Bewerber den geforderten Qualifikationen entspricht) oder nicht gewollt (weil z. B. „frischer Wind" in das Unternehmen kommen soll), so erfolgt eine externe[1] Personalbeschaffung. Es gibt folgende externe Beschaffungswege:

- **Agenturen für Arbeit** als Einrichtungen der Bundesagentur für Arbeit. Sie haben u. a. die Aufgabe, berufliche Ausbildungsstellen und Arbeitsplätze zu vermitteln.
- **Private Arbeitsvermittlungen.**
- **Arbeitsverleihunternehmen.** Hier wird ein kurz- oder mittelfristiger Personalbedarf durch das Leasen[2] von Arbeitskräften gedeckt. Beim Personalleasing überlässt das Verleihunternehmen dem Betrieb gegen Entgelt Arbeitskräfte (die **Leih- oder Zeitarbeitnehmer**). Zwischen dem **Verleihunternehmen** und dem **Betrieb** wird ein **Arbeitnehmerüberlassungsvertrag** abgeschlossen. **Arbeitgeber** ist das **Verleihunternehmen.** Es bezahlt demnach auch die Leiharbeitskräfte. Während der Laufzeit des Arbeitnehmerüberlassungsvertrags ist der Geschäftsführer des Betriebs gegenüber der Leiharbeitskraft weisungsbefugt.

- **Stellenanzeigen**[3] in Zeitungen und Zeitschriften.
- **Personalberater.** Sie sind externe Berater, die im Auftrag des Unternehmens vor allem hoch qualifiziertes Personal vermitteln und i. d. R. bereits eine Vorauswahl unter den Bewerbern treffen.

(4) Interne und externe Personalbeschaffung im Vergleich

	Interne Personalbeschaffung	Externe Personalbeschaffung
Vorteile	▪ Geringe Informationskosten ▪ geringer Zeitverlust bei der Stellenbesetzung ▪ geringe Verhandlungs- und Einarbeitungskosten ▪ allgemeines Signal für Aufstiegschancen ▪ Anreize durch offene Konkurrenz um knappe Aufstiegschancen ▪ Qualifikationen bereits bekannt ▪ Erhaltung betriebsspezifischer Qualifikationen ▪ geringes Risiko der Fehlbesetzung, da die Mitarbeiter und ihr Leistungsverhalten im Unternehmen bekannt sind und umgekehrt auch die Mitarbeiter das Unternehmen kennen	▪ Größere Auswahlmöglichkeiten ▪ höhere Leistungsbereitschaft, da die subjektiv eingeschätzte Arbeitsplatzsicherheit geringer ist ▪ Erwerb neuartiger Qualifikationen, die betriebsintern nicht geschaffen werden können ▪ Verhinderung von Betriebsblindheit ▪ abgelehnte Bewerber haben keinen negativen Einfluss auf das Betriebsklima

1 **Extern:** draußen befindlich, außerbetrieblich.

2 **To lease** (engl.): mieten.

3 Siehe S. 133ff.

	Interne Personalbeschaffung	Externe Personalbeschaffung
Nachteile	■ Möglicher Rückgang der Leistungsbereitschaft ■ Gefahr der Veralterung fachspezifischer Qualifikationen durch fehlende Anreize zur Weiterqualifizierung ■ Förderung von „Betriebsblindheit" ■ abgelehnte Mitarbeiter können eine Absage als Niederlage empfinden, sich davon demotivieren lassen und im schlimmsten Fall das Betriebsklima vergiften ■ bestehende Beziehungen verhindern die Anwendung notwendiger, aber unliebsamer Maßnahmen (Verfilzung, Seilschaften)	■ Mangelnde Motivation des Personals durch fehlende Aufstiegsmöglichkeiten ■ gute Fachkräfte verlassen das Unternehmen und nehmen die aufgebauten Qualifikationen mit ■ Fehlbesetzungsrisiko ■ längere Einarbeitungs- und Eingewöhnungsphase

Zusammenfassung

- Die **Personalwirtschaft** verfolgt **ökonomische Ziele** (z. B. Gewinnerzielung) und **soziale Ziele** (z. B. Sicherheit, Zufriedenheit, beruflicher Aufstieg der Arbeitnehmer).
- Voraussetzung für eine gezielte Personalbedarfsplanung ist eine **Personalanalyse** der aktuellen Mitarbeiter.
- Die **Personalbedarfsplanung** ermittelt die Anzahl und die Qualifikation der Mitarbeiter, die der Betrieb in absehbarer Zeit benötigt.
  - Die **quantitative Personalbedarfsplanung** legt fest, wie viel Mitarbeiter benötigt werden.
  - Die **qualitative Personalbedarfsplanung** legt fest, welche Qualifikationen die Mitarbeiter benötigen.
- Die **Personalbeschaffungsplanung** schlägt vor, ob die offenen Stellen **betriebsintern** oder **extern** besetzt werden sollen.

Übungsaufgaben

32 Die moderne Personalwirtschaft hat sowohl ökonomische als auch soziale Zielsetzungen.

Aufgaben:

1. Erläutern Sie diese beiden Zielsetzungen!
2. Begründen Sie anhand eigener Beispiele mögliche Zielkonflikte bei der Verfolgung der von Ihnen genannten Ziele!
3. Stellen Sie dar, auf welchen Faktoren die steigende Bedeutung betrieblicher Personalwirtschaft beruht!
4. Nennen Sie das Ziel, das die betriebliche Personalplanung verfolgt!
5. Beschreiben Sie die Hauptaufgaben betrieblicher Personalplanung!

6. Unterscheiden Sie zwischen quantitativem und qualitativem Personalbedarf!
7. Der Behälterbau Hans Sailer KG legt für die Abteilung Versand die Personalbedarfsplanung für das kommende Jahr fest. Der Abteilungsleiter geht von folgenden Daten aus:
   - Im nächsten Jahr sollen 20 Vollzeitkräfte eingesetzt werden. Derzeit umfasst die Abteilung 15 Vollzeitkräfte.
   - Eine Mitarbeiterin geht im folgenden Jahr in Elternzeit; ein Mitarbeiter geht in den Altersruhestand, 2 Mitarbeitern wird gekündigt.
   - 2 Mitarbeiterinnen kehren als Vollzeitkräfte aus der Elternzeit zurück; es werden als Aushilfskräfte 4 Mitarbeiter auf 450,00-EUR-Basis eingestellt, was als eine Vollzeitstelle gerechnet wird.

   Aufgaben:

   7.1 Ermitteln Sie die Anzahl der Vollzeitkräfte, die im kommenden Jahr zusätzlich eingestellt werden müssen!

   7.2 Erläutern Sie, welche innerbetrieblichen und außerbetrieblichen Einflüsse der Abteilungsleiter bei der Erstellung des Personalbedarfsplans in seine Überlegungen mit einbeziehen muss!
8. Beschreiben Sie die Berechnung des Personalbedarfs nach der Stellenplanmethode!

33 Die VBM Vereinigte Büromöbel AG (im folgenden Text kurz VBM AG genannt), hat infolge der günstigen Branchenkonjunktur stark expandiert. Mit dem Aufbau von Produktionsstätten und einem flächendeckenden Vertriebsnetz in den neuen Bundesländern hat sich das Unternehmen konsequent zukunftsorientierte Marktanteile gesichert. Die starke Expansion hat sich auch in der Belegschaftsstatistik niedergeschlagen.

Aufgaben:

1. Am 31. Dezember des ersten Geschäftsjahres wurden 600 Angestellte und 1400 gewerbliche Mitarbeiter beschäftigt. Im 2. Geschäftsjahr stieg die Gesamtbelegschaft um 25%; die Zahl der Angestellten erhöhte sich um 37,5%.

   Erstellen Sie eine Personalstatistik für das 1. und 2. Geschäftsjahr nach folgendem Schema:

Jahr	Gesamtbelegschaft	Angestellte		gewerbl. Mitarbeiter	
		absolut	%	absolut	%

2. Erklären Sie anhand von zwei Gesichtspunkten (Kriterien) die Veränderung der Belegschaftsstruktur!
3. Eine Hauptaufgabe der Personalabteilung besteht darin, den gegenwärtigen und zukünftigen Bedarf an Arbeitskräften zu ermitteln.

   Erläutern Sie anhand von drei Einflussfaktoren, warum es sehr schwierig ist, die mittel- und langfristige Entwicklung des Personalbedarfs quantitativ und qualitativ genau festzulegen!
4. Die VBM AG sucht zum 1. Juli des 3. Geschäftsjahres weitere Arbeitskräfte.

   Stellen Sie dar, welche Personalbeschaffungswege infrage kommen!
5. Nennen Sie je einen Vor- und einen Nachteil der von Ihnen genannten Beschaffungswege!

3.4 Personalbeschaffung

3.4.1 Ablauf des Personalauswahlverfahrens

Das **Personalauswahlverfahren** geht in der Regel in folgenden **Stufen** vor sich:

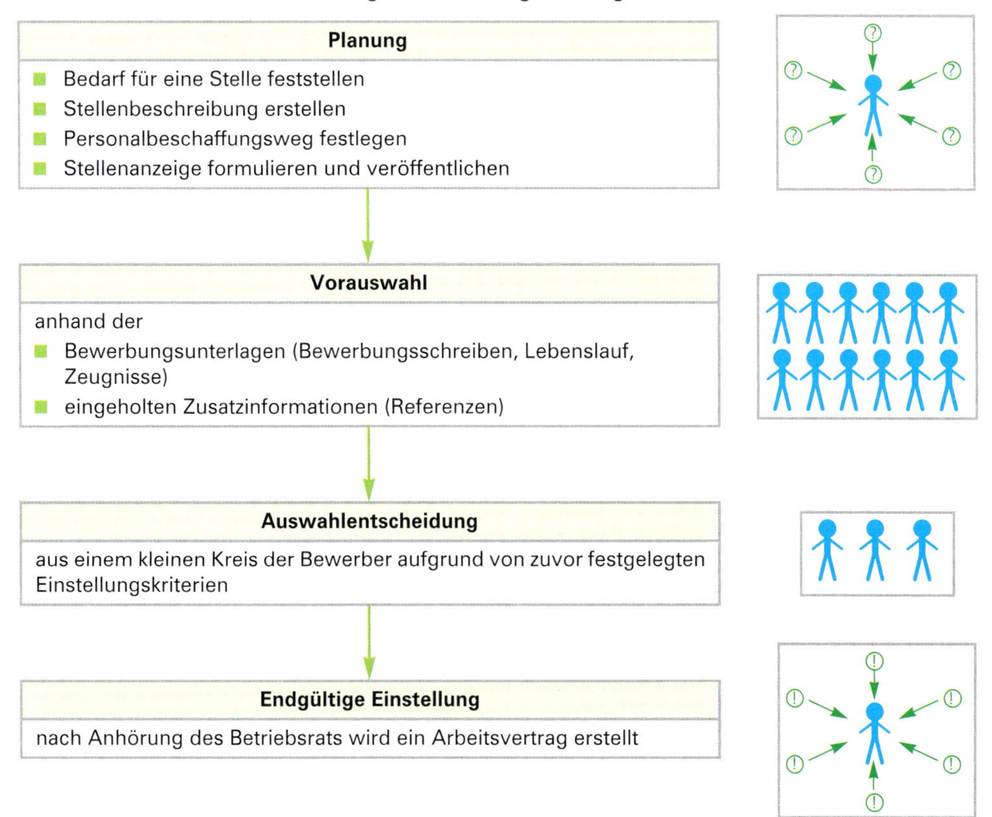

3.4.2 Formulierung von Stellenanzeigen

Vor allem bei der Besetzung von neuen Stellen ist es sinnvoll, eine **Tätigkeitsbeschreibung** der zu besetzenden Stelle zu erstellen sowie das **Anforderungsprofil** und andere wichtige Besonderheiten in einer **Stellenbeschreibung** festzulegen. Mit einer Stellenbeschreibung für die Stelle wird somit die Grundlage geschaffen, die Stellenanzeige zu formulieren und die geeignetsten Bewerber auszuwählen, die allen fachlichen und persönlichen Anforderungen an die Stelle entsprechen.

(1) Stellenbeschreibung

Eine Stellenbeschreibung enthält

- Stellenbezeichnung,
- Aufgaben,
- Ziele,
- Befugnisse und Verantwortlichkeiten,
- Vertretung,
- Entlohnung und
- qualitative Anforderungen an die Stelle.

Beispiel einer Stellenbeschreibung:

Stellenbeschreibung für die Terminkontrolle im Einkauf

1. **Bezeichnung der Stelle:** Terminsachbearbeiter/-in
2. **Zeichnungsvollmacht:** keine
3. **Der/die Stelleninhaber/-in ist unterstellt:** Abteilungsleiter Einkauf
4. **Vertretung des/der Stelleninhabers/-in:** Abteilungsleiter Einkauf
5. **Anforderungen an den/die Stelleninhaber/-in:**
   - allgemeine Einkaufskenntnisse,
   - Zuverlässigkeit,
   - schnelles Erfassen von Zusammenhängen und
   - selbstständiges Arbeiten im Rahmen des ihm/ihr übertragenen Aufgabengebiets.
6. **Aufgaben und Zielsetzung der Stelle:**
   Der/die Stelleninhaber/-in ist für die Überwachung der vereinbarten Liefertermine aller Wareneinkäufe verantwortlich. Er/sie hat dafür zu sorgen, dass von uns erteilte Bestellungen auch termingerecht erfüllt werden.
7. **Tätigkeitsbeschreibung:**
   - Jeder Wareneinkauf ist mit einem Liefertermin versehen. Ist dieser vorgegebene Termin überschritten, erscheint der Auftrag in der Terminüberwachungs-Liste.
   - Ist die Lieferung eine Woche nach dem geforderten bzw. vereinbarten Liefertermin noch nicht erfolgt, wird eine Mahnung abgesandt. Diese Mahnung wird mit einem zusätzlichen Durchschlag versehen, wobei der Lieferant aufgefordert wird, diesen, mit den aktuellen Lieferdaten ausgefüllt, an uns zurückzusenden.
   - Gleichzeitig nimmt der/die Stelleninhaber/-in diesen Wareneinkauf auf „Termin", d.h., er/sie legt ihn in sein/ihr Ablagesystem zur Wiedervorlage ab.
8. **Anforderungen:**
   - Ausbildung: Schulabschluss mit mittlerer Reife, abgeschlossene Berufsausbildung als Kaufmann/-frau für Büromanagement.
   - Spezielle Kenntnisse: Kenntnisse in Englisch.
   - Berufserfahrung: 5–7 Jahre kaufmännische Tätigkeit, dabei 3 Jahre im Einkauf.
   - Sonstige Anforderungen: Pünktlichkeit, Zuverlässigkeit, Selbstständigkeit.
9. **Vergütung:**
   Die Stelle ist der Entgeltgruppe 4 (Gehaltstarifvertrag für den Groß- und Außenhandel in Niedersachsen) zugeordnet.

(2) Stellenanzeigen

Der Aufbau einer Stellenanzeige muss klar gegliedert sein und alle für den Bewerber wichtige Daten enthalten. Sie sollte Aussagen über folgende Punkte enthalten:

■ den Betrieb (Name des Betriebs, Adresse, Betriebsform)	„Wir sind ..."	„5-W-Regel"
■ die angebotene Stelle (Aufgabenbeschreibung, Aufstiegsmöglichkeiten)	„Wir suchen ..."	
■ die geforderten Qualifikationen (Ausbildung, besondere Qualifikationen, Berufserfahrung)	„Wir erwarten ..."	
■ die Leistung des Betriebs (Hinweis auf Lohn- und Gehaltshöhe, Sozialleistungen)	„Wir bieten ..."	
■ die Bewertungsunterlagen (Lebenslauf, Zeugnisse, Referenzen)	„Wir bitten um ..."	

Des Weiteren muss bei der Formulierung der Stellenanzeige darauf geachtet werden **nicht gegen das Allgemeine Gleichbehandlungsgesetz (AGG) zu verstoßen.**[1] Abgewiesene Bewerber können bei einem Verstoß gegen das AGG wegen Diskriminierung (Benachteiligung) vor Gericht klagen.

Beispiel für eine Formulierung, die gegen das AGG verstößt:

„Zur Verstärkung unseres Teams suchen wir eine junge dynamische Kauffrau für Büromanagement, die maximal 25 Jahre alt ist."

Es wird gezielt nur nach einer Frau gesucht (Diskriminierung der Männer), die ein Höchstalter von 25 Jahren haben soll (Diskriminierung von Personen, die älter als 25 Jahre sind).

Ein Beispiel für eine Stellenanzeige finden Sie auf S. 136.

3.4.3 Überprüfung eingehender Bewerbungen

3.4.3.1 Sortieren der Bewerbungsunterlagen

(1) Bestandteile einer Bewerbung

Die Bewerbung umfasst:

- das eigentliche **Bewerbungsschreiben,**
- den **Lebenslauf,**
- die **Zeugnisse** und **andere Referenzen,**
- ein **Lichtbild.**

1 Siehe hierzu auch S. 143.

Beispiel für eine Stellenanzeige:

Die Büromöbel Hannover GmbH ist ein Unternehmen, das sich auf die Herstellung und den Vertrieb von Büromöbeln und Bürozubehör spezialisiert hat. Wir setzen auf Innovation bei unseren Produkten und Vertriebswegen sowie auf Selbstständigkeit und Eigenverantwortung bei unseren Mitarbeiterinnen und Mitarbeitern.

Zur Verstärkung unserer Einkaufsabteilung
suchen wir zum 1. Juli 20..
eine/einen

Sachbearbeiter/-in im Einkauf

Zu Ihren Aufgaben zählen:

- die Überwachung der vereinbarten Liefertermine aller Wareneinkäufe
- dafür zu sorgen, dass von uns erteilte Bestellungen auch termingerecht erfüllt werden
- das Versenden von Liefermahnungen

Ihr Profil:

- eine erfolgreich abgeschlossene kaufmännische Berufsausbildung
- mehrere Jahre Berufserfahrung in vergleichbarer Position
- Kenntnisse in Englisch in Wort und Schrift
- selbstständiges und zuverlässiges Arbeiten
- MS-Office-Kenntnisse (Word, Excel)
- freundliche und gute Umgangsformen, Dienstleistungsorientierung

Wie bieten:

- einen sicheren Vollzeit-Arbeitsplatz mit 38,5 Std.-Woche
- eine Entgeltzahlung nach dem Niedersächsischen Tarifvertrag für Groß- und Außenhandel
- eine gute Arbeitsatmosphäre in einem netten Team

Bitte senden Sie uns Ihre vollständigen, aussagefähigen Bewerbungsunterlagen bis zum 15. Februar 20.. per E-Mail an: personal@bueromoebel-hannover.de. Wir freuen uns auf Sie!

Für Fragen steht Ihnen Frau Julia Heine auch gerne telefonisch zur Verfügung unter 0511 84010-15.

Büromöbel Hannover GmbH · Odenwaldstr. 160 · 30657 Hannover

Bewerbungsschreiben

Das Bewerbungsschreiben enthält mindestens folgende Inhalte:

- Name, Anschrift und Telefonnummer des Bewerbers,
- Anlass der Bewerbung,
- Hinweise auf Fähigkeiten und Fertigkeiten,
- Hinweise auf Schulbesuche und -abschlüsse, sofern nicht im Lebenslauf enthalten,
- Hinweise auf Anlagen (Lebenslauf, Zeugnisabschriften),
- Angabe von Referenzen,
- Bitte um Berücksichtigung der Bewerbung.

Lebenslauf

Der Lebenslauf kann inhaltlich in 5 Abschnitte aufgegliedert werden: persönliche Daten, schulische Ausbildung, Praktika, spezielle Kenntnisse und Fertigkeiten und Sonstiges.

Persönliche Daten	Vor- und Familienname, Geburtsdatum, Geburtsort. Mögliche Ergänzung: Religionszugehörigkeit, Staatsbürgerschaft.
Schulische Ausbildung	Die schulische Ausbildung ist in **Bildungsabschnitte** aufzugliedern: Grundschule, weiterführende Schulen, Abschluss. (Die Zeitliste hat keine Lücken bzw. diese werden erklärt, z.B. zusätzliche Schuljahre.)
Praktika	Alle Praktika und deren Dauer sowie alle Sprachkurse werden aufgeführt.
Spezielle Kenntnisse und Fertigkeiten	Sie vermitteln Ihre speziellen Kenntnisse und Fertigkeiten selbstbewusst, aber ohne Überheblichkeit.
Sonstige Qualifikationen	Sie stellen dar, was sonst noch für Sie spricht (Qualifikationen, soziales Engagement, spezielle Interessen, sportliche Aktivitäten). Die aufgeführten Punkte klingen nicht angeberisch.

Der Lebenslauf wird heute in der Regel mithilfe eines Textverarbeitungsprogramms in tabellarischer Form abgefasst und vorgelegt. Handschriftlich wird der Lebenslauf nur auf besonderen Wunsch abgefasst. Ein Beispiel für einen Lebenslauf in Tabellenform finden Sie auf S. 139.

Zeugnisse und andere Referenzen

Der dritte wichtige Bestandteil einer Bewerbungsmappe sind Zeugnisse und andere Bescheinigungen. Hierzu gehören

- die beglaubigten Kopien der letzten beiden **Schulzeugnisse,**
- Bescheinigungen über **absolvierte Kurse** (z.B. Sprach- und EDV-Kurse),
- Bescheinigungen über **Betriebspraktika** u.Ä.

Lichtbild

Für den Bewerber ist es **keine Pflicht,** seiner Bewerbung ein **Foto beizulegen.** Viele Unternehmen (insbesondere kleinere und mittelgroße) möchten sich jedoch gerne „ein Bild machen" von dem Bewerber. Daher begrüßen sie es, wenn der Bewerbung ein Foto beiliegt. Wird ein Foto mitgeschickt, sollte es ein professionell aufgenommenes Bewerbungsfoto sein (kein Privat- oder Automatenfoto).

(2) Beispiel für eine eingehende Bewerbung[1]

Bewerbungsschreiben

Svenja Schulz
Starenweg 82
30455 Hannover

Hannover, 2. Februar 20..

Büromöbel Hannover GmbH
Frau Heine
Odenwaldstr. 160
30657 Hannover

Bewerbung als Sachbearbeiterin im Einkauf

Sehr geehrte Frau Heine,

in der „Hannoversche Allgemeine Zeitung“ vom 30. Januar suchten Sie eine Sachbearbeiterin im Einkauf. Ich bin ausgebildete Bürokauffrau, 29 Jahre alt, ledig und möchte mich gern der beruflichen Herausforderung in der Einkaufsabteilung stellen.

Seit meiner Ausbildung habe ich mehrere Jahre Berufserfahrung in verschiedenen Unternehmen gesammelt. Zurzeit bin ich in einem Angestelltenverhältnis bei der Elektro Feiner GmbH, zuständig für allgemeine Bürotätigkeiten und die Erfassung von Daten für die Rechnungserstellung. Die Arbeit ist vielseitig, und die Zusammenarbeit mit Vorgesetzten und Kollegen sehr gut. Meine derzeitige Tätigkeit beginnt jedoch zur Routine zu werden und unterfordert mich, daher hat mich Ihre Stellenanzeige sofort angesprochen. Aufgrund meiner raschen Auffassungsgabe und Lernbereitschaft bin ich in der Lage, mich schnell in neue Tätigkeitsgebiete einzuarbeiten und nach kurzer Zeit eigenverantwortlich und selbstständig zu arbeiten. Ich bin zuverlässig, teamfähig, verfüge über MS-Office-Kenntnisse und habe vor einem Jahr einen vierwöchigen Business Englisch Kurs absolviert.

Gern möchte ich Sie in einem Vorstellungsgespräch persönlich von meinen Stärken überzeugen. Über eine Einladung von Ihnen freue ich mich daher ganz besonders. Die angebotene Stelle könnte ich zum 1. Juli 20.. antreten.

Mit freundlichem Gruß

Svenja Schulz

Anlagen
Ausbildungszeugnisse
Arbeitszeugnisse
Referenzen

1 Auf die Vorgabe von Zeugnissen, Referenzen und einem Lichtbild wird im Folgenden verzichtet.

Lebenslauf

Zu meiner Person

Vor- und Zuname:	Svenja Schulz
Geburtstag:	3. Mai 19..
Geburtsort:	Hannover
Staatsangehörigkeit:	deutsch
Anschrift:	Starenweg 82 30455 Hannover
Familienstand:	ledig, keine Kinder

Schulausbildung

09/19..–09/20..	Grundschule Wendlandstraße Geschwister-Scholl-Realschule Abschluss: Realschulabschluss

Berufsausbildung

10/20..–09/20..	Ausbildung zur Bürokauffrau bei der Kreiner GmbH in Garbsen

Berufspraxis

10/20..–12/20..	Sachbearbeiterin bei Keller und Herne OHG, Langenhagen
01/20..–heute	Sachbearbeiterin bei Elektro Feiner GmbH, Lehrte

Weiterbildung

03/20..–07/20..	Seminar MS-Office an der Volkshochschule
08/20..–09/20..	Business Englisch Kurs an der Sprachschule Hannover

Besondere Kenntnisse

Fremdsprachen:	Englisch (in Wort und Schrift)
IT-Kenntnisse:	MS-Office (Excel, Word, PowerPoint)

Hannover, 2. Februar 20..

Svenja Schulz

3.4.3.2 Durchführung der Personalauswahl

(1) Einladung zu einem Vorstellungsgespräch

Das Bewerbungsgespräch dient zum einen dazu, die Informationen aus den Bewerbungsunterlagen zu überprüfen, und zum anderen soll ein persönlicher Eindruck vom Bewerber gewonnen werden. Die Einladung zu einem Vorstellungsgespräch kann schriftlich, per E-Mail oder telefonisch erfolgen und sollte dem Bewerber mindestens eine Woche vor dem geplanten Gesprächstermin zukommen.

Beispiel eines Einladungsschreibens zu einem Vorstellungsgespräch:

Büromöbel Hannover GmbH · Odenwaldstr. 160 · 30657 Hannover

Svenja Schulz
Starenweg 82
30455 Hannover

Name: Julia Heine
Telefon: +49 (0)511 84010-15
Telefax: +49 (0)511 84010-16
E-Mail: heine@bueromoebel-hannover.de

Datum: 19. Februar 20..

Ihre Bewerbung um die Stelle als Sachbearbeiterin im Einkauf

Sehr geehrte Frau Schulz,

vielen Dank für Ihre Bewerbung und das damit zum Ausdruck gebrachte Interesse an einer Tätigkeit in unserem Haus.

Wir würden uns gern ein persönliches Bild von Ihnen machen und laden Sie daher am 2. März 20.., 10:00 Uhr zu einem Vorstellungsgespräch ein.

Bitte melden Sie sich am Empfang in unserem Verwaltungsgebäude. Ihre Ansprechpartnerin an diesem Tag ist unsere Frau Bauer. Sollten Sie an dem Tag verhindert sein, so bitten wir um eine kurzfristige Information. Wir können dann einen anderen Termin vereinbaren.

Mit freundlichen Grüßen

Büromöbel Hannover GmbH
Personalabteilung

i. A. *Julia Heine*

Julia Heine

Büromöbel Hannover GmbH
Geschäftsführung: Kai Meiners
Amtsgericht Hannover: HRB 40577
USt-ID Nummer: DE 155 487 003

Bankverbindung:
Deutsche Bank Hannover
IBAN: DE90 2507 0070 0000 2853 56
BIC: DEUTDE2HXXX

Der Bewerber sollte den im Einzelgespräch genannten Termin für das Vorstellungsgespräch bestätigen bzw. bei Notwendigkeit um einen Ersatztermin bitten.

(2) Mögliche Inhalte eines Vorstellungsgesprächs

Das Gespräch sollte von einem Mitarbeiter der Personalabteilung sorgfältig vorbereitet werden. So sollte z. B. festgelegt werden

- die Gesprächsteilnehmer,
- Fragen zu Lücken und Unklarheiten in den Bewerbungsunterlagen,
- Fragen nach der besonderen Eignung für die ausgeschriebene Stelle,
- Fragen zu Freizeit, Familie, Hobbys,
- Wissen über das Unternehmen,
- Fragen zum aktuellen Tagesgeschehen, zum Allgemeinwissen,
- zu den Zukunftsplänen des Bewerbers.

Beispiele für Fragen an den Bewerber:

- *„Warum haben Sie sich gerade bei unserem Unternehmen beworben?“*
- *„Was gefällt Ihnen besonders an dieser Stelle bzw. an diesem Ausbildungsberuf?“*
- *„Wo sehen Sie Ihre Stärken und Ihre Schwächen?“*
- *„Welche Hobbys betreiben Sie?“*
- *„Wie stellen Sie sich Ihre Arbeit bzw. Ihre Ausbildung vor?“*
- *„Warum sollten wir gerade Sie den übrigen Mitbewerbern vorziehen?“*

Nicht beantworten muss der Bewerber Fragen, die gegen das Recht auf Schutz der Persönlichkeit verstoßen:

- **Familienplanung** und **Schwangerschaft,**
- **Vorstrafen,** außer sie sind berufsrelevant (Bewerbung als Kassierer, Buchhalter, Sicherheitsbeauftragter),
- **Krankheiten,** sofern die Krankheit die Berufsausübung nicht erschwert oder unmöglich macht (ansteckende Krankheiten, Bandscheibenleiden),
- **Partei-, Kirchen- oder Gewerkschaftszugehörigkeit,** außer man bewirbt sich bei sogenannten „Tendenzbetrieben“ (z. B. Landesverband einer Partei, katholischer Kindergarten),
- **finanziellen Verhältnissen,** es sei denn, es wird eine Führungsposition oder eine besondere Vertrauensstellung angestrebt.

Der Bewerber hat jedoch darauf zu achten, dass er arbeitsrechtlich zulässige Fragen wahrheitsgemäß und vollständig beantwortet. Zudem ist der Bewerber verpflichtet, dem potenziellen (möglichen) Arbeitgeber alle Sachverhalte mitzuteilen, die der angestrebten Tätigkeit entgegenstehen (z. B. Krankheit, Kur). Diese Verpflichtung gilt auch dann, wenn der Bewerber im Bewerbungsgespräch nicht danach gefragt wird. Kommt der Bewerber der Offenlegungspflicht nicht nach, so kann der Arbeitgeber einen abgeschlossenen Arbeitsvertrag anfechten.

Beachte:

Grundsätzlich besteht **keine Rechtspflicht** zur Erstattung der Kosten, die beim Bewerber für seine Bewerbung anfallen. **Aber**: Wird der Bewerber **ausdrücklich vom Betrieb eingeladen,** so besteht für den Betrieb eine **Rechtspflicht** zum **Ersatz der Vorstellungskosten.** Hierzu zählen insbesondere die Fahrtkosten, eventuelle Übernachtungskosten und mögliche Verpflegungskosten.

Durch die Bewerbungsunterlagen und das Vorstellungsgespräch erhalten die Mitarbeiter der Personalabteilung eine Vielzahl von Erkenntnissen über den Bewerber. Muss der Betrieb aus einer größeren Anzahl von Bewerbern auswählen, so können durch

- **Arbeitsproben,**[1]
- **situative Verfahren,**[1]
- **Tests**[1] oder durch
- die **Durchführung eines Assessment-Centers**

weitere Hinweise gewonnen werden.

(3) Assessment-Center

Das Assessment-Center stellt eine Möglichkeit dar, unterschiedliche Eigenschaften und Fähigkeiten von Bewerbern zu ermitteln. Ein Assessment-Center dauert im Regelfall ein bis drei Tage. Die Bewerber werden von betriebsinternen Mitarbeitern oder Beobachtern externer Beratungsfirmen bei verschiedensten Arbeits- und Verhaltensaufgaben beobachtet und bewertet. Die gestellten Aufgaben müssen von den Bewerbern in Gruppen- und Einzelarbeit gelöst werden.

Beispiele bekannter Assessment-Center-Übungen:

- **Postkorb-Übung**

  Vor dem Bewerber steht ein überfüllter Postkorb mit mindestens 15 Dokumenten. Die Bewerber müssen entscheiden, welche Aufgaben wichtig oder weniger wichtig sind, welche man delegieren oder selbst bearbeiten muss.

- **Assessment-Center-Rollenspiel**

  Jedem Bewerber wird eine Rolle zugewiesen, die er bei einer Gruppendiskussion einnehmen und vertreten soll. Die Rollen sind so festgelegt worden, dass es zwangsläufig zu Konfliktsituationen kommt.

1 Die Rahmenrichtlinien sehen die Behandlung dieser Themengebiete nicht vor.

3.4.3.3 Personalauswahlentscheidung

(1) Entscheidungsträger

Im Anschluss an die Analyse aller Bewerbungsergebnisse fällt die Entscheidung, wer für die Besetzung der Stelle infrage kommt. An der Entscheidung beteiligt sind in der Regel

- ein Mitglied der Personalabteilung,
- künftige Vorgesetzte,
- ein Mitglied des Betriebsrats (bei Arbeitnehmern),
- eventuell externe Fachleute (z. B. Personalberater).

Bei der Besetzung wichtiger Positionen ist es möglich, dass sich der Inhaber bzw. der Geschäftsführer die letzte Entscheidung vorbehält. Dabei ist streng darauf zu achten, dass das Allgemeine Gleichbehandlungsgesetz [AGG] eingehalten wird.

Ziel des **AGG** ist es, „Benachteiligungen aus Gründen der Rasse oder wegen der ethnischen Herkunft, des Geschlechts, der Religion oder Weltanschauung, einer Behinderung, des Alters oder der sexuellen Identität zu verhindern oder zu beseitigen" [§ 1 AGG].

(2) Mitwirkung des Betriebsrats[1] bei Einstellungen [§§ 99–101 BetrVG]

In Betrieben mit i. d. R. mehr als zwanzig wahlberechtigten Arbeitnehmern hat der Arbeitgeber den Betriebsrat z. B. vor jeder Einstellung, Eingruppierung, Umgruppierung und Versetzung zu unterrichten, ihm die erforderlichen Bewerbungsunterlagen vorzulegen, Auskunft über die Person der Beteiligten zu geben und die Zustimmung des Betriebsrats einzuholen. Der Betriebsrat kann die Zustimmung unter bestimmten Umständen verweigern.

- Verstoß gegen eine rechtliche Vorschrift,
- Verstoß gegen eine Auswahlrichtlinie,
- Befürchtung einer Störung des Betriebsfriedens,
- Unterlaufen einer innerbetrieblichen Stellenausschreibung oder
- Nachteile für betroffene Arbeitskräfte.

Schweigt der Betriebsrat, gilt dies als Zustimmung. Die Ablehnung muss innerhalb einer Woche nach der Unterrichtung durch den Arbeitgeber unter Angabe von Gründen schriftlich erfolgen. Der Arbeitgeber hat dann die Möglichkeit, sich die fehlende Zustimmung durch das Arbeitsgericht ersetzen zu lassen. Das Arbeitsgericht muss prüfen, ob die vom Betriebsrat angegebenen Tatbestände zutreffen.

(3) Zusage an den Bewerber

Ist die Entscheidung gefallen und hat der Betriebsrat zugestimmt, erhält der betreffende Bewerber eine **Zusage.**[2] Es schließt sich dann die **Ausfertigung des Arbeitsvertrags** an.

---

1 Der **Betriebsrat** ist eine Vertretung der Arbeitnehmer gegenüber dem Arbeitgeber. Er wird von den wahlberechtigten Belegschaftsmitgliedern in geheimer und unmittelbarer Wahl gewählt. Seine Aufgabe ist, mit dem Arbeitgeber vertrauensvoll zusammenzuarbeiten und dabei die Rechte der Belegschaftsmitglieder zu vertreten.

2 Oftmals wird vom Bewerber zuvor noch eine **ärztliche Eignungsuntersuchung** gefordert.

3.4.3.4 Rechtliche Anforderungen an Arbeitsverträge

(1) Begriff Arbeitsvertrag

- Ein **Arbeitsvertrag** liegt vor, wenn ein Arbeitnehmer in einem **Unternehmen angestellt** ist, um nach **Weisungen des Arbeitgebers Leistungen gegen Entgelt** zu erbringen.
- Der Arbeitsvertrag kann **befristet** oder **unbefristet** sein.

Die Besonderheit des Arbeitsvertrags besteht darin, dass ein Arbeitnehmer **abhängige Arbeit** zu verrichten hat. Der Arbeitsvertrag ist eine **Sonderform des Dienstvertrags.**[1]

(2) Abschluss von Arbeitsverträgen

Für den Abschluss eines **Einzelarbeitsvertrags**[2] **(Individualarbeitsvertrags)** bestehen grundsätzlich keine gesetzlichen Formvorschriften. Aus Gründen der Rechtssicherheit (Beweissicherheit) und zum Schutz der Arbeitnehmer ist es jedoch allgemein üblich, den Arbeitsvertrag **schriftlich** abzuschließen.

Nach dem Nachweisgesetz [NachwG] ist der Arbeitgeber verpflichtet, **spätestens einen Monat** nach dem vereinbarten Beginn des Arbeitsverhältnisses die **wesentlichen Vertragsbedingungen** schriftlich niederzulegen, die Niederschrift zu unterzeichnen und dem Arbeitnehmer auszuhändigen.

In dieser Niederschrift sind vor allem folgende Bedingungen aufzunehmen [§ 2 I NachwG]:

- Arbeitsvertragsparteien,
- Beginn des Arbeitsverhältnisses,
- bei befristeten Arbeitsverhältnissen die vorhersehbare Dauer des Arbeitsverhältnisses,
- Arbeitsort bzw. Arbeitsorte (z. B. bei Montagearbeiten),
- Bezeichnung oder allgemeine Beschreibung der vom Arbeitnehmer zu leistenden Tätigkeiten,
- Arbeitsentgelte (einschließlich Zuschläge, Prämien, Sonderzahlungen),
- vereinbarte Arbeitszeit,
- jährlicher Erholungsurlaub,
- Kündigungsfristen sowie
- Hinweise auf die auf das Arbeitsverhältnis anzuwendenden Tarifverträge, Betriebs- oder Dienstvereinbarungen.

Bei einer länger als einen Monat dauernden Auslandstätigkeit muss die Niederschrift weitere Angaben wie z. B. die Dauer der im Ausland auszuübenden Tätigkeiten und die vereinbarten Rückkehrbedingungen des Arbeitnehmers enthalten.

---

1 Beim **Dienstvertrag** verpflichtet sich ein Vertragspartner zur Leistung der versprochenen Dienste, der andere Vertragspartner zur Zahlung der vereinbarten Vergütung. Es besteht lediglich die Verpflichtung zum „Tätigwerden", nicht jedoch ein bestimmter Erfolg.

2 Man spricht vom **Einzelarbeitsvertrag (Individualarbeitsvertrag)**, weil er individuell (einzeln) zwischen Arbeitgeber und Arbeitnehmer abgeschlossen wird. Ein **Kollektivarbeitsvertrag** wird hingegen von Gewerkschaften einerseits und Arbeitgeberverbänden (Regel) andererseits für eine Gruppe (ein „Kollektiv") von Arbeitnehmern abgeschlossen.
Der Einzelarbeitsvertrag darf die Regelungen des Tarifvertrags **nicht unterschreiten**. Gleiches gilt für **Betriebsvereinbarungen**, die Fragen der Arbeitsbedingungen für ein Unternehmen zwingend regeln. **Betriebsvereinbarungen** sind Verträge zwischen Arbeitgeber und Betriebsrat.

Beispiel für einen unbefristeten Arbeitsvertrag:

Zwischen der Firma
Werkzeugfabrik Franz Klein GmbH, Königsberger Str. 11–14, 38302 Wolfenbüttel im Folgenden (Firma)
und Frau/Herrn *Doris Walcher* im Folgenden (Arbeitnehmer)
wird nachfolgender – **unbefristeter Arbeitsvertrag** – vereinbart:

§ 1 Beginn des Arbeitsverhältnisses/Tätigkeit

Der Arbeitnehmer wird ab *15. 01. 20..* als *Assistentin des Geschäftsführers im Werk Wolfenbüttel, Königsberger Str. 11–14* eingestellt.

§ 2 Befristung/Beendigung des Arbeitsverhältnisses

Das Arbeitsverhältnis ist unbefristet.

Als Probezeit werden *3 Monate* vereinbart. Während dieser Zeit kann das Arbeitsverhältnis unter Einhaltung einer Frist von zwei Wochen gekündigt werden.

§ 3 Arbeitszeit

Die regelmäßige Arbeitszeit richtet sich nach der betriebsüblichen Zeit. Sie beträgt derzeit *40* Stunden in der Woche ohne die Berücksichtigung von Pausen.

Regelmäßiger Arbeitsbeginn ist um *8:00 Uhr*, Arbeitsende ist um *17:00 Uhr*.

Die Frühstückspause dauert von *10:00 Uhr* bis *10:15 Uhr*, die Mittagspause von *12:30 Uhr* bis *13:15 Uhr*.

Der Arbeitnehmer erklärt sich bereit, im Falle betrieblicher Notwendigkeit bis zu *2* Überstunden pro Woche zu leisten.

§ 4 Vergütung

Der Arbeitnehmer erhält eine monatliche Bruttovergütung von EUR *3 178,00*. Die Vergütung ist jeweils am Monatsende fällig und wird auf das Konto des Arbeitnehmers bei der *Volksbank Wolfenbüttel, IBAN DE73 2709 2525 0001 0531 72, BIC GENODE71WFV*, angewiesen.

Etwa angeordnete Überstunden werden mit einem Zuschlag von *20 %* vergütet.

§ 5 Urlaub

Der Arbeitnehmer hat Anspruch auf *24* Werktage Urlaub. Die Lage des Urlaubs ist mit der Firma abzustimmen.

§ 6 Arbeitsverhinderung

Im Falle einer krankheitsbedingten oder aus sonstigen Gründen veranlassten Arbeitsverhinderung hat der Arbeitnehmer die Firma unverzüglich zu informieren. Bei Arbeitsunfähigkeit infolge Erkrankung ist der Firma innerhalb von drei Tagen ab Beginn der Arbeitsunfähigkeit eine ärztliche Bescheinigung über die Dauer der voraussichtlichen Arbeitsunfähigkeit vorzulegen.

§ 7 Verschwiegenheitspflicht

Der Arbeitnehmer wird über alle betrieblichen Angelegenheiten, die ihm im Rahmen oder aus Anlass seiner Tätigkeit in der Firma bekannt geworden sind, auch nach seinem Ausscheiden Stillschweigen bewahren.

§ 8 Nebenbeschäftigung

Während der Dauer der Beschäftigung ist jede entgeltliche oder unentgeltliche Tätigkeit, die die Arbeitsleistung des Arbeitnehmers beeinträchtigen könnte, untersagt. Der Arbeitnehmer verpflichtet sich, vor jeder Aufnahme einer Nebenbeschäftigung die Firma zu informieren.

§ 9 Ausschlussklausel/Zeugnis

Ansprüche aus dem Arbeitsverhältnis müssen von beiden Vertragsteilen spätestens innerhalb eines Monats nach Beendigung schriftlich geltend gemacht werden. Andernfalls sind sie verwirkt.

Bei Beendigung des Arbeitsverhältnisses erhält der Arbeitnehmer ein Zeugnis, aus dem sich Art und Dauer der Beschäftigung sowie, falls gewünscht, eine Beurteilung von Führung und Leistung ergeben.

Wolfenbüttel, den 10. Januar 20..	*Wolfenbüttel, den 10. Januar 20..*
(Ort, Datum)	(Ort, Datum)
i. A. Mayer	*Doris Walcher*
(Firma)	(Arbeitnehmer)

10 Speth - ISBN 978-3-8120-0592-0

(3) Inhalt des Arbeitsvertrags

Arbeitgeber und Mitarbeiter sind grundsätzlich frei in ihrer inhaltlichen Ausgestaltung des Arbeitsvertrags. Wesentliche Inhalte des Arbeitsvertrags können sein:

Vertragsinhalte	Erläuterungen
Vertragsparteien	■ Arbeitgeber: Firma, Rechtsform, Sitz des Unternehmens. ■ Arbeitnehmer: Vor- und Zuname, Anschrift.
Vertragsbeginn	Genaues Datum für Beginn des Arbeitsverhältnisses.
Arbeitsort	In Unternehmen mit mehreren Standorten ist eine Vereinbarung über den Arbeitsort festzuhalten.
Probezeit	Für Angestellte beträgt sie drei bis sechs Monate, für gewerbliche Arbeitnehmer gewöhnlich vier Wochen.
Dauer	Notwendig bei befristeten Arbeitsverhältnissen.
Arbeitszeit	■ Die regelmäßige Arbeitszeit ergibt sich aus dem Tarifvertrag, ersatzweise aus dem Arbeitszeitgesetz. ■ Abweichend hiervon kann die Arbeitszeit auch individuell vereinbart werden.
Urlaub	Mindestanspruch lt. Bundesurlaubsgesetz sind 24 Werktage pro Jahr, nach einer Wartezeit von 6 Monaten.
Arbeitsentgelt	■ Angaben über die Entgeltform, Höhe, Steigerung, Fälligkeit und Auszahlungsweise. ■ Sozialleistungen wie Beiträge zur Vermögensbildung, Altersversorgung, Geschäftswagen u.Ä. sind ebenfalls festzuhalten.
Arbeitsverhinderung	Hier werden die Folgen einer unverschuldeten Arbeitsverhinderung und die Nachweispflicht bei Erkrankungen geregelt.
Kündigungsfrist	Sie kann frei vereinbart werden, sofern die gesetzlichen Kündigungsfristen [§ 622 BGB] bzw. weitere Vorschriften des Tarifvertrags beachtet werden.

(4) Gesetzlicher Mindestlohn

Seit 1. Januar 2015 gilt in Deutschland nach dem Mindestlohngesetz [MiLoG] ein **gesetzlicher Mindestlohn.** Er beträgt brutto 8,50 EUR je Zeitstunde [§ 1 II MiLoG]. Für bestimmte Branchen sind bis Ende 2016 noch niedrigere Mindestlöhne möglich. Spätestens 2017 müssen auch hier mindestens 8,50 EUR gezahlt werden. Der gesetzliche Mindestlohn darf weder im Einzelarbeitsvertrag (Individualarbeitsvertrag) noch im Tarifvertrag (Kollektivarbeitsvertrag) unterschritten werden.

Zusammenfassung

- Die Personalauswahl geht in der Regel in folgenden Stufen:
  - Planung
  - Vorauswahl
  - Auswahlentscheidung
  - endgültige Einstellung

- Vor der Besetzung einer neuen Stelle sollte eine **Stellenbeschreibung** erstellt werden.
- Zum Aufbau einer **Stellenanzeige** siehe S. 135.
- Bestandteile einer **Bewerbung** sind:
  - Bewerbungsschreiben
  - Lebenslauf
  - Zeugnisse/Referenzen
  - Lichtbild (keine Pflicht)
- Zu den Inhalten eines **Vorstellungsgesprächs** siehe S. 141.
- Bei der **Personalauswahlentscheidung** hat der **Betriebsrat** ein Mitwirkungsrecht.
- Bei der **Besetzung einer offenen Stelle** muss das **Allgemeine Gleichbehandlungsrecht [AGG]** beachtet werden.
- Ein **Arbeitsvertrag** liegt vor, wenn Arbeitnehmer mit Weisungsbefugnissen und Fürsorgepflichten ihres Dienstherrn (Arbeitgebers) in einem Unternehmen mitarbeiten. Der Arbeitsvertrag ist ein Spezialfall des Dienstvertrags.
- **Partner des Arbeitsvertrags** sind ein einzelner Arbeitnehmer und ein bestimmter Arbeitgeber. Rahmenvorgaben aus einer Betriebsvereinbarung und einem Tarifvertrag sind zu beachten. Eine Schlechterstellung des Arbeitnehmers ist grundsätzlich nicht möglich.
- In der Praxis wird der **Arbeitsvertrag** regelmäßig **schriftlich** abgeschlossen.

Übungsaufgaben

34

1. Die Sport Baur GmbH, Marktplatz 54, 46487 Wesel, das führende Sportfachgeschäft in Wesel sucht zur Verstärkung des Teams zum 1. Juli 20. . eine/einen Kauffrau/Kaufmann für Büromanagement. Die Sport Baur GmbH bietet einen sicheren Vollzeit-Arbeitsplatz, 38,5 Stunden/Woche, gute Aufstiegsmöglichkeiten, übertarifliches Einkommen, betriebliche Altersvorsorge, teamorientiertes Arbeiten und eine langfristige Zusammenarbeit.

   Gefordert werden sachliches Fach- und Branchenwissen, hohe Leistungsbereitschaft, kontaktfreudiges und dynamisches Auftreten, solide Kenntnisse aller anfallenden Bürotätigkeiten.

   Zusendung einer aussagefähigen Bewerbung bis zum 15. Februar 20..

   Aufgaben:

   1.1 Erstellen Sie eine Stellenanzeige in der örtlichen Tageszeitung!

   1.2 Erläutern Sie den Aufbau Ihrer Anzeige!

2. 2.1 Notieren Sie, welche Inhalte durch eine Stellenbeschreibung geregelt werden müssen!

   2.2 Erläutern Sie, welche Aufgabe der Stellenbeschreibung zukommt!

   2.3 Erklären Sie, warum es sinnvoll ist, vor der Formulierung einer Stellenanzeige, eine Stellenbeschreibung vorzunehmen!

3. Nennen Sie die Bearbeitungsschritte, die ein Betrieb zur Besetzung einer Stelle benötigt!

4. Birte Holzmüller, Kauffrau für Büromanagement, wohnhaft in Klosterstr. 8, 49074 Osnabrück, möchte sich bei der Steuerberatung Fischer & Freundlich GmbH als Sachbearbeiterin im Rechnungswesen bewerben.

   Aufgaben:

   4.1 Führen Sie drei Kriterien an, die bei der Personalauswahl berücksichtigt werden sollten!

   4.2 Nennen Sie vier Unterlagen, die Birte Holzmüller einer erfolgreichen Bewerbung beizufügen hat!

5. Aufgrund des starken Unternehmenswachstums muss die Franz Schlick GmbH die meisten Stellen mit von außen kommenden Arbeitskräften besetzen.

   Aufgabe:

   Beschreiben Sie den möglichen Personalbeschaffungsvorgang!

6. Schreiben Sie Ihre Bewerbung zu nebenstehender Zeitungsanzeige in der „Hannoverschen Allgemeinen Zeitung" vom 6. September dieses Jahres!

   Nehmen Sie dabei an, dass Sie eine Berufsausbildung als Industriekauffrau/Industriekaufmann erfolgreich abgeschlossen haben!

   Weisen Sie darauf hin, dass Sie beglaubigte Zeugniskopien, einen Lebenslauf und ein Lichtbild beigefügt haben!

Wir suchen zum 1. Oktober eine(n)

junge(n), dynamische(n)
Industriekauffrau/Industriekaufmann

für unsere Einkaufsabteilung. Sie (Er) sollte eine Ausbildung zur (zum) Industriekauffrau/Industriekaufmann erfolgreich abgeschlossen haben.

Bitte vereinbaren Sie einen Termin mit uns zu einem unverbindlichen Gespräch.

Apparatebau Wiese GmbH, Grillenweg 9, 31787 Hameln

35

1. Entscheiden Sie, ob die folgenden Fragen vom Bewerber in einem Vorstellungsgespräch beantwortet werden müssen! Begründen Sie Ihre Entscheidung!

   1.1. Kevin Eller bewirbt sich um eine Stelle in der Buchhaltung bei einem Autohaus. Er wird danach gefragt, ob er wegen Unterschlagung oder Diebstahl vorbestraft ist.

   1.2 Alina Gut bewirbt sich als Kauffrau für Büromanagement bei der Merkle Maschinenbau GmbH. Sie wird gefragt, ob sie Mitglied einer Gewerkschaft ist.

   1.3 Der 18-jährige Leon Gesell bewirbt sich um eine Stelle als Lagerfacharbeiter. Er wird danach gefragt, über welche Fachkenntnisse er verfügt.

   1.4 Eva Bartels bewirbt sich um eine Ausbildungsstelle als Industriekauffrau. Sie soll Auskunft darüber geben, ob sie schwanger ist.

   1.5 Daniel Heine – bisher Sachbearbeiter in der Marketingabteilung – bewirbt sich um die frei werdende Stelle als Abteilungsleiter. Er wird gefragt, ob er einer Glaubensgemeinschaft angehört.

   1.6 Sara Merz bewirbt sich um die Stelle einer Buchhalterin. Sie wird gefragt, an welchen Fortbildungskursen sie teilgenommen hat.

2. Lena Schmid bewirbt sich um eine Stelle als Kauffrau für Büromanagement beim Logistikunternehmen Brodbeck KG. Zuständig für die Personaleinstellung ist Florian Manz.

   Aufgaben:

   2.1 Bereiten Sie das Bewerbungsgespräch als Rollenspiel vor! Erstellen Sie die beiden Rollenkarten mit den wichtigsten Argumenten und Fragen in Gruppenarbeit!

   2.2 Während zwei Gruppenmitglieder die beiden Rollen spielen, bildet der Rest der Klasse zwei neue Gruppen und füllt den folgenden Beobachtungsbogen – getrennt nach den beiden Rollen – aus:

Beobachtungsbogen für		
Gesprächseröffnung		
schafft eine angenehme Atmosphäre	ja ☐	nein ☐
bietet Gegenüber Platz an	ja ☐	nein ☐
Blickkontakt wird ermöglicht	ja ☐	nein ☐
nennt das Ziel des Gesprächs	ja ☐	nein ☐
strukturiert das Gespräch	ja ☐	nein ☐
Gesprächsverlauf		
verliert sein Ziel nicht aus den Augen	ja ☐	nein ☐
lässt den anderen zu Wort kommen	ja ☐	nein ☐
stellt offene Fragen	ja ☐	nein ☐
stellt geschlossene Fragen	ja ☐	nein ☐
hört gut zu	ja ☐	nein ☐
fasst Gesprächsergebnisse zusammen	ja ☐	nein ☐
Sprache/Körpersprache		
klar und verständlich	ja ☐	nein ☐
gut formuliert	ja ☐	nein ☐
angemessene Gestik	ja ☐	nein ☐
freundliche Mimik	ja ☐	nein ☐
wirkt nervös	ja ☐	nein ☐
Sonstige Beobachtungen		
....		
....		
....		

3. Der bundesweit tätige Gebäudereinigungsbetrieb Cleantech GmbH, Fuhrberger Landstraße 206, 29255 Celle sucht zum 1. September 20 . . einen Sachbearbeiter (m/w) für die kaufmännische Kundenbetreuung in Vollzeit.

   Aufgaben:

   3.1 Nennen Sie mindestens drei Aufgaben die ein/eine Sachbearbeiter/-in in der kaufmännischen Kundenbetreuung zu erledigen hat!

   3.2 Stellen Sie dar, welches Anforderungsprofil für die Stelle notwendig ist! Führen Sie hierzu eine Recherche im Internet durch!

   3.3 Entwerfen Sie eine Stellenanzeige für den Gebäudereinigungsbetrieb!

   3.4 Entwerfen Sie ein Absageschreiben für den Bewerber Florian Kohler, der aufgrund seiner schriftlichen Bewerbungsunterlagen für die freie Stelle nicht infrage kommt!

36

1. Die Klimatechnik Hans Gros e. Kfm. hat 25 Mitarbeiter. Der Inhaber der Klimatechnik, Hans Gros, möchte einen Kaufmann für Büromanagement neu einstellen.

   Aufgabe:

   Begründen Sie, ob Herr Gros die Einstellung des neuen Mitarbeiters in alleiniger Verantwortung vornehmen kann!

2. Lukas Hensler, Inhaber der Hensler-Werke GmbH, schlägt dem Betriebsrat einen qualifizierten externen Kaufmann für Büromanagement als neuen Geschäftsführer vor. Der Betriebsrat lehnt den Vorschlag mit dem Hinweis ab, es habe keine innerbetriebliche Stellenausschreibung gegeben.

Aufgabe:

Begründen Sie, ob der Betriebsrat mit diesem Argument die Einstellung des externen Geschäftsführers verhindern kann!

3. Nennen Sie zwei Rechte, die sich aus dem Arbeitsvertrag für den Arbeitnehmer ergeben!

4. Die Kauffrau für Büromanagement Beate Braun stellt sich beim Personalchef des Karosseriebaus Südring GmbH vor. Dieser sagt ihr, dass sie am 15. des folgenden Monats ihre Arbeit als Sachbearbeiterin in der Einkaufsabteilung beginnen könne. Beate Braun sagt zu. Schriftlich wird nichts vereinbart.

   Aufgabe:

   Erläutern Sie die Rechtslage!

3.5 Personaleinsatzplanung

3.5.1 Aufgaben der Personaleinsatzplanung

Aufgabe der **Personaleinsatzplanung** ist, Mitarbeiter in der **erforderlichen Anzahl,** mit der **erforderlichen Qualifikation** zu dem für die Erstellung der betrieblichen Leistungen **notwendigen Zeitpunkt** an der **jeweiligen Arbeitsstelle**[1] bereitzustellen.

3.5.2 Quantitative und qualitative Personaleinsatzplanung

(1) Quantitative Personaleinsatzplanung

Die **quantitative Personaleinsatzplanung** soll sicherstellen, dass die benötigte Anzahl von Mitarbeitern zum richtigen Zeitpunkt am Arbeitsplatz verfügbar ist.

Zum einen ist sicherzustellen, dass die **Betriebsbereitschaft** (der Leistungserstellungsprozess) gewährleistet ist, und zum anderen muss die **Sicherheit** für **den Ablauf des Leistungserstellungsprozesses** (z.B. durch erforderliche Wartungs- und Kontrollarbeiten) gegeben sein. Um diese Ziele zu erreichen, werden (mit einer entsprechenden Software) **Personaleinsatzpläne** erstellt. Der Personaleinsatzplan enthält z.B. die Namen der Mitarbeiter, die Wochentage, den geplanten Einsatz, die vorhersehbaren Fehlzeiten wie Urlaub, Freizeitausgleich, die Freigabe von Personen (Springer) für andere Stellen, Angaben zur Rufbereitschaft von Mitarbeitern.

1 Da die Bereitstellung der Mitarbeiter an der jeweiligen Arbeitsstelle (örtliche Personaleinsatzplanung) von der betriebsindividuellen Situation abhängig ist, wird hierauf im Folgenden nicht eingegangen.

(2) Qualitative Personaleinsatzplanung

Die qualitative Personaleinsatzplanung hat zwei Ansatzpunkte: zum einen die Anforderungen, die die zu besetzende Stelle verlangt, und zum anderen die Qualifikation der Mitarbeiter.

- Zunächst gilt es, die Anforderungen der Stelle in einem **Anforderungsprofil (Stellenbeschreibung)** zu präzisieren, um sie später mit den Qualifikationen der Betroffenen vergleichen zu können.
- Anschließend ist das **Eignungsprofil** der betroffenen Mitarbeiter zu ermitteln. Da sich das Eignungsprofil eines Mitarbeiters im Laufe der Betriebszugehörigkeit ändern kann (z.B. durch Arbeits- und Betriebserfahrungen, Teilnahme an Fortbildungsmaßnahmen, Änderung des Gesundheitszustandes), muss es ständig ergänzt und aktualisiert werden.
- Außerdem müssen im Rahmen der qualitativen Personaleinsatzplanung die **Motivation,** die **Interessen** und **Neigungen** der Mitarbeiter ermittelt werden. Es ist nicht sinnvoll, Mitarbeiter an Arbeitsplätzen einzusetzen, an denen sie auf keinen Fall arbeiten wollen, oder zu Zeiten, die sie ablehnen.

Steht die Besetzung einer Stelle an, so ist es Aufgabe der qualitativen Personaleinsatzplanung, einen **Profilabgleich** vorzunehmen.

Die **qualitative Personaleinsatzplanung** muss sicherstellen, dass das **Anforderungsprofil der Stelle** und das **Eignungsprofil des Mitarbeiters** übereinstimmen.

3.5.3 Zeitliche Personaleinsatzplanung

Unterschiedliche Arbeitszeitmodelle geben den Betrieben die Möglichkeit, Produktions- und Öffnungszeiten mit den vorhandenen Mitarbeitern optimal abzudecken. Gleichzeitig kann der Betrieb auf persönliche Wünsche der Mitarbeiter bei der Arbeitszeit eingehen, damit z. B. Beruf und Familie vereinbar sind.

3.5.3.1 Rechtliche Rahmenbedingungen

(1) Überblick über das Arbeitszeitgesetz [ArbZG]

Das Arbeitszeitgesetz legt die Rahmenbedingungen dafür fest, wann und wie lange Arbeitnehmer/-innen höchstens arbeiten dürfen. Es stellt den Gesundheitsschutz der Beschäftigten sicher, indem es die tägliche Höchstarbeitszeit begrenzt sowie Mindestruhepausen während der Arbeit und Mindestruhezeiten nach Arbeitsende festlegt. Zugleich enthält das Gesetz Bestimmungen für die Vereinbarung flexibler Arbeitszeiten.

Beispiele für Arbeitszeitregelungen:

- Die werktägliche Arbeitszeit der Arbeitnehmer beträgt grundsätzlich 8 Stunden. Nach Beendigung der täglichen Arbeitszeit haben sie Anspruch auf ununterbrochene Ruhezeit von elf Stunden [§§ 3, 5 ArbZG].
- Die werktägliche Arbeitszeit kann auf zehn Stunden ausgedehnt werden, wenn die Verlängerung innerhalb von sechs Monaten auf durchschnittlich acht Stunden ausgeglichen wird [§ 3 ArbZG].
- Die Ruhepause muss bei einer Arbeitszeit bis zu neun Stunden 30 Minuten und bei einer Arbeitszeit über neun Stunden 45 Minuten dauern [§ 4 ArbZG].
- Sofern die Arbeiten nicht an Werktagen vorgenommen werden können, dürfen Arbeitnehmer an Sonn- und Feiertagen arbeiten. Allerdings müssen die Arbeitnehmer an einem Werktag innerhalb von zwei Wochen frei haben. Zudem müssen mindestens 15 Sonntage im Jahr beschäftigungsfrei bleiben [§§ 10 I, 11 ArbZG].

Über die Einhaltung der Arbeitszeitregelung wachen die Gewerbeaufsichtsämter bzw. die Arbeitsschutzämter der Länder.

(2) Bundesurlaubsgesetz [BUrlG]

Jeder Arbeitnehmer hat Anspruch auf bezahlten Erholungsurlaub. Der Urlaub beträgt jährlich **mindestens 24 Werktage** [§ 3 I BUrlG]. Als **Werktage** gelten alle Kalendertage, die nicht Sonn- oder gesetzliche Feiertage sind. Der volle Urlaubsanspruch wird erstmalig nach sechsmonatigem Bestehen des Arbeitsverhältnisses erworben. In Tarifverträgen oder im Einzelarbeitsvertrag kann der Urlaubsanspruch zugunsten des Arbeitnehmers abgeändert werden. Während des Urlaubs darf der Arbeitnehmer keine dem Urlaubszweck widersprechende Erwerbstätigkeit leisten [§ 8 BUrlG]. Erkrankt der Arbeitnehmer während des Urlaubs, so werden die durch ärztliches Zeugnis nachgewiesenen Tage der Arbeitsunfähigkeit auf den Jahresurlaub nicht angerechnet [§ 9 BUrlG].

Das **Urlaubsentgelt** richtet sich nach dem durchschnittlichen Arbeitsverdienst der letzten dreizehn Wochen ohne Überstunden [§ 11 BUrlG].

3.5.3.2 Flexible Arbeitszeiten

(1) Begriff Flexibilisierung der Arbeitszeit

Die **Flexibilisierung**[1] **der Arbeitszeit** ist eine Entkopplung der Arbeitszeiten der Mitarbeiter von der Betriebszeit.

1 **Flexibel**: beweglich, anpassungsfähig.

(2) Überblick über Arbeitszeitmodelle

Flexibilisierung der Tagesarbeitszeit	■ **Gleitarbeitszeit** mit festen Kernstunden. ■ **Vertrauensarbeitszeit.** Die Mitarbeiter legen ihre Arbeitszeit (teilweise auch den Arbeitsort) eigenverantwortlich fest, um Aufgaben zu erfüllen und gegebene Ziele zu erreichen. Dieses Modell eignet sich besonders für Arbeiten im Projektbereich. ■ **Staffelarbeitszeit.** Den Mitarbeitern werden mehrere festgelegte Normalarbeitszeiten zur Wahl angeboten, z. B. entweder 09:00 Uhr bis 18:00 Uhr oder 10:00 Uhr bis 19:00 Uhr. ■ **Teilzeitarbeit** gibt es in verschiedenen Arten, z. B. als Halbtagsarbeit. ■ **Jobsharing** ist ein Arbeitszeitmodell, bei dem sich Mitarbeiter innerhalb einer vorgegebenen Arbeitszeit ihre individuelle Arbeitszeit in vom Arbeitgeber vorgegebenen Grenzen selbst einteilen. ■ **Individuelle Arbeitszeitverkürzung** oder **-verlängerung** mit oder ohne Lohnausgleich.
Flexibilisierung der Wochenarbeitszeit	■ **Teilzeitarbeit** (z. B. 3 oder 4 Tage je Woche). ■ **Rollierendes**[1] **Arbeitszeitsystem.** Die Arbeitnehmer haben z. B. einen rollierenden freien Tag pro Arbeitswoche. Der freie Tag verschiebt sich wöchentlich entweder vorwärts oder rückwärts. ■ **Sonntags- und Feiertagsarbeit** mit Ruhetagen.
Flexibilisierung der Jahresarbeitszeit	■ **Sonderurlaub für Wochen oder Monate.** Diese sogenannten Sabbaticals[2] sind i. d. R. unbezahlte Urlaube. ■ **Saisonarbeit.** Diese kommt z. B. in Gärtnereien vor. ■ **Festlegung einer Gesamtjahresarbeitszeit mit variabler Verteilung auf Tage, Wochen und Monate.** Der Mitarbeiter hat ein „Arbeitszeitkonto", das nach Bedarf des Betriebs oder nach den Bedürfnissen des Mitarbeiters mit wechselnden Tages-, Wochen und/oder Monatsstunden „abgearbeitet" werden kann. ■ **Jährlicher Ausgleich der Mehrarbeit durch Verlängerung des Erholungsurlaubs.**
Flexibilisierung der Lebensarbeitszeit	■ **Frühverrentung.** ■ **Gleitender Übergang in den Ruhestand** durch eine ein- oder mehrstufige Verkürzung der Arbeitszeit (Teilzeitarbeit).
Schichtarbeit	Bei der Schichtarbeit wird die betriebliche Arbeitszeit auf sogenannte Schichten aufgeteilt. Die einzelnen Schichten überlappen sich geringfügig, damit die Mitarbeiter Übergabegespräche führen können. Bei einem teilkontinuierlichen[3] Schichtbetrieb gibt es ■ das Zwei-Schichtsystem (z. B. Früh- und Spätschicht) und ■ das Drei-Schichtsystem (z. B. Früh-, Spät- und Nachtschicht). Für einen vollkontinuierlichen[4] Schichtbetrieb ist ein Vier- oder Fünf-Schichtsystem notwendig, damit die Mitarbeiter nicht mehr als 8 Stunden am Tag arbeiten.

1 **Rollieren:** nach bestimmten Zeitabständen regelmäßig wiederkehren.
2 **Sabbaticals** (engl.) kommt von Sabbat (hebr., gr., lat.) dem jüdischen Ruhetag (Samstag).
3 Es wird von Montag bis Freitag gearbeitet.
4 Es wird die ganze Woche, also auch am Wochenende und an Feiertagen, gearbeitet.

3.5.3.3 Teilzeitbeschäftigung

Teilzeitbeschäftigt ist ein Arbeitnehmer, dessen regelmäßige Wochenarbeitszeit kürzer ist als die eines vergleichbaren vollzeitbeschäftigten Arbeitnehmers [§ 2 TzBfG].

Jeder Arbeitnehmer kann verlangen, dass seine vertragliche Arbeitszeit verringert wird, sofern sein Arbeitsverhältnis länger als 6 Monate bestanden hat. Der Arbeitnehmer hat dabei zunächst die freie Wahl, um wie viel er seine Arbeitszeit verringern und wie er die verbleibende Arbeitszeit verteilen will. Dieser **Anspruch auf Teilzeitarbeit** besteht jedoch nur, **soweit betriebliche Gründe nicht entgegenstehen** (z.B. wesentliche Beeinträchtigung der Organisation, der Arbeitsabläufe oder der Sicherheit des Unternehmens sowie bei Verursachung unverhältnismäßiger Kosten). **Gänzlich ausgeschlossen** bleiben Betriebe, die in der Regel **nicht mehr als 15 Arbeitnehmer** beschäftigen.

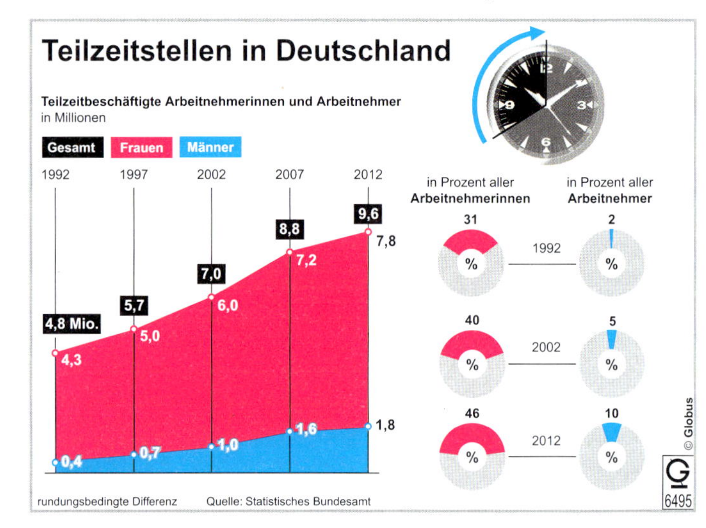

Teilzeitbeschäftigte dürfen nicht schlechter gestellt werden als Vollzeitbeschäftigte **(Diskriminierungsverbot)** [§ 4 TzBfG].

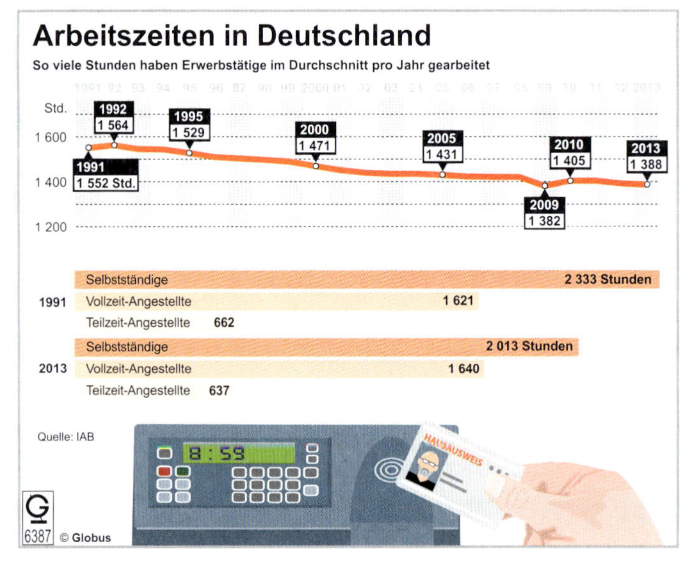

Den Entschluss eines Arbeitnehmers, seine Arbeitszeit zu verringern, unterstützt das Teilzeitbefristungsgesetz [TzBfG] mit einer erleichterten Rückkehr zur verlängerten Arbeitszeit. Der Arbeitgeber muss dem Teilzeitbeschäftigten, der eine Verlängerung seiner vertraglich vereinbarten Arbeitszeit beantragt hat, bevorzugt berücksichtigen, es sei denn, dass **dringende betriebliche Gründe oder Arbeitszeitwünsche anderer teilzeitbeschäftigter Arbeitnehmer** entgegenstehen [§ 9 TzBfG].

3.5.3.4 Personaleinsatzplan

(1) Voraussetzungen

Die Personaleinsatzplanung hat die Aufgabe, die verfügbaren Mitarbeiter so einzusetzen, dass für alle anfallenden Aufgaben im Betrieb jeweils genügend qualifiziertes Personal zur Verfügung steht.

Bei der Anpassung der Mitarbeiterzahl hat die Personaleinsatzplanung die Arbeitszeit, die vorhersehbaren Fehlzeiten (z. B. Urlaub, Freizeitausgleich, Berufsschultage der Auszubildenden, Beschäftigungsverbot während des Mutterschutzes, Krankheit, Fortbildung) sowie die Qualifikation der Mitarbeiter zu berücksichtigen.

Durch die **Personaleinsatzplanung** wird der **Personalbestand** und die **Personalqualifikation** dem jeweiligen Arbeitsanfall angepasst.

Umgesetzt wird die Personaleinsatzplanung durch den **Personaleinsatzplan.**

(2) Aufbau des Personaleinsatzplans

Durch den Personaleinsatzplan wird festgelegt, an welchem Tag und zu welchen Arbeitszeiten die einzelnen Mitarbeiter eingesetzt werden. Der Personaleinsatzplan enthält folgende Angaben:

- die **Namen** der Mitarbeiter,
- die **Wochentage** des Einsatzes,
- die **Wochenarbeitszeit** der einzelnen Mitarbeiter,
- die vorhersehbaren **Fehlzeiten.**

Beispiel:

Die Abteilung Kundendienst der Software Carlson GmbH beschäftigt 9 Mitarbeiter. Die reguläre Wochenarbeitszeit beträgt 40 Stunden. Der Abteilungsleiter Timo Schreyer plant die 38. Kalenderwoche mit folgenden Mitarbeitern: vier Vollzeitkräfte (Schreyer, Tezel, Golde, Miersemann), drei Teilzeitkräfte (Schäfer 24 Wochenstunden, Mair 21 Wochenstunden, Czysz 8 Wochenstunden), eine Auszubildende (37 Wochenstunden). Die Vollzeitkraft Sliwinski hat Urlaub.

Die zentrale Geschäftsleitung schreibt vor, dass von 09:30–11:00 Uhr mindestens 2 Mitarbeiter, von 11:00–18:00 Uhr mindestens 4 Mitarbeiter und von 18:30–20:00 Uhr mindestens 2 Mitarbeiter anwesend sein müssen.

Personaleinsatzplan 38. KW: Wochenplan vom 19.09.–24.09.20..

Uhrzeit	Mo	Di	Mi	Do	Fr	Sa
09:30–18:30 (8)	Schreyer	Golde	Schreyer	Miersemann	Schreyer bis 14:00	Miersemann ab 10:30
	Tezel	Miersemann	Schäfer	Tezel	Golde	Tezel
	Baur				Baur	Baur
						Mair
11:00–20:00 (8)	Schäfer	Schreyer	Golde	Schreyer	Tezel	
	Mair	Tezel	Miersemann	Golde	Miersemann	Czysz
						Golde
12:00–18:30 (6)			Baur			
15:00–20:00 (5)						
					Mair ab 15:00	Schreyer ab 16:30
10:00–19:00 (8)						
10:30–19:30 (8)					Schäfer	
Frei	Miersemann Golde Czysz	Mair Czysz Schäfer	Mair Tezel Czysz	Mair Schäfer Czysz	Czysz	
Urlaub	Sliwinski	Sliwinski	Sliwinski	Sliwinski	Sliwinski	Sliwinski Schäfer
Berufsschultag		Baur		Baur		

(3) Erfassung der Arbeits- und Abwesenheitszeit durch den Arbeitgeber

Der Arbeitgeber ist verpflichtet, die über die werktägliche Arbeitszeit von 8 Stunden hinausgehende Arbeitszeit aufzuzeichnen und ein Verzeichnis der Arbeitnehmer zu führen, die in eine Verlängerung der Arbeitszeit eingewilligt haben. Üblicherweise wird die tatsächlich geleistete Arbeitszeit der Mitarbeiter aber vonseiten des Arbeitgebers durch ein Zeiterfassungssystem (z.B. einfache Stempeluhr, Zeiterfassung am PC, Zutrittskontrolle des Betriebs mit gleichzeitiger Zeiterfassung, mobile Zeiterfassung) erfasst.

Beispiel einer einfachen Erfassungsmöglichkeit von Arbeits- und Abwesenheitszeiten:

Büromöbel Hannover GmbH
Arbeitszeit- und Abwesenheitszeiten Januar 20..

Name	Di 1	Mi 2	Do 3	Fr 4	Sa 5	So 6	Mo 7	Di 8	Mi 9	Do 10	Fr 11	Sa 12	So 13	Mo 14	Di 15	Mi 16	Do 17	Fr 18	Sa 19	So 20	Mo 21	Di 22	Mi 23	Do 24	Fr 25	Sa 26	So 27	Mo 28	Di 29	Mi 30	Do 31
Bast, Arno	U	U	U	U			U	U																							
Beier, Pia																															
Braun, Brunhilde																							D								
Bremer, Lutz														K	K																
Burg, Lea							F	F	F																						

Urlaub | Krankheit | Fortbildung | Dienstreise | Arbeitsunfall

Zusammenfassung

- Die **Personaleinsatzplanung** hat die Aufgabe, zu ermitteln, welche Beschäftigte zu einem bestimmten Zeitpunkt an einem Arbeitsplatz eingesetzt werden sollen.
- Die Personaleinsatzplanung umfasst **drei Aufgabenbereiche**:

Quantitative Personaleinsatzplanung	Qualitative Personaleinsatzplanung	Zeitliche Personaleinsatzplanung

- Den **rechtlichen Rahmen** wann und wie lange Arbeitnehmer arbeiten dürfen setzen das **Arbeitszeitgesetz [ArbZG]** und das **Bundesurlaubsgesetz [BurlG]**.
- Ziel der **Arbeitszeitflexibilisierung** ist eine Entkopplung der Arbeitszeiten der Mitarbeiter von den Betriebszeiten der Arbeitsplätze und der Maschinen.
- Die verschiedenen **Arbeitszeitmodelle** unterscheiden sich vorwiegend in der Zeitspanne, in welcher der Mitarbeiter dem Unternehmen fest zur Verfügung steht – angefangen von einer Flexibilisierung der Tagesarbeitszeit bis zur Flexibilisierung der Lebensarbeitszeit.
- Durch die **Personaleinsatzplanung** wird der **Personalbestand** und die **Personalqualifikation** dem jeweiligen Arbeitsanfall angepasst.
- Der **Personaleinsatzplan** legt fest, an welchem Tag und zu welchen Arbeitszeiten die einzelnen Mitarbeiter eingesetzt werden.

Übungsaufgabe

37

1. Erkundigen Sie sich in Ihrem Ausbildungsbetrieb über die bestehenden Arbeitszeitmodelle und berichten Sie nach Zustimmung Ihres Vorgesetzten in Ihrer Klasse darüber!
2. Untersuchen Sie die auf S. 153f. genannten Arbeitszeitmodelle im Hinblick auf ihre Eignung, zusätzliche Arbeitsplätze zu schaffen!
3. Beschreiben Sie anhand der Flexibilisierung der Jahresarbeitszeit jeweils zwei Vor- und Nachteile der Arbeitszeitflexibilisierung!
4. Grenzen Sie die Begriffe Personalbeschaffung und Personaleinsatzplanung voneinander ab!
5. Erläutern Sie die Begriffe quantitative und qualitative Personaleinsatzplanung!
6. Nennen Sie die beiden Aufgabenbereiche, die die quantitative Personaleinsatzplanung zu bewältigen hat!
7. Unterscheiden Sie die Begriffe Anforderungsprofil und Eignungsprofil!
8. Die 17-jährige Bärbel Emsig muss nach bestandener Prüfung als Kauffrau für Büromanagement 45 Wochenstunden ohne Überstundenvergütung arbeiten. Der Chef beruft sich auf das Arbeitszeitgesetz, wonach sogar über 50 Wochenstunden zulässig sind. Klären Sie die Rechtslage!

3.6 Personalführung

3.6.1 Begriffe Leitung und Führung sowie die Grundlagen der Personalführung

(1) Leitung und Führung

Bei der **Personalführung** ist zwischen den Begriffen Leitung und Führung zu unterscheiden.

- **Leitung (headship)** beruht auf einer formalistischen Positionsmacht und drückt ein Auftraggeber- und Auftragnehmerverhältnis aus. Die Personen stehen dabei in einem Über- bzw. Unterordnungsverhältnis. Der Übergeordnete gibt eine Anweisung, der Untergeordnete hat diese auszuführen. Es handelt sich um eine Arbeitsbeziehung, bei der der Führende seine Interessen wahrnimmt.
- **Führung (leadership)** bedeutet, dass der Führende von anderen (den potenziell Geführten) anerkannt wird. Er überzeugt, schafft Einsicht und freiwillige Gefolgschaft. Zwang, Überredung, Befehl oder Gehorsam haben mit Führung nichts zu tun.

- **Führung (leadership)** heißt, andere durch **eigenes sozial akzeptiertes Verhalten zielgerichtet** zu **aktivieren,** zu **steuern** und zu **kontrollieren** und hierbei deren Interessen zu wahren.
- Die Führung erfolgt über **persönliche Kontakte** oder über **vorgegebene (z.B. organisatorische) Regelungen.**

(2) Menschenbilder

Ausschlaggebend für die Art der Personalführung – besonders was den Führungsstil und die Führungstechniken betrifft – ist das Bild vom Menschen, das Unternehmer und Mitarbeiter voneinander haben.

Wie in allen Bereichen eines demokratischen Rechtsstaats haben auch die in einem wirtschaftlichen Unternehmen tätigen Menschen Rechte und Pflichten. Ihre Rechte sind im System der „sozialen Marktwirtschaft" durch die in unserer Verfassung verankerten Grundrechte gesichert. Sie finden ihren Niederschlag in Gesetzen zum Schutz des Arbeitnehmers, aber auch in den Tarifverträgen. Andererseits hat der Arbeitnehmer im Bereich seiner Berufsarbeit Pflichten gegenüber dem Arbeitgeber, die in Gesetzen, im Arbeitsvertrag, in Tarifverträgen und Betriebsordnungen festgelegt sind.

3.6.2 Motivierung der Mitarbeiter

3.6.2.1 Begriffe Motivation und Motivationstheorie

(1) Begriff Motivation

Motivation[1] kann als zielgerichtetes Verhalten verstanden werden. Jemand ist motiviert, wenn er als Ergebnis seines Handelns das Erreichen eines bestimmten Ziels erwartet.

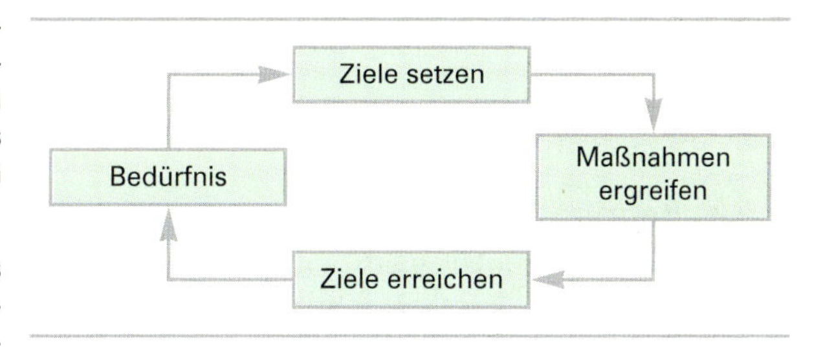

Die Motivation setzt sich aus den drei Komponenten Richtung (Ziel), Aufwand und Ausdauer zusammen.

- **Richtung:** was jemand erreichen will.
- **Aufwand:** wie hart jemand an der Erreichung seines Ziels arbeitet.
- **Ausdauer:** wie lange jemand dieses Bemühen aufrecht erhält.

Motivation bestimmt **Richtung, Stärke** und **Dauer** des menschlichen Handelns. Sie ist die **Energie,** die ein Individuum für eine bestimmte Handlung aufbringt.

(2) Motivationstheorien

Welche Beweggründe das Handeln und Verhalten eines Menschen beeinflussen, versuchen **Motivationstheorien** herauszufinden.

1 **Motivation:** Summe der Beweggründe, die jemandes Entscheidungen, Handlungen beeinflussen.

Motivationstheorien versuchen, den Aufbau, die Aufrechterhaltung und den Abbau von menschlichem Verhalten sowie dessen Richtung, Stärke und Dauerhaftigkeit zu beschreiben und zu erklären.

Als Beispiel für eine Motivationstheorie wird im Folgenden die Zwei-Faktoren-Theorie von Herzberg[1] dargestellt.

3.6.2.2 Zwei-Faktoren-Theorie von Herzberg

Herzberg geht davon aus, dass eine ganz bestimmte Klasse arbeitsbezogener Faktoren Zufriedenheit hervorruft, während davon ganz unterschiedliche Faktoren Unzufriedenheit verursachen.

- **Unzufriedenheit** wird durch **extrinsische[2] Faktoren** der Arbeitswelt hervorgerufen. Man spricht auch von **extrinsischer Motivation.**

  Darunter versteht man die von „außen" zugeführte Motivation. Die extrinsische Motivation entsteht durch **„externe" Anreizfunktionen** von Vorgesetzten und der Unternehmensleitung.

  Beispiele:

  Personalpolitik, fachliche Kompetenz des Vorgesetzten, Gehaltserhöhungen, Belobigungen, Bestrafung wie Gehaltsreduzierung, Überwachung, Kontrolle, disziplinarische Maßnahmen.

  Eine ausreichende Berücksichtigung der extrinsischen Faktoren führt nur zu einem Fortfall der Unzufriedenheit, nicht aber zur Zufriedenheit.

- **Zufriedenheit** kann nur über **intrinsische[3] Faktoren** erreicht werden. Man spricht auch von **intrinsischer Motivation.** Intrinsische Motivation ist die Motivation, die **aus der Arbeit selbst** entsteht.

  Beispiele:

  Leistungs- und Erfolgserlebnisse, Anerkennung für geleistete Arbeit, Verantwortung, Aufstieg, Möglichkeit zur Persönlichkeitsentfaltung, Entscheidungsfreiheiten, interessante Arbeitsinhalte.

  Eine dauerhafte Arbeitsmotivation („Jemand tut etwas, weil er selbst es tun will") kann immer nur aus der Arbeit selbst entstehen. Wichtige Mitarbeitereigenschaften wie etwa Kreativität, Engagement, Eigenverantwortung und Zuverlässigkeit sind immer intrinsisch motiviert – sie beruhen auf Neugier und Freude am Tun.

  Intrinsische Motivationsfaktoren lassen sich nur ändern, wenn man die Arbeitsaufgabe selbst verändert.

Herzberg hat aus diesen Erkenntnissen den Schluss gezogen, dass nur solche Faktoren eine wirkliche Motivationskraft freisetzen können, die sich auf den **Arbeitsinhalt** und auf die **Befriedigung persönlicher Motive** beziehen.

---

1 Frederick Herzberg (1923–2000), US-amerikanischer Professor für Arbeitswissenschaft und Psychologie.

2 **Extrinsisch**: von außen her (angeregt), nicht aus eigenem inneren Anlass erfolgend.

3 **Intrinsisch**: von innen her, aus eigenem Antrieb durch Interesse an der Sache erfolgend.

Eine **hohe Motivation** der Mitarbeiter kann allein über **intrinsische Faktoren** (Motivatoren) erzielt werden.

3.6.2.3 Grundsätze der Personalführung

Aus der Bedeutung der Motivatoren lassen sich bestimmte Grundsätze der Personalführung ableiten. Beispiele sind:

Anerkennung geben	Leistung, insbesondere Mehrleistung und/oder umsichtiges Verhalten sollen die Vorgesetzten ruhig auch einmal anerkennen und nicht immer als selbstverständlich hinnehmen. (In der Praxis stehen Lob und Tadel im Verhältnis 1 : 40!)
Kritik vor anderen Personen vermeiden	Destruktive Kritik, vor allem in Gegenwart von Fremden, Kolleginnen und Kollegen, ist unbedingt zu vermeiden. Laufende Kritik, Tadel und Rügen vor anderen ist der Hauptgrund der Kündigungen seitens der Arbeitnehmer und Arbeitnehmerinnen! Aufbauende Kritik hingegen motiviert und verstärkt die Leistungsbereitschaft des Personals.
Ermutigen statt Tadeln	Es ist besser, ein Belegschaftsmitglied zu ermutigen, wenn es einmal einen Fehler macht, als es zu tadeln.
Entscheidungsräume belassen	Die Vorgesetzten müssen auch ihren unterstellten Mitarbeitern etwas zutrauen, ihnen Entscheidungsspielräume lassen und sie ausreichend über Sinn und Zweck der Arbeitsaufgabe informieren.
Abweichende Meinung anhören	Begründete abweichende Meinungen der Belegschaftsmitglieder sollten angehört werden! Die Vorgesetzten können im Übrigen nicht immer alles wissen. Sie sollten deswegen auch nicht alles besser wissen wollen.
Verständnis zeigen	Vorgesetzte sollten ein gewisses Verständnis für die beruflichen und privaten Belange ihrer Mitarbeiter und Mitarbeiterinnen aufbringen, Beschwerden anhören und auf jeden Fall eine ungleiche und ungerechte Behandlung vermeiden.

3.6.3 Führungsstile

Unter einem **Führungsstil** versteht man das Verhalten eines Vorgesetzten gegenüber einem einzelnen Untergebenen und Gruppen.

Das Führungsverhalten von Vorgesetzten kann grob in drei Vorgehensweisen unterteilt werden.

Autoritärer[1] Führungsstil	■ Die Vorgesetzten treffen ihre Entscheidungen allein, ohne Begründung und häufig willkürlich. Sie erwarten von ihren Untergebenen Gehorsam. ■ Die Vorgesetzten überwachen und kontrollieren genau die geforderten Arbeiten, um die gesetzten Leistungsziele zu erreichen. ■ Das Verhältnis der Vorgesetzten zu ihren Mitarbeitern ist distanziert und auf die Aufgabenerfüllung ausgerichtet.

1 **Autoritär:** unbedingten Gehorsam fordernd.

11 Speth - ISBN 978-3-8120-0592-0

Kooperativer (demokratischer) Führungsstil	■ Die Vorgesetzten beziehen ihre Mitarbeiter in den Entscheidungsprozess mit ein. Sie erwarten sachliche Unterstützung bei der Verwirklichung der gemeinsam gesetzten Ziele. ■ In einem festgesetzten Rahmen stehen den Mitarbeitern Informationen zur Verfügung, die es ihnen erlauben, selbstständig zu entscheiden. Die Mitarbeiter müssen dazu die erforderlichen Qualifikationen besitzen. ■ Die Vorgesetzten achten darauf, dass zum einen die gesetzten Leistungsziele und zum anderen die persönlichen Ziele des Einzelnen erreicht werden können.
Laissez-faire-Stil[1]	Bei diesem Stil werden die Mitarbeiter als „Einzelkämpfer" gesehen. Ihnen wird ein hohes Maß an Entscheidungsfreiheit zugebilligt. Die Informationen fließen zufällig und bei individuellem Bedarf.

Unterscheidet man die Führungsstile in die beiden extremen Merkmalausprägungen **autoritär** und **nicht autoritär,** so kann das Verhalten eines Vorgesetzten dann im Rahmen einer Skala als mehr oder weniger autoritär oder nicht autoritär beschrieben werden.[2]

Entscheidungsspielraum des Vorgesetzten (Individuelle Willensbildung) **autoritär**						**nicht autoritär** **Entscheidungsspielraum der Gruppe** (Kollegiale Willensbildung)
Der Vorgesetzte entscheidet alleine und ohne weitere Beratung.	Der Vorgesetzte entscheidet, ist jedoch bestrebt, seine Untergebenen von seinen Entscheidungen zu überzeugen.	Der Vorgesetzte entscheidet, erlaubt jedoch Fragen, um durch Erläuterungen die Zustimmung zu erhöhen.	Der Vorgesetzte informiert die Mitarbeiter, die Möglichkeiten zu Stellungnahmen haben, bevor der Vorgesetzte entscheidet.	Die Gruppe entwickelt Vorschläge, aus denen sich der Vorgesetzte nach seinen Ansichten entscheidet.	Die Gruppe entscheidet autonom innerhalb der vom Vorgesetzten vorgegebenen Grenzen.	Die Gruppe entscheidet; Vorgesetzter ist nur Vermittler nach innen und außen.

3.6.4 Mitarbeitergespräch

Mitarbeitergespräche finden zwischen Vorgesetzten und Mitarbeitern statt. Sie haben z. B. die Aufgabe, Mitarbeiter zu motivieren, Unterlagen für Personalbeurteilungen bereitzustellen, Maßnahmen zur Personalentwicklung vorzubereiten oder zur Lösung betrieblicher Probleme beizutragen.

Überblick über die Formen der Personalgespräche[3]	
Führungsgespräch	Dieses Gespräch ist Teil des kooperativen Führungsstils. Es wird regelmäßig geführt, um die Zusammenarbeit zwischen der vorgesetzten Person und dem Mitarbeiter zu fördern.

1 **Laissez-faire** (franz.): lasst machen.

2 Zingel, Harry: Führung und Management, BWL-CD 2006, S. 8.

3 In der betrieblichen Wirklichkeit überschneiden sich die einzelnen Formen des Mitarbeitergesprächs.

Beurteilungsgespräch	Es ist Bestandteil der Personalbeurteilung und kann auf zweierlei Weise durchgeführt werden: ■ Dem Mitarbeiter wird das Ergebnis der Beurteilung eröffnet. ■ In einem Gespräch wird die Selbsteinschätzung des zu beurteilenden Mitarbeiters mit den Ansichten der beurteilenden Person(en) verglichen, bevor eine (u. U. gemeinsame) Festlegung des Ergebnisses erfolgt.
Beratungs- und Fördergespräch	Es kann auf Veranlassung der Mitarbeiter oder auf Veranlassung der vorgesetzten Personen durchgeführt werden. Im ersten Fall geht es i. d. R. um die Beratung der Mitarbeiter. Im zweiten Fall steht die Förderung der Qualifikationen und der beruflichen Karriere (Laufbahn) des Mitarbeiters im Vordergrund (mitarbeiterorientierte Karriereplanung).
Zielsetzungsgespräch	Dieses Gespräch ist Teil des Management by Objectives. Zum einen besteht es aus der Vorgabe oder Vereinbarung von überprüfbaren Zielen für eine bestimmte Arbeitsaufgabe. Zum anderen werden nach Erfüllung der Aufgabe der Grad der Zielerfüllung und die möglichen Abweichungen besprochen.
Problemlösungsgespräch	Ein Problemlösungsgespräch zwischen leitenden und ausführenden Personen dient der Behandlung eines betrieblichen Problems, das die ausführende Person nicht allein lösen will oder kann (z. B. Kulanzregelungen, Hinausschieben oder Vorziehen von Aufträgen).
Entgeltgespräch	Entgeltgespräche können von der vorgesetzten Person oder vom Mitarbeiter ausgehen. Im ersten Fall wird mit dem Mitarbeiter z. B. eine außertarifliche Lohn- bzw. Gehaltsänderung vereinbart. Im zweiten Fall ersucht der Mitarbeiter um eine aus seiner Sicht begründete Entgelterhöhung.

Zusammenfassung

- Die Art der **Personalführung** wird mitbestimmt vom Menschenbild, das Unternehmer und Mitarbeiter voneinander haben.
- Der **Erfolg eines Unternehmens** hängt insbesondere von der **Motivation seiner Mitarbeiter** ab.
- **Motivationstheorien** versuchen herauszufinden, welche Beweggründe das Handeln und Verhalten eines Menschen beeinflussen.
- Die **Zwei-Faktoren-Theorie** von Herzberg untersucht, welche Faktoren Zufriedenheit hervorrufen und welche Faktoren zur Unzufriedenheit der Mitarbeiter führen.
  - **Unzufriedenheit** wird durch **extrinsische Faktoren** der Arbeitsumwelt hervorgerufen.
  - **Zufriedenheit** kann nur über **intrinsische Faktoren** erreicht werden.
- Ein Aspekt, der die Mitarbeitermotivation positiv beeinflusst, ist insbesondere der **Führungsstil.**
- **Führungsstile** sind typische Verhaltensmuster, nach denen sich das Verhalten von Vorgesetzten gliedern und beurteilen lässt.
- **Mitarbeitergespräche** haben insbesondere die Aufgabe, Mitarbeiter zu motivieren, Maßnahmen zur Personalentwicklung vorzubereiten, Unterlagen für Personalbeurteilungen bereitzustellen oder zur Lösung betrieblicher Probleme beizutragen.

Übungsaufgaben

38

1. Erklären Sie mit eigenen Worten, was unter Personalführung zu verstehen ist!
2. Nennen Sie die Hauptaufgabe der betrieblichen Personalführung!
3. Beschreiben Sie die beiden Hauptfaktoren der betrieblichen Personalführung, die von der Führungskraft beachtet werden sollen!
4. Begründen Sie, warum in einem wirtschaftlichen Betrieb Führung notwendig ist!
5. Nennen Sie vier Grundsätze der Menschenführung und beurteilen Sie aus Ihrer Sicht, wie sich ihre Einhaltung bzw. Nichteinhaltung auf das Arbeitsverhalten der Arbeitskräfte auswirkt!

39

1. Erläutern Sie, was man unter extrinsischen und intrinsischen Anreizen versteht und bilden Sie hierzu jeweils ein Beispiel!
2. Beschreiben Sie die Zielsetzung eines extrinsischen und eines intrinsischen Anreizsystems!
3. Nennen Sie vier Bestimmungsgründe für eine intrinsische Motivation!
4. Erläutern Sie die Schlussfolgerung, die Herzberg aus seiner Zwei-Faktoren-Theorie ableitet!

40

Frau Erna Stark, die Personalleiterin der Vereinigten Büromöbel AG, verlangt von den Führungskräften aller Ebenen, die Mitarbeiter besser zu motivieren. Führungsstil und Führungstechnik seien zu überprüfen und gegebenenfalls zu ändern. Der Krankenstand sei immer noch hoch und die Fehlerquote müsse gesenkt werden. Außerdem lasse das Betriebsklima in einigen Abteilungen und Werkstätten zu wünschen übrig. Das bestehende und schriftlich niedergelegte Unternehmensleitbild solle allen Arbeitskräften vor allem in Personalgesprächen nähergebracht werden. Die betriebliche Personalentwicklung müsse ausgebaut werden, um die Qualifikationen der Arbeitskräfte zu verbessern und den künftigen qualitativen Personalbedarf möglichst betriebsintern decken zu können.

Aufgaben:

1. Welcher Führungsstil sollte Ihrer Ansicht nach vorwiegend angestrebt werden? Begründen Sie Ihre Antwort!
2. Nennen und beschreiben Sie zwei weitere Führungsstile, die im Lehrbuch nicht behandelt wurden! Recherchieren Sie hierzu im Internet! Nennen Sie je einen Vor- und einen Nachteil dieser Führungsstile!
3. Erläutern Sie zwei Faktoren des Personalgesprächs!

3.7 Personalentwicklung

3.7.1 Begriff Personalentwicklung und Überblick über Maßnahmen zur Personalentwicklung

(1) Begriff Personalentwicklung

Ein wichtiges Schlagwort unserer Zeit lautet **„lebenslanges Lernen"**. Untersuchungen haben gezeigt, dass das Wissen, das man sich in der Berufsausbildung angeeignet hat, nach circa fünf Jahren nur noch zur Hälfte aktuell ist **(Halbwertzeit der beruflichen Bildung).** Die Mitarbeiter und die Betriebe sind deshalb gezwungen, durch Maßnahmen der Personalentwicklung den Erfordernissen des Marktes Rechnung zu tragen.

Die **Personalentwicklung** umfasst alle Maßnahmen, die den Mitarbeitern die Qualifikation vermitteln, die zur optimalen Verrichtung der betrieblichen Aufgaben erforderlich sind.

(2) Ziele der Personalentwicklung

Aus der Sicht des Betriebs	Aus der Sicht der Mitarbeiter
■ Weiterentwicklung der Qualifikationen der Mitarbeiter, um den erforderlichen Personalbestand zu sichern. ■ Entwicklung von Nachwuchskräften. ■ Entwicklung von Spezialisten für bestimmte Bereiche. ■ Unabhängigkeit von externen (außerbetrieblichen) Arbeitsmärkten. ■ Erhöhung der Arbeitszufriedenheit und damit höhere Arbeitsleistung. ■ Erhaltung und Verbesserung der Wettbewerbsfähigkeit.	■ Weiterentwicklung der eigenen Qualifikation. ■ Verbesserung der Chancen zur Selbstverwirklichung am Arbeitsplatz. ■ Schaffung von Voraussetzungen zum beruflichen Aufstieg. ■ Minderung des Risikos des Arbeitsplatzverlusts oder der Entgeltminderung. ■ Erhöhung der eigenen Mobilität[1] (fachlich, örtlich und im Betrieb). ■ Erhöhung des Ansehens (Prestiges) und des Entgelts.

3.7.2 Maßnahmen zur Personalentwicklung

In der nachfolgenden Tabelle werden Beispiele zur Personalentwicklung angeführt.

Berufsausbildung	In Deutschland erfolgt die Berufsausbildung im sogenannten dualen System (Betrieb und Berufsschule). Mit der Berufsausbildung sichern sich die Betriebe den Zukunftsbedarf an qualifizierten, kompetenten Fachkräften.
Anlernausbildung	Anlernen ist eine Maßnahme, durch die jene Qualifikationen vermittelt werden, die für die Ausübung einer praktischen Tätigkeit im Betrieb notwendig sind. Anlernen ist häufig auf einen kurzen Zeitraum beschränkt und wird in der Regel für relativ anspruchslose Aufgabengebiete angeboten.
Training on the Job	Es handelt sich um Mitarbeiterqualifizierungsmaßnahmen am Arbeitsplatz. Ein Mitarbeiter erweitert seine Qualifikationen bezüglich seiner Arbeitsaufgabe mithilfe eines „Trainers". Der Mitarbeiter vollzieht gleichzeitig eine Lern- und eine Arbeitsleistung. Die Umsetzung der Lernleistung erfolgt in der täglichen Arbeit.
Training off the Job	Die Vermittlung der Qualifikation erfolgt außerhalb des Arbeitsplatzes, z.B. durch einen Lehrgang, ein Zusatzstudium.
E-Learning	Das E-Learning oder Computer-Based-Training setzt auf Software. Dies eröffnet individuelle Lernmöglichkeiten, unterstützt durch mediale Anreize. E-Learning kann offline (Lehrgänge auf CD-ROM oder DVD) oder online (über das Intranet durch Zugriff auf den Server des Tutors) erfolgen. Das Lernprogramm wertet in der Regel das Lernverhalten des Lernenden aus, hält während der Stofferarbeitung alle Daten fest und schlägt jeweils Möglichkeiten zur Fortsetzung des Lernweges vor.

1 **Mobilität:** Beweglichkeit.

Umschulung	Die berufliche Umschulung soll nach dem Berufsbildungsgesetz zu einer anderen beruflichen Tätigkeit befähigen. Umschulung kommt z.B. infrage nach einer Rehabilitation aufgrund einer Krankheit oder wenn Berufe aus technischen oder ökonomischen Gründen nicht mehr gefragt sind. Umschulungen werden auch bei Beschäftigungsabbau angeboten. Für diesen Zweck gründen die Betriebe Auffang-, Beschäftigungs- oder Transfergesellschaften, die von der Bundesagentur für Arbeit finanziell unterstützt werden.

3.7.3 Mitarbeiterförderung

Die **Mitarbeiterförderung** umfasst alle Maßnahmen, die auf die **beruflichen, persönlichen** und **sozialen Interessen, Neigungen** und **Erfordernissen** von Beschäftigten ausgerichtet sind.

In der nachfolgenden Tabelle werden Beispiele zur Mitarbeiterförderung angeführt.

Praktikum	In den letzten Klassen der schulischen Ausbildung oder im Rahmen eines Studiengangs sind häufig Praktika vorgesehen. Durch ein Praktikum sollen praktische Erfahrungen zur Vorbereitung auf einen späteren Beruf erworben werden. Ein Praktikum ist nur sinnvoll, wenn es den Vorgaben der Schule bzw. der Studienordnung entspricht und das Unternehmen das Praktikum aktiv begleitet.
Traineeprogramm	Durch das Traineeprogramm sollen vor allem Hochschulabsolventen systematisch mit dem gesamtbetrieblichen Geschehen, der Organisationsstruktur und den konkreten Arbeitsanforderungen im Betrieb vertraut gemacht werden. Die Trainees durchlaufen dabei planmäßig mehrere Ausbildungsstationen (Lernorte), in denen sie teilweise auch praktisch mitarbeiten.
Coaching	Darunter versteht man ein Gesprächs-, Betreuungs-, Beratungs- und Entwicklungsangebot in beruflichen und persönlichen Fragen für Mitarbeiter. Dadurch will man dem Mitarbeiter (Coachee) helfen, sein individuelles Potenzial zu entwickeln. Coaching wird z.B. eingesetzt als Laufbahnplanung, bei veränderten Arbeitsaufgaben, bei Versetzungen, zur Behebung von Leistungsdefiziten, privaten Problemen. Coaching kann extern vergeben oder von einer innerbetrieblichen Führungskraft (einem Coach) durchgeführt werden.
Outdoor Training	Hier erleben die Mitarbeiter sich und andere in einem ungewohnten Umfeld, in der freien Natur, bei ungewohnten Aufgaben (z.B. Seilschaft zum Bergsteigen bilden, Floß bauen und eine Floßfahrt unternehmen) und gewinnen so neue Einsichten über die eigene Person, das eigene Verhalten und über die Zusammenarbeit mit Kollegen.
Mentoring	Eine Führungskraft (Mentor) übernimmt die „Patenschaft" für einen am Anfang des Berufslebens stehenden Mitarbeiter und begleitet diesen beim Erwerb von Qualifikationen und bei der Integration in die Belegschaft.

3.7.4 Vorschläge zur besseren Arbeitsstrukturierung

Durch die **Arbeitsstrukturierung** werden **Arbeitsinhalte gestaltet** und das **Ausmaß der Arbeitsteilung** festgelegt, um die Stellen zu optimieren und damit den Arbeitsprozess produktiver zu machen.

Beispielhaft werden im Folgenden einige Maßnahmen zur Arbeitsstrukturierung vorgestellt.

(1) Jobenlargement (Arbeitserweiterung)[1]

Mithilfe der Arbeitserweiterung wird eine zu weitgehende Arbeitsteilung (Spezialisierung, Arbeitszersplitterung) wieder aufgehoben, indem dem Mitarbeiter zusätzliche gleichartige (nicht die gleichen!) oder ähnlich strukturierte Aufgaben zugewiesen werden. Die **zusätzlichen Aufgaben** liegen auf der **gleichen Stufe** und besitzen den **gleichen Schwierigkeitsgrad** wie die bisherigen.

Beispiel:

Bisher hat die Sachbearbeiterin A die Bestellungen für die Produktgruppe A, die Sachbearbeiterin B die Bestellungen für die Produktgruppe B und die Sachbearbeiterin C die Bestellungen für die Produktgruppe C vorgenommen. Nunmehr wird die gegebene Arbeitsmenge anders aufgeteilt: Jede Sachbearbeiterin übernimmt die Bearbeitung eines Teils der Bestellungen für die Produktgruppen A, B und C.

Wie der Arbeitsplatzwechsel auch, hat die Arbeitserweiterung die Aufgabe, die Arbeit abwechslungsreicher zu machen (die Monotonie zu bekämpfen) und dadurch die Arbeitszufriedenheit zu erhöhen.

(2) Jobenrichment (Arbeitsbereicherung)

Arbeitsbereicherung liegt vor, wenn Arbeitsvorgänge an einem Arbeitsplatz **qualitativ angereichert** werden. Das Jobenrichment zählt zur Humanisierung der Arbeit, weil z.B. reine Durchführungsaufgaben mit Planungs- und Kontrollaufgaben an einem bestimmten Arbeitsplatz ausgebaut und so verantwortungsvoller werden.

Beispiel:

Die Handlungsreisende A erhält die Vollmacht, Verträge abzuschließen, die Zahlungseingänge ihrer Kunden zu kontrollieren, Sonderkonditionen zu gewähren und Mängelrügen im vorgegebenen Rahmen selbst zu bearbeiten.

(3) Jobrotation (Arbeitsplatzwechsel)

Die Jobrotation wird durchgeführt, damit die Mitarbeiter durch neue Aufgabengebiete im Zeitablauf ihren **Kenntnisstand** und ihre **Erfahrungsbasis erweitern,** ihre **Qualifikationen erhöhen** und somit ihre **Einsatzmöglichkeiten erleichtern** (flexibilisieren).

1 Nicht zu verwechseln mit der sogenannten „horizontalen" Arbeitserweiterung (Arbeitsergänzung), bei der eine unterbeschäftigte Arbeitskraft lediglich zusätzliche Arbeiten mit gleichem Inhalt erhält.

(4) Autonome Arbeitsgruppen (Gruppenarbeit)

Der autonomen[1] Arbeitsgruppe (zum Beispiel bei der Inselfertigung)[2] wird ein in sich mehr oder weniger **abgeschlossener Arbeitsprozess** (z.B. Montage eines Motors, einer Fabrikhalle) **übertragen**. Dabei kann der Gruppenleiter („Kontaktperson" für einen bestimmten Zeitabschnitt) von den Mitgliedern der Gruppe gewählt werden.[3]

Beispiel:

Am bekanntesten ist der 1974 begonnene Versuch des schwedischen Automobilkonzerns Volvo in seinem Zweigwerk in Kalmar, in dem das Fließband vollständig durch mehrere Montageplattformen ersetzt wurde. Die Mitarbeiter arbeiten nicht im Akkord, sondern in (teil-)autonomen Arbeitsgruppen mit bestimmten Arbeitsaufgaben (z.B. Montage der elektrischen Anlagen, der Inneneinrichtungen der Automobile). Für die Materialbeschaffung, Verteilung der Arbeit auf die Gruppenmitglieder und die Qualitätskontrolle ist die Gruppe selbst verantwortlich.

(5) Projektgruppeneinsatz

Hier werden Mitarbeiter mit unterschiedlicher Vorbildung und Erfahrung und aus unterschiedlichen Hierarchieebenen für eine bestimmte Zeit mit einer fest umschriebenen Arbeitsaufgabe, dem **Projekt,**[4] betraut. Das Projekt betrifft meistens mehrere Unternehmensbereiche, ist sehr komplex und verhältnismäßig neuartig.

Beispiele:

Bau eines Staudamms, Einführung eines neuen Produkts, Gründung eines Zweigwerks im Ausland, Durchführung einer Werbekampagne für eine neu zu importierende Südfrucht.

Die Aufgabe des Projektgruppeneinsatzes besteht darin, die am Projekt teilnehmenden Personen zu befähigen, komplexe Probleme zu lösen und ihre Teamfähigkeit zu steigern.

3.7.5 Fort- und Weiterbildung

Fortbildung dient dazu, die berufliche Qualifikation den veränderten Anforderungen anzupassen **(Anpassungsfortbildung)** oder die vorhandenen Qualifikationen in diesem Beruf zu erweitern bzw. zu vertiefen mit dem Ziel eines beruflichen Aufstiegs **(Aufstiegsfortbildung)**. Zumeist ist damit auch eine ergänzende Bezeichnung für den Beruf verbunden (Techniker, Meister).

Die **Weiterbildung** ist breiter angelegt und führt häufig über den beruflichen Umkreis hinaus. Als Ergebnisnachweis wird in der Regel ein Zertifikat ausgestellt, das dem Lebenslauf beigefügt werden kann.

1 **Autonom:** selbstständig, selbstverantwortlich.

2 Siehe S. 36.

3 Wird die Kontaktperson nur für eine bestimmte Zeit gewählt und danach durch ein anderes Mitglied der Gruppe ersetzt, liegt eine Form der „Jobrotation" vor.

4 **Projekt** (lat.): Plan, Unternehmung, Entwurf, Vorhaben.

- **Berufliche Fortbildung**[1] sind alle Maßnahmen, die dem Einzelnen die Möglichkeit bieten, seine in der Ausbildung erworbenen beruflichen Kenntnisse und Fertigkeiten zu erhalten und zu erweitern.
- **Berufliche Weiterbildung**[1] dient dazu, aufbauend auf der Ausbildung neue Qualifikationen zu erwerben.

Beispiele:

Ein Verfahrensmechaniker für Kunststoff und Kautschuk bildet sich fort zum Techniker.

Belegt der Verfahrensmechaniker hingegen einen Kurs der Industrie- und Handelskammer in Mitarbeiterführung oder in der Kunst des „Nein"-Sagens, dann ist er weitergebildet, aber nicht fortgebildet.

Zusammenfassung

- Die **Personalentwicklung** umfasst alle Maßnahmen, die das Ziel haben, die **Qualifikationen** und die **Kompetenzen** der Mitarbeiter zu verbessern.
- Zu den **Zielen** der Personalentwicklung siehe Tabelle S. 165.
- Weitere Maßnahmen die Mitarbeiter weiterzuentwickeln sind:
  - die **Mitarbeiterförderung** (siehe Tabelle S. 166),
  - bessere Gestaltung der Arbeitsinhalte und des Ausmaßes der Arbeitsteilung **(Arbeitsstrukturierung),**
  - die **Fort- und Weiterbildung** der Mitarbeiter.

Übungsaufgabe

41

1. 1.1 Definieren Sie den Begriff Personalentwicklung!
   1.2 Stellen Sie die generelle Zielsetzung dar, die die Personalentwicklung verfolgt!
   1.3 Erläutern Sie, worin sich Fortbildung von Ausbildung unterscheidet!
   1.4 Erläutern Sie den Begriff Umschulung und bilden Sie hierzu ein Beispiel!
2. 2.1 Erläutern Sie, was man unter der Personalentwicklung on-the-job versteht!
   2.2 Erläutern Sie den Begriff Personalentwicklung off-the-job anhand eines Beispiels!
   2.3 Nennen Sie Anlässe, die zu Personalentwicklungsmaßnahmen führen können!
   2.4 Erläutern Sie die Begriffe Jobrotation, Jobenlargement und Jobenrichment, bilden Sie je ein eigenes Beispiel und begründen Sie, warum diese Maßnahmen zur Mitarbeitermotivation beitragen können!
   2.5 Um die Durchführung von Personalentwicklungsmaßnahmen zu erleichtern, werden von der Personalabteilung zunächst Leitsätze formuliert. Diese Leitsätze sind dann mit praxisnahen Personalthemen umzusetzen.

1 Die Begriffstrennung ist zunehmend theoretisch, da es in der Praxis immer stärker zu einer Verschmelzung von Fort- und Weiterbildung kommt.

Aufgabe:
Nennen Sie Personalthemen, die den folgenden Leitsätzen zur Personalentwicklung zugrunde liegen könnten!

Leitsätze zur Personalentwicklung	Betroffene Personalthemen
Wir fördern und nutzen die Fähigkeiten unserer Mitarbeiter.	
Wir kommunizieren offen miteinander und lösen Konflikte in direktem Kontakt.	
Wir informieren umfassend und direkt.	
Wir erfüllen unsere Ziele selbstständig und ergebnisorientiert.	
Wir beteiligen unsere Mitarbeiter am Erfolg.	
Wir praktizieren kurze Entscheidungswege zum Nutzen unserer Kunden und zur Erreichung von Wettbewerbsvorteilen.	

Quelle: StWK, Heft Nr. 19 vom 15.10.2014, Haufe Verlag Freiburg.

3. Erläutern Sie jeweils einen Grund, warum Maßnahmen zur Personalentwicklung sowohl für den Betrieb als auch für die einzelnen Mitarbeiter wichtig sind!

3.8 Bewältigung von Konfliktsituationen[1]

(1) Konflikte im Arbeitsleben

Konflikte gehören zum täglichen Leben, ob im privaten oder beruflichen Bereich.

Konflikte entstehen, wenn gegensätzliche Wünsche, Erwartungen, Ziele aufeinandertreffen oder wenn um Vorteile und Mittel (Ressourcen) gekämpft wird.

Im Unternehmen können Konflikte auf zwei Ebenen entstehen:

- Konflikte auf **persönlicher Ebene** zwischen **Einzelpersonen** oder **innerhalb einer Gruppe.** Bei persönlichen Konflikten geht es um das Verhalten von Einzelpersonen, um ihre Ziele, Werthaltungen, Einstellungen u.Ä.

1 Die Ausführungen stützen sich auf Gamber, Paul: Konflikte und Aggressionen im Betrieb, München 1992.
Auf die Bewältigung von Arbeitskonflikten mithilfe von Betriebsrat, Betriebsvereinbarungen, Tarifverträgen usw. wird im Folgenden nicht eingegangen. Die Rahmenrichtlinien sehen die Behandlung dieser Themengebiete nicht vor.

Beispiel:

In einem Schuhhaus gilt für die Abteilung Herrenschuhe, die aus einer Verkäuferin und vier Verkäufern besteht, das Gruppenprämien-System. Die Verkäuferin Hanna Melle kommt oft zu spät, fehlt häufig nach einem Wochenende und bedient die Kunden lässig und wenig freundlich. Hanna ist der Ansicht, dass Arbeit nicht alles ist. Das Verhalten von Hanna führt zu heftigen **persönlichen Konflikten** innerhalb des Teams.

- Konflikte **zwischen den Organisationsebenen (Hierarchieebenen)** des Unternehmens. Hier geht es um Fragen der Arbeitsverteilung und Verantwortlichkeiten, um die Eindeutigkeit von Zuständigkeiten, um unklare Stellenbeschreibung u.Ä.

Beispiele:

Die Abteilung Möbel möchte ihre Verkaufsfläche zulasten der Abteilung Haushaltswaren vergrößern und auch Teile des Handelssortiments in das Möbelsortiment aufnehmen. Es kommt zu einem **Verteilungskonflikt**. (Es handelt sich hier um einen Ressourcenkonflikt zwischen den Abteilungen.)

Die Abteilungsleiterin der Abteilung Damenoberbekleidung nimmt zum Einkauf auf die Modemesse die Verkäuferin Erika mit. Bisher stand dieses Recht dem stellvertretenden Abteilungsleiter Martin zu.

Der stellvertretende Abteilungsleiter fühlt sich in seiner Funktion und Kompetenz, ja in seiner Person zurückgesetzt. Er beschwert sich bei der Geschäftsführung. (Es handelt sich um einen Hierarchiekonflikt.)

(2) Arten und Ursachen von Konflikten

Konflikte lassen sich nach ihren Ursachen und nach den Situationen, in denen sie auftreten, gliedern.

Konfliktarten	Beispiele	Ursachen
Ein **Zielkonflikt** ist dann gegeben, wenn zwei oder mehrere abhängige Parteien (z.B. Personen, Abteilungen) gegensätzliche Absichten und Ziele verfolgen.	Die Spielwarenabteilung möchte eine höhere Arbeitszufriedenheit, die Geschäftsleitung eine höhere Umsatzleistung.	■ mangelnde Absprache ■ mangelnde Zusammenarbeit

Bei **Beurteilungskonflikten** streiten zwei Parteien über den Weg, auf dem ein gemeinsames Ziel erreicht werden soll.	Eine Unternehmensberatung stellt ein neues Organisationskonzept vor. Vertreter der Geschäftsleitung und der Belegschaft haben eine unterschiedliche Meinung über dessen Umsetzbarkeit.	■ mangelnde Information ■ unterschiedliche Einstellungen
Ein **Verteilungskonflikt** tritt auf, wenn die Zuteilung der Mittel (Ressourcen) ungleichmäßig verteilt wird.	Die Haushaltswarenabteilung ist verstimmt, weil der Schmuckabteilung offensichtlich ein besseres Prämiensystem zugestanden wird.	■ ungerechte Verteilung ■ mangelnde Mittel
Beziehungskonflikte sind Konflikte zwischen Personen und Gruppen. Sie ergeben sich häufig aufgrund von Verstimmungen, Antipathien,[1] Werteeinstellungen.	Herr Friedrich mag den Abteilungsleiter nicht, weil dieser häufig Zusagen macht, die er später nicht einhalten kann.	■ vorausgegangene Konflikte ■ Antipathien

(3) Prozess der Konfliktlösung

Der **Prozess der Konfliktlösung** kann sich z.B. in folgenden Schritten vollziehen:

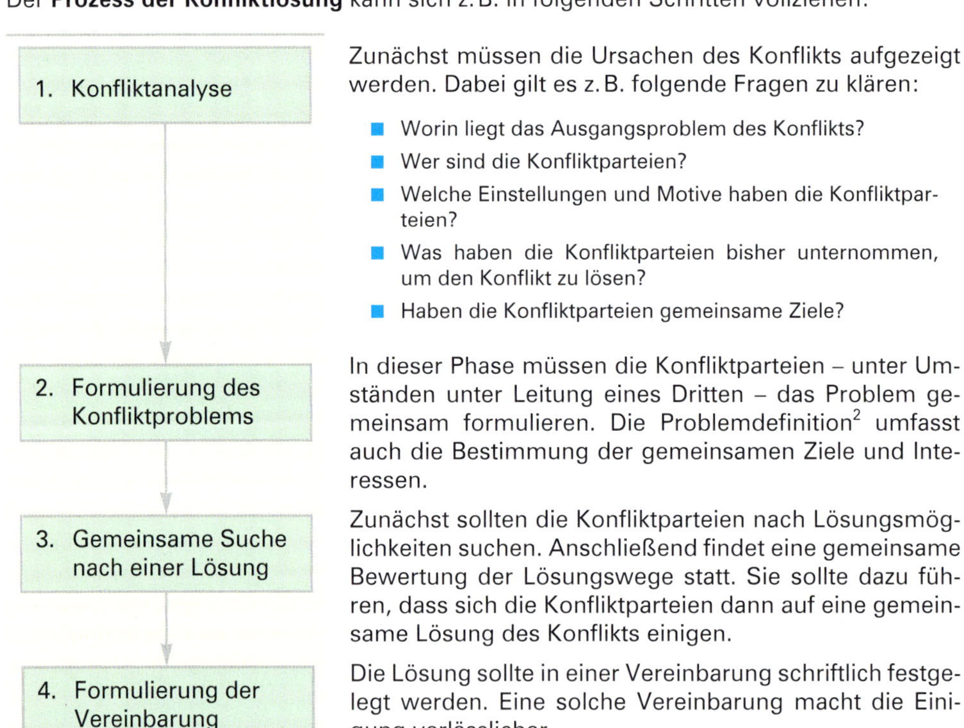

1. Konfliktanalyse: Zunächst müssen die Ursachen des Konflikts aufgezeigt werden. Dabei gilt es z.B. folgende Fragen zu klären:

- Worin liegt das Ausgangsproblem des Konflikts?
- Wer sind die Konfliktparteien?
- Welche Einstellungen und Motive haben die Konfliktparteien?
- Was haben die Konfliktparteien bisher unternommen, um den Konflikt zu lösen?
- Haben die Konfliktparteien gemeinsame Ziele?

2. Formulierung des Konfliktproblems: In dieser Phase müssen die Konfliktparteien – unter Umständen unter Leitung eines Dritten – das Problem gemeinsam formulieren. Die Problemdefinition[2] umfasst auch die Bestimmung der gemeinsamen Ziele und Interessen.

3. Gemeinsame Suche nach einer Lösung: Zunächst sollten die Konfliktparteien nach Lösungsmöglichkeiten suchen. Anschließend findet eine gemeinsame Bewertung der Lösungswege statt. Sie sollte dazu führen, dass sich die Konfliktparteien dann auf eine gemeinsame Lösung des Konflikts einigen.

4. Formulierung der Vereinbarung: Die Lösung sollte in einer Vereinbarung schriftlich festgelegt werden. Eine solche Vereinbarung macht die Einigung verlässlicher.

1 **Sympathie:** Mitgefühl, Zuneigung. **Antipathie:** Abneigung, Widerwille.
2 **Definieren:** begrifflich bestimmen. **Definition:** Begriffsbestimmung.

Eine Konfliktlösung im Arbeitsleben wird nur dann erfolgreich sein, wenn die Konfliktparteien einsehen, dass sie ihr Verhalten ändern müssen; denn nach der Konfliktlösung trennen sich in der Regel die Wege der Konfliktparteien nicht, sondern sie arbeiten weiterhin im Unternehmen zusammen.

Nicht jeder Konflikt, vor allem, wenn er sehr tiefgreifend ist, lässt sich durch ein Konfliktgespräch beheben. Der Prozess der Konfliktlösung setzt nämlich stets das Einverständnis beider Konfliktparteien voraus. Fehlt das Einverständnis, kann dies dazu führen, dass der Konflikt durch Kündigung oder vom Arbeitsgericht entschieden werden muss.

Übungsaufgabe

42

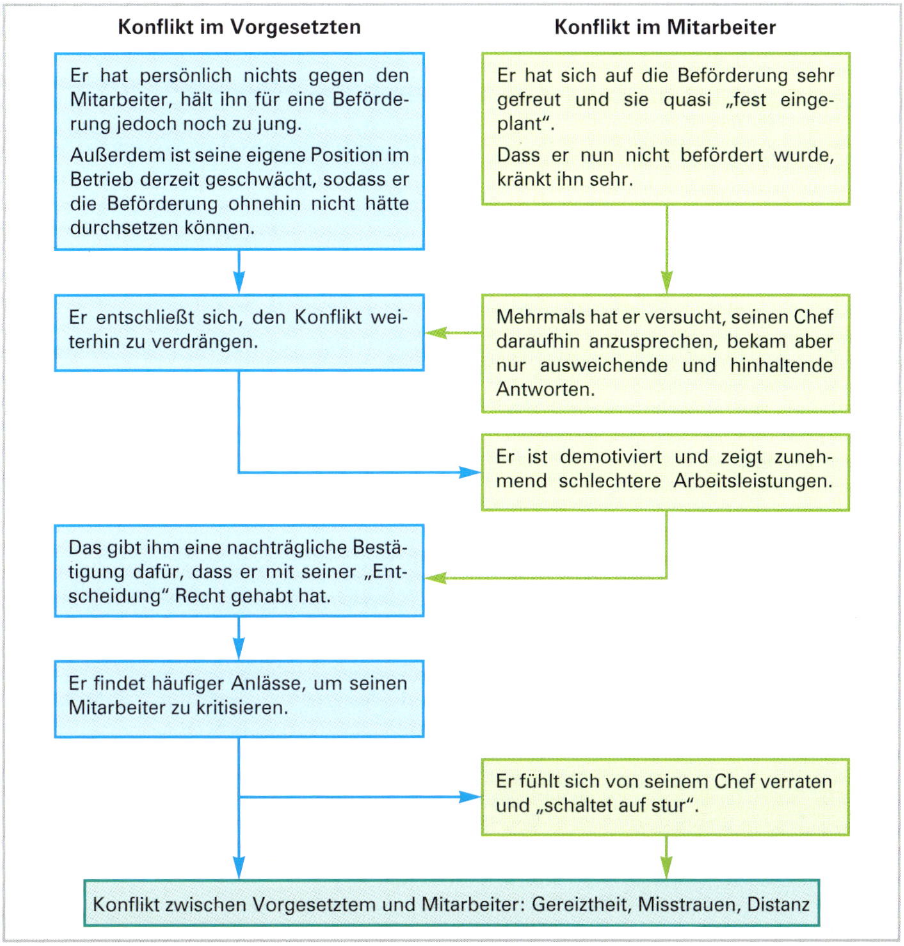

Konflikt im Vorgesetzten

Er hat persönlich nichts gegen den Mitarbeiter, hält ihn für eine Beförderung jedoch noch zu jung.

Außerdem ist seine eigene Position im Betrieb derzeit geschwächt, sodass er die Beförderung ohnehin nicht hätte durchsetzen können.

Konflikt im Mitarbeiter

Er hat sich auf die Beförderung sehr gefreut und sie quasi „fest eingeplant".

Dass er nun nicht befördert wurde, kränkt ihn sehr.

Mehrmals hat er versucht, seinen Chef daraufhin anzusprechen, bekam aber nur ausweichende und hinhaltende Antworten.

Er entschließt sich, den Konflikt weiterhin zu verdrängen.

Er ist demotiviert und zeigt zunehmend schlechtere Arbeitsleistungen.

Das gibt ihm eine nachträgliche Bestätigung dafür, dass er mit seiner „Entscheidung" Recht gehabt hat.

Er findet häufiger Anlässe, um seinen Mitarbeiter zu kritisieren.

Er fühlt sich von seinem Chef verraten und „schaltet auf stur".

Konflikt zwischen Vorgesetztem und Mitarbeiter: Gereiztheit, Misstrauen, Distanz

Quelle: Gamber, Paul: Konflikte und Aggressionen im Betrieb, München 1992, S. 28.

Aufgaben:

1. Beschreiben Sie den Konflikt, der zwischen dem Mitarbeiter und seinem Vorgesetzten besteht!
2. Nennen Sie die Konfliktarten, die in dem Schema angesprochen werden!

3.9 Personalentlohnung

3.9.1 Arbeitswertstudien

3.9.1.1 Begriff Arbeitswertstudien

- **Arbeitswertstudien** sind Verfahren, die den **Schwierigkeitsgrad einer Arbeit** innerhalb eines Betriebs oder eines Industriezweigs ermitteln, vergleichen und bewerten.
- Der ermittelte „Arbeitswert" dient als Grundlage einer **anforderungsabhängigen Lohndifferenzierung.**

3.9.1.2 Methoden der Arbeitsbewertung

(1) Summarische Arbeitsbewertung

Kennzeichen der summarischen Arbeitsbewertung ist, dass der Arbeitsplatz als geschlossene Einheit, also summarisch erfasst und mit anderen Arbeitsplätzen im Unternehmen hinsichtlich der Schwierigkeiten und Belastungen verglichen wird. Man unterscheidet zwei Verfahren zur summarischen Arbeitsbewertung: das **Rangfolgeverfahren** und das **Katalogverfahren.**

Rangfolgeverfahren

Hierbei handelt es sich um eine **globale Bewertung** der einzelnen im Betrieb anfallenden Arbeiten von den leichtesten bis zu den schwierigsten Arbeiten. So legt z.B. eine Kommission, die aus Mitgliedern der Geschäftsleitung und des Betriebsrats bestehen kann, fest, in welcher Reihenfolge die Arbeitsplätze etwa eines Portiers, eines Lohnbuchhalters, einer Sekretärin, eines Lagerbuchhalters oder eines Disponenten eingestuft werden. Das Rangfolgeverfahren ist damit eine einfache, dafür aber sehr subjektive Methode, den Arbeitsplatz zu bewerten (siehe folgendes Beispiel 1).

Beispiel 1:

Arbeit A ist schwieriger als B Arbeit A ist schwieriger als C Arbeit B ist schwieriger als C	} Folge →	1. Arbeit A 2. Arbeit B 3. Arbeit C

Beispiel 2:

Gruppe	Lohngruppen-Definition	Lohnschlüssel
1	Arbeiten einfacher Art, die ohne vorherige Arbeitskenntnisse nach kurzer Anweisung ausgeführt werden können und mit geringen körperlichen Belastungen verbunden sind.	75 %
2	Arbeiten, die ein Anlernen von 4 Wochen erfordern und mit geringen körperlichen Belastungen verbunden sind.	80 %
3	Arbeiten einfacher Art, die ohne vorherige Arbeitskenntnisse nach kurzer Einweisung ausgeführt werden können.	85 %
4	Arbeiten, die ein Anlernen von 4 Wochen erfordern.	90 %
5	Arbeiten, die ein Anlernen von 3 Monaten erfordern.	95 %
6	Arbeiten, die eine abgeschlossene Anlernausbildung in einem anerkannten Anlernberuf oder eine gleichzuwertende Ausbildung erfordern.	100 %
7	Arbeiten, deren Ausführung ein Können voraussetzt, das erreicht wird durch eine entsprechende ordnungsgemäße Berufslehre (Facharbeiten); Arbeiten, deren Ausführung Fertigkeiten und Kenntnisse erfordert, die Facharbeiten gleichzusetzen sind.	108 %
8	Arbeiten schwieriger Art, deren Ausführung Fertigkeiten und Kenntnisse erfordert, die über jene der Gruppe 7 wegen der notwendigen mehrjährigen Erfahrung hinausgehen.	118 %
9	Arbeiten hochwertiger Art, deren Ausführung an das Können, die Selbstständigkeit und die Verantwortung im Rahmen des gegebenen Arbeitsauftrages hohe Anforderungen stellt, die über die der Gruppe 8 hinausgehen.	125 %
10	Arbeiten höchstwertiger Art, die hervorragendes Können mit zusätzlichen theoretischen Kenntnissen, selbstständige Arbeitsausführung und Dispositionsbefugnis im Rahmen des gegebenen Arbeitsauftrages bei besonders hoher Verantwortung erfordern.	130 %

Quelle: Bröckermann, Reiner: Personalwirtschaft, 4. Aufl., S. 265.

Katalogverfahren

Diese Methode legt aufgrund von katalogisierten Beispielen (z.B. Lohngruppen-Definition) den Arbeitswert fest. Die Katalogbeispiele müssen eindeutig und klar beschrieben sein. Für jedes Beispiel wird ein bestimmter Arbeitswert ermittelt. Der Nachteil des Katalogverfahrens ist, dass die betriebliche Arbeitssituation aufgrund der unaufhörlichen technisch-wirtschaftlichen Weiterentwicklung sehr bald von den einmal fixierten Richtbeispielen abweicht. Hinzu kommt, dass die mannigfaltige Wirklichkeit kaum in einer begrenzten Zahl von Richtbeispielen einzufangen ist (siehe obiges Beispiel 2).

(2) Analytisches Verfahren

Aufbau des Genfer Schemas

Das **analytische Arbeitsbewertungsverfahren** zerlegt zunächst die verschiedenen Tätigkeiten in ihre unterschiedlichen Anforderungen und Belastungen. Anschließend werden die aufgelisteten Anforderungen und Belastungen einer Tätigkeit jeweils für sich bewertet und die Teilwerte in Zahlen oder Punkten ausgedrückt. Die Addition der Bewertungspunkte stellt den **Arbeitswert** der Tätigkeit dar.

Auf der internationalen Tagung über Arbeitsbewertung wurde in Genf im Jahr 1950 ein allgemeines Schema für Merkmalsgruppen festgelegt **(Genfer Schema).** Danach wird die zu bewertende Arbeit nach **vier Hauptmerkmalen** unterteilt: **Fachkönnen, Belastung, Verantwortung** und **Umwelteinflüsse.** Jedem Merkmal wird eine Höchstpunktzahl zugeteilt. So können für Fachkenntnisse höchstens 7, für Geschicklichkeit 4, für Belastung 11, für Verantwortung 10 und für Umwelteinflüsse 13 Punkte gewährt werden.

Jeweilige Punktzahl	I Fachkönnen		II Belastung		III Verantwortung			IV Umwelteinflüsse				
	Erforderliche Fachkenntnise Berufsausbildung, Berufserfahrung	Geschicklichkeit Handfertigkeit	geistige Beanspruchung	körperliche Beanspruchung	für Werkstücke u. Betriebsmittel	für die Gesundheit anderer	für die Arbeitsgüte	Temperaturbeeinflussung	Öl, Fett, Schmutz und Staub	Gase, Dämpfe, Erschütterung	Unfallgefährdung	Lärm, Blendung, Lichtmangel, Erkältungsgefahr
1	Anweisung bis 6 Wochen	gering	gering	zeitweise mittel	mittel	mittel	mittel	mittel	gering	mittel	mittel	mittel
2	Anlernen bis 6 Monate	mittel	zeitweise mittel	dauernd mittel	hoch	hoch	hoch	hoch	mittel	hoch	hoch	hoch
3	Anlernen mindestens 6 Monate und zusätzliche Berufserfahrung	hoch	dauernd mtitel	dauernd hoch	sehr hoch	sehr hoch	sehr hoch		hoch			sehr hoch
4	abgeschlossene Anlernausbildung und zusätzliche Berufserfahrung	höchste	dauernd hoch	dauernd sehr hoch		ganz außergewöhnlich			sehr hoch			
5	abgeschlossene Facharbeiterausbildung		dauernd sehr hoch	dauernd ganz außergewöhnlich								
6	abgeschlossene Facharbeiterausbildung mit besonderer Berufserfahrung		dauernd außergewöhnlich									
7	abgeschlossene Facharbeiterausbildung und höchstes fachliches Können											

Genfer Schema

Die Vorgehensweise bei der analytischen Arbeitsbewertung wird am Beispiel der Arbeit eines Reparaturschlossers gezeigt. Grundlage ist die **Arbeitsplatzbeschreibung,** die die Ansprüche eines Arbeitsplatzes an die geistigen und körperlichen Fertigkeiten und Fähigkeiten des Mitarbeiters darlegt.

Beispiel für eine Arbeitsplatzbeschreibung nach dem Genfer Schema:

Auszug aus der **Arbeitsplatzbeschreibung für einen Reparaturschlosser**: „Bei den erforderlichen Fachkenntnissen werden eine dreijährige Handwerkerlehre und eine zwei- bis fünfjährige zusätzliche Berufserfahrung vorausgesetzt. Zur Durchführung von Reparaturen an den Produktions- und Ausrüstungsmaschinen wird eine mittlere Geschicklichkeit verlangt. Die geistige Beanspruchung ist sehr hoch, da häufige Denktätigkeit erforderlich ist. Die Arbeiten sind z.T. nur mithilfe eigener Überlegungen durchführbar (z.B. Lesen von Zeichnungen). Die Anforderungen an Muskeln sind hoch, weil Arbeiten mit anstrengender Körperhaltung anfallen. So sind z.B. schwere Werkstücke handzuhaben, Treppen und Leitern zu begehen und Arbeiten mit statischer Belastung durchzuführen.

Die Verantwortung für die Betriebsmittel ist durchschnittlich, da die Möglichkeit der Verursachung von Schäden gering ist. Jedoch besteht bei fehlerhafter Durchführung der Reparaturarbeiten eine hohe Möglichkeit zur Schädigung der Gesundheit anderer. Der Reparaturschlosser hat einen sehr großen Einfluss auf den Arbeitsablauf, da eine schnelle Durchführung von Reparaturen Stillstände und Ausschuss vermeidet.

Die Tätigkeit des Reparaturschlossers unterliegt verschiedenen negativen Umwelteinflüssen. In der Regel arbeitet er zwar nicht unter extremen Temperaturverhältnissen. Jedoch sind die Arbeiten abwechselnd in geschlossenen Räumen und im Freien durchzuführen, sodass die Erkältungsgefahr groß ist. Hinzu kommt die Blendung beim Schweißen.

Die Verschmutzung durch Öle, Fette und Rost ist hoch. Außerdem sind erhebliche Belästigungen durch Lärm und Erschütterungen bei Arbeiten an den Maschinen und in der Werkstatt gegeben ..."

Mithilfe des Genfer Schemas lässt sich der Arbeitsplatz des Reparaturschlossers folgendermaßen bewerten:

Arbeitsplatzbewertungsbogen	Arbeitsplatz-Nr. 62	
Anforderungen	Bewertung	
	Höchst-punktzahl	Ist-punktzahl
I. Erforderliches Fachkönnen		
Berufsausbildung und Berufserfahrung	7	7
Geschicklichkeit	4	2
II. Anstrengung		
– geistige Beanspruchung	6	4
– körperliche Beanspruchung	5	4
III. Verantwortung		
– für Werkstücke und Betriebsmittel	3	2
– für die Gesundheit anderer	4	3
– für die Arbeitsgüte	3	2
IV. Umwelteinflüsse		
– Temperaturbeeinflussung	2	1
– Öl, Fett, Schmutz und Staub	4	3
– Gase, Dämpfe, Erschütterung	2	2
– Unfallgefährdung	2	2
– Lärm, Blendung, Lichtmangel, Erkältungsgefahr	3	3
Summe der Punkte (Arbeitswert)	45	35

12 Speth - ISBN 978-3-8120-0592-0

Berechnung des Bruttolohns nach dem analytischen Verfahren

Bruttolohn = Lohnsatz beim Arbeitswert 0 + Arbeitswert · Steigerungsfaktor

Für die **Berechnung des Bruttolohnsatzes** werden folgende Abkürzungen verwendet: Bruttolohnsatz: L — Arbeitswert: A Bruttolohnsatz beim Arbeitswert 0: L_0 — Steigerungsfaktor: f	$L = L_0 + A \cdot f$
Der **Steigerungsfaktor (f)** ergibt sich, indem die Differenz zwischen Mindestlohn (L_{min}) und Höchstlohn (L_{max}) durch die Arbeitswertspanne des Betriebs dividiert wird. Die **Arbeitswertspanne** ist der Unterschied zwischen der höchsten Arbeitswertpunktzahl (A_{max}) und der niedrigsten Arbeitswertpunktzahl (A_{min}). Es gilt also:	$f = \frac{L_{max} - L_{min}}{A_{max} - A_{min}}$
Der **Lohnsatz beim Arbeitswert 0** kann wie folgt errechnet werden:	$L_0 = L_{min} - A_{min} \cdot f$

Beispiel:

Wir greifen auf das Beispiel der Arbeitsplatzbeschreibung für einen Reparaturschlosser zurück (S. 177). Für die Bruttolohnberechnung liegen folgende Daten vor: Mindestlohn 9,50 EUR, Höchstlohn 20,00 EUR, Arbeitswert des Arbeitsplatzes 35, Mindestarbeitswert 10, Höchstarbeitswert 45.

Aufgabe:

Berechnen Sie den Bruttoarbeitslohn!

Lösung:

Berechnung des Steigerungsfaktors:	$f = \frac{20 - 9{,}50}{45 - 10} = \underline{\underline{0{,}3}}$
Berechnung des Bruttolohnsatzes beim Arbeitswert 0:	$L_0 = 9{,}50 - (10 \cdot 0{,}3) = \underline{\underline{6{,}50}}$
Berechnung des Bruttolohnes für den Reparaturschlosser:	$L = 6{,}50 + (35 \cdot 0{,}3) = \underline{\underline{17{,}00}}$

Ergebnis:

Der Bruttolohn des Reparaturschlossers beträgt 17,00 EUR.

3.9.1.3 Bedeutung der Arbeitsbewertung

Sowohl die summarische als auch die analytische Arbeitsbewertung differenziert (unterscheidet) die Lohnhöhe nach den **Anforderungen des Arbeitsplatzes** (anforderungsabhängige Lohndifferenzierung). Insofern trägt sie zu einer gerechteren Entlohnung bei. Sie sagt aber noch nichts darüber aus, was der einzelne Mitarbeiter an seinem Arbeitsplatz tatsächlich leistet. Die **tatsächliche Arbeitsleistung** hängt vom Charakter, der Leistungsfähigkeit und vom Leistungswillen des Mitarbeiters ab. Sie kann nur insoweit bewertet werden, als sie äußerlich erkennbar ist. Merkmale sind z.B. Sorgfalt, Fleiß und Arbeitsgeschwindigkeit.

Soll die **Leistung** des einzelnen Mitarbeiters bei der Lohnfindung ebenfalls berücksichtigt werden, müssen Leistungsgrad und Istleistung ermittelt werden.

Beispiel:

Ergibt die Istleistung eines Mitarbeiters einen Leistungsgrad von 120 %, dann liegt seine Vergütung auch um 20 % über einer Vergütung bei Normalleistung.

Zusammenfassung

- **Arbeitswertstudien** ermitteln den **Schwierigkeitsgrad** einer Arbeit und sind Grundlage für die Einordnung der Arbeitskräfte in Lohngruppen.
- **Summarische Verfahren** bewerten den Arbeitsplatz als Ganzes. Hierzu gehören das **Rangfolgeverfahren** und das **Katalogverfahren.**
- **Analytische Verfahren** bewerten den Arbeitsplatz aufgrund bestimmter Merkmale. Die vier Hauptmerkmalsgruppen des **Genfer Schemas** sind geistiges und körperliches **Können,** geistige und körperliche **Belastung, Verantwortung** und **Umwelteinflüsse.**
- Die **endgültige Lohnhöhe** eines Mitarbeiters wird ermittelt, indem die **Anforderungen** des **Arbeitsplatzes** (Grundlage sind Arbeitswertstudien) und die **Istleistung** des **Mitarbeiters** (Arbeitszeitstudien hierfür liefern den Vergleichsmaßstab für die Normalleistung) verknüpft werden.

Übungsaufgaben

43

1. Stellen Sie dar, worin die Hauptaufgabe der Arbeitswertstudien besteht!
2. Beschreiben Sie kurz die Methoden der Arbeitswertstudien!
3. Welche der genannten Methoden der Arbeitsbewertung halten Sie für die beste? Begründen Sie Ihre Meinung!
4. Erklären Sie, warum die Arbeitsplatzbeschreibung eine Voraussetzung für eine gute Arbeitsplatzbewertung ist!
5. Stellen Sie dar, ob die Mitarbeiter eines Betriebs bei der Arbeitsplatzbewertung ein Mitspracherecht besitzen sollen! Nennen Sie Gründe die dafür und solche die dagegen sprechen!
6. Erläutern Sie, ob die Arbeitsplatzbewertung bereits etwas über die Leistung des einzelnen Arbeitnehmers aussagt!

44 In einem Industriebetrieb werden 3 Arbeitsplätze mit 25, 30 und 32 Punkten gemäß dem Genfer Schema bewertet. Die niedrigste betriebliche Punktzahl beträgt 12, die höchste betriebliche Punktzahl 45. Der gezahlte Mindestlohn ist 16,00 EUR, der Höchstlohn 26,56 EUR.

Aufgaben:

1. Berechnen Sie den Stundenlohn für jeden Arbeitsplatz!
2. Stellen Sie eine Grafik auf, in der die Abhängigkeit zwischen Lohnhöhe und Arbeitswert gezeigt wird!

   Hinweis: Tragen Sie auf der x-Achse den Arbeitswert, auf der y-Achse die Höhe des Stundenlohns ein!

3.9.2 Formen der Entlohnung

Zur Berechnung des Bruttolohns unterscheidet man verschiedene Grundformen der Entlohnung:

Zeitlohn	Leistungslohn		Beteiligungslohn
Tag-, Wochen-, Monatslohn, Monatsgehalt, Jahresgehalt	Akkordlohn	Prämienlohn	■ Leistungsbeteiligung ■ Ertrags-/Umsatzbeteiligung ■ Gewinnbeteiligung

3.9.2.1 Zeitlohn

Die Entgeltformen bei Zeitlohn sind das Gehalt und der Lohn.

- Beim **Gehalt** wird das monatliche Entgelt unabhängig von der Anzahl der Tage im Monat und der erbrachten Leistung in gleichbleibender Höhe bezahlt.

Beispiel:

Der Industriekaufmann Ufuk Suliman erhält bei der Fensterbau Gregor Zangl KG ein Monatsgehalt von 2460,00 EUR.

- Beim **Lohn** wird das monatliche Entgelt in Abhängigkeit zur Arbeitsleistung (geleistete Arbeitsstunden) gezahlt.

$$\text{Lohnsumme} = \text{geleistete Arbeitsstunden} \cdot \text{Stundenlohnsatz}$$

Beispiel:

Die Aushilfsbürokraft Moni Landmann hat im Monat Februar 90 Stunden im Baumarkt Nimm es mit GmbH gearbeitet. Der Stundenlohn beträgt 10,50 EUR. Die Lohnsumme für den Monat Februar beträgt somit 945,00 EUR.

Die **Höhe der Arbeitsvergütungen** ist in **Tarifverträgen** festgelegt. In der Regel erhalten nicht nur die Gewerkschaftsmitglieder die Tarifleistungen, sondern alle Mitarbeiter eines Betriebs, um Lohnungerechtigkeiten innerhalb des Betriebs zu vermeiden.[1] Die tariflich festgelegten Beträge sind Mindestentgelte, die grundsätzlich nicht unterschritten werden dürfen. Die Tarifverträge sind in Beschäftigungsgruppen und Anzahl der Tätigkeitsjahre gegliedert.

Vorteile	Nachteile
■ Einfache Berechnung des Bruttoverdienstes. ■ Kein Zeitdruck. ■ Auf Qualität kann Rücksicht genommen werden. ■ Keine geistige und körperliche Überforderung. ■ Festes Einkommen.	■ Betrieb trägt das Risiko des Arbeitswillens und der Geschicklichkeit des Mitarbeiters. ■ Arbeitsüberwachung und verstärkte Mengen- und Qualitätskontrollen sind erforderlich. ■ Kein finanzieller Anreiz für die Mitarbeiter, die Leistung zu steigern. ■ Führt bei Mitarbeitern mit überdurchschnittlicher Leistung zu Unzufriedenheit.

1 Bei einer **Allgemeinverbindlichkeitserklärung** durch das Bundesministerium für Arbeit und Soziales erhalten alle Mitarbeiter den jeweiligen Tariflohn.

3.9.2.2 Akkordlohn

(1) Voraussetzungen für die Entlohnung nach Akkordlohn

Beim Akkordlohn erfolgt die Entlohnung ausschließlich nach der vollbrachten Leistung der Mitarbeiter, die messbar und überprüfbar sein muss. Akkordlohn wird hauptsächlich in der Produktion gezahlt, denn hier treffen die Voraussetzungen für eine Akkordentlohnung am ehesten zu:

- Der **Arbeitsumfang** muss genau festgelegt sein (z. B. Zahnräder fräsen).
- Die **Arbeitsabläufe** müssen sich wiederholen, d. h., die zu fertigende Stückzahl darf nicht zu klein sein.
- Die **Arbeitsgeschwindigkeit** muss ganz oder zumindest teilweise vom Mitarbeiter beeinflusst werden können (z. B. Fliesen legen).
- Die **Normalleistung** muss exakt ermittelt sein.

© Fotolia – L-Kadmy

(2) Einzelakkord

Beim Einzelakkord geht es darum, die Arbeitsleistung eines **einzelnen Mitarbeiters** zu entlohnen.

Berechnung des Akkordrichtsatzes

Die Höhe des Akkordlohns wird zunächst durch den **Akkordrichtsatz** bestimmt. Der Akkordrichtsatz besteht aus zwei Komponenten:[1]

- dem **Grundlohn (Mindestlohn),** der meist dem Stundenlohn entspricht, den Zeitarbeiter für die gleiche oder ähnliche Arbeitsverrichtung beziehen. Der Grundlohn ist von der **Lohngruppe** abhängig, die tariflich vereinbart ist. Das Verhältnis der Lohngruppen wird über **Lohngruppenschlüssel** bestimmt.

Beispiel für einen Lohngruppenschlüssel:

Ungelernte Arbeit 80 %, angelernte Arbeit 85 %, qualifiziert angelernte Arbeit 90 %, Facharbeiter 100 %, qualifizierter Facharbeiter 110 %, bestqualifizierter Facharbeiter 125 %.

- dem **Akkordzuschlag,**[2] der in der Regel 15 % bis 25 % des Grundlohns beträgt. Die Höhe des Akkordzuschlags ist in der Regel tariflich festgelegt.

$$\text{Akkordrichtsatz} = \text{Grundlohn} + \text{Akkordzuschlag}$$

(3) Geldakkord (Stückgeldakkord)

Beim Geldakkord wird ein fester Geldsatz pro Einheit (z. B. Stück) vergütet. Den Geldsatz bezeichnet man als **Stückgeld** oder **Stückakkordsatz.** Ein Mitarbeiter, der viel verdienen möchte, hat hier das Ziel, möglichst viele Einheiten zu fertigen.

$$\text{Stückgeld (Stückakkordsatz)} = \frac{\text{Akkordrichtsatz}}{\text{Normalleistung/Stunde}}$$

1 **Komponente**: Bestandteil.

2 Er ist kein Entgelt für die erhöhte Leistung, sondern wird gewährt für die Bereitschaft, unter Akkordbedingungen zu arbeiten.

Der **Bruttolohn** errechnet sich beim Geldakkord wie folgt:

Bruttolohn = Stückgeld (Stückakkordsatz) · Stückzahl (Istleistung)

Beispiel:

Der Grundlohn eines Drehers beträgt 16,00 EUR je Stunde. Es wird ein Akkordzuschlag von 20 % gezahlt. Die Vorgabezeit wurde auf 24 Minuten festgelegt.

Aufgaben:

1. Berechnen Sie den Bruttolohn je Arbeitstag für den Dreher, wenn dieser 25 Stück je Arbeitstag fertigt!
2. Berechnen Sie den effektiven Stundenlohn des Drehers, wenn der Arbeitstag 8 Stunden beträgt!

Lösungen:

Zu 1.: Akkordrichtsatz:

Grundlohn je Stunde	16,00 EUR
+ Akkordzuschlag (20 %)	3,20 EUR
	19,20 EUR

Normalleistung je Stunde: $\frac{60 \text{ Min.}}{24 \text{ Min.}} = \underline{\underline{2{,}5 \text{ Stück/Stunde}}}$

Stückgeld: $\frac{19{,}20 \text{ EUR}}{2{,}5 \text{ Stück}} = \underline{\underline{7{,}68 \text{ EUR/Stück}}}$

Bruttolohn je Arbeitstag: 7,68 EUR/Stück · 25 Stück = $\underline{\underline{192{,}00 \text{ EUR}}}$

Zu 2.: Effektiver Stundenlohn: 192,00 EUR : 8 Stunden = 24,00 EUR/Stunde

(4) Zeitakkord (Stückzeitakkord)

Beim Zeitakkord wird den Beschäftigten für jedes gefertigte Stück eine im Voraus festgelegte Zeiteinheit, die **Vorgabezeit (Zeitakkordsatz, Zeitsatz),** vorgegeben und mit dem Preis pro Minute **(Minutenfaktor)** vergütet.

Bruttolohn = Stückzahl · Vorgabezeit · Minutenfaktor

$$\text{Vorgabezeit} = \frac{60 \text{ Minuten}}{\text{Normalleistung/Std.}}$$

$$\text{Minutenfaktor} = \frac{\text{Akkordrichtsatz/Std.}}{60}$$

Beispiel:

Es werden die im vorangegangenen Beispiel angegebenen Zahlen zugrunde gelegt.

Lösung:

Minutenfaktor: $\frac{19{,}20 \text{ EUR}}{60 \text{ Minuten}} = \underline{\underline{0{,}32 \text{ EUR}}}$

Bruttolohn je Arbeitstag: 25 Stück · 24 Minuten · 0,32 EUR = $\underline{\underline{192{,}00 \text{ EUR}}}$

(5) Akkordlohnformen der Praxis

Die Praxis hat seit Einführung der Monatslöhne zahlreiche betriebsindividuelle Modelle der Akkordlohnberechnung entwickelt. Diese Modelle sind grundsätzlich wie folgt aufgebaut:

Beispiel:

Frau Schmitt hat einen Monatslohn (Grundlohn) von 1600,00 EUR. Er wird auch bei Minderleistung bezahlt.

Die Vorgabezeit je Werkstück beträgt 30 Minuten. Da die monatlichen Arbeitsstunden schwanken (unterschiedliche Zahl der Arbeitstage, Feiertage, Betriebsferien usw.), werden die monatlichen Sollstunden den Arbeitnehmern vorgegeben. Damit liegt auch die **Sollleistung (Normalleistung)** fest.

Ein **„Normalmonat"** wird mit 160 Arbeitsstunden festgelegt. Das bedeutet, dass von einer **Normalleistung** von 320 Werkstücken ausgegangen wird. Dies entspricht einer Normalleistung von 2 Stück je Stunde. Frau Schmitt fertigt im Mai 352 Werkstücke. Sie erbringt eine Mehrleistung von 10 %, was einem Faktor von 0,1 entspricht.

Der Monat Juli hat aufgrund der Betriebsferien nur 80 Arbeitsstunden. Damit beträgt die Normalleistung 160 Werkstücke. Frau Schmitt fertigt im Monat Juli wiederum 10 % mehr, also 176 Werkstücke.

Der Faktor, mit dem die Mehrleistung zu gewichten ist, bezeichnet man als **Umrechnungsfaktor**.

Aufgabe:

Berechnen Sie den Lohn von Frau Schmitt für die Monate Mai und Juli!

Lösung:

Umrechnungsfaktor Monat Mai: $\frac{160 \text{ Stunden}}{160 \text{ Stunden}} = \underline{\underline{1}}$

Umrechnungsfaktor Monat Juli: $\frac{80 \text{ Stunden}}{160 \text{ Stunden}} = \underline{\underline{0{,}5}}$

Der Lohn von Frau Schmitt beträgt

im Mai:	1600,00 EUR + 1600,00 EUR · 0,10 · 1	=	1760,00 EUR
im Juli:	1600,00 EUR + 1600,00 EUR · 0,10 · 0,5	=	1680,00 EUR

Erläuterung:

Obwohl Frau Schmitt im Mai und im Juli jeweils eine Mehrleistung von 10 % erbringt, erhält sie unterschiedliche Leistungszuschläge (Mai: 1600,00 · 0,1 · 1 = 160,00 EUR, Juli: 1600,00 · 0,1 · 0,5 = 80,00 EUR). Grund: Der Umrechnungsfaktor, mit dem die Mehrleistung zu gewichten ist, hat sich halbiert, weil sich die Zahl der Arbeitsstunden im Juli halbiert hat.

Für die Berechnung des Monatslohns gilt folgende Formel:

$$\text{Monatslohn} = \text{Grundlohn} + \text{Grundlohn} \cdot \text{Mehrleistung in \%} \cdot \text{Umrechnungsfaktor}$$

$$\text{Umrechnungsfaktor} = \frac{\text{Arbeitsstunden des jeweiligen Monats}}{\text{Arbeitsstunden des Normalmonats}}$$

(6) Gruppenakkord

Beim **Gruppenakkord** besteht eine Lohnvereinbarung mit einem Team (einer Arbeitsgruppe). Der gemeinsam verdiente Akkordlohn wird unter den Mitgliedern der Gruppe aufgeteilt.

Für die **Aufteilung** des Mehrverdienstes bei Teamarbeit können folgende Gesichtspunkte maßgebend sein:

- gleichmäßige Verteilung,
- Verteilung nach Lohngruppen,
- Verteilung nach Alterseinstufung oder
- Verteilung mithilfe eines Leistungsfaktors, der vom Akkordführer festgelegt wird.

Beispiel:

Die gesamte am Montageband arbeitende Belegschaft wird zu einer Gruppe zusammengefasst. Die zusammengebauten Erzeugnisse werden gezählt und verrechnet. Der „Zahlpunkt" ist in diesem Fall das Ende des Fließbands, an dem die fertigen Stücke abgenommen werden. Ein Einzelakkord ist nicht anwendbar, weil dem Einzelnen das Arbeitstempo durch das Fließband aufgezwungen wird.

(7) Vor- und Nachteile des Akkords

Vorteile	Nachteile
■ Finanzieller Anreiz zur Mehrleistung. ■ Mehrleistung wird entlohnt. ■ Leichtere Kalkulation, da konstante Lohnstückkosten. ■ Mehrleistung verbessert die Auslastung der Maschinen.	■ Risiko der geistigen und körperlichen Überanstrengung. ■ Höheres Risiko durch Arbeitsunfälle. ■ Schwankendes Einkommen des Mitarbeiters. ■ Schwierigere Lohnabrechnung. ■ Eventuell Minderung der Qualität der Leistung.

3.9.2.3 Prämienlohn

Bei der Prämienentlohnung wird zu einem vereinbarten Grundlohn noch eine Zulage, die **Prämie,** gewährt. Dabei ist zu unterscheiden, ob die Prämie für **qualitative** (gütemäßige) **Arbeitsleistungen** und/oder **quantitative** (mengenmäßige) **Arbeitsleistungen** gezahlt wird.

Prämienlohn für qualitative Arbeitsleistungen (Arbeitsgüte)

Güteprämien	Nutzungsprämien	Terminprämien
Sie werden z.B. bei Verringerung des Ausschusses gewährt.	Sie werden für eine gute Maschinenausnutzung gezahlt.	Sie werden bei eiligen Aufträgen gezahlt, falls die Termine eingehalten oder unterschritten werden.

Prämienlohn für quantitative Arbeitsleistungen (Arbeitsmenge)

Ziel dieser Prämienzahlung ist, die mengenmäßige Arbeitsleistung zu erhöhen.

Bei diesem System erhält der Mitarbeiter neben dem Grundlohn eine Prämie von $33\,^1/_3$ bis 50 % des Zeitlohns, der durch Unterschreiten der Vorgabezeit erspart wird. Der Profit aus der Mehrleistung wird also zwischen Arbeitgeber und Arbeitnehmer geteilt. Die Lohnkosten je Stück nehmen mit zunehmender Leistung ab.

Beispiel:

In einem Betrieb wird 10 Stunden am Tag gearbeitet. Die Vorgabezeit je Werkstück beträgt eine Stunde. Der Stundenlohn (Grundlohn) beläuft sich auf 20,00 EUR. Die Prämie wird auf 50 % des ersparten Zeitlohns festgesetzt.

Istleistung (Stück)	Arbeitszeit (in Std.)	Ersparte Zeit (in Std.)	Grundlohn (EUR)	Prämie 50 % des Stundenlohns (EUR)	Taglohn (EUR)	Lohnstückkosten (EUR)	Stundenlohn (EUR)
10	10	–	200,00	–	200,00	20,00	20,00
12	10	2	200,00	20,00	220,00	18,33	22,00

Vorteile	Nachteile
■ Finanzieller Anreiz zur Mehrleistung. ■ Mehrleistung wird entlohnt. ■ Einsparung von Kosten. ■ Reine Mehrleistung ohne Rücksicht auf die Qualität wird vermieden.	■ Streitigkeiten unter den Mitarbeitern (Gegenseitige Konkurrenz). ■ Aufwendige Prämienberechnung. ■ Arbeitsklima kann belastet werden bei schlecht nachvollziehbaren Bemessungsgrundlagen.

3.9.2.4 Beteiligungslohn

(1) Ziele und Motive einer Erfolgsbeteiligung der Mitarbeiter

Betriebe haben die Möglichkeit, ihre Mitarbeiter am erwirtschafteten Erfolg zu beteiligen. Mit der Gewährung einer Erfolgsbeteiligung verfolgt der Arbeitgeber verschiedene Ziele. So möchte er z. B.

	tariflicher Arbeitslohn
+	freiwillige betriebliche Sozialleistungen
+	Erfolgsanteil
=	Gesamtvergütung

- die Leistung der Mitarbeiter belohnen,
- die Motivation der Mitarbeiter steigern,
- eine Qualitätsverbesserung erzielen,
- eine Produktivitätssteigerung erreichen,
- die Fluktuation[1] senken,
- die Identifikation der Mitarbeiter mit dem Betrieb stärken,
- das Image des Betriebs steigern.

1 **Fluktuation**: Schwankung, Wechsel.

(2) Formen der Erfolgsbeteiligung

Als Grundlage für eine betriebliche Erfolgsbeteiligung der Mitarbeiter kann

- die erbrachte Leistung,
- der erwirtschaftete Ertrag oder
- der erzielte Gewinn herangezogen werden.

Leistungsbeteiligung

Berechnungsgrundlage für eine Leistungsbeteiligung der Mitarbeiter können die Produktionsmenge, die Produktivität[1] oder eine Kostenersparnis sein. Werden die Produktionsmenge oder Produktivität als Grundlage herangezogen, so wird eine Leistungsbeteiligung dann fällig, wenn die tatsächliche Leistung eine vorgegebene Zielgröße übersteigt. Die Höhe der Leistungsbeteiligung richtet sich in der Regel an einem Schlüssel (einer Messzahl) aus, der zu Beginn des Jahres festgelegt worden ist.

Wird die Kostenentwicklung als Grundlage der Erfolgsbeteiligung herangezogen, so werden die errechneten Sollkosten mit den entstandenen Istkosten verglichen. Liegen die Istkosten unter den Sollkosten, so erhalten die Mitarbeiter Teile der Ersparnis ausgezahlt.

Ertragsbeteiligung

Grundlage der Erfolgsbeteiligung der Mitarbeiter ist hier der erwirtschaftete Ertrag. Wichtigstes Beispiel in diesem Zusammenhang ist die Beteiligung der Mitarbeiter (mit einem zuvor festgelegten Prozentsatz) am Umsatz (Umsatzbeteiligung).

Gewinnbeteiligung

Die Gewinnbeteiligung der Arbeitnehmer kann als Barauszahlung oder als Kapitalbeteiligung erfolgen:

- Bei der **Barauszahlung** erhält der Mitarbeiter einen Anteil am Gewinn des Betriebs ausbezahlt.
- Im Fall der **Kapitalbeteiligung** erhält der Mitarbeiter eine Eigenkapitalbeteiligung (z.B. in Form von Belegschaftsaktien) am Betrieb. Die Mitarbeiter werden zu Miteigentümern am eigenen Betrieb gemacht. Man spricht dann auch von **Investivlohn.** Gegenüber der Barauszahlung hat die Kapitalbeteiligung den Vorteil, dass einerseits die Mitarbeiter Vermögen bilden können und andererseits ein wichtiger Beitrag zur Finanzierung des Betriebs geleistet wird. Mit der Eigenkapitalbeteiligung z.B. über Belegschaftsaktien nehmen die Mitarbeiter wie jeder Anteilseigner am künftigen Gewinn bzw. Verlust des Unternehmens teil. Die Folgen: Die Kündigungen nehmen ab, die Arbeitnehmer engagieren sich stärker, die Vermögensbildung in Arbeitnehmerhand wird gefördert.

Vorteile	Nachteile
■ Mitarbeiter sind am Unternehmenserfolg interessiert. ■ Bindung der Mitarbeiter an den Betrieb. ■ Leistungsanreize bestehen.	■ Unterschiede in der Leistung der Mitarbeiter werden kaum beachtet. ■ Aktienbeteiligung kann an Wert verlieren. ■ Gewinn (als Berechnungsgrundlage) ist vom Mitarbeiter nicht immer nachvollziehbar bzw. beeinflussbar.

1 **Produktivität:** Die Produktivität ist die technische Ergiebigkeit eines Produktionsvorgangs. Sie stellt das Verhältnis von Ausbringungsmenge zu den Einsatzmengen der Produktionsfaktoren dar.

Zusammenfassung

- Prinzipiell sind **drei Grundformen der Entlohnung** zu unterscheiden:
  - Zeitlohn
  - Leistungslohn
  - Beteiligungslohn
- Die Entgeltformen beim **Zeitlohn** sind das Gehalt und der Lohn.
- Beim **Akkordlohn** erfolgt die Entlohnung ausschließlich nach der erbrachten Leistung der Mitarbeiter, die messbar und überprüfbar sein muss.
- Beim **Einzelakkord** erfolgt die Berechnung des Akkordlohns getrennt für jeden Mitarbeiter.
- Beim **Gruppenakkord** wird der Akkordlohn für eine ganze Gruppe ermittelt. Das Problem hierbei besteht in einer gerechten Verteilung des Gesamtlohns auf die Gruppenmitglieder.
- **Akkordrichtsatz** = Grundlohn + Akkordzuschlag.
- Der **Akkordzuschlag** ist eine Vergütung für die Bereitschaft, unter Akkordbedingungen zu arbeiten.
- Beim **Geldakkord (Stückgeldakkord)** ist die Basis der Lohnberechnung die Vergütung je Mengeneinheit.

  Bruttolohn = Stückgeld · Stückzahl (Istleistung)
- Zur Ermittlung des Zeitakkords **(Stückzeitakkords)** benötigt man folgende Werte:
  - Vergütung je Minute bei Normalleistung (Sollleistung)

    $$\text{Minutenfaktor} = \frac{\text{Akkordrichtsatz}}{60}$$
  - Vorgabezeit je Stück

    $$\text{Vorgabezeit} = \frac{\text{60 Minuten}}{\text{Normalleistung}}$$

  Mithilfe des Minutenfaktors und der Vorgabezeit lässt sich der Bruttolohn wie folgt ermitteln:

  Bruttolohn = Stückzahl · Vorgabezeit · Minutenfaktor
- Da die monatlichen Arbeitsstunden aufgrund von Feiertagen, unterschiedlicher Zahl der Arbeitstage usw. schwanken, ist eine Anpassung des Leistungszuschlags an die schwankende Normalleistung des Monats erforderlich. Dies geschieht über **Umrechnungsfaktoren.**
- Beim **Prämienlohn** wird zum vereinbarten Grundlohn noch eine **Prämie** für quantitative und/ oder für qualitative Arbeitsleistungen bezahlt, z. B. für Arbeitsqualität, Verringerung des Verschnitts, Maschinennutzung oder Termineinhaltung.
- Beim **Beteiligungslohn** werden die Mitarbeiter am erwirtschafteten Erfolg des Unternehmens beteiligt. Zu unterscheiden sind drei Beteiligungsformen:
  - die erbrachte Leistung
  - der erwirtschaftete Ertrag
  - der erzielte Gewinn

Übungsaufgaben

45 Die Schwarz Elektro GmbH stellt elektrische Mess- und Regelgeräte her. Hauptumsatzträger ist die Schwarz-Zeitschaltuhr, mit der die Ein- und Ausschaltzeiten von Elektrogeräten vorprogrammiert werden können. Dieses Gerät wird in mehreren Ausführungen in größeren Stückzahlen hergestellt. Die einzelnen Bauteile werden bezogen bzw. vollautomatisch hergestellt. Die Zeitschaltuhren werden aus rund 25 Bauteilen von jeweils einem Montagearbeiter komplett zusammengesetzt.

Die Geschäftsleitung steht zurzeit vor folgenden Problemen:

- Der Absatz hat in den letzten Monaten mengenmäßig stark zugenommen. Die Lieferfristen für die Zeitschaltuhren haben sich verlängert.
- In den letzten Monaten häufen sich die Reklamationen von Kunden. Die Zeitschaltuhren sind des Öfteren unzuverlässig.
- Ausländische Konkurrenten drücken den Preis von Zeitschaltuhren. Die Geschäftsleitung hält es für wichtig, die Lohnkosten in der Fertigung zu begrenzen.

Bisher wurden Montagearbeiter im Stundenlohn bezahlt. Es wird die Entlohnung im Akkordsystem angeregt.

Aufgaben:

1. Beschreiben Sie Vor- und Nachteile der beiden genannten Lohnformen für die Arbeitnehmer und für den Arbeitgeber!
2. Entscheiden Sie begründet unter besonderer Berücksichtigung der vorgenannten Probleme (Reklamationen, Lieferfristen, Lohnkosten), welche Lohnform für die Schwarz Elektro GmbH am besten geeignet ist!
3. Für eine im Akkord zu entlohnende Arbeit wird bei der Schwarz Elektro GmbH eine Vorgabezeit von 12 Dezimalminuten pro Stück (Dezimalminuten = $\frac{12}{100}$) festgesetzt. Der Akkordrichtsatz des Arbeiters beträgt 18,00 EUR. Der Arbeiter fertigt 1000 Stück.
   Berechnen Sie den Bruttolohn des Arbeiters!
4. Die Geschäftsleitung der Schwarz Elektro GmbH beschließt, die Montage der Zeitschaltuhren in Teamarbeit (Gruppenarbeit) montieren zu lassen. Mehrleistung soll in Form eines Prämienlohns vergütet werden.
   4.1 Erklären Sie den Begriff Prämienlohn!
   4.2 Erläutern Sie die Probleme, die bei der Bruttolohnberechnung der Mitarbeiter des Teams entstehen können!

46 Wir greifen auf das Einführungsbeispiel auf S. 183 zurück:

Angenommen, die Monatsarbeitsstunden betragen im Januar 90, im Februar 150 und im März 120 Stunden. Frau Schmitt fertigt im Januar 198, im Februar 315 und im März 230 Werkstücke.

Aufgabe:

Berechnen Sie ihre Monatslöhne vom Januar bis zum März!

47 In der Maschinenfabrik Raimann GmbH beträgt der Grundlohn eines Arbeiters 16,20 EUR, die Vorgabezeit je Werkstück 20 Minuten. Es werden 8 Stunden je Tag gearbeitet.

Aufgaben:

1. Berechnen Sie die Akkordentlohnung eines Mitarbeiters je Tag, wenn er alternativ 24, 25, 26, 27, 28, 29 und 30 Stück je Tag herstellt und ein Akkordzuschlag von 3,24 EUR bezahlt wird!

2. Die Maschinenfabrik Raimann GmbH stellt zum 1. Oktober 20.. Franz Moosbrucker als neuen Mitarbeiter ein. Er wird als Arbeiter an der Stanzmaschine beschäftigt.
   2.1 Geben Sie drei Gründe an, warum für diese Tätigkeit Akkordlohn infrage kommen kann!
   2.2 Nennen Sie zwei mögliche Nachteile des Akkordlohns für den Arbeitnehmer!
   2.3 Nennen Sie die zwei Berechnungsarten, die zur Berechnung des Akkordlohns möglich sind!
   2.4 Nennen Sie zwei Tätigkeiten, für die sich der Akkordlohn besonders eignet!
   2.5 Nennen Sie zwei mögliche Vorteile des Akkordlohns für den Arbeitnehmer!
   2.6 Erläutern Sie, wie sichergestellt wird, dass der Verdienst des Arbeitnehmers nicht zu gering wird, wenn er die Zeitvorgaben unverschuldet überschreitet!
3. Nennen Sie die Lohnformen, die sich für die Fließbandfertigung eignen!
4. Grenzen Sie den Prämienlohn vom Akkordlohn ab!
5. Lesen Sie zunächst den folgenden Artikel:

Boni bei Autobauern:

BMW und Porsche zahlen den Mitarbeitern Rekordprämien

München. Am Donnerstag hat BMW einen Rekordgewinn vermeldet, unter dem Strich verdiente der Autokonzern im vergangenen Jahr 5,3 Milliarden Euro. Das bekommen auch die Beschäftigten zu spüren. Die Münchner Nobelmarke zahlt für das Bestjahr [...] einem Sprecher zufolge die höchste jemals ausgeschüttete Erfolgsbeteiligung.

Demnach erhält ein Facharbeiter in der Gehaltsstufe ERA 5 insgesamt 8 140,00 EUR, etwa das Dreifache des Monatsgehalts dieser Tarifstufe. Im Vorjahr lag die entsprechende Bonuszahlung noch bei 7 630,00 EUR.

Auch bei Porsche profitieren die Mitarbeiter. Für das vergangene Jahr bekommen die Beschäftigten der VW-Tochter einen Bonus von 8 200,00 EUR, wie der Porsche-Gesamtbetriebsratschef mitteilte. Wie bei BMW bedeutet das auch für Porsche die bislang höchste Sonderzahlung. Insgesamt können sich 15 000 Mitarbeiter über das Extra freuen. Neu ist in diesem Jahr, dass 600,00 EUR der Summe für die Altersvorsorge der Beschäftigten bestimmt sind. [...]

Quelle: http://www.spiegel.de/wirtschaft/unternehmen/boni-bei-autobauern-bmw-und-porsche-zahlen-mitarbeitern-rekordpraemien-a-958694.html [23. 11.2014].

Aufgaben:

5.1 Begründen Sie, warum die Mitarbeiter am Erfolg des Unternehmens beteiligt werden sollten!

5.2 Erläutern Sie, welche Ziele ein Unternehmen mit der Erfolgsbeteiligung für die Mitarbeiter verfolgt!

5.3 Nennen Sie drei Vorteile, die mit der „Vermögensbildung in Arbeitnehmerhand“ über die Gewinnbeteiligung in Form der Eigenkapitalbeteiligung verbunden sind!

3.10 Personalfreisetzung

3.10.1 Kündigung eines Arbeitsvertrages

3.10.1.1 Begriff Kündigung

Das Arbeitsverhältnis ist normalerweise ein **Dauervertrag**, der mit der **Kündigung** nach den Bestimmungen der §§ 621 bis 623 BGB endet [§ 620 II BGB].

- Die **Kündigung** ist eine **einseitige empfangsbedürftige Willenserklärung** des Arbeitgebers oder Arbeitnehmers mit der der Arbeitsvertrag beendet werden soll. Die Kündigung muss **keine Begründung** enthalten.
- Die Kündigung muss immer **schriftlich erfolgen** [§ 623 BGB]. Die elektronische Form ist ausgeschlossen.
- Die Kündigung ist **zugegangen**, wenn sie so in den **Machtbereich des Empfängers** gelangt, dass dieser unter gewöhnlichen Verhältnissen die **Möglichkeit zur Kenntnisnahme** hat.

3.10.1.2 Arten der Kündigung

(1) Gesetzliche Kündigung (ordentliche Kündigung)

- **Grundkündigungsfrist**

Das Arbeitsverhältnis eines Arbeitnehmers kann vom Arbeitgeber und vom Arbeitnehmer mit einer Frist von **vier Wochen** zum **Fünfzehnten** oder zum **Ende eines Kalendermonats** gekündigt werden [§ 622 I BGB]. **Ausnahme:** Während einer vereinbarten Probezeit (längstens für die Dauer von sechs Monaten) kann das Arbeitsverhältnis mit einer Frist von zwei Wochen gekündigt werden [§ 622 III BGB].

- **Verlängerte Kündigungsfristen für die Arbeitgeber**

Bei längerer Betriebszugehörigkeit ab dem vollendeten **25. Lebensjahr** gelten für eine **Kündigung** durch den **Arbeitgeber** verlängerte gesetzliche Kündigungsfristen [§ 622 II BGB].[1]

1 Der Europäische Gerichtshof (EuGH) hat diese bisher im deutschen Arbeitsrecht geltende Vorschrift, Beschäftigungszeiten vor der Vollendung des 25. Lebensjahres bei der Berechnung der Kündigungsfrist nicht zu berücksichtigen, in seinem Urteil vom 19.01.2010 verworfen (Rechtssache C-555/07). Da diese Regelung jüngere Arbeitnehmer wegen ihres Alters benachteilige und somit gegen das Diskriminierungsverbot verstoße, sind deutsche Gerichte angewiesen, diese Regelungen in laufenden Prozessen vor Arbeitsgerichten nicht mehr anzuwenden. Außerdem muss der Gesetzgeber das deutsche Kündigungsrecht ändern.

Beispiel für ein Kündigungsschreiben:[1]

Büromöbel Hannover GmbH · Odenwaldstr. 160 · 30657 Hannover

Karl Jenschke
Keplerstr. 4
30165 Hannover

Name: Julia Heine
Telefon: +49 (0)511 84010-15
Telefax: +49 (0)511 84010-16
E-Mail: heine@bueromoebel-hannover.de

Datum: 15. Juni 20..

Ordentliche Kündigung des Arbeitsverhältnisses

Sehr geehrter Herr Jenschke,

hiermit kündigen wir das mit Ihnen bestehende Arbeitsverhältnis fristgerecht zum 30. September 20.., hilfsweise zum nächst zulässigen Termin.

Ihnen steht bis zum Ablauf der Kündigungsfrist für das Jahr 20.. noch ein Resturlaub in Höhe von 9 Tagen zu. Diesen Urlaub erteilen wir in der Kündigungsfrist.

Wie weisen Sie darauf hin, dass Sie verpflichtet sind, selbst aktiv nach einer anderen Beschäftigung zu suchen und sich spätestens drei Monate vor Beendigung des Arbeitsverhältnisses persönlich bei der Agentur für Arbeit arbeitsuchend zu melden. Liegen zwischen der Kenntnis des Beendigungszeitpunktes und der Beendigung des Arbeitsverhältnisses weniger als drei Monate, haben Sie sich innerhalb von drei Tagen nach Kenntnis des Beendigungszeitpunktes zu melden. Zur Wahrung der Frist reicht eine Anzeige unter Angabe der persönlichen Daten und des Beendigungszeitpunktes aus, wenn die persönliche Meldung nach terminlicher Vereinbarung nachgeholt wird. Ein Verstoß gegen diese Pflichten kann zum Eintritt einer Sperrzeit beim Arbeitslosengeld führen.

Mit freundlichem Gruß

Büromöbel Hannover GmbH
Personalabteilung

i. A. *Julia Heine*

Julia Heine

Empfangsbestätigung:

Ich habe die Kündigung erhalten: *16.06.20..*

Karl Jenschke
Unterschrift des Arbeitnehmers

Büromöbel Hannover GmbH
Geschäftsführung: Kai Meiners
Amtsgericht Hannover: HRB 40577
USt-ID Nummer: DE 155 487 003

Bankverbindung:
Deutsche Bank Hannover
IBAN: DE90 2507 0070 0000 2853 56
BIC: DEUTDE2HXXX

---

1 In Anlehnung an http://www.frankfurt-main.ihk.de/recht/mustervertrag/musterkuendigung/ [22.11.2014].

Beispiel:

Die Mühlenbach-AG beschließt eine Reihe von Kündigungen. Den Betroffenen gehen die Kündigungen am 15. April zu:

(1) Carla Monti, 22 Jahre, seit 4 Jahren im Betrieb;

(2) Emil Huber, 30 Jahre, seit 7 Jahren im Betrieb und

(3) Hanna Schmidt, 42 Jahre, seit 20 Jahren im Betrieb.

Aufgabe:

Erläutern Sie, ab welchem Zeitpunkt diese Kündigungen rechtswirksam sind!

Betriebszugehörigkeit ab dem 25. Lebensjahr	Kündigungsfristen zum Monatsende
ab 2 Jahre	1 Monat
ab 5 Jahre	2 Monate
ab 8 Jahre	3 Monate
ab 10 Jahre	4 Monate
ab 12 Jahre	5 Monate
ab 15 Jahre	6 Monate
ab 20 Jahre	7 Monate

Lösung:

(1) Carla Monti: Es gilt die Grundkündigungsfrist. Die Betriebszugehörigkeit wird erst ab dem 25. Lebensjahr berücksichtigt. Die Kündigung wird folglich am 15. Mai rechtswirksam.

(2) Emil Huber: Er ist ab dem 25. Lebensjahr 5 Jahre im Betrieb beschäftigt. Es gilt deshalb eine verlängerte Kündigungsfrist von 2 Monaten zum Monatsende. Die Kündigung ist frühestens zum 30. Juni rechtswirksam.

(3) Hanna Schmidt: Sie ist ab dem 25. Lebensjahr 17 Jahre im Betrieb beschäftigt. Für sie gilt eine Kündigungsfrist von 6 Monaten zum Monatsende. Es kann ihr also frühestens zum 31. Oktober rechtswirksam gekündigt werden.

(2) Vertragliche Kündigung

Die zwischen Arbeitnehmern und Arbeitgebern vereinbarten (einzelvertraglichen) Kündigungsfristen dürfen grundsätzlich **länger,** aber **nicht kürzer** als die gesetzlichen Kündigungsfristen sein.

Will ein Arbeitnehmer kündigen, gilt somit die vertragliche oder die gesetzliche Kündigungsfrist von vier Wochen [§ 622 I BGB]. Die Arbeitnehmer müssen den Kündigungsgrund nicht angeben.

(3) Fristlose Kündigung (außerordentliche Kündigung)

Das Arbeitsverhältnis kann von jeder Vertragspartei ohne Einhaltung einer Kündigungsfrist gelöst werden, wenn ein wichtiger Grund vorliegt [§ 626 BGB]. Wenn der Betriebsrat nicht vor der Kündigung unterrichtet wird, ist diese **unwirksam.**

Beispiele:

Verstöße gegen die Schweigepflicht; Diebstahl; grobe Beleidigungen; Tätlichkeiten; Mobbing (soziale Isolierung von Kollegen durch üble Nachrede, Missachtung und Unterstellungen); ungerechtfertigte Arbeitsverweigerung.

(4) Abmahnung

Die Arbeitnehmer haben das Recht, **vor einer Kündigung** durch den Arbeitgeber eine sogenannte **Abmahnung** zu erhalten.

Mit der rechtswirksamen – gesetzlich nicht geregelten – Abmahnung muss ein konkreter Vorfall oder ein bestimmtes Fehlverhalten des Arbeitnehmers (z.B. fehlende unverzügliche Krankmeldung, unpünktlicher Arbeitsbeginn) missbilligt und der Arbeitnehmer aufgefordert werden, dieses Fehlverhalten künftig zu unterlassen. Weiterhin müssen bei weiteren Verfehlungen der gleichen Art Rechtsfolgen (z.B. die Kündigung des Arbeitsverhältnisses) angedroht werden.

Die Abmahnung hat eine Hinweis- und Warnfunktion. Entbehrlich ist eine Abmahnung bei gravierenden Vertragsverletzungen (z.B. Diebstahl, Unterschlagung), die auch ein Grund zu einer fristlosen (außerordentlichen) Kündigung sind. Auf eine Abmahnung kann auch dann verzichtet werden, wenn sie wenig Erfolg versprechend ist. Dies gilt insbesondere dann, wenn erkennbar ist, dass der Mitarbeiter nicht gewillt ist, seinen Arbeitsvertrag zu erfüllen.

3.10.1.3 Kündigungsschutz

(1) Allgemeiner Kündigungsschutz

Der allgemeine Kündigungsschutz ist im Kündigungsschutzgesetz [KSchG] geregelt und schützt Arbeitnehmer vor **sozial ungerechtfertigter Kündigung,** wenn das Arbeitsverhältnis im gleichen Unternehmen ohne Unterbrechung länger als sechs Monate bestanden hat und das Unternehmen in der Regel mehr als zehn Arbeitskräfte (Auszubildende nicht mitgerechnet) beschäftigt [§§ 1, 23 KSchG]. Leitende Angestellte genießen keinen erhöhten Kündigungsschutz.

Eine **sozial ungerechtfertigte Kündigung** ist **rechtsunwirksam.** Bei notwendigen Entlassungen müssen z.B. die Dauer der Betriebszugehörigkeit, das Lebensalter und die Unterhaltspflichten der Arbeitnehmer berücksichtigt werden [§ 1 III KSchG].

Beispiel:

Einem einzelnen Angestellten in einem Unternehmen mit 2000 Belegschaftsmitgliedern wird mit der Begründung gekündigt, es läge Auftragsmangel vor.

13 Speth - ISBN 978-3-8120-0592-0

Beispiel für eine Abmahnung:

Büromöbel Hannover GmbH · Odenwaldstr. 160 · 30657 Hannover

Frau
Karin Becker
Osterstraße 34
30159 Hannover

Name: Julia Heine
Telefon: +49 (0)511 84010-15
Telefax: +49 (0)511 84010-16
E-Mail: heine@bueromoebel-hannover.de

Datum: 25. April 20..

Abmahnung

Sehr geehrte Frau Becker,

wir sehen uns gezwungen, Sie aus folgendem Grund abzumahnen:

Sie sind am 23. April 20.. nicht zur Arbeit erschienen. Sie haben Ihr Fernbleiben weder im Voraus noch am 23. April 20.. bei der Personalabteilung oder Ihrem Vorgesetzten Herrn Haufe angekündigt bzw. gemeldet.

Aufgrund Ihres unentschuldigten Fehlens mussten die Mitarbeiter Heinz Haufe und Ebru Özmal in der Fertigung für Holzmöbel Überstunden leisten, um den Auftrag für den Kunden Möblix GmbH fristgemäß erledigen zu können.

Durch Ihr Verhalten haben Sie gegen Ihre arbeitsvertraglichen Pflichten verstoßen, den Arbeitgeber umgehend zu informieren und dem Arbeitsplatz nur mit dessen Zustimmung fernzubleiben. Ihr Verhalten wird missbilligt und ausdrücklich abgemahnt. Wir fordern Sie auf, künftig Ihre arbeitsvertragliche Pflicht zur Erbringung Ihrer Arbeitsleistung zu erfüllen und eventuelle Verhinderungen unverzüglich anzuzeigen.

Sollten Sie dieser Forderung nicht Folge leisten, müssen Sie mit arbeitsrechtlichen Konsequenzen bis hin zur Kündigung rechnen.

Diese Abmahnung wird zur Personalakte genommen. Sie haben das Recht, zu dieser Abmahnung Stellung zu nehmen. Ihre Stellungnahme wird ebenfalls zur Personalakte genommen werden.

Mit freundlichem Gruß

Büromöbel Hannover GmbH
Personalabteilung

i.A. *Julia Heine*

Julia Heine

Empfangsbestätigung des Arbeitnehmers:

Ich habe die Abmahnung am *26.04.20..* erhalten und zur Kenntnis genommen.

Karin Becker
Unterschrift des Arbeitnehmers

Büromöbel Hannover GmbH
Geschäftsführung: Kai Meiners
Amtsgericht Hannover: HRB 40577
USt-ID Nummer: DE 155 487 003

Bankverbindung:
Deutsche Bank Hannover
IBAN: DE90 2507 0070 0000 2853 56
BIC: DEUTDE2HXXX

Sozial gerechtfertigt ist eine Kündigung z. B. in folgenden Fällen [§ 1 II KSchG]:

Kündigungsgründe	Beispiele:
Der Kündigungsgrund liegt in der **Person** des Arbeitnehmers.	Eine Angestellte ist nicht in der Lage, sich auf die sich ändernden Anforderungen des Arbeitsplatzes umzustellen. – Ein Arbeiter leidet unter einer schweren Krankheit, sodass er seine Arbeit auf Dauer nicht mehr ausführen kann.
Der Kündigungsgrund liegt im **Verhalten** des Arbeitnehmers.	Eine Arbeiterin macht dauernd überdurchschnittlich viel Ausschuss. – Eine Kassiererin unterschlägt mehrere tausend Euro.
Die Kündigung ist durch **dringende betriebliche Erfordernisse** bedingt.	Personalabbau aufgrund von erforderlichen Rationalisierungsmaßnahmen. – Entlassungen aufgrund von nachhaltigem Auftragsmangel.

Der Personalabbau muss sozial gerecht verteilt werden. Die soziale Auswahl der zu entlassenden Beschäftigten darf z. B. nicht auf die Abteilung beschränkt werden, in der Personal eingespart werden soll.

(2) Besonderer Kündigungsschutz

Einen besonderen Kündigungsschutz genießen:

Auszubildende	Ihnen kann nach Ablauf der Probezeit während der Berufsausbildung nur aus einem wichtigen Grund gekündigt werden.
Betriebsratsmitglieder, Jugend- und Auszubildendenvertreter	Ihre Kündigung ist während ihrer Zugehörigkeit zum Betriebsrat bzw. zur Jugend- und Auszubildendenvertretung in der Regel unzulässig.
Frauen	Während der Schwangerschaft und bis zum Ablauf von vier Monaten nach der Entbindung besteht Kündigungsschutz.
Schwerbehinderte Menschen	Ihnen kann durch den **Arbeitgeber** ohne vorherige Zustimmung des Integrationsamtes nicht gekündigt werden. Die Kündigungsfrist beträgt mindestens vier Wochen.
Arbeitnehmer mit Elternzeit	Der Arbeitgeber darf das Arbeitsverhältnis ab 8 Wochen vor Beginn der Elternzeit und während der Elternzeit nicht kündigen.

3.10.2 Vertragsablauf und Auflösungsvertrag

(1) Vertragsablauf

Ist der Arbeitsvertrag zeitlich befristet oder auf die Erfüllung einer bestimmten Aufgabe ausgerichtet, so endet der Arbeitsvertrag mit Ablauf der vereinbarten Frist bzw. mit Erfüllung des Auftrags.

Beispiele:

- Eine ehemalige Buchhalterin erhält einen Arbeitsvertrag für drei Monate, um eine erkrankte Mitarbeiterin zu ersetzen.
- Für die Zeit einer Umbaumaßnahme werden zwei Aushilfskräfte eingestellt.

(2) Auflösungsvertrag

Der **Auflösungsvertrag** ist ein **Vertrag zwischen Arbeitnehmer** und **Arbeitgeber,** der das **Arbeitsverhältnis** zu einem **bestimmten Zeitpunkt** beendet.

Der entscheidende Unterschied zur Kündigung ist, dass das Arbeitsverhältnis im **gegenseitigen Einvernehmen** beendet wird. Arbeitgeber und Arbeitnehmer können den Inhalt des Auflösungsvertrags selbst bestimmen. Die Einhaltung von Auflösungsfristen ist nicht erforderlich. Die Schutzvorschriften des Kündigungsschutzgesetzes usw. finden keine Anwendung.

Beispiel:

Dem Abteilungsleiter für den Bereich Einkauf, dem mangelnder Leistungswille vorgeworfen wird, wird ein Auflösungsvertrag mit einer Abfindung von zwei Monatsgehältern angeboten, um eine Kündigung zu vermeiden. Der Mitarbeiter stimmt zu, das Unternehmen am Monatsende zu verlassen.

Arbeitgeber und Arbeitnehmer können mit dem Auflösungsvertrag ihren Trennungswunsch ohne Risiko eines Arbeitsrechtsstreits erfüllen. Um die Zustimmung des Arbeitnehmers zu erhalten, zahlt der Arbeitgeber oftmals eine **Abfindung.**

3.11 Arbeitsgerichtsbarkeit

(1) Instanzen

Die Arbeitsgerichtsbarkeit wird durch **Arbeitsgerichte, Landesarbeitsgerichte** und das **Bundesarbeitsgericht** in Erfurt ausgeübt [§§ 1, 40 I ArbGG].

(2) Zuständigkeit

Sachlich ist das Arbeitsgericht z.B. für alle Streitigkeiten aus dem Arbeitsverhältnis zwischen Arbeitgebern und Arbeitnehmern (Arbeitern und Angestellten sowie die zu ihrer Berufsausbildung Beschäftigten, aber keine Beamten) zuständig (Näheres siehe §§ 2ff. ArbGG). Die Parteien können den Rechtsstreit vor den Arbeitsgerichten selbst führen, sich von den Vertretern der Verbände (Gewerkschaften, Arbeitgeberverbände) oder von Rechtsanwälten vertreten lassen (**Parteifähigkeit,** §§ 10f. ArbGG).

Örtlich zuständig ist grundsätzlich das Gericht, in dessen Bezirk sich der Erfüllungsort aus dem Arbeitsverhältnis befindet. Erfüllungsort ist die Arbeitsstätte des Arbeitnehmers, z.B. der Niederlassungsort des Unternehmens, dessen Zweigniederlassung oder der Ort einer staatlichen Verwaltung.

(3) Instanzen der Arbeitsgerichtsbarkeit

Erste Instanz ist das **Arbeitsgericht.**

Die **Landesarbeitsgerichte** sind die **zweite Instanz,** die **Berufungssachen** gegen das Urteil der ersten Instanz, also der Arbeitsgerichte, behandeln [§§ 8 II, 64ff. ArbGG]. Es besteht **Anwaltszwang,** sofern die Parteien sich nicht durch die Verbände vertreten lassen wollen. Das Wesen der Berufung besteht darin, dass die Parteien neue Tatsachen vorbringen können, sodass der gesamte Rechtsstreit von Neuem verhandelt wird. Berufung ist grundsätzlich nur möglich, wenn

- bei vermögensrechtlichen Streitigkeiten der Streitwert 600,00 EUR übersteigt oder
- die Berufung im Urteil des Arbeitsgerichts zugelassen ist oder
- es sich um Rechtsstreitigkeiten über das Bestehen, das Nichtbestehen oder die Kündigung eines Arbeitsverhältnisses handelt [§§ 64ff. ArbGG].

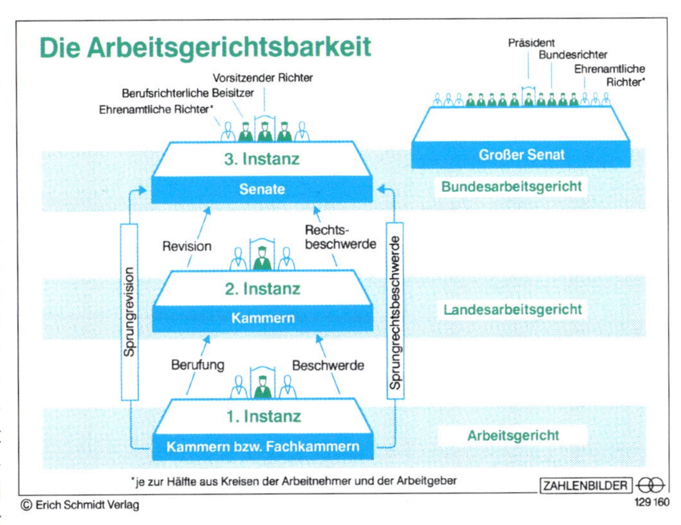

© Erich Schmidt Verlag

Gegen Beschlüsse der Arbeitsgerichte kann gleichfalls beim Landesarbeitsgericht **Beschwerde** eingelegt werden.

Gegen ein Endurteil bzw. gegen einen Beschluss eines Landesarbeitsgerichts kann unter bestimmten Voraussetzungen **Revision** bzw. **Rechtsbeschwerde** beim **Bundesarbeitsgericht** (mit Sitz in Erfurt) eingelegt werden. Beim Bundesarbeitsgericht besteht Anwaltszwang. Die Revision kann – im Unterschied zur Berufung – nicht mit neuen Tatsachen begründet werden, sondern lediglich damit, dass das Urteil des Gerichts einer niederen Instanz z.B. auf der Verletzung einer oder mehrerer Rechtsvorschriften (Rechtsnormen) beruhe.

Die Revision ist z.B. zulässig, wenn diese im Urteil eines Landesarbeitsgerichts oder im Beschluss des Bundesarbeitsgerichts wegen der grundsätzlichen Bedeutung des Streitfalls oder wegen Meinungsverschiedenheiten verschiedener Arbeitsgerichte zugelassen ist.

Zusammenfassung

- Die **Kündigung** eines **Arbeitsvertrags** bedarf zur Rechtswirksamkeit der **Schriftform.** Die elektronische Form ist ausgeschlossen. Sie muss zur Gültigkeit als einseitiges Rechtsgeschäft dem **Vertragspartner rechtzeitig zugehen.**
- Bei der Kündigung eines Arbeitsverhältnisses unterscheiden wir die **gesetzliche** und die **vertragliche Kündigungsfrist.** Liegt ein wichtiger Grund vor, kann die Kündigung auch **fristlos** erfolgen.
- Die Arbeitnehmer haben das Recht **vor einer Kündigung** durch den Arbeitgeber eine **Abmahnung** zu erhalten.
- Einige Mitarbeitergruppen genießen einen besonderen **Kündigungsschutz** (siehe Tabelle S. 195).
- Das Arbeitsverhältnis kann auch durch **Vertragsablauf** oder einem **Auflösungsvertrag** beendet werden.
- Gegen die Kündigung können die Arbeitnehmer vor dem **Arbeitsgericht** klagen.

Übungsaufgaben

48 Die Kniebis KG hat seit längerer Zeit ein anhaltendes Absatztief und ist derzeit personell überbesetzt. Sie überlegt Personal abzubauen.

Aufgaben:

1. Erklären Sie, was unter Personalfreisetzung zu verstehen ist!
2. Dem Mitarbeiter Albert Schön wurde fristgemäß zum 30. September gekündigt. Albert Schön hält die Kündigung für sozial ungerechtfertigt.
   2.1 Erläutern Sie, wann eine Kündigung als sozial ungerechtfertigt bezeichnet wird!
   2.2 Recherchieren Sie, an welches Gericht sich Albert Schön wenden kann, wenn die Kündigung vom Arbeitgeber nicht zurückgenommen wird!
3. Dem zwanzigjährigen Kevin Bär, der seit einem Jahr bei der Kniebis KG beschäftigt ist, wird zum 31. Dezember gekündigt. Es ist davon auszugehen, dass die Kündigung sozial gerechtfertigt ist.
   3.1 Ermitteln Sie den Tag, an dem der Arbeitgeber spätestens kündigen muss!
   3.2 Erläutern Sie, warum die Kündigung begründet werden muss!
   3.3 Stellen Sie dar, was Kevin Bär gegen die Kündigung unternehmen könnte!
   3.4 Nennen Sie zwei Gründe für eine fristlose Entlassung eines Mitarbeiters!
   3.5 Kevin Bär erhielt rechtzeitig eine Abmahnung. Erklären Sie, was hierunter zu verstehen ist!
   3.6 Bilden Sie einen Fall, bei dem eine Abmahnung entbehrlich ist!

49 1. Das Möbelhaus Matthias Maurer e.K. verkauft Möbel aller Art. Dort arbeiten 40 Mitarbeiter, welche sich auf 30 Vollzeitstellen verteilen und vier Auszubildende.

Aufgabe:

Nehmen Sie Stellung zu den folgenden Kündigungen!

1.1 Andrea Costa ist 30 Jahre alt, ledig und kinderlos. Seit acht Jahren ist sie in der Abteilung Verkauf tätig. Seit einem Bandscheibenvorfall vor zwei Jahren fehlte sie an insgesamt 156 Arbeitstagen. Mit einer Verbesserung des Gesundheitszustandes ist nicht zu rechnen. Ihr häufiges Fehlen verursacht ständig Kosten, da häufig die Personalplanung abgeändert werden muss, auch sind sehr viele Kunden verärgert, da Vorgänge durch ihre Krankheit nicht termingerecht bearbeitet wurden.

1.2 Ulrich Haller ist 42 Jahre alt, verheiratet und hat drei kleine Kinder. Er gehört dem Möbelhaus seit sieben Jahren an und ist in der Abteilung Verkauf beschäftigt. Insgesamt zeigt er gute fachliche Leistungen. Da er aber bereits zum dritten Mal eine unzulässig lange Mittagspause (über drei Stunden) gemacht hat, kündigt ihm sein Arbeitgeber, Matthias Maurer e.Kfm., hierauf. Sein Arbeitgeber hatte ihm bis zu diesem Zeitpunkt keine Abmahnung ausgesprochen.

1.3 Jürgen Schöllkopf ist 53 Jahre alt, verwitwet und hat vier Kinder. Er arbeitet seit 25 Jahren in der Rechnungserstellung. Aufgrund der Einführung einer vernetzten Auftragsabwicklung entfällt sein Arbeitsplatz, deshalb kündigt ihm sein Chef, Herr Eicher. Mit ihm in der Rechnungserstellung arbeitet noch Herr Munz (29 Jahre, ledig, seit drei Jahren im Betrieb, sehr gute Leistungen).

1.4 Helga Wöhrle ist 25 Jahre alt, ledig. Sie ist seit acht Monaten in der Abteilung Controlling tätig. Bisher hat sie stets gute Leistungen gezeigt. Sie verhält sich stets korrekt und erledigt die ihr gegebene Arbeit. Ihr Vorgesetzter, Oliver Bibel, kommt mit ihr als Person nicht klar, d.h., er findet sie unsympathisch, deswegen kündigt er ihr.

2. Die Umsatzerwartungen der Werkzeugfabrik Philip Leber OHG haben sich nicht erfüllt. Die Philip Leber OHG muss sich betriebsbedingt von zwei Mitarbeitern trennen. Sie werden beauftragt zu klären, ob in den folgenden Fällen eine Kündigung durch den Betrieb rechtswirksam erfolgen kann und welche Fristen zu beachten sind!

   Aufgaben:

   2.1 Auszubildender Ingo ist im zweiten Ausbildungsjahr zum Industriekaufmann.

   2.2 Eva Möhrle ist seit einem Jahr im Betrieb. Sie hat eine ärztliche Bescheinigung über eine Schwangerschaft vorgelegt.

   2.3 Jens Holder, 34 Jahre, alleinstehend, ist seit 10 Jahren im Betrieb.

   2.4 Charlotte Groß, 32 Jahre, verheiratet, keine Kinder, ist seit einem Jahr im Betrieb.

   2.5 Philip Leber will auch Kira Hübner, 28 Jahre, alleinerziehend, 2 Kinder, seit 2 Jahren im Betrieb, kündigen.

3. Die Mitarbeiterin Franziska Müller (28 Jahre; 5 Jahre im Betrieb) will zum 30. Juni kündigen.

   Aufgaben:

   3.1 Ermitteln Sie ihre Kündigungsfrist!

   3.2 Geben Sie das Datum an, an dem die Kündigung dem Arbeitgeber spätestens vorliegen muss!

   3.3 Franziska Müller kündigt am 30. Mai. Geben Sie an, wann ihr letzter Arbeitstag ist!

   3.4 Dem Mitarbeiter Fabian Specht wurde fristgemäß zum 30. September gekündigt. Fabian Specht hält die Kündigung für sozial ungerechtfertigt.

   Nennen Sie die Gründe, bei denen eine Kündigung als sozial ungerechtfertigt bezeichnet wird!

4. Manuel Krimmer, 35 Jahre alt, seit 10 Jahren als Lagerist beschäftigt, nimmt sich viele Freiheiten heraus. Wiederholt hat er schon vor dem Ende der regulären Arbeitszeit (18:00 Uhr) seinen Arbeitsplatz ohne Rücksprache mit dem Vorgesetzten vorzeitig verlassen. So wieder am Freitag letzter Woche (19. Mai 20..), wo er bereits um 16:30 Uhr nicht mehr auffindbar war. Frau Stark, die Personalleiterin, bat ihn im Rahmen eines Gesprächs, das am Montag, 22. Mai 20.. stattfand, um eine Erklärung. Manuel Krimmer hatte für sein Verhalten aber keine annehmbare Begründung. Nach Rücksprache mit dem Lagerleiter und dem Betriebsrat entscheidet sich Frau Stark, Manuel Krimmer eine Abmahnung zu erteilen.

   Aufgabe:

   Formulieren Sie eine Abmahnung für Frau Stark!

50

1. Die Kassiererin Frieda Lang hat Schwierigkeiten. Ihr fehlen schon zum dritten Mal einige 50-EUR-Scheine in der Kasse. Der Chef kürzt ihr Gehalt um 10 % mit der Drohung, sie fristlos zu entlassen, wenn noch einmal ein Kassenmanko (Kassenfehlbestand) auftreten sollte. Frau Frieda Lang will wegen der Gehaltskürzung gegen ihren Arbeitgeber klagen.

   Aufgabe:

   Nennen Sie das Gericht, bei welchem sie dies tun könnte!

2. Beschreiben Sie den Instanzenaufbau der Arbeitsgerichtsbarkeit! Erörtern Sie hierbei kurz die örtliche und sachliche Zuständigkeit der Gerichte!

Lerngebiet 4: Strukturwandel untersuchen und Globalisierung einschätzen

1 Strukturwandel: Erscheinungsform, Einflussgrößen und Auswirkungen

1.1 Grundlegendes

Folgt man der allgemeinen Definition des Begriffs der **Struktur,** so spiegelt diese das Verhältnis der einzelnen Teile eines Ganzen zueinander sowie zu ihrer Gesamtheit und somit den Aufbau der Gesamterscheinung wider. Das Gefüge einer Volkswirtschaft wird im Wesentlichen durch seine **Bevölkerungs- und Wirtschaftsstruktur** geprägt.

Unter **Strukturwandel** versteht man ganz allgemein

- **dauerhafte** Veränderungen,
- die entweder **stetig oder plötzlich** als „Entwicklungsbruch" vor sich gehen und
- deren Aufwärts- und Abwärtstrend **stabil** und **unumkehrbar** ist.

Im weiteren Verlauf dieses Kapitels konzentrieren sich die Ausführungen auf die aus **volkswirtschaftlicher** Sicht **wichtigen Strukturveränderungen** bezüglich der **Bevölkerungsstruktur** und der **Wirtschaftsstruktur.**

1.2 Demografischer Wandel

1.2.1 Erscheinungsformen des demografischen Wandels

Demografie ist die **Beschreibung, Analyse** und das Aufstellen möglicher **Erklärungsansätze** für die **Bevölkerungsentwicklung** einer Volkswirtschaft.

Die **Bevölkerungslehre** kennt grundsätzlich **drei typische Fälle der Bevölkerungsentwicklung:**

- die **wachsende** Bevölkerung,
- die **stagnierende** Bevölkerung und
- die **schrumpfende** Bevölkerung.

Die Entwicklung der Bevölkerungszahl wird in der **„Alterspyramide"** deutlich. Ein wachsendes Volk besitzt tatsächlich eine „Pyramide", weil die natürliche Absterbeordnung dafür sorgt, dass die älteren Jahrgänge zahlenmäßig geringer sind als die jüngeren (Abb. 1). Die stagnierende (gleichbleibende) Bevölkerung wird in Abb. 2 gezeigt. Hier besitzt der altersmäßige Bevölkerungsaufbau eine „Glockenform". Bei einem schrumpfenden Volk (Bevölkerungsentwicklung in der Bundesrepublik Deutschland) erhalten wir eine „Zwiebelform" wie in Abb. 3.

Typische Bevölkerungsstrukturen

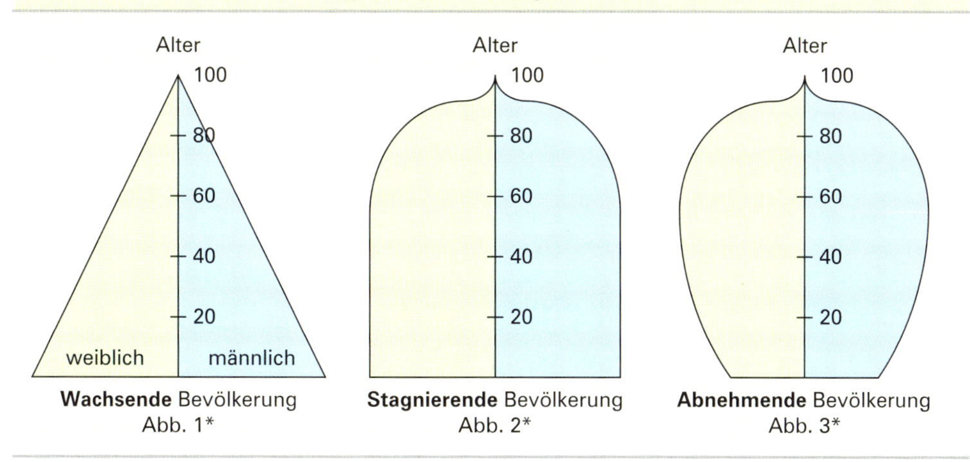

Wachsende Bevölkerung
Abb. 1*

Stagnierende Bevölkerung
Abb. 2*

Abnehmende Bevölkerung
Abb. 3*

* Die Abb. 1 bis 3 sind entnommen aus BRANDT, K.: Einführung in die Volkswirtschaftslehre, S. 66.

Im Zentrum der Bevölkerungsentwicklung stehen insbesondere Aspekte der Veränderung der Bevölkerung nach **Zahl und Altersstruktur,** wobei in diesem Zusammenhang der Entwicklung der **Geburtenrate** sowie der Veränderung der **Lebenserwartung** eine besondere Bedeutung zukommt.

Wie die nachfolgende Abbildung verdeutlicht, wird sich die Bevölkerung der Bundesrepublik Deutschland in naher Zukunft stetig **verringern.**

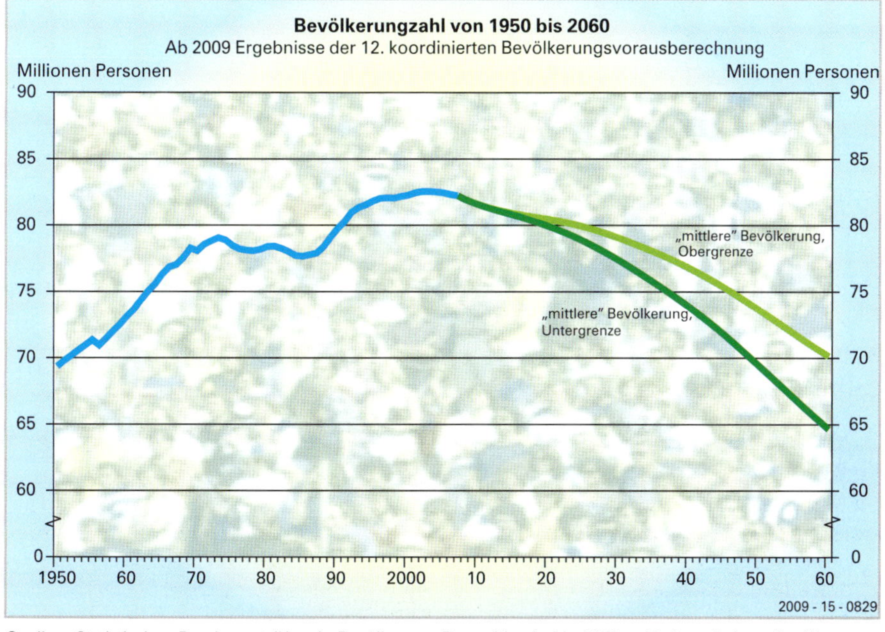

Quelle: Statistisches Bundesamt (Hrsg.): Bevölkerung Deutschlands bis 2060 – 12. koordinierte Bevölkerungsvorausrechnung, Begleitheft zur Pressekonferenz.

1.2.2 Einflussgrößen des demografischen Wandels

Die **Bestimmungsgründe** der Bevölkerungsentwicklung sind nur teilweise bekannt. So weiß man, dass biologische, soziale und ökonomische Faktoren das generative Verhalten beeinflussen. Da die **ökonomischen** Faktoren (Lebensstandard, Arbeitsbelastung) nicht isoliert werden können, aber auch nicht ständig in der gleichen Richtung wirken, lässt sich nicht eindeutig bestimmen, in welchem Ausmaß das Bevölkerungswachstum von der Wirtschaftsentwicklung abhängig ist.[1]

Die Gründe für den in den letzten Jahrzehnten zu beobachtenden **demografischen Wandel in der Bundesrepublik Deutschland** sind sehr vielschichtig. Zu den bedeutsamsten Einflussgrößen für eine zunehmend „alternde" Gesellschaft dürften der **Geburtenrückgang** sowie die **steigende Lebenserwartung** zählen.

(1) Geburtenrückgang

Die **Geburtenentwicklung in der Bundesrepublik Deutschland** ist seit den 70er-Jahren des vorangegangenen Jahrhunderts tendenziell rückläufig. Unter der Annahme einer annähernden Konstanz der Entwicklung der letzten 15 bis 20 Jahre verharrt die Geburtenziffer auch in den kommenden Jahrzehnten auf dem Niveau von knapp 1,4 Kindern je Frau.

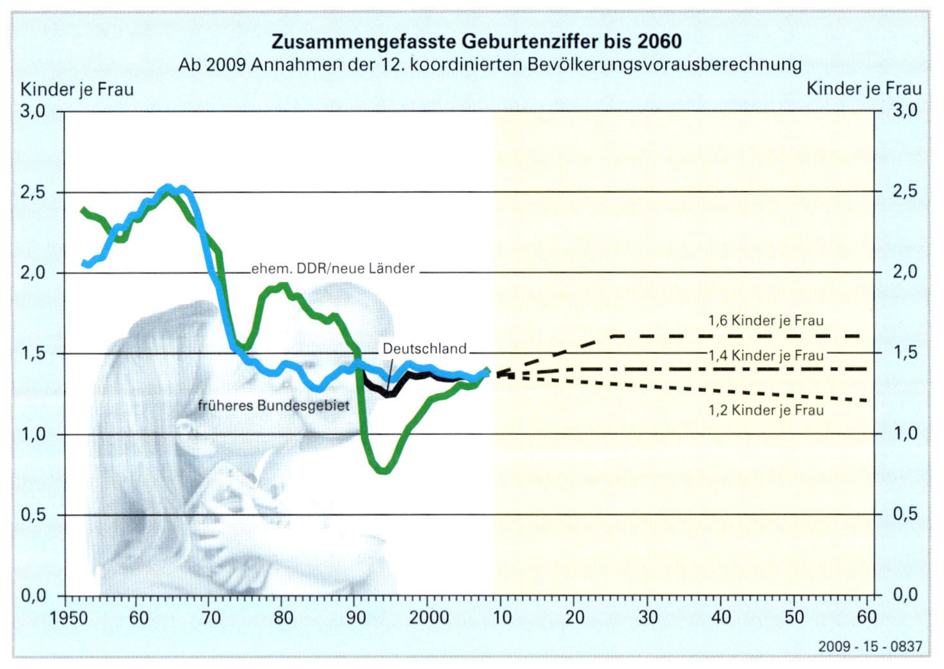

Quelle: Statistisches Bundesamt (Hrsg.): Bevölkerung Deutschlands bis 2060 – 12. koordinierte Bevölkerungsvorausrechnung, Begleitheft zur Pressekonferenz.

Der Rückgang der Geburten lässt sich auf verschiedene Entwicklungen zurückführen, von denen nachfolgend einige stellvertretend erläutert werden.

1 Brandt, K., a. a. O., S. 68.

Funktionswandel der Familie

Kinder galten bis zu Beginn des 20. Jahrhunderts hierzulande als wichtige **Arbeitskraft** im Haushalt oder in den Familienbetrieben der oft noch landwirtschaftlich geprägten ländlichen Regionen. Des Weiteren waren sie eine wichtige Säule in der **Alterssicherung** der Eltern. Diese beiden „Funktionen der Kinder" haben sich jedoch grundlegend geändert. Ursache hierfür sind vor allem

- der kontinuierliche **Rückgang der landwirtschaftlichen Familienbetriebe,**
- die – zumeist beruflich bedingte – **räumliche Auflösung von Familienstrukturen** sowie
- die stärkere **Übernahme von Fürsorgeleistungen** durch privatwirtschaftliche, gesellschaftliche und staatliche Einrichtungen.

Wie die nebenstehende Abbildung zeigt, hat sich die Zusammensetzung der Haushalte hierzulande in den letzten 100 Jahren gravierend verändert. Insbesondere der Geburtenrückgang sorgt dafür, dass die Personenzahl der Haushalte spürbar gesunken ist. Der Anteil der Single- und Zwei-Personen-Haushalte soll nach den Berechnungen des Statistischen Bundesamtes bis zum Jahr 2030 sogar noch auf über 80 % steigen.

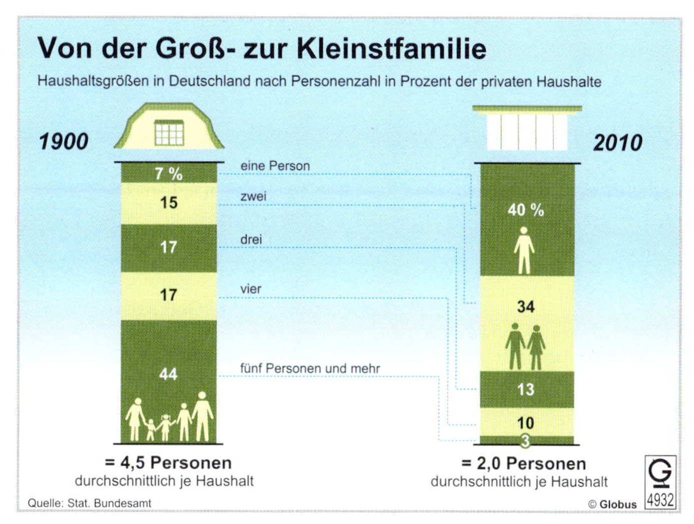

Veränderung der Rolle der Frau

Waren Frauen bis fast zur Mitte des 20. Jahrhunderts gesellschaftlich vor allem auf ihre Rolle als Mutter und Hausfrau reduziert, hat sich dies grundlegend gewandelt. Die tief greifende Veränderung der Rolle der Frau sowie deren Lebenssituation gehört zweifelsohne zu den bedeutsamsten gesellschaftlichen Umbrüchen des letzten Jahrhunderts in Deutschland und anderen Industriestaaten. Nach Jahrhunderten der Reduzierung auf die Hausfrauen- und Mutterrolle, Benachteiligung und des Vorherrschens von Vorurteilen haben sich die Frauen seit Mitte des vorigen Jahrhunderts daran gemacht, schrittweise bessere Bildung und Ausbildung, berufliche Möglichkeiten, gesellschaftlichen und politischen Einfluss und damit letztendlich die **Gleichberechtigung** zu erkämpfen.

Somit ist es nicht verwunderlich, dass in der heutigen Zeit die **Bildungs- und Berufsorientierung** von Frauen die Realisierung bestehender Kinderwünsche behindert. Kinder binden nach wie vor insbesondere die Mütter ans Haus. Damit kollidiert der Kinderwunsch mit dem sich ausbreitenden Wunsch der Frauen, einer Berufstätigkeit nachzugehen und sich auch anderweitig aus den Bindungen des häuslichen Bereichs zu lösen.

Beispiel:

So verzichten Frauen mit **höherem Bildungsniveau** häufiger auf Kinder. Die Kinderlosigkeit ist bei der Gruppe der Akademikerinnen unter 40 Jahren besonders stark ausgeprägt.

Konsumdenken und anspruchsvoller Lebenswandel

Kinder stellen einen **Kostenfaktor** dar, weil sie einen erheblichen Kostenaufwand verursachen, der zur sozioökonomischen Benachteiligung von Familien mit Kindern beiträgt. Nach den neuesten Studien zur Armutsentwicklung in Deutschland gilt die **Geburt eines Kindes** als eines der größten **Armutsrisiken** hierzulande. Dies ist nicht nur auf die „Kosten des Unterhalts" zurückzuführen, vielmehr sind wegen der Kindererziehung die Einkommensmöglichkeiten der Eltern stark eingeengt. Vor allem im Osten Deutschlands sind materielle Notlagen ausschlaggebend für den Geburtenrückgang.

Des Weiteren verursachen Kinder **Opportunitätskosten:**[1] Der Erziehungsaufwand schränkt die Bewegungsfreiheit der Eltern in räumlicher und zeitlicher Hinsicht ein. Kinder treten damit in Widerspruch zu dem Wunsch nach **hohem Lebensstandard** und **persönlicher Ungebundenheit**.

Sonstige Gründe

Die Anforderungen und Ansprüche an die Eltern als Erzieher haben sich im Zuge der **Pädagogisierung der Gesellschaft** und der steigenden Bedeutung von Bildung spürbar erhöht. Diesen gestiegenen Anforderungen an die Elternrolle fühlen sich viele nicht gewachsen, woraufhin sie sich gegen Kinder entscheiden. Begünstigt wird diese Entscheidung gegen Kinder durch die **nicht ausreichende Infrastruktur** bei den Betreuungsangeboten.

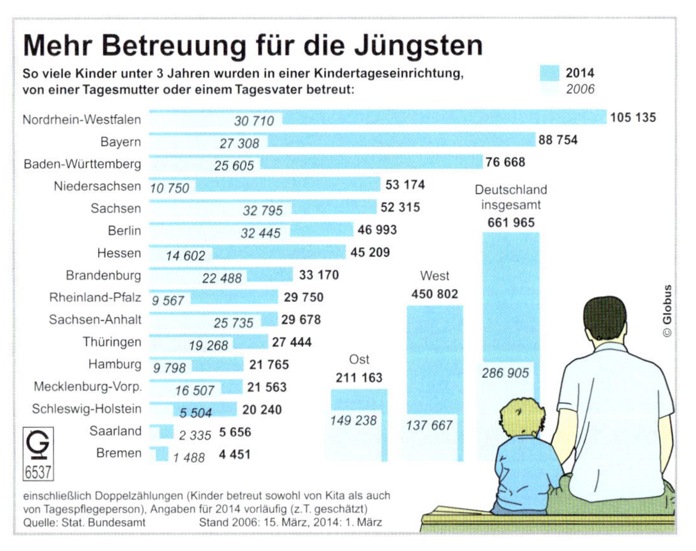

Anfang März 2014 wurden nach vorläufigen Zahlen des Statistischen Bundesamts rund 662000 Kinder unter drei Jahren in Kindertageseinrichtungen oder von Tagesmüttern bzw. -vätern betreut. Das waren mehr als doppelt so viele wie acht Jahre zuvor, als die Zahl noch bei rund 287000 lag. Gestiegen ist die Zahl der betreuten unter Dreijährigen in diesem Zeitraum insbesondere in Westdeutschland: Von rund 138000 im Jahr 2006 hat sie sich mit rund 451000 im Jahr 2014 mehr als verdreifacht: Im Vergleich zum Vorjahr ist die Zahl der betreuten unter Dreijährigen Anfang März 2014 in Deutschland um 10,6 % gestiegen. Im Jahr zuvor hat die Steigerungsrate noch bei 6,8 % gelegen. Der höhere Anstieg im Jahr 2014 ist vor dem Hintergrund zu sehen, dass seit dem 1. August 2013 Kinder ab dem vollendeten ersten Lebensjahr bundesweit einen Anspruch auf einen öffentlich geförderten Betreuungsplatz haben.

---

1 **Opportunitätskosten** sind die „Alternativkosten" im Sinne des entgangenen Nutzens für jene Alternative(n), die nicht gewählt wird (werden).

Als **weitere Gründe** für den Geburtenrückgang können angeführt werden:

- bewusstere Familienplanung durch die Verbreitung der „Pille",
- die Scheu vor langfristigen Festlegungen bzw. langfristig bindenden Lebensentwürfen,
- die – im Gegensatz zu früher – gestiegene gesellschaftliche Akzeptanz von Kinderlosigkeit sowie
- die zunehmende Instabilität der Partnerschaften.

(2) Verlängerung der Lebenserwartung

Aufgrund des medizinischen Fortschritts und der besseren Versorgung der Bevölkerung ist die Lebenserwartung in den letzten Jahrzehnten kontinuierlich gestiegen. Nach den neuesten Studien zum **Jahr 2014** beträgt die Lebenserwartung für einen neugeborenen **Jungen 78 Jahre,** bei einem **Mädchen** sind es gar **83 Jahre**. Auch die Lebenserwartung älterer Menschen hat zugenommen, sodass die Bevölkerung hierzulande insgesamt altert.

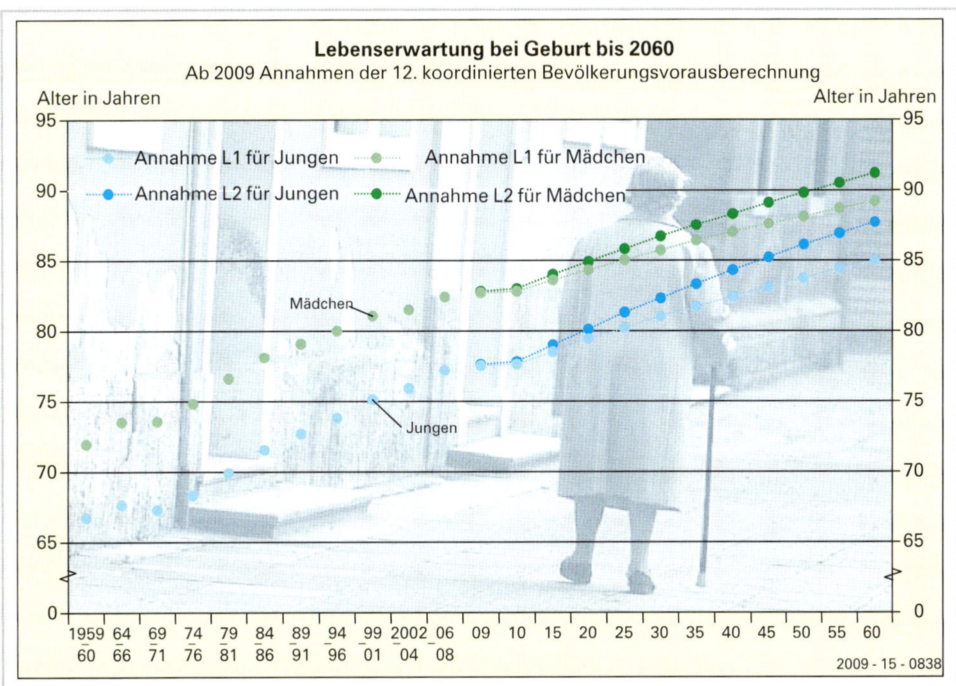

In Deutschland wird seit über 130 Jahren ein kontinuierlicher Rückgang der Sterblichkeit und ein Anstieg der Lebenserwartung beobachtet. Zu dieser Entwicklung haben maßgeblich die Fortschritte in der medizinischen Versorgung, der Hygiene, der Ernährung, der Wohnsituation sowie die verbesserten Arbeitsbedingungen und der gestiegene materielle Wohlstand beigetragen. Die Sterblichkeit ist seit Ende des 19. Jahrhunderts zunächst vor allem bei Säuglingen und Kindern stark zurückgegangen. In der zweiten Hälfte des letzten Jahrhunderts ist auch die Sterblichkeit älterer Menschen erheblich gesunken.

Die Sterblichkeitsverhältnisse und die durchschnittliche Lebenserwartung werden seit Gründung des Deutschen Reichs im Jahr 1871 regelmäßig mithilfe von sogenannten Periodensterbetafeln nachgewiesen. Die durchschnittliche Lebenserwartung zeigt hierbei, wie viele Lebensjahre neugeborene männliche oder weibliche Kinder zu erwarten hätten, wenn das zu einem Zeitpunkt beobachtete Sterberisiko der Bevölkerung in den einzelnen Altersjahren während ihres ganzen Lebens erhalten bliebe. Für Personen, die ein bestimmtes Alter schon erreicht haben, zum Beispiel für die 65-Jährigen, wird die Anzahl der weiteren Lebensjahre mit der sogenannten durchschnittlichen ferneren Lebenserwartung ausgedrückt.

Mit Blick auf die bisherige Entwicklung in Deutschland und die Lebenserwartung in anderen entwickelten Staaten der Welt wird angenommen, dass die Auswirkungen der im Vergleich zu früheren Generationen verbesserten Lebensumstände und weitere Verbesserungen in der medizinischen Versorgung der Bevölkerung auch künftig in Deutschland zu einem weiteren Anstieg der Lebenserwartung führen.

Für die 12. koordinierte Vorausberechnung wurden zwei Annahmen zur Entwicklung der Lebenserwartung bis zum Jahr 2060 getroffen, wobei jedoch zukünftig mit einem gegenüber den letzten Jahren verlangsamten Anstieg gerechnet wird (siehe Schaubild). Beide Annahmen basieren auf dem kontinuierlichen Anstieg der Lebenserwartung, wobei zukünftig verstärkt die höheren Altersstufen den Anstieg der Lebenserwartung beeinflussen werden. In den niedrigen Altersstufen ist das Sterberisiko bereits sehr gering und eine Verbesserung der Verhältnisse wirkt sich hier nur noch relativ wenig auf die Entwicklung der Gesamtlebenserwartung aus.

Quelle: Statistisches Bundesamt (Hrsg.): Bevölkerung Deutschlands bis 2060 – 12. koordinierte Bevölkerungsvorausrechnung, Begleitheft zur Pressekonferenz.

1.2.3 Auswirkungen des demografischen Wandels

Die bevorstehenden Veränderungen der Bevölkerungsstruktur sind unter dem Etikett „demografischer Wandel" mittlerweile ins Bewusstsein von Politik und Öffentlichkeit getreten. Insbesondere die **wirtschaftliche Entwicklung** unseres Landes und die **Sozialversicherungssysteme** sind von der Alterung der Gesellschaft massiv betroffen.

(1) Auswirkungen auf die wirtschaftliche Entwicklung

Betrachten wir im Folgenden die Bevölkerungsentwicklung als gegeben (als „Datum") und untersuchen wir ihren **Einfluss** auf die **wirtschaftliche Entwicklung.**

Angenommen, die Bevölkerung stagniert. Bei gegebenem technischen Stand und bei ausreichenden Vorräten an sachlichen Produktionsfaktoren hängt dann die Produktion wirtschaftlicher Güter von der **Erwerbsquote** ab.

Unter **Erwerbsquote** versteht man den prozentualen Anteil der Erwerbstätigen an der Gesamtbevölkerung.

ANSTIEG der Erwerbsquote	**Steigt** die **Erwerbsquote** unter sonst gleichen Bedingungen, nimmt die Gesamtproduktion und die Pro-Kopf-Produktion, also der durchschnittliche materielle Lebensstandard, zu.
RÜCKGANG der Erwerbsquote	**Sinkt** die **Erwerbsquote,** nimmt auch die Produktion ab. Voraussetzung ist immer, dass genügend natürliche Produktionsfaktoren zur Verfügung stehen.

Eine sinkende Erwerbsquote führt auch bei stagnierender Bevölkerung nicht zur Abnahme der Produktion, wenn aufgrund des technischen Fortschritts je Arbeitskraft **mehr** erzeugt werden kann.[1] Es mag sogar sein, dass der technische Fortschritt einen Rückgang der Erwerbsquote derart überkompensiert, dass sowohl die Gesamtproduktion als auch die Pro-Kopf-Produktion steigen.

Die **Gründe** für einen **Rückgang der Erwerbsquote** können mannigfacher Art sein. So ist es z. B. möglich, dass durch Gesetz die Zahl der Erwerbstätigen verringert wird. (Beispiele: Verlängerung der Schulpflicht, Herabsetzung des Renten- bzw. Pensionsalters). Der Übergang von einer stagnierenden Bevölkerung zur wachsenden Bevölkerung führt zunächst zu einem sinkenden Anteil der arbeitenden Bevölkerung an der Gesamtbevölkerung. Schrumpft die Bevölkerung, führt dies dann zu sinkender Erwerbsquote, wenn die Zahl der nicht mehr im Berufsleben stehenden (Rentner, Pensionäre) schneller steigt als die Zahl der ins Berufsleben tretenden jungen Menschen. Außerdem führen rein wirtschaftliche Gründe zu einem Rückgang der Erwerbsquote (z. B. Konjunkturrückgänge, Rohstoffmangel, strukturelle Mängel der Volkswirtschaft).

In der nachfolgenden Tabelle wird der Zusammenhang zwischen **Erwerbsquote, technischem Fortschritt** und **Erzeugung wirtschaftlicher Güter** bei **stagnierender** Bevölkerung gezeigt.

Zusammenhänge zwischen Erwerbsquote und technischem Fortschritt bei stagnierender Bevölkerung			
Erwerbsquote	**Technischer Fortschritt**	**Gesamterzeugung**	**Pro-Kopf-Erzeugung**
konstant	konstant	konstant	konstant
	zunehmend	steigt	steigt
sinkt	konstant	sinkt	sinkt
	zunehmend, hält aber mit Rückgang der Erwerbsquote nicht Schritt	sinkt	sinkt
	zunehmend, kompensiert den Rückgang der Erwerbsquote	konstant	konstant
	zunehmend, überkompensiert den Rückgang der Erwerbsquote	steigt	steigt
steigt	konstant	steigt	steigt
	zunehmend	steigt schneller als Erwerbsquote	steigt schneller als Erwerbsquote

1 Das Verhältnis von volkswirtschaftlicher Ausbringungsmenge je Arbeitskraft bezeichnet man als **Arbeitsproduktivität**.

Ähnliche Überlegungen lassen sich auch bei einer **wachsenden** Bevölkerung anstellen. Hierzu einige Beispiele, die man ohne Weiteres durch die Vornahme weiterer Kombinationen ergänzen könnte.

Zusammenhänge zwischen Erwerbsquote und technischem Fortschritt bei wachsender Bevölkerung			
Erwerbsquote	**Technischer Fortschritt**	**Gesamt-erzeugung**	**Pro-Kopf-Erzeugung**
konstant	konstant	steigt	konstant
	zunehmend	steigt	steigt
sinkt im umgekehrten Verhältnis zum Bevölkerungswachstum	konstant	konstant	sinkt
sinkt langsamer als die Bevölkerung zunimmt	konstant	steigt	sinkt
sinkt schneller als die Bevölkerung zunimmt	konstant	sinkt	sinkt

(2) Auswirkungen auf die Sozialversicherung

Neben den ökonomischen Auswirkungen sind auch die Folgen für die Sozialversicherung anzuführen. Der Anstieg der Lebenserwartung führt zu **wachsenden Ausgaben** bei der Sozialversicherung. So werden hierdurch nicht nur die **Kranken- und Pflegeversicherung** entsprechend stärker belastet; die Verlängerung der Lebenserwartung hat auch eine Zunahme der Rentenbezugsdauer und somit einen Anstieg der Ausgaben der **gesetzlichen Rentenversicherung** zur Folge.

Die Abbildung auf S. 209 zeigt die gravierende Veränderung des Altersaufbaus in der Bevölkerung der Bundesrepublik Deutschland. Die **Zunahme** der **älteren** bei gleichzeitiger **Abnahme** der **jüngeren Generation** führt dazu, dass immer **weniger** Beitragszahler eine **steigende** Anzahl von Rentnern finanzieren müssen; die Schere zwischen Einnahmen und Ausgaben der gesetzlichen Rentenversicherung klafft immer weiter auseinander.

Diese Negativentwicklung wurde in den vergangenen Jahrzehnten auch dadurch noch verstärkt, dass der **Einstieg** in das **Berufsleben** und damit die Zahlung von Beiträgen im Durchschnitt immer **später** erfolgte. Parallel dazu schieden die Arbeitnehmer – beispielsweise durch Vorruhestandsregelungen – immer **früher** aus dem Erwerbsleben aus, wodurch nicht nur Beitragseinnahmen verloren gingen, sondern vielmehr sogar durch die vorgezogenen Rentenzahlungen die Rentenkasse zusätzlich belastet wurde.

Neben der gesetzlichen Rentenversicherung sind auch die übrigen Sozialversicherungszweige von den vorgenannten Entwicklungen negativ betroffen, da ein Rückgang der „beitragszahlenden" Bevölkerungsschicht unweigerlich zu Einnahmeeinbußen führt.

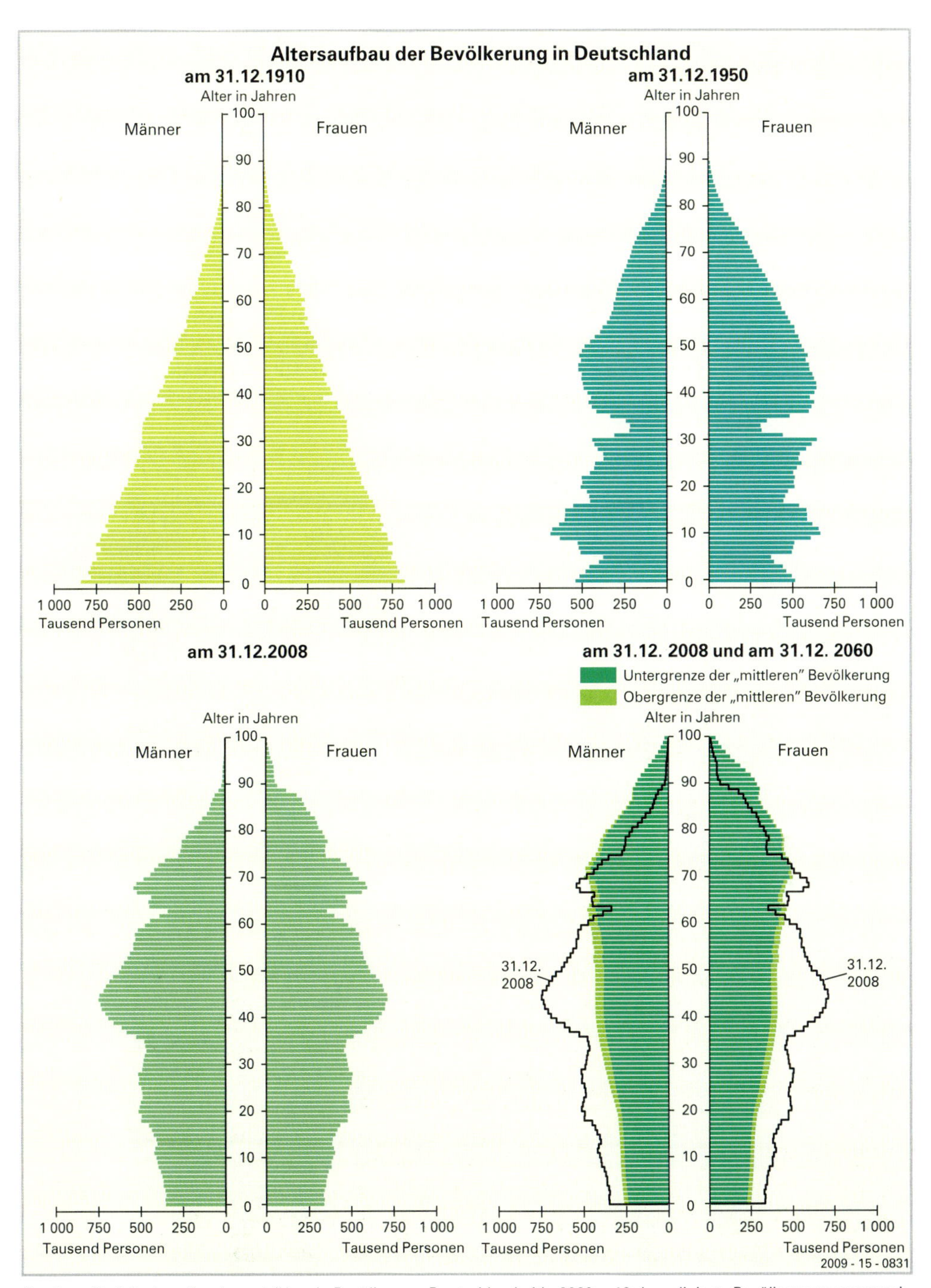

Quelle: Statistisches Bundesamt (Hrsg.): Bevölkerung Deutschlands bis 2060 – 12. koordinierte Bevölkerungsvorausrechnung, Begleitheft zur Pressekonferenz.

14 Speth - ISBN 978-3-8120-0592-0

1.3 Ökonomischer Strukturwandel

1.3.1 Erscheinungsformen des ökonomischen Wandels

Unter einem **Strukturwandel im ökonomischen Sinne** versteht man allgemein **die mit der marktwirtschaftlichen Dynamik verbundenen** mehr oder weniger stetigen **Veränderungen** der wertmäßigen Beiträge der einzelnen Wirtschaftszweige und Wirtschaftssektoren zum Sozialprodukt.

So nimmt – wie nachfolgende Abbildung verdeutlicht – der Beitrag zum gesamtwirtschaftlichen Produktionsergebnis einzelner **Wirtschaftsbereiche** wie der Land- und Forstwirtschaft dabei verhältnismäßig ab, während der Anteil anderer Wirtschaftssektoren, z.B. des Dienstleistungsbereichs, zunimmt. Beschleunigt und verstärkt wird der Strukturwandel durch **neue Techniken und Technologien** sowie den zunehmenden internationalen Wettbewerb.

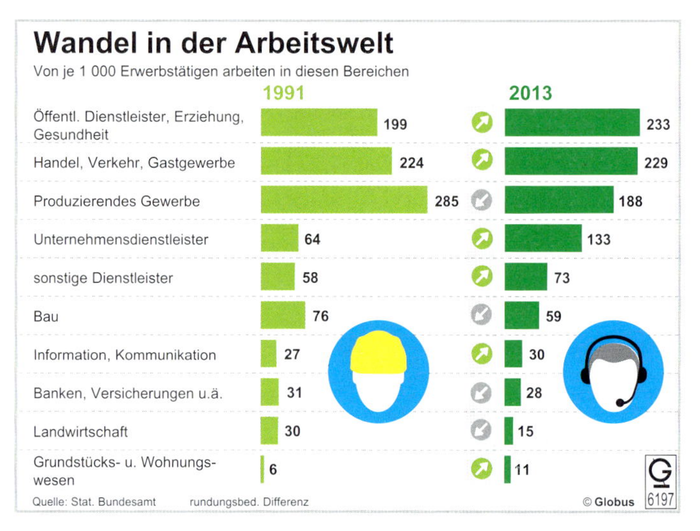

Ein Industrieland im klassischen Sinne ist Deutschland schon lange nicht mehr. Der Trend geht in Richtung Dienstleistungsgesellschaft, denn bereits 74 % der Erwerbstätigen arbeiten im Dienstleistungssektor. Dieser Bereich umfasst Handel, Banken und Versicherungen, aber auch die Gastronomie, Friseure und Pflegedienste, um nur einige der Branchen zu nennen, die Dienstleistungen für Verbraucher und Unternehmen anbieten. Service-Unternehmen sind arbeitsintensiv, deshalb sehen Experten in diesem Bereich das größte Job-Potenzial. Industriearbeitsplätze hingegen verschwinden. Von 1991 bis heute sank der Anteil des produzierenden Gewerbes (Industrie, Bergbau, Energiewirtschaft) von 29 % auf unter 19 %. Und auch in der Landwirtschaft gibt es immer weniger Jobs, denn die erheblich gestiegene Produktivität, beispielsweise durch den vermehrten Einsatz von Maschinen, macht es möglich, dass immer weniger Bauern die Bevölkerung mit Nahrungsmitteln versorgen.

Den **Strukturwandel** kann man

- auf die **Zusammensetzung der Produktion** eines Landes (Produktionsstruktur) nach Wirtschaftszweigen (**sektorale** Struktur) beziehen,
- auf **Regionen oder Wirtschaftsräume** (**regionale** Struktur) oder
- auf die entsprechenden **Änderungen der Aufteilung der Beschäftigten** (Erwerbsstruktur, Beschäftigungsstruktur) nach Sektoren, Regionen, Qualifikation oder Alter.

Strukturveränderungen erfordern ständige Anpassungsprozesse und vorausschauende Maßnahmen der **Strukturpolitik,** um z. B. Wachstumsverluste oder strukturelle Arbeitslosigkeit zu verhindern bzw. abzumildern.

1.3.2 Auswirkungen des ökonomischen Wandels

Der **ökonomische** Strukturwandel kann sowohl zu volkswirtschaftlichen Produktivitäts- und Wachstumssteigerungen führen, gleichzeitig aber auch ökonomische Anpassungsprobleme und **soziale Härten** besonders in Schrumpfungsbereichen (z. B. Kohlebergbau, Landwirtschaft, Werftindustrie) mit sich bringen, die strukturpolitisches staatliches Handeln erforderlich machen können. So kommt es beispielsweise selbst bei im Wesentlichen funktionierender Marktsteuerung gelegentlich in Teilbereichen wegen mangelnder Fähigkeit der Wirtschaftssubjekte, sich unverzüglich und vollständig allen Strukturwandlungen anzupassen, zu **hartnäckigen Ungleichgewichten** auf den sektoralen und regionalen **Arbeitsmärkten.**

Des Weiteren führt der Strukturwandel auf den Gütermärkten häufig zu **lang andauernden Überkapazitäten** infolge einer zu zögerlichen Umstellung der Produktion (z. B. im Kohlebergbau) sowie auch vereinzelt zu **Produktionsengpässen** bei zu schneller Produktionsverlagerung seitens der Unternehmen.

In den Fällen, in denen keine **Impulse des Marktes** das Erfordernis von Umstellungen rechtzeitig signalisieren oder das strukturwandelbedingte Marktgeschehen zu einem langwierigen und sozial zu schmerzhaften Anpassungsprozess führen würde, versucht häufig der **Staat,** die Anpassungsprozesse mittels Anpassungshilfen (z. B. Beihilfen zu Umschulungen oder Produktionsumstellungen) abzukürzen und für die vom Strukturwandel belasteten Wirtschaftssubjekte bewältigbar und sozial erträglich zu machen. Mitunter **bremst** der Staat auch den Strukturwandel, um den Anpassungszeitraum für die Wirtschaftssubjekte zu strecken, was jedoch in der Regel mit Wachstumseinbußen und somit Wohlfahrtsverlusten einhergeht.

1.3.3 Strukturpolitik

(1) Begriff und Formen der Strukturpolitik

Begriff Strukturpolitik

Neben der **Ordnungspolitik** (z. B. Wettbewerbsordnung, Gewerbeordnung, Eigentumsordnung) und der **Konjunkturpolitik**[1] ist die Strukturpolitik in marktwirtschaftlich ausgerichteten Volkswirtschaften die **dritte Säule** wirtschaftspolitischen Handelns.

Die **Strukturpolitik** ist ein Oberbegriff für die Gesamtheit der Maßnahmen zur **Gestaltung der Struktur** einer Volkswirtschaft.

Zur Strukturpolitik zählen demzufolge nur jene Maßnahmen und Bestrebungen wirtschaftspolitischer Instanzen, die **bewusst und gewollt** auf Wirtschaftsstrukturen oder wirtschaftsstrukturelle Entwicklungen abzielen, indem sie

- bestimmte **Strukturelemente oder strukturbestimmende Relationen** (wie z. B. die Wettbewerbsverhältnisse) von Wirtschaftszweigen und/oder Regionen **abweichend** von den allgemein gültigen Ordnungsprinzipien (z. B. dem Wettbewerbsprinzip) **regeln;**

1 Auf die Konjunkturpolitik wird im Band 3, Lerngebiet 5, Kapitel 2.2 eingegangen.

- **Strukturwandlungen** innerhalb von und zwischen Wirtschaftszweigen und/oder Regionen in einer Gesamtwirtschaft **auslösen** und/oder **verstärken** oder **abschwächen** und/oder **unterbinden;**
- die **Fähigkeit und die Willigkeit** der Wirtschaftssubjekte, sich dem Strukturwandel in den Wirtschaftszweigen und Regionen anzupassen, **fördern.**

Formen der Strukturpolitik

Strukturpolitik wird in regionaler und sektoraler Form umgesetzt:

Regionale Strukturpolitik	Regionale Strukturpolitik will das wirtschaftliche Wachstum in bestimmten Regionen beeinflussen.
Sektorale Strukturpolitik	Sektorale Strukturpolitik hat das Ziel, das Wachstum einzelner **Sektoren** der Volkswirtschaft oder, innerhalb eines Sektors, das Wachstum einzelner **Branchen** zu fördern bzw. Schrumpfungsprozesse zu verlangsamen. Die Förderung einzelner Branchen der Industrie wird auch als **Industriepolitik** bezeichnet. Des Weiteren sollen im Rahmen der sektoralen Strukturpolitik bestimmte zukunftsträchtige Technologien und Wirtschaftszweige bewusst gefördert werden.

Mögliche **Ansatzpunkte der Strukturpolitik** können demzufolge **einzelne Wirtschaftssubjekte,** bestimmte **Branchen** oder ganze **Regionen** sein. Obgleich in entwickelten Marktwirtschaften mit **funktionsfähiger** Wettbewerbsordnung und **leistungsfähigem** Ausbildungssystem erfahrungsgemäß nur relativ wenig gravierende Strukturprobleme auftreten, hat sich die Strukturpolitik dennoch **exponentiell** ausgedehnt. Die Ursache hierfür ist im Wesentlichen darin zu sehen, dass sich diese Form der Wirtschaftspolitik mehr und mehr zum „Spielball der Parteien" im Kampf um politische Regierungsmacht entwickelt hat, um durch „Gruppenbegünstigungen" bestimmter Interessenverbände Wählerstimmen zu erhalten.

Beispiele:

Alle Bundesregierungen seit 1949 haben Strukturpolitik betrieben: **Sektorale Förderung** wurde vor allem der Landwirtschaft, dem Wohnungsbau, Bergbau und Verkehr, der Stahlindustrie und der Stromerzeugung zuteil. Ab 1955 kam die Kernenergie, in den 60er-Jahren der Schiffbau, die Luft- und Raumfahrt, in den 70er-Jahren die Mikroelektronik und in den 80er-Jahren die Umwelttechnologie hinzu.

Von Anfang an gab es auch **regionale** Hilfsprogramme, z.B. für West-Berlin, für die Zonenrand- und Grenzgebiete sowie in der Zeit nach der Wiedervereinigung für die neuen Bundesländer.

(2) Ziele der Strukturpolitik

Sozialverträgliche Gestaltung des Strukturwandels

Der Staat sollte den Strukturwandel nicht behindern, aber bruchartige Entwicklungen mit unzumutbaren sozialen Härten vermeiden helfen, indem er beispielsweise die Anpassung an veränderte Wettbewerbsbedingungen fördert. Anpassungshilfen zielen dabei auf die Veränderung bestehender Strukturen und sollten nach einiger Zeit entbehrlich werden.

Forschungs- und Technologieförderung

Sie erfolgt durch direkte Projektförderung bei risikoreichen, aufwendigen, die Privatwirtschaft überfordernden längerfristigen Forschungsvorhaben und Entwicklungen oder in besonders wichtigen branchenübergreifenden Schlüsseltechnologien sowie in Bereichen der staatlichen Daseins- und Zukunftsvorsorge. Hinzu kommt die Stärkung der technischen Leistungskraft der Unternehmen durch Produktivitäts- und Wachstumshilfen.

Beispiele:

- Personalkostenzuschüsse für Forschung und Entwicklung,
- Förderung technologieorientierter Unternehmensgründungen,
- Förderung der Anwendung von Robotern in der Fertigungstechnik.

Erhaltung existenzbedrohter, aber sanierungsfähiger Unternehmen oder ganzer Wirtschaftsbereiche in Ausnahmefällen

In Betracht kämen Subventionen vor allem in der Landwirtschaft zur Erhaltung des bäuerlichen Familienbetriebs und im Kohlebergbau aus Gründen der Versorgungssicherheit. Bei Erhaltungssubventionen muss jedoch das Subsidiaritätsprinzip beachtet werden. Bei möglichst geringem Aufwand sollten die Subventionen **Hilfen zur Selbsthilfe** sein.

(3) Instrumente und Träger der Strukturpolitik

Wichtigste **Instrumente der Strukturpolitik** sind, abgesehen von Infrastrukturmaßnahmen, Subventionen in Form von Finanzhilfen und Steuerermäßigungen an Unternehmen. Die sektorale Wirtschaftsstruktur kann außerdem durch Protektionismus[1] (Zölle, Einfuhrkontingente, Selbstbeschränkungsabkommen oder administrative Handelsbeschränkungen) beeinflusst werden.

Träger der Strukturpolitik sind vor allem der Bund und die Länder. Die Gemeinden fördern die Gewerbeansiedlungen außer durch Infrastrukturmaßnahmen durch das Anbieten und Erschließen verbilligter Grundstücke in beträchtlichem, wenn auch schwer quantifizierbarem Maße.

Neben den vorgenannten nationalen Trägern hat die **Europäische Union** einen erheblichen Bedeutungszuwachs in der Regionalpolitik erfahren. Heute wird sie zumeist im Zusammenhang mit der **Struktur- und Kohäsionspolitik**[2] gesehen. Hierbei geht es in erster Linie um den Ausgleich der vorhandenen **wirtschaftlichen und sozialen** Unterschiede zwischen den Mitgliedsländern der Europäischen Union. Vor allem die Einkommensunterschiede haben nach der EU-Osterweiterung am 1. Mai 2004 noch deutlich zugenommen.

Von Bedeutung ist auch die geografische Verteilung von Arm und Reich innerhalb der Staatengemeinschaft. Auffallend dabei ist, dass sich Regionen, deren Einkommen **unter 75 Prozent** des Gemeinschaftsdurchschnitts liegen – sogenannte **„Ziel-1-Gebiete"** der Gemeinschaft – vor allem in den Randlagen der Europäischen Union befinden. Nahezu alle Regionen in den neuen EU-Staaten Mittel- und Osteuropas gehören in diese Kategorie.

1 **Protektionismus:** Schutz der einheimischen Produktion gegen die Konkurrenz des Auslandes durch Maßnahmen der Außenhandelspolitik.

2 Unter **Kohäsion** versteht man den Zusammenhalt, im vorliegenden Fall also den Zusammenhalt innerhalb einer Staatengemeinschaft.

Insgesamt ist heute rund **ein Drittel** des EU-Haushalts für strukturpolitische Maßnahmen vorgesehen. Regional- und strukturpolitische Ausgaben sind damit der **zweitgrößte Ausgabenposten** der Union nach der Agrarpolitik. Die Europäische Union unterstützt die wirtschaftliche und soziale Entwicklung durch **drei Strukturfonds**:

- Aus dem Europäischen Fonds für regionale Entwicklung, kurz **„Regionalfonds"** oder auch „EFRE" genannt, werden die regionalpolitischen Strukturbeihilfen finanziert.
- Der Europäische **Sozialfonds** (ESF) wurde zur Finanzierung der sozialpolitischen Vorhaben der EU eingerichtet.
- Mit dem **Kohäsionsfonds**[1] werden Vorhaben in den Bereichen Umwelt, transeuropäische Netze sowie Projekte in Bereichen unterstützt, die die nachhaltige Entwicklung betreffen (z.B. Energieeffizienz, erneuerbare Energieträger).

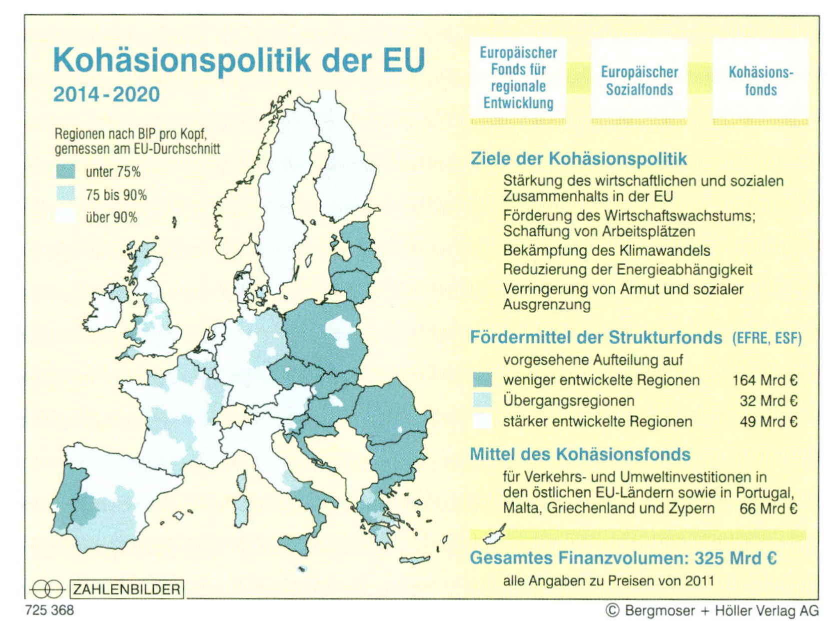

Hinzu kommen zahlreiche weitere Förderinstrumente und -programme. So werden z.B. die **Agrarausgaben** aus zwei Fonds finanziert, die Teil des Gesamthaushaltplans der EU sind:

- Aus dem **Europäischen Garantiefonds für die Landwirtschaft (EGFL)** werden die Direktzahlungen an Landwirte und Maßnahmen zur Regulierung oder Unterstützung der Agrarmärkte finanziert.
- Aus dem **Europäischen Landwirtschaftsfonds für die Entwicklung des ländlichen Raums (ELER)** wird der Beitrag der EU zu Programmen für den ländlichen Raum finanziert.

Die Gemeinschaftsinitiativen sind **Förderprogramme für besondere Problembereiche,** wie die grenzüberschreitende Zusammenarbeit (Programm „Interreg"), die städtischen Ballungsgebiete (Programm „Urban"), die besonders strukturschwachen ländlichen Räume (Programm „Leader") sowie die Gleichstellung von Mann und Frau und von benachteiligten Gruppen im Berufsleben (Programm „Equal").

1 **Kohäsion** (lat.): Zusammenhalt.

Daneben gibt es eine Vielzahl zusätzlicher Förderprogramme, unter anderem im **Umweltbereich** („Life“) und in der **Kultur- und Bildungspolitik** (Studentenaustauschprogramm „Erasmus“), die den Regionen zugute kommen.

(4) Grenzen der Strukturpolitik

Dass der Strukturpolitik Grenzen gesetzt sind, wird im Folgenden am Beispiel von Subventionen aufgezeigt.

- **Subventionen** sind Unterstützungszahlungen der öffentlichen Hand an Unternehmen, **ohne** dass diesen staatlichen Leistungen eine spezielle **Gegenleistung** der begünstigten Unternehmen gegenüberstünde.
- Subventionen können in Form von **direkten Geldleistungen (Finanzhilfen)** oder **indirekt wirkenden steuerlichen Nachlässen** (Steuervergünstigungen) gewährt werden.

Subventionsquoten des Bundes

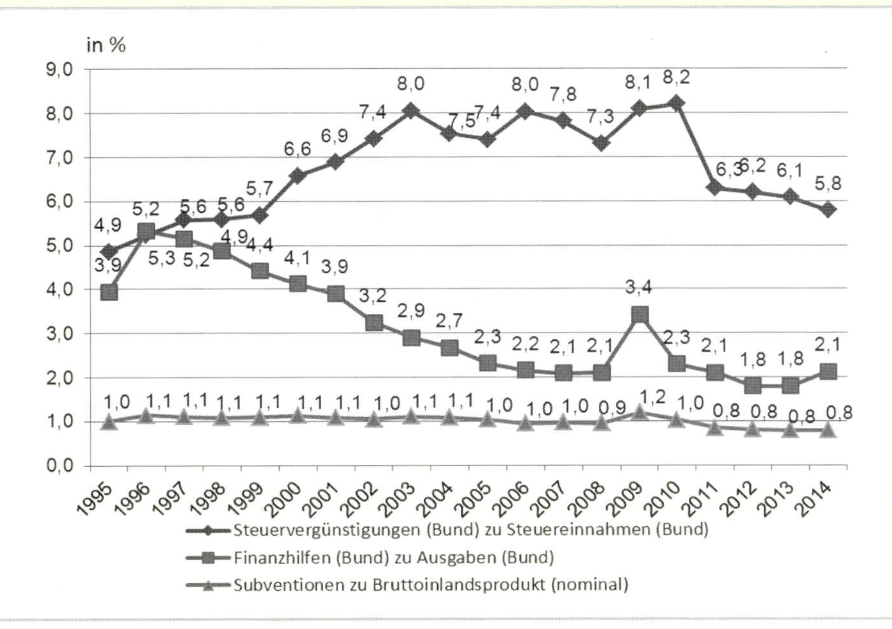

Quelle: 24. Subventionsbericht der Bundesregierung, hrsg. vom BM Finanzen, Berlin 2014, S.11.

Die Grafik macht deutlich, dass der **Subventionsabbau** – nicht zuletzt mit Blick auf die angespannte Finanzsituation der öffentlichen Haushalte – nur langsam in die Gänge kommt. Auch geht dieser Abbau nicht gänzlich ohne neue „Geschenke“ in Form von Subventionen vonstatten.

Ergänzend ist anzuführen, dass die **Wettbewerbsregeln** der **Europäischen Union** die Gewährung nationaler Beihilfen **verbieten.** Diese dürfen nur in Ausnahmefällen von den Mitgliedstaaten beantragt und von der EU-Kommission genehmigt werden, um so einen **„Subventionswettlauf“** und somit **Wettbewerbsverzerrungen** zu vermeiden.

Zusammenfassung

- Unter **Strukturwandel** versteht man ganz allgemein **dauerhafte** Veränderungen, die entweder **stetig oder plötzlich** als „Entwicklungsbruch" vor sich gehen und deren Aufwärts- und Abwärtstrend **stabil** und **unumkehrbar** ist.
- Die **Beschreibung, Analyse** und das Aufstellen möglicher **Erklärungsansätze** für die **Bevölkerungsentwicklung** einer Volkswirtschaft bezeichnet man als **Demografie.**
- Im Rahmen der **Demografie** unterscheidet man zwischen **wachsender, stagnierender und abnehmender Bevölkerung.**
- Zu den wichtigsten Einflussgrößen für eine **„alternde" Gesellschaft** zählen der **Geburtenrückgang** sowie die **steigende Lebenserwartung.**
- Der **Geburtenrückgang** ist vor allem auf den **Funktionswandel der Familie,** die Veränderung der **Rolle der Frau** sowie auf **neue Lebensentwürfe** zurückzuführen.
- Der **medizinische Fortschritt** gilt als Hauptgrund für die stetig **zunehmende Lebenserwartung.**
- Der demografische Wandel hat großen Einfluss auf die **ökonomische Entwicklung** eines Landes sowie auf das **Sozialsystem.**
- Unter **Erwerbsquote** versteht man den prozentualen Anteil der Erwerbstätigen an der Gesamtbevölkerung.
- Unter einem **Strukturwandel im ökonomischen Sinne** versteht man allgemein die mit der **marktwirtschaftlichen Dynamik** verbundenen mehr oder weniger stetigen Veränderungen der wertmäßigen Beiträge der einzelnen Wirtschaftszweige und Wirtschaftssektoren zum Sozialprodukt.
- Unter dem Begriff **Strukturpolitik** sind sämtliche wirtschaftspolitischen Maßnahmen zu verstehen, die auf die Struktur einer Volkswirtschaft einwirken.
- Strukturpolitik erfolgt in **regionaler** (Gestaltung regionaler Wirtschaftsstrukturen) und in **sektoraler** (Gestaltung sektoraler bzw. branchenbezogener Wirtschaftsstrukturen) **Form.**
- **Ziel der Strukturpolitik** ist die Vermeidung bzw. Überwindung von Strukturkrisen, die das **gesamtwirtschaftliche Gleichgewicht stören.**
- Mit Strukturpolitik werden Veränderungen in der Wirtschaft, die durch neue Produkte, Globalisierung oder **Strukturwandel** hervorgerufen werden, abgeschwächt und **sozial verträglich** gestaltet.

Übungsaufgaben

51 1. Die Bevölkerungsentwicklung (demografische Entwicklung) in der Bundesrepublik Deutschland bleibt nicht ohne einschneidende wirtschaftliche und soziale Folgen.

Aufgaben:

Bearbeiten Sie mithilfe der nachstehenden Materialien folgende Aufgaben:

1.1 Nennen Sie Gründe für die Bevölkerungsentwicklung in der Bundesrepublik Deutschland!

1.2 Begründen Sie wirtschaftliche und soziale Folgen dieser Bevölkerungsentwicklung!

1.3 Unterbreiten Sie Vorschläge, wie der Staat Einfluss auf die Geburtenhäufigkeit nehmen kann!

1.4 Nennen Sie eine Möglichkeit, wie der negativen Entwicklung des Arbeitskräftepotenzials entgegengewirkt werden kann! Begründen Sie Ihre Aussage!

Material 1

Nach einer Prognose[1] wird in der Bundesrepublik Deutschland das Erwerbspersonenangebot um 7,35 Millionen zurückgehen. „Diese demografisch bedingte Schrumpfung ist in den alten Bundesländern bei den Männern etwas stärker ausgeprägt als bei den Frauen. Sie wächst mit zunehmendem Zeithorizont immer weiter in die Alterspyramide hinein und ist wegen des vorübergehenden Geburtenanstiegs in der früheren DDR in den neuen Bundesländern nicht ganz so stark ausgeprägt."

Es wird klar: „Weder steigendes Erwerbsverhalten noch Migration können für sich genommen die negativen Auswirkungen der altersstrukturellen Verschiebungen ausgleichen. Anders formuliert: Wenn eine demografisch bedingte Schrumpfung des Arbeitskräftepotenzials in Deutschland verhindert werden soll, ist Nettozuwanderung[2] unumgänglich. Denn eine noch stärkere Ausschöpfung der Erwerbsbevölkerung scheint unter den gegebenen Bedingungen kaum vorstellbar."

Material 2

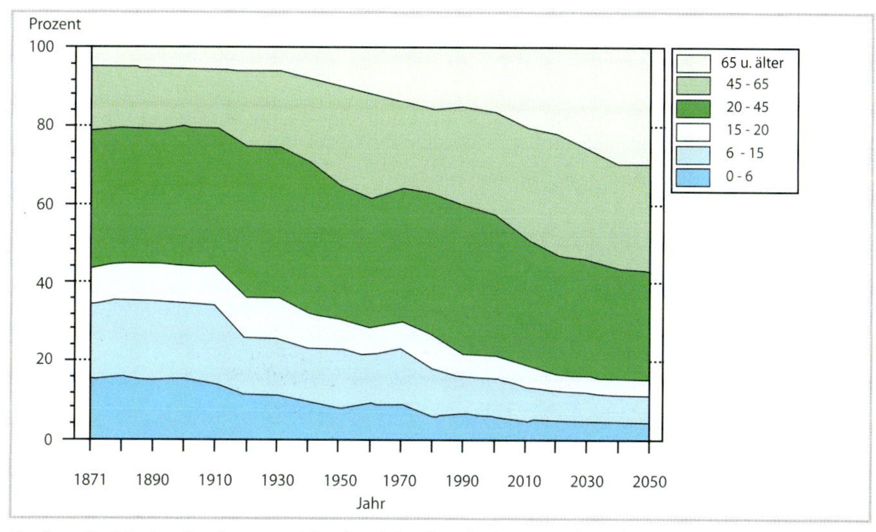

Quelle: Statistisches Bundesamt und Bundesministerium des Inneren; eigene Berechnungen

Die demografische Alterung Deutschlands ist keineswegs neu, sondern eine Entwicklung, die schon seit über 100 Jahren im Gange ist. Ursachen hierfür sind die langfristigen Veränderungen der Geburtenhäufigkeit – vor allem die Geburtenrückgänge um 1900 und um 1970 – und der kontinuierliche Anstieg der Lebenserwartung. Die gestiegene Lebenserwartung war zunächst die Folge des Rückgangs der Säuglings- und Kindersterblichkeit. Heute ist die zunehmende Lebenserwartung der älteren Menschen für diesen generellen Anstieg der Lebenserwartung verantwortlich.

Material 3

Im Vergleich zum Jahr 2000, in dem sieben Arbeitnehmer für zwei Rentner aufkommen mussten, werden im Jahr 2050 drei Arbeitnehmer die Last zu tragen haben (siehe Grafik auf S. 218). Diese Problematik wird vermutlich zur Folge haben, dass die Renten aus der gesetzlichen Rentenversicherung im Jahr 2050 sehr niedrig ausfallen werden, da die Arbeitnehmer die Last kaum tragen werden können.

---

1 Vgl. Hof, B.: Szenarien künftiger Zuwanderungen und ihre Auswirkungen auf Bevölkerungsstruktur, Arbeitsmarkt und soziale Sicherung, hrg. vom Institut der Deutschen Wirtschaft, S. 40 und 42.

2 **Nettozuwanderung**: Einwanderung – Auswanderung (Abwanderung).

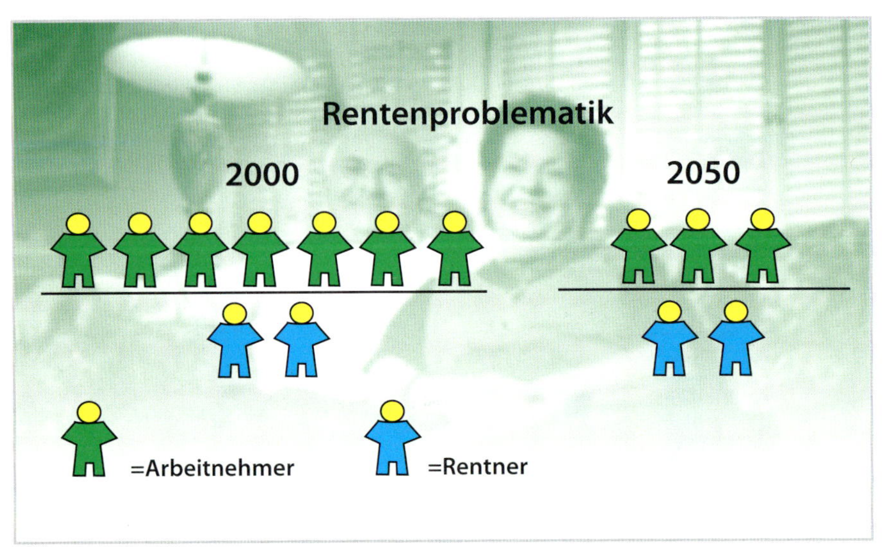

Quelle: M. Schmidthausen/P. Prause: Personalprozesse planen, steuern und kontrollieren, 4. Aufl., Rinteln 2012.

Material 4

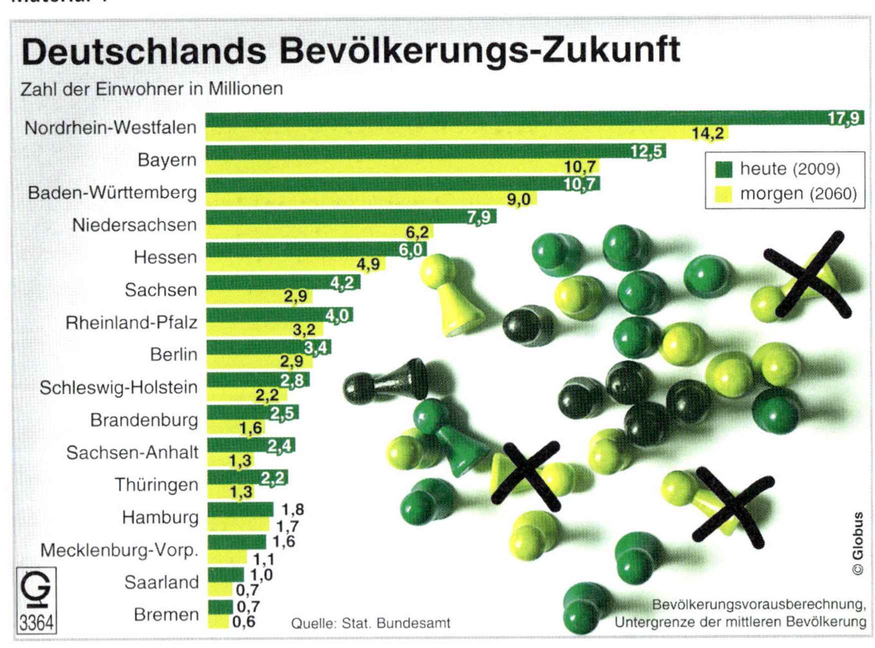

Die Bevölkerung in Deutschland schrumpft und altert im Osten deutlich schneller als im Westen. In den neuen Bundesländern (einschließlich Berlin) wird im Jahr 2060 rund ein Drittel weniger Menschen leben als heute. In den alten Ländern werden es voraussichtlich 18 % weniger sein. Das geht aus der jüngsten Bevölkerungsvorausberechnung des Statistischen Bundesamtes hervor. Besonders schnell wird diese Entwicklung in den kommenden zwei Jahrzehnten voranschreiten. Bereits um 2030 wird die Bevölkerungszahl in den neuen Ländern rund 15 % niedriger sein als heute; jeder dritte Einwohner ist dann 65 Jahre oder älter.

2.

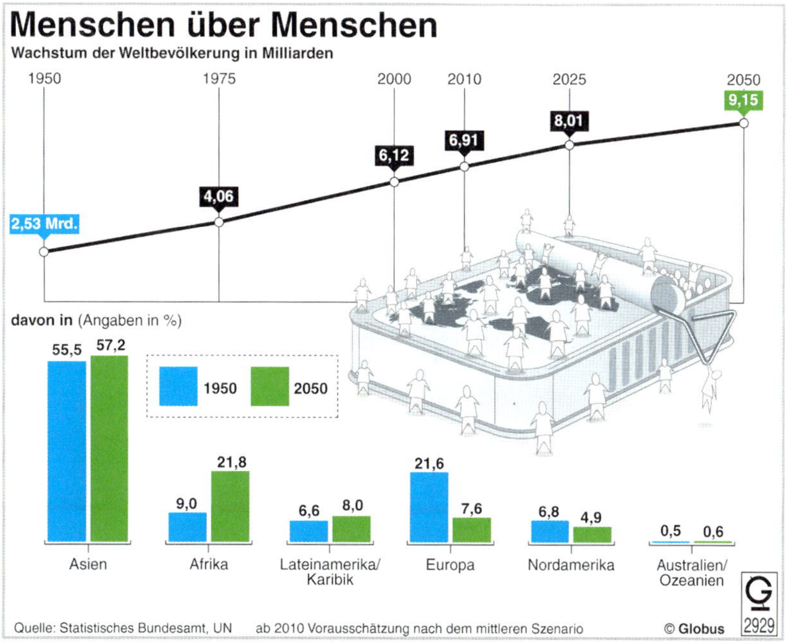

Menschen über Menschen

Wachstum der Weltbevölkerung in Milliarden

1950	1975	2000	2010	2025	2050
2,53 Mrd.	4,06	6,12	6,91	8,01	9,15

davon in (Angaben in %)

	1950	2050
Asien	55,5	57,2
Afrika	9,0	21,8
Lateinamerika/ Karibik	6,6	8,0
Europa	21,6	7,6
Nordamerika	6,8	4,9
Australien/ Ozeanien	0,5	0,6

Quelle: Statistisches Bundesamt, UN   ab 2010 Vorausschätzung nach dem mittleren Szenario   © Globus 2929

Heute sieben, morgen neun Milliarden Menschen: Das ist die aktuelle Schätzung der Vereinten Nationen zur Entwicklung der Weltbevölkerung. Am stärksten wird die Bevölkerung in Afrika wachsen: Dort soll sich die Zahl der Menschen in den nächsten 40 Jahren auf zwei Milliarden verdoppeln. Europa ist der einzige Kontinent, auf dem die Zahl der Einwohner zurückgeht. Lebte 1950 noch jeder fünfte Erdenbürger dort (heute ist es jeder neunte), wird es 2050 nur noch jeder 13. sein. Auf dem Weg zum bevölkerungsreichsten Land der Erde ist Indien (2010: 1,21 Milliarden; 2050: 1,61 Milliarden), das nach 2025 der Prognose zufolge China (2010: 1,35 Milliarden; 2050: 1,42 Milliarden) überholen wird.

Aufgabe:

Erklären Sie die unterschiedliche Bevölkerungsentwicklung in Europa einerseits und in den außereuropäischen Regionen andererseits!

52 Lesen Sie nachfolgenden Text!

Genaues weiß man nicht

Andere Länder, andere (Subventions-)Sitten

In vielen Ländern der Welt ist die Vernetzung von Staat und Wirtschaft so eng, sind Korruption, Bestechung und Günstlingswirtschaft so weit verbreitet, dass man den Begriff „Subvention" kaum verwenden kann: Jeder hilft jedem. In Japan gelten Subventionen keineswegs als anrüchig. Die Übergänge zwischen Staat und Unternehmen sind fließend. Die „Japan AG" schwebt über allem. Das Wohl der japanischen Gesellschaft steht im Vordergrund. Wer das Wohl befördert - ob der Staat, ob die Unternehmen -, ist nicht entscheidend. Das in Japan scheinbar allmächtige Ministry of International Trade and Industry - MITI - bestimmt deshalb nicht nur bei Subventionszahlungen mit, sondern greift auch mit Strategievorschlägen für Unternehmen zum Wohl des Landes.

Ähnliches gilt in vielen fernöstlichen Staaten. In Korea agieren Firmenkonglomerate, sogenannte Chaebols, die teilweise privatwirtschaftlich organisiert sind, teilweise aber staatliche Aufgaben erfüllen müssen. Wie und in welchem Umfang Zahlungsströme verlaufen, ist für Außenstehende kaum zu erkennen - und auch nicht entscheidend, solange das gemeinsame Interesse des Landes an oberster Stelle steht.

Eine Subvention schafft in diesen Gesellschaften eher Stolz als Neid: Man ist stolz, wenn man durch die gemeinsame Leistung einstmals weltmarktbeherrschende Firmen aus Europa oder den USA verdrängt hat.

Auch in den USA tauchen viele Zahlungen gar nicht als Subventionen auf, weil sie als „Aufträge von nationalem Interesse“ definiert sind. Kaum jemand käme auf die Idee, das als unlauteren Eingriff in die Märkte zu werten. So sind nach amerikanischem Verständnis große Teile der Flugzeug-, Luft- und Raumfahrt-, aber auch der Rüstungsindustrie keine Subventionsempfänger, sondern Unternehmen, die in bedeutendem Umfang „Handel“ mit staatlichen Stellen betreiben.

In der Europäischen Union gibt es eindeutige Statistiken über Subventionszahlungen. Allerdings ist auch hier Vorsicht geboten, die Zahlenangaben sind sehr interpretationsbedürftig. Die Kehrseite der europäischen Offenheit ist, dass anderen Ländern Argumente präsentiert werden, um Verletzungen von GATT-Regeln anzuprangern. Die Europäer erfahren im Gegenzug aber nicht, was anderswo subventioniert wird.

Quelle: Im Klartext, Das Magazin zur Sozialen Marktwirtschaft, Heft 27.

Aufgaben:

1. 1.1 Erläutern Sie eine mögliche Ursache für die im Vergleich zu Europa andersartige Beurteilung von staatlichen Subventionen in Japan und Fernost!

   1.2 Beurteilen Sie, worin sich Europa bezüglich der Subventionen gegenüber dem Rest der Welt unterscheidet!

   1.3 Erläutern Sie, welches Hauptziel alle Staaten weltweit mit der Vergabe von Subventionen mit Blick auf die zunehmende Globalisierung verfolgen!

2. In vielen Volkswirtschaften werden Subventionen des Staates nicht nur an Unternehmen, sondern auch an Privathaushalte gezahlt.

   Nennen Sie vier Beispiele für derartige Subventionen in der Bundesrepublik Deutschland!

3. **Unterrichtsvorschlag: Kartenabfrage und Diskussion**

   Sammeln Sie zunächst mittels Kartenabfrage Beispiele für Subventionen an Unternehmen in der Bundesrepublik Deutschland! Erstellen Sie anschließend eine nach Sachbereichen geordnete „Subventionsliste“!

   Versuchen Sie auf der Grundlage der von Ihnen erstellten Liste in einer Diskussion zu ermitteln, welche dieser Subventionen insbesondere vor dem Hintergrund der angespannten Haushaltslage zukünftig gestrichen werden könnten und welche Konsequenzen hieraus zu erwarten sind!

   Halten Sie die Argumente, die für bzw. gegen eine Streichung der auf Ihrer Liste aufgeführten Subventionen sprechen, fest!

4. **Unterrichtsvorschlag: Referat und Expertengespräch**

   Zunächst sollten einige Schülerinnen und Schüler ein Referat über den aktuellen Stand der staatlichen Förderung in Ihrer Wirtschaftsregion halten, wobei insbesondere die regionale Infrastruktur Berücksichtigung finden sollte.

   Laden Sie anschließend einige Politiker unterschiedlicher Parteien Ihrer Region zu einem Expertengespräch ein! Gegenstand des Gesprächs sollte neben der aktuellen vor allem die zukünftige regionale Strukturpolitik sein.

5. Entscheiden Sie, welche der nachfolgenden Vorgehensweisen in Bezug auf Subventionen mit einer marktwirtschaftlichen Wirtschaftsordnung vereinbar wäre!

   5.1 Subventionen sollten grundsätzlich für einen unbegrenzten Zeitraum gewährt werden.

   5.2 Subventionen sollten im Zeitverlauf – auch mit Blick auf einen Inflationsausgleich – stetig ansteigen.

   5.3 Zur Sicherung von Arbeitsplätzen sollten grundsätzlich Subventionen gewährt werden.

   5.4 Subventionen sollten der Gerechtigkeit wegen an alle Branchen verteilt werden.

   5.5 Subventionen sollten nur in Ausnahmefällen, dann jedoch im Vorfeld zeitlich begrenzt und im Zeitverlauf abnehmend gewährt werden.

2 Globalisierung: Struktur, Entwicklung und Bedeutung internationaler Verflechtung

2.1 Arbeitsteilung

2.1.1 Bedeutung und Begriff der Arbeitsteilung

Müsste jeder Einzelne die von ihm benötigten Schuhe, Kleider, Nahrungsmittel usw. selbst herstellen, so würde ihm dies wohl nur mühsam und wahrscheinlich in schlechter Qualität gelingen. Sicher würde er weder eine besondere Fähigkeit noch eine überdurchschnittliche Geschicklichkeit bei der Herstellung dieser Güter erlangen, da er die einzelnen Güter nicht häufig genug herstellt. Der Ertrag seiner Arbeit wäre sehr gering.

Warum wird nun das Ergebnis der Arbeit (die **Arbeitsproduktivität**)[1] gesteigert, wenn sich die Mitglieder einer Gesellschaft auf bestimmte Tätigkeiten spezialisieren? Hierzu ein kleines Beispiel.

Beispiel:

Angenommen, eine kleine Gruppe von Menschen lebt unter einfachen Bedingungen im Urwald. Sie besteht aus drei Männern, drei Frauen und zehn Kindern. Die Männer sind zuständig für die Herstellung von Jagdwaffen, für die Jagd und für das Sammeln von Früchten. Jeder der Männer arbeitet neun Stunden am Tag. A ist ein geschickter Jäger, B hat Routine im Herstellen von Jagdwaffen und C kann am besten die Früchte des Waldes beschaffen. Dennoch arbeiten A, B und C für sich allein, sodass die gesamte Produktion der Gruppe (ihr „Sozialprodukt") je Arbeitstag nebenstehendes Ergebnis zeigt.

Arbeit \ Personen	A	B	C	Gesamtertrag
Waffen herstellen (in Stück)	2	3	1	6
Wild erlegen (in Stück)	5	3	4	12
Früchte sammeln (in kg)	1	2	3	6

Unterstellen wir weiter, dass unsere Waldbewohner bemerken, dass es für sie günstiger wäre, wenn sie sich auf die Tätigkeiten spezialisieren, die ihren Fähigkeiten am meisten entsprechen. Dann erhalten wir nebenstehendes Bild.

Arbeit \ Personen	A	B	C	Gesamtertrag
Waffen herstellen (in Stück)	–	9	–	9
Wild erlegen (in Stück)	15	–	–	15
Früchte sammeln (in kg)	–	–	9	9

Die Arbeitsteilung brachte also eine **Mehrproduktion** bei gleicher Arbeitsleistung, die ursächlich nicht auf eine Verbesserung der Qualität der Produktionsfaktoren, sondern auf eine verbesserte gesellschaftliche Organisation der Arbeit zurückzuführen ist.

Unter **Arbeitsteilung** versteht man die Auflösung einer Arbeitsleistung in Teilverrichtungen und/oder das Zusammenwirken von Arbeitenden in der Weise, dass jeder Arbeitende eine besondere Aufgabe erfüllt.

1 Die **Arbeitsproduktivität** ist das Verhältnis von hergestellter Produktionsmenge zu eingesetzter Arbeitskraft. Dividiert man beispielsweise eine gegebene Ausbringungsmenge je Periode durch die Anzahl der in dieser Periode beschäftigten Arbeitskräfte, erhält man die **Produktivität je Arbeitskraft**. Wird hingegen die Ausbringungsmenge je Periode durch die insgesamt geleisteten Arbeitsstunden je Periode dividiert, ergibt sich die **Produktivität je Arbeitsstunde**.

2.1.2 Arten der Arbeitsteilung

(1) Gesellschaftliche Arbeitsteilung (überbetriebliche Arbeitsteilung)

■ **Berufsbildung**

Den im obigen Beispiel gezeigten zweiten Schritt der Arbeitsteilung bezeichnet man auch als Berufsbildung, weil nunmehr bestimmte „Berufe" entstanden sind (Waffenschmied, Jäger, Sammler).

Je dichter die Besiedlung wurde, desto mehr Berufe bildeten sich. Anfänglich waren diese Berufe noch wenig spezialisiert. So war z.B. der Bader zugleich Friseur für Männer, Frauen und Kinder und Zahnarzt. Der Schmied erledigte nahezu alle Arbeiten, die mit Eisen zu tun hatten.

■ **Berufsspaltung**

Infolge der weiteren technischen Entwicklung begannen sich die Grundberufe zu spalten. Aus dem einstigen Händler wurde der Einzelhändler, der Großhändler, Exporteur oder Importeur. Aus dem Schlosser wurde der Bauschlosser und Maschinenschlosser oder aus dem Bader der Herrenfriseur, der Damenfriseur und der Zahnarzt. Diese Spezialisierung – die man als Berufsspaltung bezeichnet – erhöhte weiterhin die Produktion, weil die ständige Wiederholung gleichartiger Tätigkeiten die Routine und damit die Fertigkeiten der Arbeitenden steigerte.

Berufsbildung und **Berufsspaltung** nennen wir die **gesellschaftliche Arbeitsteilung.**

(2) Technische Arbeitsteilung (innerbetriebliche Arbeitsteilung)

Einst vollzogen sich Produktion und Verbrauch innerhalb einer Großfamilie, z.B. innerhalb eines sich selbst versorgenden Bauernhofs (geschlossene Hauswirtschaft). Mit der **Berufsbildung** und **Berufsspaltung** wurden die Produktionsstätten mehr und mehr aus den Haushalten **ausgegliedert**: Es entstanden die wirtschaftlichen Betriebe. Die Eigentümer dieser Betriebe konnten oft die anfallende Arbeit nicht mehr allein bewältigen und stellten Arbeitskräfte („Gesellen" in Handwerksbetrieben, „Gehilfen" in Handelsbetrieben) ein. Mit der Berufsbildung ging also die **innerbetriebliche** oder **technische Arbeitsteilung** Hand in Hand (siehe Abbildung, S. 223).

Die innerbetriebliche Arbeitsteilung hat die Aufgabe, die Ergiebigkeit der menschlichen Arbeitsleistung im wirtschaftlichen Betrieb zu steigern. Sie vollzieht sich in **zwei Stufen:**

Stufen innerbetrieblicher Arbeitsteilung	
1. Stufe	Schaffung von **betrieblichen Aufgabenbereichen (Funktionen)** wie etwa Beschaffung, Lagerung, Produktion, Verwaltung und Vertrieb (Absatz).
2. Stufe	**Zerlegung** ursprünglich **zusammengehöriger Tätigkeiten** in einzelne **Teilverrichtungen.** Diese „Arbeitszerlegung" erfolgt sowohl im verwaltenden Bereich als auch in der Produktion. Der Arbeitszerlegung kommt (und kam) vor allem die fortschreitende Technik zu Hilfe. Ein Musterbeispiel ist das Fließband, an dem der einzelne Arbeiter lediglich die sich immer wiederholenden gleichen Handgriffe vorzunehmen hat. Man spricht daher auch von der **technischen Arbeitsteilung.**

Innerbetrieblich führt die Technisierung zu immer enger werdenden Tätigkeitsbereichen der Arbeitenden, bis schließlich am Fließband nur noch wenige Handgriffe notwendig sind. Erst die **Automation** bringt die Ablösung dieser in kleinste Handgriffe zerlegten Arbeit durch elektronisch gesteuerte und sich selbst kontrollierende Maschinen.

Die Aufteilung eines Arbeitsvorgangs unter dem Gesichtspunkt der technischen Möglichkeiten bzw. des zweckmäßigen Maschineneinsatzes nennen wir die **technische Arbeitsteilung.**

Übersicht über die Arten der Arbeitsteilung			
gesellschaftliche Arbeitsteilung (überbetriebliche Arbeitsteilung)		**technische Arbeitsteilung (innerbetriebliche Arbeitsteilung)**	
Berufsbildung (Beispiele)	Berufsspaltung (Beispiele)	Funktionsbildung (Arbeitsbildung) (Beispiele)	Arbeitszerlegung (Beispiele)
Schmied	Hufschmied Klempner	Beschaffung und Lagerung	Belege sortieren
Schlosser	Bauschlosser Maschinenschlosser	Finanzen und Rechnungswesen	Belege kontieren
Schneider	Herrenschneider Damenschneider	Personalverwaltung	Kontrollieren
Bäcker	Konditor Brotbäcker	Absatz (Verkauf)	Buchen
Händler	Großhändler Einzelhändler		Belege ablegen

(3) Volkswirtschaftliche Arbeitsteilung

Gütererstellung und Bedarfsdeckung erfolgen in verschiedenen **Zweigen der Wirtschaft.** Die arbeitsteilige Wirtschaft lässt sich vertikal („senkrecht") oder horizontal („waagerecht") einteilen.

Eine **vertikale volkswirtschaftliche Arbeitsteilung** liegt vor, wenn die Wirtschaftszweige stufenmäßig von der Urproduktion bis hin zum Verbrauch eingeteilt werden.

Im Allgemeinen wird die Volkswirtschaft in folgende **Wirtschaftsstufen** eingeteilt:

- **Erzeugungsbetriebe** sind die **Urproduktionsbetriebe** (Landwirtschaft, Fischerei, Jagd, Bergbau), die **Produktionsmittelbetriebe** (z.B. Herstellung von Maschinen, Fertigteilen, Werkzeugen für den eigenen und fremden Bedarf) und die **Konsumgüterbetriebe** (z.B. Herstellung von Getränken, Smartphones, Laptops, Autos).

- **Verteilungsbetriebe** bringen die Güter in die Nähe des Verbrauchers (Großhandel, Einzelhandel, Außenhandel).
- Der **Verbrauch** findet in den **privaten** und **öffentlichen Haushalten** statt. Öffentliche Haushalte (öffentliche Gemeinwesen, im weitesten Sinne der „Staat") sind z.B. die Haushalte des Bundes, der Länder, der Gemeinden. Die Haushalte stellen gewissermaßen das letzte Glied der Wirtschaft dar.

In die vertikale Gliederung der Wirtschaft lassen sich die **Dienstleistungsbetriebe** nicht ohne Weiteres einfügen, weil sie **allen Wirtschaftsstufen dienen.** Zu den Dienstleistungsbetrieben rechnen die **Verkehrsbetriebe,** die die Beförderung von Gütern von Betrieb zu Betrieb und an die Haushalte übernehmen, die **Banken** (Kreditinstitute), die **Versicherungen,** die **Mittlerbetriebe** (Makler, Vertreter, Kommissionäre) und die **Werbeagenturen.** Ferner müssen auch die Betriebe der **Rechtsanwälte,** der **Steuerberater,** der **Wirtschaftsprüfer** und die **Auskunfteien** zu den Dienstleistungsbetrieben gerechnet werden.

Eine **horizontale volkswirtschaftliche Arbeitsteilung** liegt vor, wenn mindestens zwei gleichartige Betriebe wirtschaftliche Güter (Sachgüter und/oder immaterielle Güter) erstellen.

Vertikale Arbeitsteilung der Wirtschaft

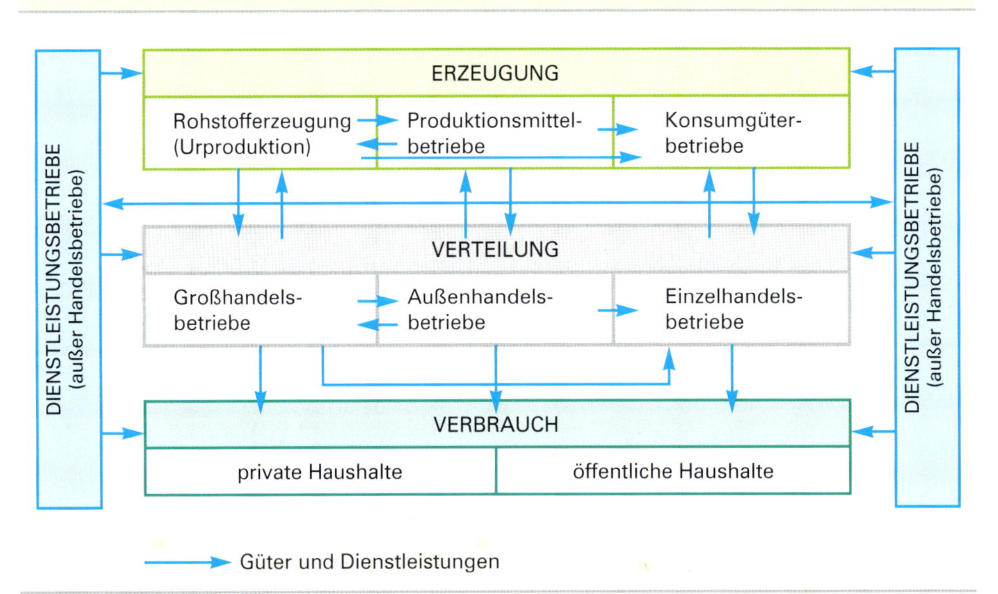

Die Aufteilung der Volkswirtschaft in die Wirtschaftsstufen Erzeugung, Verteilung und Verbrauch bezeichnet man als **volkswirtschaftliche Arbeitsteilung.**

(4) Internationale Arbeitsteilung

Länder mit Außenhandel (gegenseitigem Warenaustausch) betreiben **internationale Arbeitsteilung.** Gründe für den Außenhandel sind:

- Güter, die eine Volkswirtschaft **nicht oder nicht in ausreichendem Maß** selbst produzieren kann, werden eingeführt (importiert), in der Bundesrepublik Deutschland z.B. Südfrüchte, Mineralstoffe. Die Gegenleistung besteht in der Ausfuhr (im Export) von Halb- und Fertigerzeugnissen, die die Handelspartner nicht selbst oder nicht in der gewünschten Qualität herstellen können (oder wollen).
- Güter, die eine Volkswirtschaft nur mit **höheren Kosten** als andere Volkswirtschaften herstellen kann, werden importiert. Die auf diese Weise eingesparten Produktionsfaktoren können zur Herstellung **anderer** Güter eingesetzt werden, die möglicherweise **kostengünstiger** als im Ausland produziert werden können.
- Nicht nur bei absoluten, sondern auch bei relativen (komparativen) Kostenvorteilen kann die internationale Arbeitsteilung für die beteiligten Länder von Vorteil sein.

Beispiel:

Angenommen, sowohl im Land A als auch im Land B werden je Periode[1] 500000 t Rohöl und 500 Maschinen hergestellt. Es bestehen keine Handelsbeziehungen zwischen den beiden Ländern. Die hergestellten Güter werden in den betreffenden Ländern gekauft, um den eigenen Bedarf zu decken.

Die Produktionskosten werden in Arbeitsstunden ausgedrückt.

Länder	Kosten für 1 t Rohöl (Öl) in Arbeitsstunden	Kosten für 1 Maschine (Ma) in Arbeitsstunden
A	20	50000
B	80	60000

Die **komparativen**[2] **Kosten** betragen:

Länder	Komparative Kosten	
	Öl : Ma	Öl : Ma
A	1 : 2500	0,0004 : 1
B	1 : 750	$0{,}001\overline{33}$: 1

Das Land B stellt beide Produkte teurer als das Land A her, denn im Land B werden für eine t Rohöl 80 Arbeitsstunden (im Land A 20 Arbeitsstunden) und für eine Maschine 60000 Arbeitsstunden (im Land A 50000 Arbeitsstunden) benötigt. Dennoch lohnen sich die **Spezialisierung** und der **Außenhandel** (die **internationale Arbeitsteilung**). Beweis: Spezialisiert sich das Land A nach Aufnahme der Handelsbeziehungen auf das Öl, weil es dieses vergleichsweise billiger als Maschinen

1 **Periode:** Zeitabschnitt (z.B. 1 Monat, 1 Jahr).
2 **Komparativ** (lat.): vergleichsweise, relativierend.

15 Speth - ISBN 978-3-8120-0592-0

herstellt, und das Land B auf die Produktion von Maschinen, weil es diese vergleichsweise billiger als Rohöl produzieren kann, ergibt sich folgendes Ergebnis:

Länder	**Land A**		**Land B**		**Gesamtkosten beider Länder**
Güterart	Rohöl	Maschinen	Rohöl	Maschinen	
Kosten **vor** der internationalen AT in Arbeitsstunden	10 000 000	25 000 000	40 000 000	30 000 000	105 000 000
Kosten **nach** der internationalen AT in Arbeitsstunden	20 000 000	–	–	60 000 000	80 000 000

Durch die Spezialisierung spart das Land A 15 Mio. Arbeitsstunden und das Land B 10 Mio. Arbeitsstunden. Die ersparten Arbeitsstunden können zur Kapazitätserweiterung bei der Ölförderung und im Maschinenbau und/oder für den Ausbau anderer Wirtschaftszweige eingesetzt werden.

Das vorangestellte Beispiel verdeutlicht, dass die Vorteilhaftigkeit des Handels zwischen zwei Ländern nicht von den absoluten Produktionskosten abhängt, sondern von den **relativen Kosten** der produzierten Güter zueinander.

Grundsätzlich ist der **Handel zwischen zwei Ländern** immer **vorteilhaft,** wenn bei beiden Handelspartnern **unterschiedliche Produktionskostenstrukturen** existieren, d. h., wenn ein Land für ein produziertes Gut auf weniger Einheiten eines anderen Gutes verzichten muss als das andere Land (niedrigere Opportunitätskosten).[1]

Nach der **Theorie der komparativen Kostenvorteile** sind internationaler Handel und internationale Arbeitsteilung selbst für solche Länder von Vorteil, die alle Güter nur zu höheren Kosten erzeugen können als das Ausland. Sie müssen sich nur auf die Produktion jener Güter spezialisieren, die sie vergleichsweise (komparativ) am günstigsten herstellen können. In der Realität lässt sich dies vor allem auf Handelsbeziehungen zwischen hoch und niedrig industrialisierten Ländern anwenden. Dabei ist zu beachten, dass nichts über die Verteilung des Handelsgewinnes oder die Effekte der Spezialisierung ausgesagt wird.

Wenn jedes Land die Güter produziert, bei denen es **absolute Kostenvorteile** hat, kann durch die internationale Arbeitsteilung die Gesamtproduktion gesteigert werden.

1 Den Nutzenentgang durch einen Verzicht auf eine Alternativanlage bezeichnet man als **Opportunitätskosten.**

2.1.3 Beurteilung der Arbeitsteilung

Mit der Arbeitsteilung sind gleichermaßen Vor- und Nachteile verbunden. Sie werden nachstehend einander gegenübergestellt:

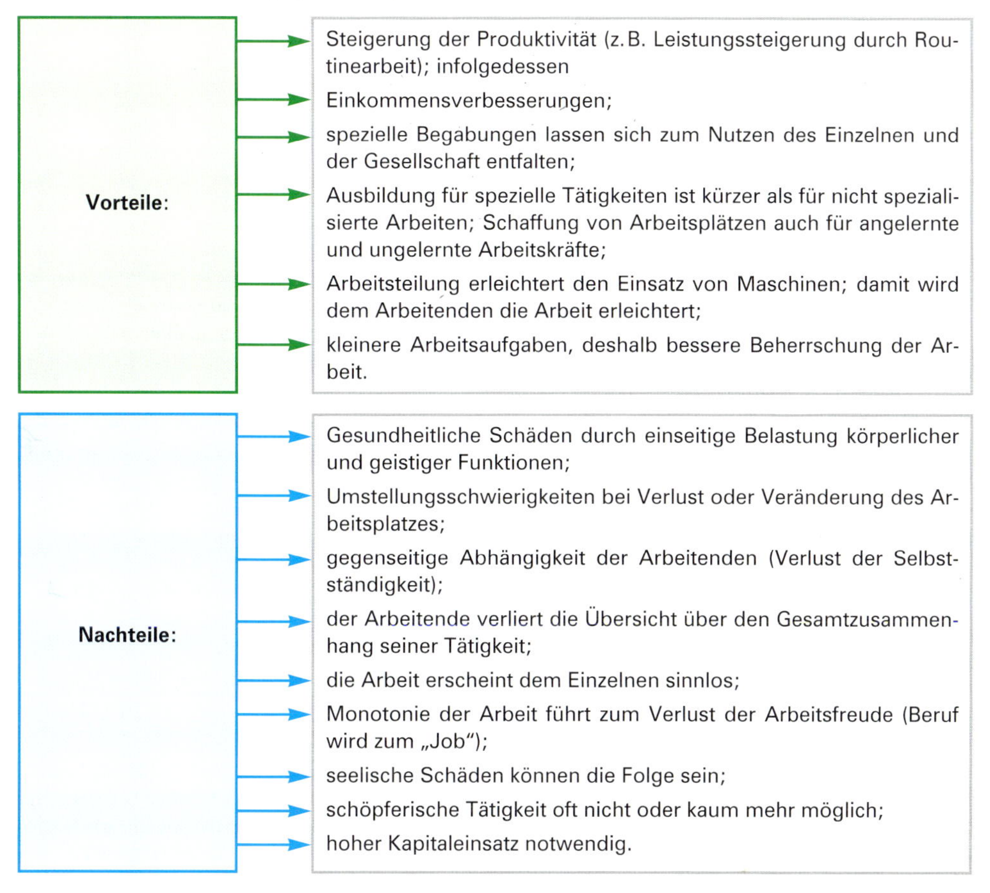

2.2 Entwicklung und Bedeutung internationaler Verflechtungen

2.2.1 Entwicklung der Globalisierung

(1) Begriff und Elemente der Globalisierung

Globalisierung im wirtschaftlichen Sinne bedeutet die zunehmende **erdweite Verflechtung von Volkswirtschaften.**

Bis 1990 sprach man in diesem Zusammenhang noch von der Internationalisierung der Märkte. Erst danach setzte sich der viel umfassendere Begriff „Globalisierung“[1] durch.

1 Vgl. zu diesem Kapitel auch: Informationen zur politischen Bildung Nr. 280, 3. Quartal 2003 (Themenheft Globalisierung). Zum Thema Konzentration und Wettbewerb siehe Band 1, Kapitel 4.6.1, S. 83ff.

Die Globalisierung ist keine „Erfindung der Neuzeit", sondern – wie nachfolgender Zeitungsartikel verdeutlicht – ein über viele Jahrhunderte **andauernder Prozess.** Allenfalls die Geschwindigkeit, in der dieser Prozess abläuft, hat sich stark verändert, sodass es nicht verwundert, wenn aktuell der Begriff der **„Turbo-Globalisierung"** verwandt wird.

Globalisierung

Die Welt ist ein Markt

Globalisierung ist ein altes Phänomen. Sie begann vor 500 Jahren am Kappad Beach. In dem indischen Palmenparadies zeigen sich bis heute die Folgen des Handels ohne Grenzen

Von Thomas Fischermann

Zur Geburtsstätte der Globalisierung pilgert man in einer Badehose. Schließlich ist der Kappad Beach ein tropisches Strandparadies. Auch würde ein Besucher in vollständiger Kleidung schnell bis auf die Knochen durchweichen. Alle paar Stunden zieht an diesem wolkenverhangenen Monsuntag ein Sturm herauf, dann fliehen die Fischer und ihre Fußball spielenden Kinder in die Häuschen zwischen den Palmen, und der Indische Ozean spült schaumigweiße Gischt an Land. Zwei oder drei Minuten noch, dann prasselt ein warmer Wasserfall vom Himmel und verwandelt den Sand in Morast.

Von „Regengüssen und Gewittern, die unablässig auf die Küste und auf uns niedergingen", berichtete schon ein anonymer Seefahrer, der 1498 mit Vasco da Gama die Malabarküste abwärts segelte. Eine moosgeschwärzte Betontafel markiert heute die Stelle, an der er schließlich den Anker warf: Am Strand von Kappad eben, unweit des Städtchens Kalikut im Südwesten Indiens gelegen. Die Seefahrt des portugiesischen Königsgesandten, sein zehnmonatiger caminho duvidoso um das Kap der Guten Hoffnung und durch das Arabische Meer, überwand damals das Monopol arabischer Händler auf den See- und Landrouten nach Indien. So traten die Europäer des 15. Jahrhunderts in die Globalisierung ein – die wirtschaftliche Verflechtung der Welt durch den Handel, die Wanderung von Menschen und Investitionen in ferne Länder.

Allerdings stießen sie recht spät zu dieser Party. Als Vasco da Gama in Kappad landete, war die Malabarküste schon jahrtausendelang ein interkontinentales Handelszentrum. Ein Treffpunkt chinesischer Dschunken und arabischer Daus, ein Drehkreuz von Gewürzrouten, die im Osten weiter nach China, Indonesien oder in die Archipele der Südsee führten, im Westen zur arabischen Halbinsel und durch das Rote Meer nach Afrika. Der **globalisierteste Strand der Welt.** Viel hatte das mit dem Monsunregen zu tun. Ein paar Stunden landeinwärts, an den Hängen des Westghats-Gebirges, ließ das feuchte Klima schon immer den besten schwarzen Pfeffer der Welt gedeihen. Epoche für Epoche hatte dieser Reichtum Phönizier, Griechen und Römer angelockt, Araber und Ägypter, Chinesen und Mongolen, Christen und Juden, Seefahrer aus Sumatra und Ceylon. In den Häfen von Malabar tummelten sich höfische Gesandte und *gentleman adventureres* auf der Suche nach Ruhm und Abenteuern und jenen schweren Pfefferkörnern, die in ihrer Heimat so wertvoll waren wie pures Gold. **Chilischoten:** der süßliche Duft einer frisch geöffneten Packung Kartoffelchips. Ingwer: der schwere Karamellgeruch einer Portion warmer Zuckerwatte. Schwarzer Pfeffer: holzig und herb und so scharf beißend, dass man den Kopf abwendet und an die frische Luft fliehen will. AG Mathew lacht und fällt in seine liebste Rolle: die des Dozenten über alles, was mit Gewürzen zu tun hat. „Das Geheimnis des Pfeffers ist, dass er gar kein Gewürz im eigentlichen Sinn ist", sagt er. „Was wir als Schärfe wahrnehmen, ist eher eine Stressreaktion des Körpers."

Man glaubt ihm das sofort. Der 72-jährige Doktor der Lebensmittelchemie, der mit vollem Namen Attokaran George Mathew heißt und seinen Vornamen nach indischer Gewohnheit mit zwei Initialen abkürzt, hat 28 Jahre lang in staatlichen Forschungszentren für die Gewürzkunde gearbeitet. Vor ein paar Jahren wechselte er zu einer Firma namens Plant Lipids am Stadtrand der Hafenstadt Cochin. An deren Produktionsanlagen der gedrungene Mann in seinem grauen Anzug gerade halsbrecherisch herumklettert. Mit leuchtenden Augen erklärt er Gewürz für Gewürz, Aromawolke für Aromawolke. Aber die Stahlgerüste und Silotrommeln, die vielen Rohre, Stellhebel und zischenden Töpfe lassen eher an ein Chemiewerk denken als an einen Marktführer im Gewürzeexport. Plant Lipids exportiert Gewürze auf fortgeschrittene Art. Gigantische Gewürzmühlen aus Stahl zerdrücken oder zerhacken die angelieferten Kerne, Nüsse und Schoten, Transportbänder kippen sie in ein Lösungsmittelbad aus Alkohol oder Aceton. Nach Stunden oder Tagen werden die giftigen Stoffe wieder herausgewaschen, und Arbeiter entfernen die Feststoffe mit einer Art Mistgabel aus den Trommeln. Bei dieser Behandlung schrumpfen beispielsweise 30 Kilo Chilischoten auf ein Kilo dickflüssiges Extrakt zusammen, das schließlich, in blauen Plastikeimern versiegelt, auf Lastwagen verladen und in den Hafen gefahren wird.

Ein Viertel aller indischen Gewürzexporte läuft heute auf diese Weise ab. Nur so sind Gewürze nämlich heute als moderne Massenprodukte am Weltmarkt zu vertreiben. Die Lebensmittelindustrie, ob Kraft oder Nestlé, bezieht sie am liebsten in dieser Form. Konzentrate lassen sich preiswert transportieren, sie überstehen auch ruppigere Methoden der Lagerung und des Transports. Vor allem ist ihre Zusammensetzung klar vermessbar: AG Mathew kann seinen Kunden genaue Auskunft über die Farbe und die Schärfe geben, die Süße und die Zusammensetzung Hunderter weiterer Geschmacksstoffe, die sich in Gewürzen finden. Wie ein Alchemist beherrscht er die Kunst, aus indischen Chilis die Schärfe herauszunehmen, damit der gewonnene Extrakt süß schmeckt wie roter Pfeffer aus Spanien. Er kann sogar aus minderwertigen Muskatnüssen Delikatessen machen. „Für einen Koch ist das Würzen eine Kunst", sagt er mit der distanzierten Art, die Forschern zu eigen ist, „aber für die Lebensmittelchemie ist es eine Wissenschaft." Für Mathew ist es auch eine Selbstverständlichkeit, dass längst nicht alle Gewürze, die bei Plant Lipids verarbeitet werden, aus den Plantagen der Region stammen. „Broken, wormy and punky" wünsche er sich seine Muskatnüsse, sagt er und kann darüber herzhaft lachen. Zerbrochen, wurmstichig und modrig. Sein Lieblingswitz und trotzdem nah an der Realität. Warum sollte Mathew teures Geld für perfekt geformte Nüsse zahlen, wenn er ihren edlen Geschmack auch billiger hinbekommt? „Selbst unseren Pfeffer kaufen wir am liebsten in Sri Lanka", verrät der Gewürzexperte. Dort wachsen verschrumpeltere Körner. Aber sie können preiswerter gepflanzt und geerntet werden. Das Land, in dem der Pfeffer wächst, hat also den Anbau von Gewürzen outgesourct. Selbst ferne Länder wie Vietnam und Nigeria liefern heute Gewürze nach Malabar, damit Firmen wie Plant Lipids sie dort weiterverarbeiten können. Sie folgen der eisernen Logik des Weltmarktes. Dinge werden eingekauft, wo sie in der besten Qualität oder zum günstigsten Preis hergestellt werden können. Für Gewürzextrakte gilt das wie für Fernseher und Kleinwagen, Duschgel und Wintermützen, Spielzeugpuppen und Rasierapparate.

Es ist die weltweite Anwendung eines Grundsatzes, den die Urväter der Wirtschaftswissenschaft formuliert hatten. Adam Smith im späten 18. Jahrhundert und **David Ricardo** im frühen 19. Jahrhundert. Für den Wohlstand der Nationen sei es am besten, wenn die Menschen keine Generalisten und Selbstversorger blieben. Sie sollten Spezialisten werden und untereinander Güter tauschen. Am Ende würde dann jeder die Tätigkeit ausüben, die er am besten beherrscht.

Im Kern hat diese Lehre bis heute überlebt. Doch nie wurde sie so eifrig befolgt wie heute. Wir leben im Zeitalter der **Turbo-Globalisierung.** Transporte sind billiger als je zuvor, die Kommunikationsmöglichkeiten größer. Politiker haben Zölle gesenkt und andere Handelsschranken fallen lassen. Der Welthandel hat sich seit 1980 verfünffacht. 55 Prozent aller Waren und Dienstleistungen, die irgendwo auf der Welt entstehen, werden gehandelt. Die meisten Leute sind dadurch wohlhabender geworden. Adam Smith und David Ricardo hatten das also richtig vorausgesagt. Allerdings profitierten nicht alle. Große Bevölkerungsgruppen verloren ihre Arbeit an Konkurrenten in fernen Ländern und fanden keine neue. Globalisierungskritische Gruppen wie Attac erleben heute regen Zulauf, Demonstranten gehen für die Entflechtung der Welt auf die Straße. Die Globalisierung mag nichts Neues sein, doch die Geschwindigkeit des Wandels ist vielen Menschen unheimlich geworden...

Den Landstreifen entlang der Malabarküste nennt man heute Kerala. Er ist ein vergleichsweise wohlhabender Bundesstaat der indischen Republik. Auf den ersten Blick ist das schwer zu erklären: Es gibt hier nur wenig Industrie, die Produktivität ist niedrig, die Äcker sind zerstückelt. Entwicklungsökonomen haben immer wieder das Rätsel vom „Kerala-Phänomen" untersucht, sie lobten mal die guten Schulen und mal die kommunistische Regierung. Doch die beste Erklärung ist die Globalisierung.

Zwar wäre der Export von Gewürzen und Kokosnussfasern, Gummi und Kaffee zu klein, um allein den Wohlstand in Kerala zu erklären. Aber die Globalisierung war immer schon mehr als Gütertausch. Entlang der Handelsrouten verbreiten sich auch neue Ideen und Techniken. Kapital wurde um die Welt transferiert, Handelsposten und Produktionsstätten in fernen Ländern begründet, um dort günstige Rohstoffe oder fähige Arbeitskräfte nutzbar zu machen. Wo Staaten es erlaubten, zogen die Menschen selbst in die Ferne und arbeiteten dort, wo ihre Fertigkeiten am dringendsten gebraucht wurden. Die Leute von Kerala haben das genauso gemacht wie türkische Gastarbeiter, die zu uns nach Deutschland kamen.

In jeder Stadt entlang der Küste von Malabar kann man heute Plakatwände sehen, auf denen Produkte, Immobilien oder Geldanlagen für „NRIs" angeboten werden. Das sind „Non Resident Indians", Inder, die im Ausland arbeiten. „Unter den indischen Gastarbeitern ist eine Mehrheit aus Kerala", sagt GK Nair, ein örtlicher Wirtschaftsreporter der Zeitung *The Hindu.* Fast jeder Haushalt hat hier ein Familienmitglied, das für ein paar Jahre an den Persischen Golf zieht, um auf Ölbohrplattformen zu arbeiten, als Sekretärinnen in den Werbeagenturen Dubais oder als Computerfachkräfte im fernen Amerika. Überweisungen von NRIs in ihre Heimat machten zuletzt ein Viertel des Einkommens im Staat Kerala aus.

Der Infopark ist nur ein paar Kilometer vom Stadtzentrum Cochins entfernt, aber das Taxi braucht fast eine Stunde. Geduldig umkurvt der Fahrer regengefüllte Schlaglöcher, Hunde, Handkarren und die Statue des Maha Rama Varma, um schließlich in eine gigantische Baustelle einzubiegen. Erst blickt man auf fünf Bürotürme, noch in Rohbeton. Am hinteren Ende sind die Gebäude aber schon fertig. An einem steht „Outsource Partners International“, das blaugrau verspiegelte Glas leuchtet in der Sonne wie das Arabische Meer. Nebenan ein cremefarbener Bau, die Niederlassung der Firma Wipro. Wipro ist eine der größten Outsourcing-Firmen Indiens. Sie verdient ihr Geld mit der modernsten Form des Handels, die die Globalisierung hervorgebracht hat: Dienstleistungen bei fernen Kunden, mit denen die Wipro-Mitarbeiter über Satelliten, Unterseekabel, Computer und Telefone verbunden sind. In Callcentern beantworten sie Kundenanfragen für amerikanische und europäische Banken, über das Internet warten sie die Kassen- und Lagerhaltungscomputer amerikanischer Supermarktketten. 2006 setzte der Konzern 3,4 Milliarden Dollar um.

„Sie stehen im am schnellsten wachsenden Standort Wipros!“, sagt JK Sanjay. Er ist hier mit 38 Jahren der Chef und führt stolz durch die nagelneuen Großraumbüros. Es riecht nach frischem Kiefernholz und Klebstoffen, auf manchen Bildschirmen sieht man Maschinencodes, auf anderen Mikroskopdarstellungen von Leiterplatinen. „Heute erwarten die Kunden immer mehr von uns“, fügt er noch hinzu. „Sie wollen jetzt schon, dass wir ihre Computersysteme komplett entwerfen und aufbauen.“

Dafür braucht Wipro Leute. Viele Leute. Die sind inzwischen sogar in Indien schwer zu finden. Wipro geht daher an 120 indischen Colleges auf Rekrutenjagd, und die Firma baut an immer entlegeneren Orten ihre Niederlassungen auf. Auch in Cochin, 14 Autostunden von Bangalore entfernt. Hier lassen sich noch viele qualifizierte Leute mit der Aussicht locken, für ein indisches Unternehmen zu arbeiten und weiter zu Hause in der Nähe der Familie zu leben. Premy Varghese ist einer von ihnen. Ein Ingenieur, geboren in Cochin, der gerade etwas gehetzt aus einem Besprechungszimmer eilt. Er gerät schnell ins Plaudern. Wie viel er über die Welt gelernt habe, seit er im Geschäft mit dem Outsourcing angefangen hat! Über die Japaner zum Beispiel, mit denen er zu tun hat, seit er im vergangenen Herbst dort zu einer Kundenfirma reiste und ein neues Projekt besprach. „Die haben diese Einstellung, dass alles gleich beim ersten Mal perfekt sein muss“, erzählt er, „darum sprechen sie lange Zeit alle Aspekte einer neuen Entwicklung durch.“ Auch über die Deutschen weiß er Bescheid, die seien „ebenfalls gründlich, aber weniger streng als Japaner“. Dann lacht er und fügt hinzu, als müsse er etwas Versöhnliches sagen: „Dafür sind die Deutschen flexibler.“ Man merkt es gleich, Leute wie Premy Varghese sind die neue Avantgarde der Globalisierung.

Es musste ja so kommen: Die Geburtsstätte der Globalisierung hat den Handel des 21. Jahrhunderts entdeckt. Und die Kosmopoliten der Malabarküste werden daran wieder prächtig verdienen.

Quelle: Die Zeit, 46/2007.

(2) Regelung der weltweiten Handels- und Wirtschaftsbeziehungen durch die Welthandelsorganisation (WTO)

Wichtige **Voraussetzungen für weltweite Wirtschaftsaktivitäten** sind der Abbau von Zöllen und die Beseitigung von Beschränkungen für den internationalen Kapitalverkehr. Die aus dem GATT[1] hervorgegangene **Welthandelsorganisation (WTO)**[2] mit Sitz in Genf beschäftigt sich im Auftrag der 161 Mitgliedsländer[3] mit der Verbesserung und Regelung der internationalen Handels- und Wirtschaftsbeziehungen.

1 Englisch: **G**eneral **A**greement on **T**ariffs and **T**rade (deutsch: Allgemeines Zoll- und Handelsabkommen).

2 Englisch: **W**orld **T**rade **O**rganization.

3 Stand: April 2015.

Die **Welthandelsorganisation** (Englisch: World Trade Organization: WTO) ist die internationale Organisation, die sich mit der Regelung der weltweiten Handels- und Wirtschaftsbeziehungen beschäftigt. Sie wurde 1995 gegründet und ist die Nachfolgeorganisation des GATT mit erweiterter Zielsetzung. Sie ist eine eigenständige Organisation im System der Vereinten Nationen. Zurzeit hat sie **161 Mitgliedstaaten.**

Aufgaben der WTO

Das Allgemeine Zoll- und Handelsabkommen GATT (Englisch: General Agreement of Tariffs and Trade) war nach dem 2. Weltkrieg gegründet worden, um die **Zölle** zwischen den Handelspartnern zu **senken.** Der Handel sollte zum Nutzen aller Teilnehmer erleichtert werden. In insgesamt acht Verhandlungsrunden wurden die Zölle insbesondere für Industrieprodukte gesenkt.

Die Aufgaben der WTO als Nachfolgeorganisation sind erweitert auf den **Abbau von Handelshemmnissen aller Art,** um so den internationalen Handel zu fördern. Die WTO umfasst nun auch Dienstleistungen, geistiges Eigentum und landwirtschaftliche Produkte. Die **Liberalisierung des Welthandels** bedeutet jedoch nicht, dass es generell keine Handelsschranken mehr geben darf. So dürfen **Maßnahmen zum Schutz vor Krankheiten und Seuchen** ergriffen werden.

Grundsätze der Welthandelsbeziehungen

Die Mitglieder der WTO haben sich auf mehrere Grundsätze verständigt, die im Welthandel gelten sollen. Diese galten teilweise bereits im GATT. Der **Grundsatz der Meistbegünstigung** legt fest, dass ein WTO-Mitglied **alle** Partner im Handel gleich behandeln muss. Wer einem anderen Land bestimmte Vorteile einräumt, muss dies grundsätzlich gegenüber allen Ländern tun.

Das **Inländerprinzip** schreibt vor, dass ausländische Waren und Dienstleistungen nicht anders behandelt werden dürfen als solche aus dem Inland. Um die Transparenz im Handel zu erhöhen, müssen die WTO-Länder ihre nationalen Vorschriften über den Handel bei der WTO melden. Damit soll sichergestellt werden, dass kein Handelspartner von Änderungen überrascht wird.

Das **Prinzip der Gegenseitigkeit** besagt, dass in den Verhandlungen die jeweiligen Zugeständnisse der Partner ausgewogen sein sollen. Nur die Entwicklungsländer können davon ausgenommen werden.

Die Organisation der WTO

Das wichtigste Organ der WTO ist die **Konferenz der Wirtschafts- und Handelsminister.** Ein Allgemeiner Rat führt die laufenden Geschäfte. Als Generalsekretär fungiert seit 2005 der Franzose Pascal Lamy. Der Sitz der WTO ist Genf (Schweiz).

Die Ministerkonferenz tagt mindestens alle zwei Jahre. Sie legt die Themen fest, über die die Mitglieder verhandeln wollen. Seit 1996 hat es sieben Verhandlungsrunden gegeben.

Die laufende Doha-Runde, benannt nach der Hauptstadt Katars, ist bisher erfolglos geblieben. Die Gegensätze zwischen der EU und den USA einerseits und den Entwicklungs- und Schwellenländern andererseits konnten bisher nicht überbrückt werden. Hauptstreitpunkt ist die Agrarpolitik.

Die Streitschlichtung der WTO

Auch wenn sich die Mitglieder der WTO zu den genannten Prinzipien bekennen, so werden sie nicht immer eingehalten. Handelskonflikte gehören daher seit der Gründung des GATT 1947 zur politischen Normalität des Welthandels.

Eine wichtige Neuerung in der WTO war die Verbesserung des bereits im GATT bestehenden **Streitschlichtungsverfahrens.** Dieses wird vom Allgemeinen Rat wahrgenommen, der zu diesem Zweck Schiedsgerichte bildet.

In einem mehrstufigen Verfahren können Länder andere Partner des WTO-Abkommens quasi verklagen. Kommt das Schiedsgericht zum Ergebnis, dass die Klage zu Recht erhoben wurde, können Gegenmaßnahmen in Form von Strafzöllen erhoben werden. Immer wieder wird die WTO als Schiedsrichterin angerufen, um die Konflikte zwischen den Partnern zu schlichten. Das Streitschlichtungsverfahren hat sich als erfolgreiches Instrument für einen fairen Welthandel herausgestellt.

WTO und Europäische Union

Die Mitgliedstaaten der Europäischen Union führen eine gemeinsame Außenhandelspolitik. Sie sprechen deshalb in der WTO „mit einer Stimme". Die Europäische Kommission vertritt bei den WTO-Treffen die europäischen Handelsinteressen. Die EU ist ein eigenständiges WTO-Mitglied – ebenso wie jeder ihrer Mitgliedstaaten.

Quelle: www.bundesregierung.de.

Globalisierung umfasst jedoch weit mehr als die zunehmende Integration der Weltwirtschaft und sollte nicht auf wirtschaftliche Prozesse verkürzt werden. Insbesondere die Umweltprobleme (z.B. Treibhauseffekt, Ozonloch) erfordern eine weltweite Zusammenarbeit.

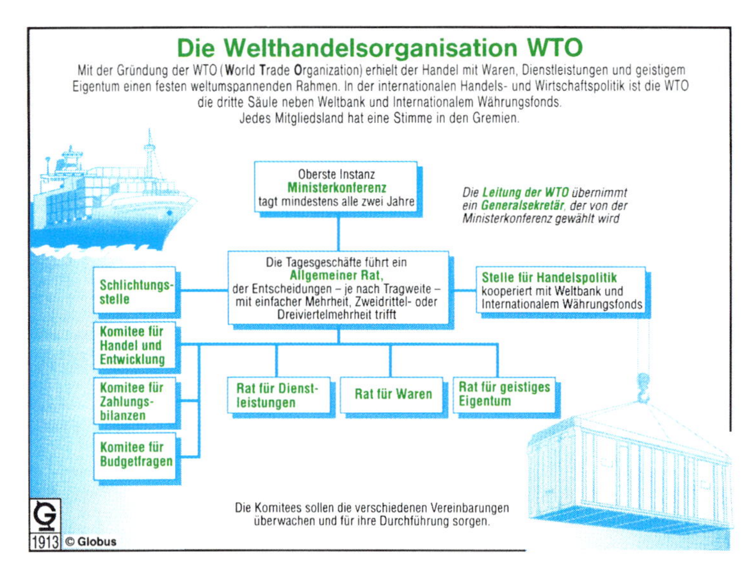

WTO verkündet Einigung – Neues Welthandelsabkommen steht

Die Welthandelsorganisation (WTO) hat sich auf das erste globale Handelsabkommen seit ihrer Gründung vor rund 20 Jahren verständigt. Damit ist der Weg zur Ratifizierung eines Pakets aus mehreren Einzelverträgen durch die 161 Mitgliedstaaten endgültig frei. Dieses war im vorigen Jahr beim WTO-Gipfel auf Bali vereinbart worden. „Dies ist ein bedeutender Moment für die Welthandelsorganisation“, sagte Generaldirektor Roberto Azevedo nach der Sitzung. Nun werde es besser möglich sein, Entwicklungsländer in die Weltwirtschaft zu integrieren und Millionen Menschen aus der Armut zu befreien.

Senkungen von Zöllen

Der WTO-Generalrat segnete mehrere Beschlüsse ab. Als wichtigster gilt die Annahme des Abkommens über Handelserleichterungen (TFA). Es sieht Reduzierungen bei Zöllen und eine Reihe von organisatorischen Vereinfachungen bei der Abwicklung des globalen Warenverkehrs vor.

Zuletzt hatten vor allem die USA und Indien über Subventionen des indischen Staates gestritten: Ein Programm zur Stützung von Lebensmittelpreisen, das die indische Regierung als Unterstützung der Millionen von Armen in ihrem Land aufgesetzt hatte, wurde von den USA als unrechtmäßige Subvention kritisiert. Vor kurzem wurde der Streit mit einer vorläufigen „Friedensklausel“ gelöst: Das indische Subventionsprogramm fällt vorerst nicht unter die Regularien des geplanten WTO-Abkommens und darf deshalb nicht verklagt werden – bis in weiteren Verhandlungen eine dauerhafte Lösung erzielt wurde.

WTO: Etwa 20 Millionen neue Arbeitsplätze

Mit der Umsetzung des auf dem Gipfel in Bali ausgehandelten Pakets könnten in den nächsten Jahren nach Einschätzung der Internationalen Handelskammer (ICC) weltweit Wachstumsimpulse im Umfang von bis zu einer Billion Dollar (rund 800 Milliarden Euro) freigesetzt werden. Dadurch könnten mehr als 20 Millionen neue Arbeitsplätze entstehen, glauben die ICC-Experten. Allerdings ist das Bali-Paket nur ein Teil der 2001 in Doha begonnenen Verhandlungen mit dem Ziel eines globalen Freihandelspakts. Weil die Arbeiten daran sich jedoch schwierig gestalten, hatten sich die WTO-Staaten geeinigt, zunächst ein weniger umfangreiches Vertragswerk in Angriff zu nehmen und danach weiter zu verhandeln.

Quelle: www.tagesschau.de vom 27.11.2014.

2.2.2 Bedeutung der Globalisierung

2.2.2.1 Verflechtung des internationalen Handels

Die zunehmend liberalisierte und digitalisierte Weltwirtschaft mit ihren **offenen nationalen Märkten** erlaubt **Handelsverflechtungen der Volkswirtschaften** in einem bisher nicht gekannten Ausmaß.

Wie stark die **Verflechtungen des internationalen Handels** mittlerweile sind, veranschaulicht nachfolgende Übersicht.

Der Welthandel wird von den **reichen Industrieländern dominiert** – allein die Europäische Union hat einen Anteil von mehr als einem Drittel. Die Handelsströme zwischen den großen Regionen der Erde spiegeln dies wider. Aus Asien kommen die Waren vor allem aus China, Japan und den sogenannten „Tigerstaaten". Afrikanische und südamerikanische Länder haben zusammen nur einen vergleichsweise geringen Anteil an den Weltexporten.

Die ärmeren Länder kämpfen deshalb seit Jahren für größere Exportchancen. Trotz WTO-Mitgliedschaft gibt es noch zu **viele Handelshemmnisse** für Entwicklungs- und Schwellenländer.

Die Öffnung der Grenzen veranlasst die Unternehmen, die sich ergebenden **Standortvorteile** in den verschiedenen Ländern der Erde durch Handelsbeziehungen, Informationsaustausch, Unternehmenszusammenschlüsse und sonstige Aktivitäten aller Art zunutze zu machen.

Beispiel:

Ein Automobilkonzern, der Forschungs- und Entwicklungsstandorte in Deutschland, den USA und Japan besitzt, kann die Entwicklungszeit für einen neuen Motor auf ein Drittel verkürzen, da aufgrund der Zeitverschiebung ohne Schichtarbeit rund um die Uhr geforscht und getestet werden kann. Bevor der deutsche Kollege Feierabend macht, stellt er sein Arbeitsergebnis seinem amerikanischen Kollegen via Internet zur Verfügung, dieser wiederum dem japanischen Kollegen usw.

Besonders intensiv sind die internationalen Handelsverflechtungen der Volkswirtschaften mit starker Exportorientierung. In letzter Zeit wird der Warenexport und -import zunehmend durch den Handel mit Dienstleistungen erweitert. Die modernen Kommunikationstechniken – vor allem das Internet – erleichtern den weltweiten Handel mit Dienstleistungen (z. B. Beratung, Know-how-Transfer).

Gemessen am gesamten Handelsvolumen (Ausfuhr plus Einfuhr) belegten die USA den ersten Platz im Welthandel. Auf den Plätzen zwei und drei folgen China und Deutschland.

2.2.2.2 Bedeutung der Globalisierung für den Außenhandel

(1) Begriff Außenhandel

Der Außenhandel – d. h. der **Export** und **Import** von Sachgütern, Dienstleistungen und Rechten – ist der wichtigste Teil der außenwirtschaftlichen Beziehungen einer Volkswirtschaft bzw. einer Wirtschaftsgemeinschaft.

- Der Begriff **Einfuhr** bezeichnet die Verbringung von wirtschaftlichen Gütern **vom Ausland ins Inland**. Aus Sicht der belieferten Volkswirtschaft stellen die Güterströme **Importe** dar.
- Der Begriff **Ausfuhr** bezeichnet die Verbringung von wirtschaftlichen Gütern **vom Inland ins Ausland**. Aus Sicht der liefernden Volkswirtschaft stellen die Güterströme **Exporte** dar.

Aus der Sicht der **Bundesrepublik Deutschland** sowie der **Mitgliedsländer der Europäischen Union (EU)** umfasst der **Außenhandel** den gewerbsmäßigen Güteraustausch (Sachgüter, Dienstleistungen, Rechte) mit **Drittländern** (Länder, die nicht der EU angehören) sowie den Transithandel.

Der **Handel innerhalb der EU** (der **Binnenhandel**) besteht aus dem **innergemeinschaftlichen Erwerb** (Käufe aus Mitgliedsländern) und den **innergemeinschaftlichen Lieferungen** (Verkäufe an Mitgliedsländer).

In den Statistiken und in den nationalen Zahlungsbilanzen sind in den Ex- und Importwerten sowohl der Güteraustausch mit Drittländern als auch die innergemeinschaftlichen Lieferungen enthalten.

(2) Bedeutung des Außenhandels für die Bundesrepublik Deutschland

Wichtige Ausfuhrgüter

Wichtige Ausfuhrgüter der Bundesrepublik Deutschland sind Fertigwaren, wie z.B. Werkzeugmaschinen, Kraftfahrzeuge, feinmechanische Geräte, Glas- und Lederwaren, sowie Halbwaren wie z.B. Gießerei- und Walzwerkerzeugnisse oder Chemikalien. Die Ausfuhr von Rohstoffen (z.B. Kohle, Kali, Tonerde) und von Nahrungs- und Genussmitteln (z.B. Fleischwaren, Geflügel, Wein) ist im Rahmen der Gesamtausfuhr hingegen von geringer Bedeutung.

Wichtige Einfuhrgüter

Wichtige Einfuhrgüter der Bundesrepublik Deutschland sind neben den Halb- und Fertigwaren Rohstoffe (z.B. Erdöl, Eisenerz, Steine und Erden, Rohphosphate) und Nahrungsmittel (z.B. Weizen, Mais, Gemüse, Südfrüchte, Kakao, Ölfrüchte, Kaffee, Rohtabak, Wein).

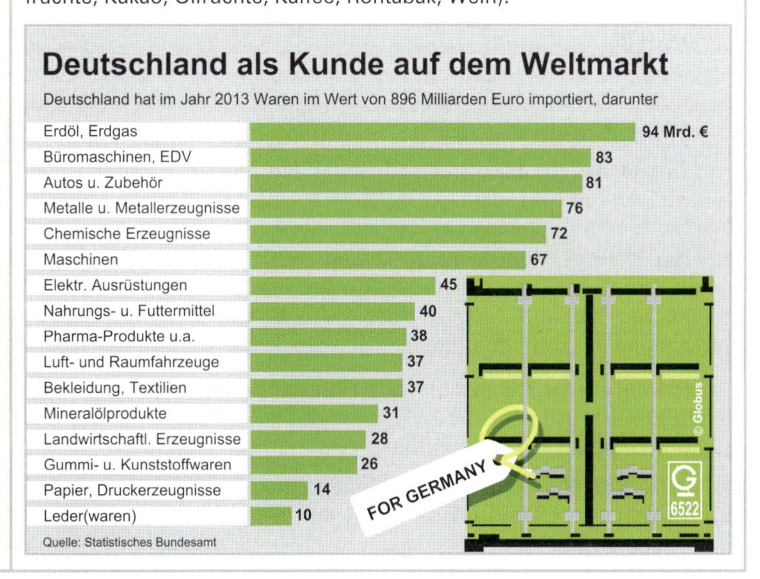

Der internationale Handel wird durch „offene Grenzen" gefördert. Der Wegfall von „Handelsschranken" wie Zölle, mengenmäßigen Export- und Importbeschränkungen (Kontingentierungen) sowie technischen Hemmnissen (z.B. unterschiedliche technische Normen, Prüfverfahren, Sicherheitsvorschriften) kommt allen Handelspartnern zugute, wie das Beispiel der EU zeigt.

Deutsche Produkte waren auch 2014 weltweit gefragt. Die deutschen Exporte erreichten einen Wert von 1 134 Mrd. Euro. Die Einfuhren betrugen 917 Mrd. Euro. Besonders eng sind die Handelsbeziehungen zwischen Deutschland und seinen Partnern in der Europäischen Union (EU). Die wichtigsten Kunden innerhalb der Union waren die Franzosen (mit 102,1 Mrd. Euro), die Briten (84,1) und die Niederländer (73,1). Insgesamt gingen 58 % aller Ausfuhren in die 28 EU-Partnerländer. Deutliche Einbußen gab es beim Export nach Russland, der um fast ein Fünftel auf 29,3 Mrd. Euro sank. Auch auf der Einfuhrseite zeigt sich, wie eng verzahnt Deutschland mit seinen europäischen Nachbarn ist. Wichtigster Handelspartner außerhalb der Europäischen Union waren die Vereinigten Staaten von Amerika und China. In die USA gingen Waren im Wert von 96,1 Mrd. Euro; aus China kamen Waren im Wert von 79,3 Mrd. Euro. Damit war China der zweitgrößte Warenlieferant Deutschlands.

2.2.2.3 Bedeutung der Globalisierung für die Außenwirtschaft

(1) Begriff Außenwirtschaft

Der internationale Handel mit Sachgütern („Waren") stellt zwar den wichtigsten, nicht aber den gesamten Bereich der Außenwirtschaft dar. Die wirtschaftlichen Beziehungen zwischen den Volkswirtschaften sind vielfältiger. Nicht nur Waren werden über die Grenzen hinweg gekauft und verkauft, sondern auch Dienstleistungen.[1] Ferner finden Geld- und Kreditbewegungen über die Grenzen hinweg statt, die nicht oder nicht unmittelbar mit den Waren- und Dienstleistungsaus- bzw. -einfuhren zusammenhängen. So strömen z. B. Gelder in ein Land ein, dessen Zinsniveau höher als das anderer Länder ist oder dessen Währung besonders stabil erscheint. Viele Staaten, so auch die Bundesrepublik Deutschland, haben sich verpflichtet, Beiträge an internationale Organisationen zu entrichten (z. B. an die UNO, die NATO, die EU). Auch die Entwicklungshilfeleistungen stellen einen Bereich der Außenwirtschaft dar.

Der Begriff **außenwirtschaftliche Beziehungen** umfasst alle Leistungs- und Geld-(Kredit)bewegungen über die Grenzen einer Volkswirtschaft hinweg.

- Wareneinfuhr und -ausfuhr stellen den wichtigsten Teil der **außenwirtschaftlichen Beziehungen** eines Landes dar.
- Der **Umfang der außenwirtschaftlichen Beziehungen** bestimmt weitgehend den **hohen Lebensstandard** und den **hohen Beschäftigungsstand** eines Landes.

(2) Probleme der Abhängigkeit von der Außenwirtschaft

Import- und Exportabhängigkeit können zu **wirtschaftlicher** und **politischer Abhängigkeit** eines Landes bzw. eines Währungsgebiets führen.

- Die wirtschaftliche Abhängigkeit zeigt sich z. B. in der **konjunkturellen Verbundenheit** der am Welthandel beteiligten Staaten. Konjunkturelle Einbrüche bei den führenden Industrieländern bewirken aufgrund des Nachfragerückgangs zwangsläufig Beschäftigungsrückgänge bei den Handelspartnern.
- Ebenso wie die Konjunkturrückgänge können auch **Inflationen** importiert werden. Erhöhen z. B. die Rohöl exportierenden Länder die Ölpreise, steigen in den Importländern die Preise für die Produkte, die aus Erdöl hergestellt oder zu deren Herstellung Erdöl benötigt wird.
- Weiterhin zeigt die Geschichte der Entwicklungsländer, dass die einseitige, durch die ehemaligen Kolonialmächte geförderte **Spezialisierung** auf die Förderung von Rohstoffen und die Erzeugung von Agrarprodukten („Plantagenwirtschaft") ein den Industrieländern vergleichbares Wachstum verhinderte.
- Eng mit der wirtschaftlichen Abhängigkeit ist die **politische Abhängigkeit** verflochten. So sind z. B. Länder, die auf Rohstoffzufuhren angewiesen sind, wirtschaftlich und politisch erpressbar. Die Rohstoff exportierenden Länder können beispielsweise versuchen, durch Preis- und/oder Mengendiktate politische Entscheidungen in den Abnehmerländern zu beeinflussen.
- Die Globalisierung bringt zwar Kostenvorteile, hat aber den Nachteil, dass aufgrund der Verlagerung von Produktionsstätten ins Ausland **Arbeitsplätze verloren** gehen **(Arbeitsplatzexport)**.

  Dieser sogenannte **Arbeitsplatzexport** kann z. B. folgende Gründe haben:

  - Die **soziale und politische Stabilität** des Auslands wird höher eingeschätzt als die inländische.

1 Zu den **Dienstleistungen** rechnen der Reiseverkehr und die Transportleistungen.

- Die **Umweltvorschriften (Umweltstandards)** sind im Ausland weniger streng als im Inland.
- Das Ausland fördert Gewerbeansiedlungen durch **Steuererleichterungen** und/oder **Subventionen.** Das Problem ist, dass der Staat den Unternehmen, die mit der Auslagerung von Produktionsstätten drohen, seinerseits Steuererleichterungen gewährt und/oder Subventionen zahlt. Die Folge ist, dass die Steuereinnahmen sinken.
- Im Ausland ist die **„Regulierungsdichte"** (z.B. Bauvorschriften, Zulassungsverfahren, Behördenwege) geringer als im Inland.
- Die **Arbeitskosten** sind im Ausland niedriger als im Inland. Für die Konkurrenzfähigkeit ist allerdings nicht allein die absolute Höhe der Arbeitskosten maßgebend. Vielmehr muss die Arbeitsproduktivität berücksichtigt werden. Diese drückt aus, welche Gütermenge eine Arbeitskraft je Zeiteinheit (z.B. je Arbeitsstunde) erzeugt.

2.2.3 Chancen und Risiken der Globalisierung

Kaum ein Thema wird hinsichtlich seiner Auswirkungen kontroverser diskutiert: Im Zeitalter der Globalisierung und der zusammenwachsenden Märkte eröffnen sich einerseits große Chancen; andererseits müssen aber auch die Risiken ernst genommen werden.

Der **kontrovers** diskutierte Prozess der Globalisierung löst in der Öffentlichkeit – je nach Sicht der Dinge – unterschiedliche Gefühle aus, welche die gesamte Spannbreite von Aufbruchstimmung bis hin zu Angstgefühlen umfasst. Während die Befürworter vor allem das durch den Abbau von zwischenstaatlichen Handelsbeschränkungen **effizientere Wirtschaften** betonen, sehen die Kritiker die **abnehmende staatliche Steuerungsfähigkeit** der einzelnen Staaten durch die wachsende internationale Verflechtung als besonders nachteilig an.

Indem Staaten den global handelnden Unternehmen und **internationalen Finanzströmen** den Weg ebnen, verringern sie ihre eigenen Einflussmöglichkeiten und schwächen ihre traditionellen wirtschafts- und finanzpolitischen Instrumente wie etwa Steuern und Zinsen.

Die zunehmende außenwirtschaftliche Liberalisierung und die damit einhergehende innerstaatliche Deregulierung kombiniert mit den Mechanismen eines globalen Marktes berühren die staatliche Souveränität. Dies führt dazu, dass viele Aufgaben, die vormals jede Regierung für sich lösen musste, nur noch im Verbund mit anderen Staaten wahrgenommen werden können.

Insbesondere die international agierenden Wirtschaftsunternehmen – auch **„Global Player"** genannt – rücken in den Fokus der Kritik, da sie heutzutage keiner wirksamen gesellschaftlichen Kontrolle mehr ausgesetzt sind und somit als Quelle für **politische und wirtschaftliche Instabilität** gelten, wie die **internationale Finanzmarktkrise** in der jüngeren Vergangenheit mit ihren negativen Auswirkungen auf die Realwirtschaft eindrucksvoll zeigte.

Zudem stören die zunehmenden **sozialen Ungleichheiten** in und zwischen den Staaten den **sozialen Frieden.** So erleichtert der Abbau zwischenstaatlicher Hindernisse den international agierenden Großunternehmen, die ihre Produktionskosten verringern wollen, sich in **Niedriglohnländern** mit **minimalen umweltpolitischen Auflagen** sowie **schwa-**

chen sozialen Sicherungssystemen niederzulassen. Für einfache Tätigkeiten wird in manchen Ländern so wenig bezahlt, dass die dort hergestellten Produkte ungeachtet der **Transportkosten** immer noch billiger sind als solche, die in Deutschland hergestellt wurden. Diese Billigproduktion ist auch deshalb möglich, weil es in vielen Ländern immer noch an **Arbeitnehmerschutzgesetzen** oder an Regelungen fehlt, die **Kinderarbeit** verbieten bzw. – falls derartige Gesetze existieren – Verstöße nicht entsprechend geahndet werden. Die vorgenannten Missstände dürften auch ein Grund für den zunehmenden internationalen **Terrorismus** sein, dessen Möglichkeiten und Instrumente sich überdies durch die Globalisierung deutlich verbessert haben.

Gerade diese Nachteile der Globalisierung sind der Nährboden von **globalisierungskritischen** Gruppen und Bewegungen, die sich seit den neunziger Jahren des vorangegangenen Jahrhunderts auf internationalen Konferenzen mit globaler Thematik zunehmend Gehör verschaffen. Dabei ist die Organisation **Attac** (frz.: **A**ssociation pour une **t**axation des **t**ransactions financières pour l'aide **a**ux **c**itoyens – Vereinigung zur Besteuerung von Finanztransaktionen im Interesse der Bürgerinnen und Bürger) das wohl prominenteste Beispiel.

Attac – ein globalisierungskritisches Netzwerk

Am 30. November 1999 demonstrierten in Seattle Hunderttausende gegen ein Ministertreffen der Welthandelsorganisation. Mit Sitzblockaden hinderten sie die Delegierten am Zugang zu der Versammlung, sodass das Treffen ohne Entscheidungen zu Ende ging. Die medienwirksame Protestaktion führte dazu, dass erstmals eine breitere Öffentlichkeit das Netzwerk Attac, das an den Protesten beteiligt war, zur Kenntnis nahm.

Das Bündnis von Globalisierungskritikern war am 3. Juni 1998 in Paris gegründet worden. Vorausgegangen war eine Grundsatzerklärung des Chefredakteurs der Wochenzeitschrift Le Monde Diplomatique, Ignacio Ramonet, im Dezember 1997. „Der Wirbelsturm, der die asiatischen Geldmärkte verwüstet, bedroht die ganze Welt. Die Globalisierung des Anlagekapitals schafft universelle Unsicherheit. Sie verhöhnt nationale Grenzen und schwächt die Macht der Staaten, die Demokratie, den Wohlstand und das Glück ihrer Völker zu sichern", heißt es da. Als Antwort fordert Ramonet eine globale Lösung und sieht sie in der demokratischen Kontrolle über das Finanzkapital der Spekulanten.

Doch dann fragt sich Ramonet, wer denn so weitreichende politische Forderungen durchsetzen könnte. Deshalb schließt Ramonet mit einer Frage: „Warum nicht eine neue Nichtregierungsorganisation gründen, eine Vereinigung zur Besteuerung von Finanztransaktionen im Interesse der Bürgerinnen und Bürger (frz.: Association pour une taxation des transactions financières pour l'aide aux citoyens = Attac)? Zusammen mit den Gewerkschaften und der Vielzahl sozialer, kultureller und ökologischer Organisationen könnte sie vortrefflich Druck auf die Regierungen ausüben, diese Steuer endlich einzuführen. Im Namen universeller Solidarität." Dieser Aufruf stieß auf große Resonanz und führte schließlich zur Gründung von Attac.

Inzwischen arbeitet das Bündnis in 40 Ländern. In Deutschland sind rund 12 000 Menschen in 160 Regionalgruppen organisiert. Das einigende Ziel von Attac ist das Engagement gegen die Folgen einer Globalisierung, die nur über den freien Welthandel laufe. Dabei ist Attac nicht gegen die Globalisierung als solche. „Wir finden es gut, wenn Menschen ganz verschiedener Kulturen miteinander in Kontakt treten, wenn sich Menschenrechte und Demokratisierung globalisieren und es einen internationalen Austausch von Gütern gibt", sagt Christoph Bautz von Attac Deutschland. „Wir sind aber entschieden gegen die derzeitige neoliberale Globalisierung, die vor allem den Gewinninteressen von internationalen Konzernen und Finanzanlegern dient." Dagegen setzt Attac den Slogan: „Eine andere Welt ist möglich."

Das Bündnis hat kein detailliertes Programm und setzt inhaltlich auf Pluralismus, wobei die Kritik an der ihrer Ansicht nach unkontrollierten Globalisierung das einigende Band darstellt. In seinem Engagement konzentriert sich Attac weniger auf Lobbygespräche mit Parteien und Politikern. Im Vordergrund steht stattdessen der Versuch, öffentlichen Druck für eine Kontrolle der Finanzmärkte oder gegen die Privatisierung des Renten- und Gesundheitssystems zu organisieren: durch Publikationen, Informationsveranstaltungen, Demonstrationen oder spektakuläre Aktionen wie Straßentheater oder zivilen Ungehorsam. Bei alledem lehnt Attac

Gewalt als Mittel der politischen Auseinandersetzung ab. Mit diesen spontanen Aktionsformen konnte das Bündnis viele jüngere Menschen wieder für Politik begeistern, die von Parteien und Gewerkschaften eher abgeschreckt sind.

Doch bei aller Mobilisierungskraft und Öffentlichkeit, die das Bündnis in den vergangenen Jahren erreichen konnte, deuten sich inzwischen erste Grenzen an. So ist die Themenpalette, die sich aus der „neoliberalen Globalisierung" ergibt, ungeheuer breit: Sie reicht von der Kontrolle der Finanzmärkte über Steuergerechtigkeit für die Gemeinden, Riester-Rente, Privatisierung des Gesundheitssystems und anderer Dienstleistungen bis hin zu Folgen des Weltmarktes für die Landwirtschaft und die Entwicklungspolitik. Nicht für jedes dieser Themen lässt sich gleich gut mobilisieren, nicht alle Themen können inhaltlich aufgearbeitet werden. Für die Zukunft stellt sich die Frage: Koordinieren die Nichtregierungsorganisationen ihre Arbeit unter einem gemeinsamen Dach – oder praktiziert man eine Arbeitsteilung, obwohl sich Problemkomplexe wie Welthandel und Klimaschutz eigentlich nicht voneinander trennen lassen?

Dazu kommt die internationale Herausforderung. Als Bündnis, das sich vor allem in den Industrieländern engagiert, kann sich Attac durchaus auf Forderungen nach einer Regulierung von Welthandel und Weltfinanzmärkten einigen. Doch im Süden der Welt gibt es viele Nichtregierungsorganisationen, die die Chancen ihrer Produzenten auf dem Weltmarkt verbessern wollen. Dies kann durchaus zu Lasten von Produzenten und Beschäftigten im reichen Norden der Welt gehen. Wofür entscheidet sich Attac dann? Für den Schutz des Lebensstandards im Norden oder für die Forderung nach einem höheren Lebensstandard im Süden?

Diese Fragen dürfen allerdings nicht darüber hinwegtäuschen, dass Attac bisher durchaus Erfolge aufweisen kann. Seine Aktionen haben dazu beigetragen, dass die Politik die Probleme im Zuge der Globalisierung weit offener als vorher diskutiert. Noch zeichnen sich keine Lösungen ab, doch die Politik ist gefordert, weil Attac viele Fragen stellt, die über Jahre unter den Teppich gekehrt wurden.

Wolfgang Kessler

Quelle: Bundeszentrale für politische Bildung, Nr. 280, Globalisierung.

Die Globalisierung bietet eine Vielzahl von Risiken und Chancen, wobei die nachfolgende Tabelle einen Überblick über die wichtigsten Aspekte gibt.

Chancen	Risiken
■ Nutzung der Kostenvorteile anderer Volkswirtschaften ■ Günstige Einkaufspreise durch weltweite Konkurrenz der Anbieter ■ Risikostreuung durch weltweites Engagement der multinationalen Konzerne („Global Players") ■ Verbesserung des Lebensstandards in den Entwicklungsländern durch Know-how-Transfer ■ Verringerung der Kriegsgefahr wegen der gestiegenen wirtschaftlichen Abhängigkeiten ■ Steigende Toleranz gegenüber anderen Kulturen und Mentalitäten durch den intensiven Austausch von Waren und Dienstleistungen	■ Vergrößerung der Umweltprobleme durch eine verstärkte Wirtschaftstätigkeit und höheren Konsum ■ Gefahr einer ruinösen Konkurrenz zwischen den einzelnen Volkswirtschaften ■ Menschen können mit der Geschwindigkeit des Strukturwandels nicht mithalten ■ Gefahr zunehmender Arbeitslosigkeit in Hochlohnländern ■ Sinkende Sozialstandards in den bisherigen Industrieländern durch den zunehmenden Kostendruck ■ Fremde Kultureinflüsse können zu Identitätsängsten führen (Gefahr des Terrorismus) ■ Weltweit operierende Konzerne untergraben die Macht der Nationalstaaten

Ob letztlich die Chancen oder die Risiken überwiegen werden, hängt vor allem vom fairen Umgang miteinander (z.B. gleichberechtigter Zugang zum Kapitalmarkt für alle Volkswirtschaften) und von der Fähigkeit der Staatengemeinschaft ab, staatsübergreifende Institutionen (z.B. WTO, Weltbank, UNO) zu stärken und mit den erforderlichen Mitteln auszustatten.

Zusammenfassung

- Allgemein lassen sich **gesellschaftliche, technische** sowie **volkswirtschaftliche Arbeitsteilung** unterscheiden.
- Die **internationale Arbeitsteilung** geht auf die Erkenntnis zurück, dass jedes Land diejenigen Erzeugnisse im Tauschweg international anbietet, die es mit den vergleichsweise **(relativ) niedrigsten** Kosten erzeugt **(Gesetz der komparativen Kostenvorteile).**
- Wenn jedes Land die Güter produziert, bei denen es **absolute** Kostenvorteile hat, kann durch die internationale Arbeitsteilung die **Gesamtproduktivität gesteigert** werden.
- **Globalisierung** im wirtschaftlichen Sinne bedeutet die zunehmende **erdweite Verflechtung von Volkswirtschaften.**
- Wichtige Voraussetzung ist die **Öffnung der internationalen Märkte** (Abbau von Zöllen und anderen Beschränkungen).
- Der Begriff **Ein- und Ausfuhr** (Im- und Export) bezeichnet die Verbringung von wirtschaftlichen Gütern vom Ausland ins Inland bzw. vom Inland ins Ausland.
- Der **Umfang des Außenhandels** bestimmt weitgehend den **hohen Lebensstandard** und den **hohen Beschäftigungsstand** eines Landes.
- Der **Begriff „außenwirtschaftliche Beziehungen"** umfasst alle Leistungs- und Geld-(Kredit)bewegungen über die Grenzen einer Volkswirtschaft hinweg.
- Wareneinfuhr und -ausfuhr stellen den wichtigsten Teil der **außenwirtschaftlichen Beziehungen** der Bundesrepublik Deutschland dar.
- Der **wichtigste Nachteil** der außenwirtschaftlichen Beziehungen ist, dass sie zu **wirtschaftlicher und politischer** Abhängigkeit führen.

Übungsaufgaben

53

1. Erklären Sie den Begriff Arbeitsteilung!
2. Bilden Sie zwei Beispiele zur gesellschaftlichen Arbeitsteilung!
3. Lesen Sie zunächst sorgfältig nachstehenden Text durch!

Das Produzieren geht auf die Vereinigung der beiden Grundelemente Boden (Natur) und Arbeit (Mensch) zurück. Um den Sachverhalt klarzumachen, sei ein einfaches Beispiel gewählt. Angenommen, ein einzelner Mensch lebe auf einer Insel und könne bei normaler Anstrengung pro Tag ein Kaninchen mit der Hand fangen, das er auch am gleichen Tag zur Erhaltung seiner Lebensfähigkeit verzehren muss. Den Rest des Tages muss er schlafen. Es ist ohne Weiteres einzusehen, dass unter diesen Umständen eine Produktionssteigerung, also eine Verbesserung seines **Lebensstandards,** nicht möglich ist. Die Wirtschaft unseres Robinsons ist **stationär** (auf gleicher Stufe stehen bleibend). Nehmen wir aber weiter an, dass sich unser Inselbewohner eines Tages dazu entschließt, einen Tag lang zu hungern und währenddessen eine Falle zu bauen. Die Falle erfüllt ihren Zweck und künftig fängt Robinson im Durchschnitt 2 Kaninchen, sodass er sich sogar Vorräte an Trockenfleisch anlegen kann. Die so frei gewordene Arbeitszeit verwendet Robinson zum Bau weiterer Fallen, zur Schaffung von Jagd- und Angelgeräten und zum Bau einer Unterkunft ...

Aufgabe:

Entscheiden Sie, welcher wirtschaftliche Vorgang hier auf einfache Weise beschrieben ist! Kreuzen Sie die **zutreffendste** Antwort an! (Falls Ihnen das Buch nur leihweise überlassen wurde, schreiben Sie die Lösungsnummern bitte in Ihr Hausheft!)

16 Speth - ISBN 978-3-8120-0592-0

3.1 Der Text beschreibt das Wesen der Produktion. [1]
3.2 Im Text wird das Wesen der Produktionsfaktoren beschrieben. [2]
3.3 Im Text werden die volkswirtschaftlichen Produktionsfaktoren definiert. [3]
3.4 Der Text beschreibt den Begriff „Lebensstandard“. [4]
3.5 Der Text beschreibt die Kapitalbildung im volkswirtschaftlichen Sinne. [5]

4. Grenzen Sie die gesellschaftliche Arbeitsteilung von der technischen Arbeitsteilung ab!

5. Erläutern Sie, welche Vor- und Nachteile die technische Arbeitsteilung
   5.1 für den Betrieb und
   5.2 für den arbeitenden Menschen hat!

6. Beschreiben Sie, warum die Arbeitsteilung zur Produktivitätssteigerung führt!

7. Stellen Sie kurz die Arten (Erscheinungsformen) der Arbeitsteilung dar!

8. Erörtern Sie kurz die Vor- und Nachteile der Arbeitsteilung! Überwiegen nach Ihrem Urteil die Vor- oder die Nachteile? Begründen Sie Ihre Meinung!

9. „Adam Smith beginnt sein bedeutendes Buch ‚Eine Untersuchung über die Natur und die Ursachen des Volkswohlstandes‘ (**‚Inquiry into the nature and causes of the wealth of nations‘**) mit den Worten: ‚Die Arbeit des Volkes ist der Fonds, aus dem es ursprünglich mit allen erforderlichen Unterhaltsmitteln, deren es bedarf, versehen wird. Dieser Fonds besteht sowohl aus den unmittelbaren Produkten der Arbeit als auch aus denjenigen, die man im Tausch für diese Produkte im Ausland hat kaufen können.‘

   Die wirtschaftliche Ergiebigkeit der Arbeit ist im Lauf der Jahrhunderte stets größer und größer geworden. Smith erklärt dies aus der Arbeitsteilung. Um seine These zu verdeutlichen, konstruiert er das berühmte Nadel-Beispiel: Während ein Arbeiter vielleicht eine, aber sicher nicht mehr als 20 Nadeln pro Tag verfertigen kann, verfertigen in einer kleinen Fabrik, die Smith besucht, zehn Arbeiter – von denen der eine den Draht zieht, der andere ihn schneidet, ein dritter die Spitzen schärft usw. – 48 000 Nadeln täglich. Dank der hier geübten Arbeitsteilung gelang es also, die Produktivität eines Arbeiters von höchstens 20 auf 4 800 Nadeln, d. h. um das 240-fache zu steigern.“

   Quelle: Zimmermann, L. J.: Geschichte der theoretischen Volkswirtschaftslehre, S. 55f.

   Aufgaben:
   9.1 Recherchieren Sie, wer Adam SMITH war!
   9.2 Bestimmen Sie, von welcher Art Arbeitsteilung im ersten Absatz des Textes die Rede ist!
   9.3 Erläutern Sie, welche Art Arbeitsteilung Adam SMITH mit seinem Stecknadelbeispiel beschreibt!

54

1. Erläutern Sie, welche Bedeutung der Außenhandel für den Lebensstandard in der Bundesrepublik Deutschland hat! Begründen Sie Ihre Antwort!

2. Erklären Sie kurz die Struktur des Außenhandels der Bundesrepublik Deutschland! Begründen Sie seine Zusammensetzung!

3. Grenzen Sie die Begriffe Außenhandel und Außenwirtschaft voneinander ab!

4. Die Theorie der komparativen Kosten stammt von David RICARDO.[1]
   4.1 Erklären Sie, was die Theorie der komparativen Kosten aussagt!

1 Englischer Volkswirtschaftler (1772–1823).

4.2 Das berühmte „Wein-Tuch-Beispiel" von Ricardo setzte voraus, dass in Portugal der Arbeitsaufwand je Einheit Wein 80, in England aber 120 sei. Hingegen betrage der Arbeitsaufwand in Portugal je Einheit Tuch 90, in England 100.

Land	Wein	Tuch
Portugal	80	90
England	120	100

Berechnen Sie, um wie viel Prozent Wein- und Tuchproduktion steigen, wenn sich Portugal auf die Herstellung von Wein und England auf die Herstellung von Tuch spezialisiert! 

5. Sammeln Sie Kritikpunkte an der Theorie der komparativen Kosten!

6. Nennen und begründen Sie Vor- und Nachteile des Außenhandels!

7. Lesen Sie zunächst folgende Textauszüge und beantworten Sie anschließend nachfolgende Aufgabenstellungen:

   7.1 Erläutern Sie den Globalisierungsbegriff mithilfe eines selbst gewählten Beispiels!

   7.2 Nennen Sie zwei Gründe, worauf die Globalisierung zurückgeführt werden kann!

   7.3 Die Schuld an der hohen Arbeitslosigkeit in einigen Industrieländern wird der Globalisierung zugeschoben. Erstellen Sie einen Maßnahmenkatalog zu den Möglichkeiten, die Arbeitslosigkeit trotz Globalisierung zu verringern!

   7.4 Bei der Beantwortung der Aufgabe 6 haben Sie Vor- und Nachteile des Außenhandels genannt. Überlegen Sie, ob die Globalisierung noch weitere Vor- und Nachteile mit sich bringt!

Textauszug 1:

Die Globalisierung wird zum Elitenprojekt

Der Unmut der Bürger über das Freihandelsabkommen TTIP und die Globalisierung wächst. Eine weltweite Abgabe für Banken und Hedgefonds könnte den Widerstand brechen.

Weniger Nationalstaat: Zwar lässt diese Forderung viele Menschen in Europa erblassen. Aber vor allem lassen sich in Europa mit diesen nationalistischen Parolen zunehmend Wählerstimmen gewinnen und Ängste gegen die Internationalisierung schüren. Auch in Deutschland ist das so. Warum eigentlich?

Momentan ist etwa neben dem Verhältnis Deutschlands zu Russland auch das Verhältnis zu den USA nicht mehr entspannt, wie der NSA-Skandal dokumentiert. Internationale Konflikte wie der Terror des „Islamischen Staats" und die Ukraine-Krise rücken gefühlt näher an unseren deutschen Wohlfühlbereich heran, der aber selbst auch seit der Finanzkrise nur noch mittelprächtiges Wohlbefinden ausstrahlt. Die Reaktion darauf ist offenbar der Wunsch nach Einigelung im Nationalstaat. Bloß nicht noch mehr Globalisierung.

Doch trotz dieser neuen Ressentiments gegen die Globalisierung passiert das Gegenteil. Die Wirtschaft will sich mit Vereinbarungen wie dem Freihandelsabkommen TTIP immer weiter globalisieren. Die Globalisierung gerät so zum Elitenprojekt. Wie aber kann das verhindert werden? Wie werden Globalisierung und verstärkte internationale Kooperation wieder für alle attraktiv?

Dazu muss vor allem eines geschehen: Die Länder des reichen Westens müssen sich eingestehen, dass eine wirtschaftliche Entwicklung, die einige extrem begünstigt, während andere nur sehr wenig vom globalen Wachstum profitieren, nicht nachhaltig ist. Es braucht einen neuen Elan für mehr sozialen Ausgleich in den Staaten und zwischen den Staaten. Dieser Elan muss vom Westen ausgehen.

Ein sozialer Ausgleich zwischen Staaten ist aber schwierig zu erreichen, da nur Nationalstaaten bislang die Hoheit über die Erhebung von Steuern und Abgaben besitzen und diese auch durchsetzen können. Sicher, eine Weltsozialpolitik kann daher nur rudimentär sein. Aber es werden seit Langem Ideen diskutiert, die auch bei der jetzigen internationalen Konstellation umgesetzt werden können: Bestes

Beispiel ist eine internationale Finanzmarktsteuer, deren Einnahmen den Anfang für eine Weltsozialpolitik bilden würden.

Gegner halten weltweite Finanzsteuer für utopisch

Die Gegner einer solchen Steuer auf Geldgeschäfte warnen, dass deutlich weniger Transaktionen getätigt werden. Dies würde, so die Gegner, nicht nur den Markt verzerren, sondern letztlich zu weniger Liquidität führen – was der Realwirtschaft schade. Die Steuer sei zudem nur international realisierbar, damit es keine Ausweichreaktionen gebe, welche Arbeitsplätze gefährden. Eine weltweite Finanzmarktsteuer halten die meisten politischen Akteure aber für utopisch.

Außerdem will kaum jemand in einer Zeit, in der die Zentralbanken durch niedrige Leitzinsen die Finanzmärkte mit billigem Geld überschwemmen, über Maßnahmen diskutieren, die Liquidität reduzieren.

Doch die guten Argumente für die Steuer liegen auf der Hand. Spekulationsgeschäfte würden durch sie gebremst. Langfristige Anleger, die nicht nur an der schnellen Rendite interessiert sind, werden von der Steuer kaum berührt. Nur der, der oft spekuliert – und meistens auch mit geliehenem Geld –, würde sie spüren. Und wenn es gerade die Hochrisikogeschäfte am Finanzmarkt sind, die eine ständige Gefahr für die Weltwirtschaft bedeuten, wäre eine Finanztransaktionssteuer gerade jetzt richtig.

Soziale Ungleichheit bewegt die Menschen

Zu unrealistisch? Es gibt eine Alternative. Man könnte stattdessen eine Abgabe einführen, die sich anhand der Gesamtbilanz eines Finanzmarktakteurs bemisst. Diese *internationale Fairnessabgabe* wäre von Banken, Hedgefonds und Finanzmarktunternehmen zu zahlen.

Eine neue internationale Koordinierungsinstitution könnte genau festsetzen, welcher Akteur wie viel zu zahlen hat. Die Einnahmen würden an diese Institution fließen, welche damit eine sozialinvestive Politik betreiben könnte. Die Vergaberichtlinien müssten demokratisch legitimiert werden. Diese Aufgabe könnte die Interparlamentarischen Union (IPU) übernehmen, ein Gremium, in dem Parlamentarier aus aller Welt vertreten sind – oder man gründet gleich ein ganz neues demokratisches Kontrollgremium für diese neue Institution. [...]

Eine Weltsozialpolitik, die mit einer Finanzmarktbesteuerung beginnen könnte, ist keine linke Illusion mehr. Und auch die nächsten Schritte sind bereits in der Diskussion: die langsame Zurückdrängung von Steueroasen und ein Weltwirtschaftsmanagement. Auch hier werden neue weltbehördliche Strukturen benötigt. Diese sollten aber auch das Recht haben, zumindest teilweise in die Staatssouveränität eingreifen zu können.

Nur eine weltweite soziale und politische Integration kann die Globalisierung zu einem Erfolgsprojekt machen. Schon Immanuel Kant wusste, dass die weltbürgerliche Absicht für den Frieden auf dieser Welt zentral sein wird. Er plädierte bereits vor mehr als 200 Jahren für einen Völkerbund, den wir heute mit den Vereinten Nationen verwirklicht haben. Doch es reicht nicht aus, nur Sicherheitspolitik international zu koordinieren. Was wir für das Gelingen der Globalisierung brauchen, ist eine Weltsozialpolitik. Eine internationale Fairnessabgabe oder die Finanztransaktionssteuer wären ein Anfang. Und ein Anfang ist nie schon das Ende.

Quelle: DIE ZEIT vom 10.11.2014.

Textauszug 2:

Globalisierung – Die tägliche Wasserschlacht

USA gegen China, Europa gegen USA: Die Welt verstrickt sich in Handelskriege. Bedrohen sie unseren Wohlstand? Barack Obama lässt gerade in Washington eine neue Behörde einrichten. Trade Enforcement Center wird sie heißen, Büro zur Durchsetzung des Handels, und amerikanische Firmen bei Geschäften in aller Welt unterstützen. Wenn Geschäftspartner gegen amerikanische Interessen verstoßen, sollen die Beamten Alarm schlagen, und der Präsident organisiert schnell die Gegenwehr. Gerade jetzt seien die US-Exporteure allerlei „unfairen Praktiken" ausgesetzt, sagt Obama.

Tatsächlich gab es schon lange nicht mehr so viel Streit zwischen den Handelsnationen.

Erst am Wochenende protestierte der amerikanische Handelsbeauftragte Ron Kirk bei der Welthandelsorganisation (WTO) in Genf: Die Europäische Union subventioniere trotz mehrfacher Beschwerden und Urteile immer noch ihren Flugzeugbauer Airbus. Ein Untersuchungsausschuss in Washington soll schon mal über mögliche Sanktionen nachdenken. Zuvor, Mitte März, zogen die USA, die EU und Japan gemeinsam vor die WTO und verklagten China, weil das Land die Ausfuhr wichtiger Spezialrohstoffe (Seltene Erden) beschränke. Dagegen verkauften die Chinesen der Welt zu Dumpingpreisen viel zu viele Solaranlagen, meinten die Amerikaner zudem - und verhängten Strafzölle auf die Kollektoren made in China.

Bei Politikern und Handelsstrategen aus aller Welt hat ein Gesinnungswandel eingesetzt. Man flirtet wieder mit dem Protektionismus. Mal beschwert man sich über zu viel Export und mal über zu wenig, mal über unfaire Subventionen und ein andermal über wettbewerbsverzerrende Steuern. Die Begründungen sind verschieden, der Trend ist aber eindeutig: Die Welt streitet über den Handel, und die Stimmung wird gereizter.

Vor ein paar Wochen warnten die Chefs der großen europäischen Luftfahrtunternehmen Airbus, Lufthansa, MTU Aero Engines und Air Berlin bereits vor einem Zeitalter „größerer Handelsauseinandersetzungen". Handelskriege brächen aus, und sie selbst säßen zwischen den Fronten: Seit die EU sich in den Kopf gesetzt hat, ausländische Fluggesellschaften zu Klimaschutzabgaben zu zwingen, haben China, Russland und 24 weitere Staaten Vergeltung angedroht. Peking soll schon über die Stornierung eines Großauftrages für A380-Flugzeuge nachdenken, Moskau den Entzug von Überflug-, Start- und Landelizenzen für europäische Airlines erwägen. [...]

Handelsexperten der in England und der Schweiz operierenden Denkfabrik Global Trade Alert haben festgestellt: 2012 gab es dreimal mehr Maßnahmen zum Schutz von Märkten als zu ihrer Liberalisierung. Spitzenreiter beim Erlassen neuer Handelsschranken sind ausgerechnet die erstarkenden Schwellenländer. Argentinien liegt vorn mit 192 neuen Regeln zur Importbegrenzung, Russland folgt mit 172 knapp dahinter, China und Brasilien sind kaum zaghafter.

Quelle: ZEIT Online 05.04.2012.

Textauszug 3:

Chancen und Risiken der Globalisierung

Chancen und Risiken der Globalisierung - wohl kein anderes Thema wird in der Öffentlichkeit so leidenschaftlich diskutiert. Während die meisten Bundesbürger aus Angst vor dem Verlust des eigenen Arbeitsplatzes der sich beschleunigenden Entwicklung eher skeptisch gegenüber stehen, sehen viele Arbeitgeber im Zusammenwachsen der Weltwirtschaft vor allem die Vorteile. Ob wirklich alle Unternehmen von der Globalisierung profitieren, lässt sich mithilfe eines Chance-Risiko-Rasters ermitteln.

Bei den Chancen ganz oben stehen niedrigere Lohnkosten durch die Verlagerung der Arbeitsplätze in Niedriglohnländer. Dies betrifft sowohl die Produktion, etwa Autofabriken in der Slowakei, als mittlerweile auch den Dienstleistungssektor - erwähnt sei nur der Klassiker, das Call-Center in Indien. Daneben können Unternehmen auch auf Steuervorteile hoffen. So werden die Unternehmens-Gewinne in Deutschland mit einem Satz von rund 40 Prozent belastet. Zum Vergleich: In China sind es rund 33 Prozent, in Polen 27 Prozent und in Estland sind es sogar null Prozent. Von einem anderen Pluspunkt der Globalisierung profitieren vor allem Bau- und Maschinenbauunternehmen: von den Investitionen in die Infrastruktur oder die Errichtung neuer Produktionsanlagen. Der vierte Vorteil ist der Wohlstandseffekt. Nimmt durch die Verlagerung von Arbeitsplätzen die Kaufkraft in den Niedriglohnländern zu, steigt auch die Nachfrage nach westlichen Konsumartikeln, etwa nach Autos oder Pflegemitteln. Doch die Medaille hat zwei Seiten: Es gibt auch erhebliche Risiken, die der deutschen Wirtschaft durch die Konkurrenz der Niedriglohnländer erwachsen. Die Konkurrenten aus Osteuropa und Fernost haben aufgrund der erwähnten Steuer- und Lohnkostenvorteile eine niedrigere Kostenbasis und können dadurch auf dem Weltmarkt mit günstigeren Preisen auf Kundenjagd gehen. Und nicht nur das, die neuen Konkurrenten operieren aus einem florierenden Heimatmarkt als Wachstumsmarkt mit hohen Auslastungsquoten heraus. Die Globalisierung erfasst aber auch den deutschen Binnenmarkt. Hier zu Lande werden Stellen gestrichen, wodurch die Arbeitslosigkeit zumindest ansteigt. Die Angst vor dem Jobverlust führt zu einer Änderung des Kaufverhaltens. Der private Konsum sinkt.

Quelle: WELT Online vom 12.05.2012.

Textauszug 4:

Macht die Globalisierung die Reichen reicher und die Armen ärmer?

Ungleichheit: Der Vorwurf stimmt nur auf den ersten Blick. In den 70er-Jahren verdiente ein Amerikaner im Durchschnitt zwar 50-mal so viel wie jemand aus einem Land, das die Weltbank in die Rubrik „Länder mit niedrigem Einkommen" einstuft. Dazu zählen z. B. die meisten Länder Afrikas. Dieser Abstand hatte sich bis zum Jahr 2000 auf das 80-Fache vergrößert.

Chance: Trotzdem wäre es falsch, ärmere Länder nun pauschal als die Verlierer der Globalisierung abzustempeln. Im Gegenteil, gerade viele Menschen in Entwicklungsländern haben enorm profitiert. Ehedem bettelarme Länder wie Botswana und Thailand haben es durch internationalen Handel zu ungekannten Wohlstand gebracht.

Aufgabe: Nun sagt das noch nichts darüber aus, wie gerecht der gewonnene Wohlstand in den jeweiligen Ländern verteilt ist. Den schlecht bezahlten Wanderarbeitern Chinas nutzt es nichts, wenn die Wirtschaft mit etwa zehn Prozent wächst. Dies ist aber kein Fehler, den man der Globalisierung anlasten könnte – sondern der chinesischen Politik. Weltweit allerdings kommen auch die Allerärmsten voran. Der Anteil der weltweit Erwerbstätigen, die weniger als einen US-Dollar am Tag verdienen, lag 1990 bei 33 %. Gegenwärtig beträgt er etwa 15 %.

Quelle: WELT Online vom 26.01 2009.

55 1. Aus dem Umweltbericht der adidas-Salomon AG:[1]

Transportkilometer für die Beschaffung von Rohstoffen für die Serienfertigung der Fußballschuhe und für die Ballproduktion sowie die Verlagerung der Schaftproduktion und des Ballnähens:

Rohstoffeinkauf Fußballschuhe:	179.633 km
Rohstoffeinkauf Fußbälle:	22.075 km
Schaftproduktion:	69.163 km
Ballnähen:	164.416 km

Aufgabe:

Erläutern Sie, welche Konsequenzen in diesem Fall die Globalisierung für den Standort Deutschland hat!

2. Die Baumwolle wird in *Kasachstan* oder *Indien* geerntet und anschließend in die Türkei versandt.

   In der *Türkei* wird die Baumwolle zu Garn gesponnen.

   In *Taiwan* wird die Baumwolle mit chemischer Indigofarbe aus Deutschland gefärbt.

   Aus dem gefärbten Garn werden in *Polen* die Stoffe gewebt.

   Innenfutter und die kleinen Schildchen mit den Wasch- und Bügelhinweisen kommen aus *Frankreich*, Knöpfe und Nieten aus *Italien*.

   Alle „Zutaten" werden auf die *Philippinen* geflogen und dort zusammengenäht.

---

1 Vgl. adidas-Salomon AG (Hrsg.): Umweltbericht 2001, S. 16.

In *Griechenland* erfolgt die Endverarbeitung mit Bimsstein.

Die Jeans werden in *Deutschland* verkauft, getragen und schließlich in die Altkleidersammlung einer karitativen Organisation gegeben.

Quelle: www.globalisierung-online.de.

Aufgaben:

2.1 Recherchieren Sie, wie viele km für die Herstellung einer Jeans wohl zurückgelegt werden!

2.2 Diskutieren Sie in der Klasse über den Sinn dieser globalen Arbeitsteilung!

3. Die Globalisierung erleichtert nicht nur den grenzüberschreitenden Kapitalverkehr und sorgt somit für eine Zunahme internationaler Kapitalbewegungen; sie erweitert auch die Bandbreite der Anlagemöglichkeiten für Spekulanten. Lesen Sie zunächst nachfolgenden Artikel!

Ein Lob der Zockerei

Spekulanten – mehr als ein Risiko

[...] Spekulanten sorgen dafür, dass Märkte liquide bleiben und dort schnelle Reaktionen erfolgen können. Der Preis für Erdöl ist derzeit zweifellos spekulativ überhöht. Aber dank der Spekulation wird in schwierigen Zeiten wie diesen überhaupt schnell ein Preis gebildet, und die Märkte können angemessen auf neue Phänomene wie den Nachfrageschub aus China und Indien reagieren. Es geht aber um mehr. Das Wort „Spekulation" kommt aus dem Lateinischen „speculari", was so viel heißt wie „spähen" oder „in die Zukunft schauen". Tatsächlich ist Spekulation eine unersetzliche ökonomische Brücke zwischen Gegenwart und Zukunft. Märkte gab und gibt es immer und überall auf der Welt. Selbst in kommunistischen Diktaturen haben Menschen Dinge des Alltags getauscht. Aber nicht jeder Markt sorgt automatisch für wachsenden Wohlstand. Das geht nur, wenn der Kreislauf von Sparen und Investieren in Gang kommt, wenn es also Märkte gibt, auf denen die Zukunft gehandelt wird. Und dazu sind Spekulanten nötig, die Risiken eingehen.

Jeder, der investiert, spekuliert. Wer Bundesanleihen kauft, geht das sehr geringe Risiko ein, dass die Bundesrepublik den Staatsbankrott erklärt. Weil das Risiko kleiner ist als bei manch anderen Ländern, ist der Käufer mit einer entsprechend niedrigeren Rendite zufrieden. Wer Aktien kauft, stellt Unternehmen Risikokapital zur Verfügung, er wird an den Gewinnen ebenso wie an den Verlusten beteiligt. Entsprechend höher ist seine Renditeerwartung. Wer sich schließlich am Spiel mit Optionen und Futures beteiligt, riskiert täglich den Totalverlust seines Kapitals und spekuliert daher auf zweistellige Renditen.

Zum Spiel gehört es, dass sich Spekulanten irren können, unter Umständen auch massiv. Immer wieder kommt es vor, dass an den Börsen alle ihrem Herdentrieb folgen und kollektiv in die falsche Richtung rennen. Das war bei der holländischen Tulpenzwiebel-Hysterie im 17. Jahrhundert nicht anders als bei der amerikanischen Immobilienspekulation dieser Tage. Aber selbst an Spekulationsblasen ist nicht alles schlecht. Vom Eisenbahnboom des 19. Jahrhunderts blieben Schienen übrig, die nach dem Platzen der Blase von gesünderen Unternehmen genutzt werden konnten. Die Glasfaserkabel, die während des letzten Internet-Booms gelegt wurden, erhöhen heute die Produktivität der Wirtschaft. Kein Zweifel allerdings auch, dass Spekulation Einrichtungen zur Schadensbegrenzung braucht; ohne staatliche Regulierung können Märkte in die Katastrophe laufen. Wenn sie ihren Job gut machen, lernen die Regulierer aus jeder größeren Krise. Nach dem Börsenkrach von 1987 wurden an der New York Stock Exchange Sicherungen eingebaut, die den Handel mit einer Aktie bei extremen Kursstürzen unterbrechen. [...]

Und vielleicht werden die Gelehrten bald herausfinden, dass selbst der Kredit- und Immobilienboom der vergangenen Jahre noch irgend etwas Gutes in der Welt hinterlassen hat, auch wenn sich das heute noch niemand vorstellen kann.

Quelle: Süddeutsche Zeitung vom 23. Januar 2008.

Wie der Artikel verdeutlicht, haben die „ausufernden" Spekulationsgeschäfte in der Vergangenheit oft zu volkswirtschaftlichen Schäden geführt. Nicht umsonst ist der „Ruf der Spekulanten" in der breiten Öffentlichkeit negativ belegt.

Aufgabe:

Diskutieren Sie, inwiefern Spekulanten bzw. deren Geschäfte für eine Volkswirtschaft auch einen positiven Beitrag leisten können!

2.3 Entwicklungspolitik als ein Baustein globalpolitischer Verantwortung

2.3.1 Grundlegendes

Trotz der Globalisierung zeigt die Zusammensetzung und Entwicklung der **globalen Wertschöpfung,**[1] dass das **Wohlstandsgefälle** zwischen den reichen und den armen Staaten bis heute nicht geringer, sondern eher größer geworden ist. Eine wesentliche Umverteilung des Wohlstands fand nicht statt; allenfalls **zwei Staatengruppen** konnten den Abstand zu den reichen Industrieländern – gemessen am Bruttoinlandsprodukt pro Kopf – beträchtlich verringern.

Zu den zwei Staatengruppen zählen einerseits die **Staaten im Nahen Osten,** die aufgrund ihrer enormen **Erdölexporte** hohe Einnahmen zu verzeichnen haben. Andererseits handelt es sich um die sogenannten **Schwellenländer,** die ihren Wachstumserfolg insbesondere der **Öffnung** ihrer Volkswirtschaft für den internationalen Handel zu verdanken haben.

Die Kluft zwischen den reichsten und ärmsten Ländern der Welt ist tief: An nur einem Tag verdient ein Norweger mehr als ein Einwohner Burundis im ganzen Jahr. Neben Norwegen zählen auch die Schweiz und Katar zu den reichsten Ländern der Welt. Deutschland liegt mit einem Pro-Kopf-Einkommen von 47270 Dollar auf Platz 14 der Weltbankstatistik. In den drei afrikanischen Staaten Burundi, Malawi und der Zentralafrikanischen Republik mussten die Einwohner im Jahr 2013 mit weniger als einem Dollar pro Tag auskommen.

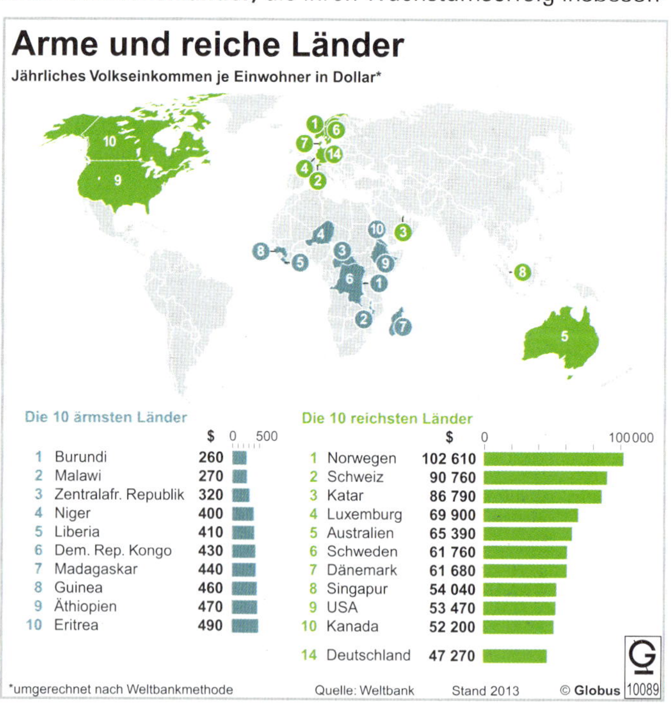

1 Hierbei handelt es sich um das gesamte weltweit produzierte Sozialprodukt.

Als **Schwellenland** bezeichnet man die Staaten, die zwar noch typische Merkmale von Entwicklungsländern aufweisen, sich aber durch den **Umbau ihrer Wirtschaftsstruktur** weg von der Agrarwirtschaft hin zur Industrialisierung bewegen.

Zu den wohl bedeutsamsten Schwellenländern zählen die Volksrepublik China, Südkorea, Taiwan und Singapur.

Insgesamt wird die **Ungleichverteilung des Wohlstands** nicht nur in den Entwicklungsländern zunehmend kritisch gesehen. Auch die Industrieländer sind bestrebt, diese Unterschiede aufzulösen, wobei vor allem den wirtschaftspolitischen Regelungen des Welthandels eine besondere Bedeutung beizumessen ist. Nicht zuletzt vor diesem Hintergrund sollen Entwicklungs- und Schwellenländer zukünftig verstärkt in den Welthandel und die damit einhergehenden Wohlstandsverbesserungen integriert werden.

Mehr als sieben Milliarden Menschen leben heute auf unserer Erde – rund 85 % davon in den 154 Schwellen- und Entwicklungsländern. Diese Menschen haben aber nur einen Anteil von knapp 50 % an der Weltwirtschaftsleistung und nur 39 % Anteil am Welthandel. Ganz anders die 35 wohlhabenden Industrieländer: Sie stellen nicht einmal 15 % der Weltbevölkerung, stehen aber für über die Hälfte der Weltwirtschaftsleistung und beherrschen den weltweiten Handel mit einem Anteil von 61 %. Beim Blick auf die wirtschaftliche Entwicklung zeigt sich, dass die ärmeren Länder aufholen. So erwartet der Internationale Währungsfonds für die Schwellen- und Entwicklungsländer für 2014 ein Wirtschaftswachstum von 5,1 % (nach 4,5 % im Jahr 2013). In den Industrieländen wird das Wachstum nur 2 % betragen (nach 1,2 % im Jahr 2013). Allerdings muss man berücksichtigen, dass das Wachstum in den weniger entwickelten Ländern von einer deutlich niedrigeren Basis ausgeht als in den reichen Industrienationen.

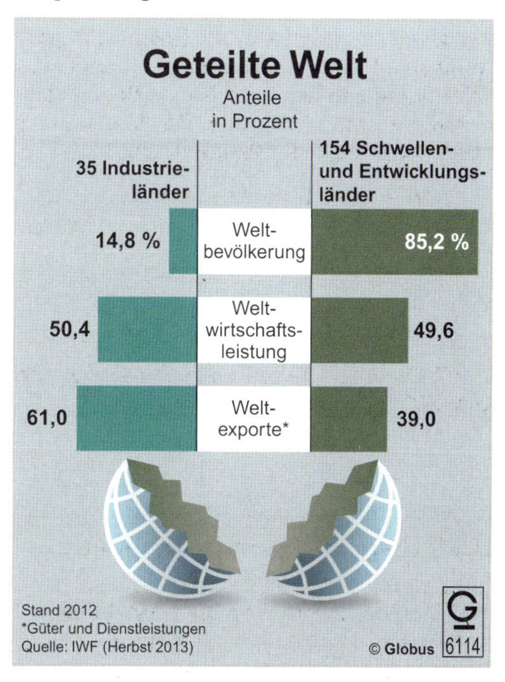

2.3.2 Begriff Entwicklungsländer

Im Allgemeinen wird der Begriff **„Entwicklungsländer"** mit den Begriffen **„Dritte Welt"** und **„Vierte Welt"** gleichgesetzt. Einige der Entwicklungsländer konnten in den beiden letzten Jahrzehnten erhebliche wirtschaftliche und soziale Fortschritte erzielen, während andere nach wie vor ohne fremde Hilfe nicht überleben könnten.

Diese Ärmsten der Armen – also die **„Vierte Welt"** – werden von den Vereinten Nationen als **Least Developed Countries (LDC)**[1] bezeichnet. Ihnen werden von den internationalen Entwicklungsorganisationen und einzelnen Geberländern wesentlich günstigere Bedingungen zugestanden als den übrigen Entwicklungsländern. Zurzeit erstreckt sich die LDC-Liste der Vereinten Nationen auf 48 Länder mit zusammen knapp 850 Millionen Ein-

1 **Least Developed Countries** (engl.): am wenigsten entwickelte Länder.

wohnern. Das sind in etwa 12 % der Weltbevölkerung, aber nur rund 1 % der Wirtschaftsleistung.

Die **Kriterien** (Maßstäbe) für die Zugehörigkeit zur **LDC-Liste** sind:

- **Niedriges Pro-Kopf-Einkommen** (unter 1 000 US-Dollar pro Jahr).
- **Schwache Entwicklung des Humankapitals** (Human capitals),[1] gemessen anhand eines Index, in den z. B. Daten zur Ernährung, zur Gesundheit und zur Bildung einfließen.
- **Wirtschaftliche Anfälligkeit,** wie sie in einer mangelhaften Wirtschaftsstruktur und in der wirtschaftlichen Anfälligkeit durch Schwankungen der landwirtschaftlichen Produktion (durch Umwelteinflüsse) und der Exportmöglichkeiten zum Ausdruck kommen.
- Weitere Anhaltspunkte sind die **Bevölkerungszahl,** weil kleine Länder wirtschaftlich verletzlicher als große sind, sowie die **Auswirkungen** von **Naturkatastrophen** (z. B. Dürreperioden, Überschwemmungen, Erdbeben).

Zwischen den genannten Entwicklungsländern bestehen große ethnische (abstammungsmäßige), geschichtliche, kulturelle, religiöse, ökologische, politische und wirtschaftliche Unterschiede. Dennoch gibt es **gemeinsame Merkmale,** die ein Land zu einem Entwicklungsland machen. Die Merkmale, die nicht auf jedes Entwicklungsland in gleichem Maße zutreffen müssen, sind:

- starkes Bevölkerungswachstum,
- Mangelernährung,
- Mangel an Arbeitsplätzen,
- niedrige Einkommen und ungleiche Einkommensverteilung,
- einseitige Abhängigkeit vom Weltmarkt,
- Mängel im Gesundheitswesen,
- Mängel im Bildungswesen und
- kriegerische Auseinandersetzungen.

Darüber hinaus leiden viele Entwicklungsländer an den Folgen einer fortschreitenden Umweltzerstörung.

2.3.3 Begriff Entwicklungspolitik

Unter **Entwicklungspolitik** versteht man die politischen, sozialen und wirtschaftlichen Aktivitäten verschiedener Akteure – insbesondere Staaten, internationale Organisationen (z. B. die Vereinten Nationen, die EU), Stiftungen, Kirchen und Nichtregierungsorganisationen –, die auf eine **Verbesserung der Lebensbedingungen** in Entwicklungsländern abzielen.

Ursprünglich war „Entwicklungspolitik" der Versuch, die Entwicklungsländer innerhalb einer Generation aus dem Zustand frühzeitlicher Landwirtschaft auf die Entwicklungsstufe der Industrieländer zu führen. Dieser Versuch ist gescheitert, weil man glaubte, dass für alle Entwicklungsländer der gleiche Weg zum Ziel führen werde und weil man überdies nicht erkannte, dass die natürlichen Ressourcen dieser Erde nicht ausreichen, um allen Menschen den Wohlstand zu bringen, den die Industrieländer erreicht haben.

1 **Human capital** (engl.): menschliches Kapital (Bildung, technisches Wissen und Können, Ausbildungsstand). In der volkswirtschaftlich ausgerichteten, ökonomischen Humankapitaltheorie konzentriert sich der Begriff auf die Bedeutung von Bildung und Wissen für das langfristige Wachstum einer Volkswirtschaft.

Gegenwärtig richtet die Entwicklungspolitik ihre Maßnahmen (Strategien) an den unterschiedlichen länder-, religions- und kulturspezifischen Gegebenheiten aus. Darüber hinaus wird nicht mehr versucht, die Entwicklungsländer auf den oft zweifelhaften „hohen Stand" der Industrieländer zu bringen.

Eine Entwicklungspolitik, die sich an der **individuellen Situation** der einzelnen Entwicklungsländer orientiert, vor allem die Kultur, die Ressourcenausstattung, die Religion, das Klima, die natürliche Umwelt und die politischen Verhältnisse berücksichtigt, wird als **angepasste Entwicklungspolitik** bezeichnet.

2.3.4 Ziele der Entwicklungspolitik

(1) Millenniumserklärung

Im September 2000 kamen hochrangige Vertreter von 189 Ländern, die meisten von ihnen Staats- und Regierungschefs, zu dem bis dahin größten Gipfeltreffen der Vereinten Nationen in New York zusammen. Als Ergebnis des Treffens verabschiedeten sie die sogenannte **Millenniumserklärung.** Sie beschreibt die Agenda[1] für die internationale Politik im 21. Jahrhundert und definiert vier programmatische, sich wechselseitig beeinflussende und bedingende Handlungsfelder für die internationale Politik:

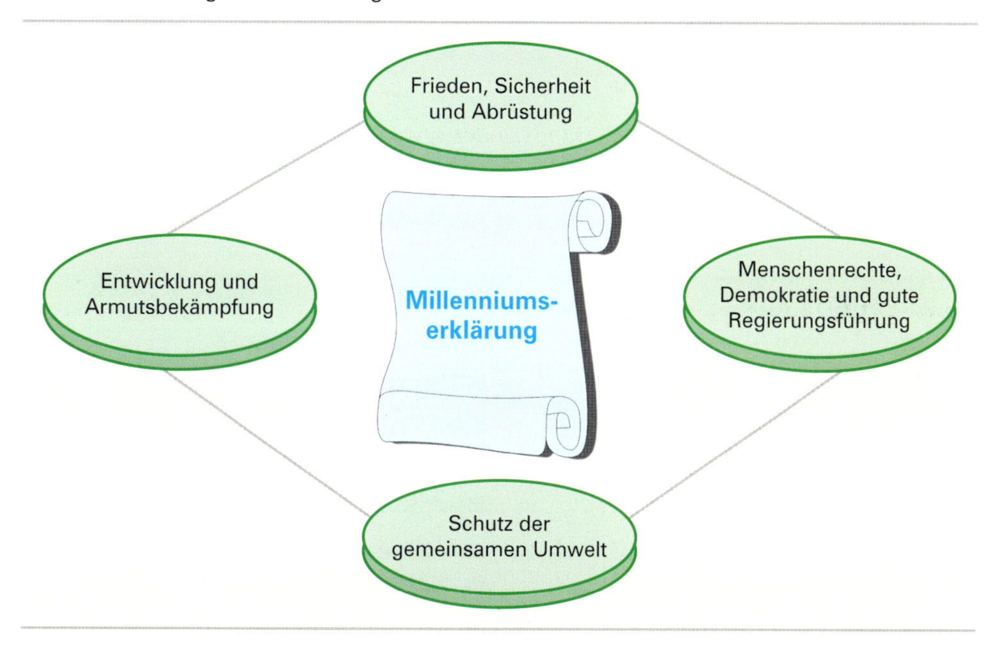

In der Millenniumserklärung legt die Staatengemeinschaft dar, wie sie den zentralen Herausforderungen zu Beginn des neuen Jahrtausends begegnen will. Die Erklärung leitet eine neue globale Partnerschaft für Entwicklung ein. Aus der Erklärung wurden später

1 **Agenda**: wörtl. „was zu tun ist"; Terminkalender, Aufstellung von Gesprächspunkten bei politischen Verhandlungen, Tagesordnung.

acht internationale Entwicklungsziele abgeleitet, die **Millenniums-Entwicklungsziele („Millennium Development Goals", MDGs):**

Die Millenniums-Entwicklungsziele

- **MDG 1:** den Anteil der Weltbevölkerung, der unter extremer Armut und Hunger leidet, halbieren
- **MDG 2:** allen Kindern eine Grundschulausbildung ermöglichen
- **MDG 3:** die Gleichstellung der Geschlechter fördern und die Rechte von Frauen stärken
- **MDG 4:** die Kindersterblichkeit verringern
- **MDG 5:** die Gesundheit der Mütter verbessern
- **MDG 6:** HIV/AIDS, Malaria und andere übertragbare Krankheiten bekämpfen
- **MDG 7:** den Schutz der Umwelt verbessern
- **MDG 8:** eine weltweite Entwicklungspartnerschaft aufbauen

Die internationale Gemeinschaft wollte diese Ziele bis zum Jahr 2015 erreichen.

In ihren **Millenniums-Entwicklungsbericht 2014** ziehen die Vereinten Nationen Bilanz. Wie am Beispiel zweier Zielvorgaben nachfolgend deutlich wird, ist der Zielerreichungsgrad recht unterschiedlich einzustufen. Insgesamt bedarf es auch über das Jahr 2015 hinaus großer Anstrengungen, die selbst gesteckten Ziele zu erreichen.

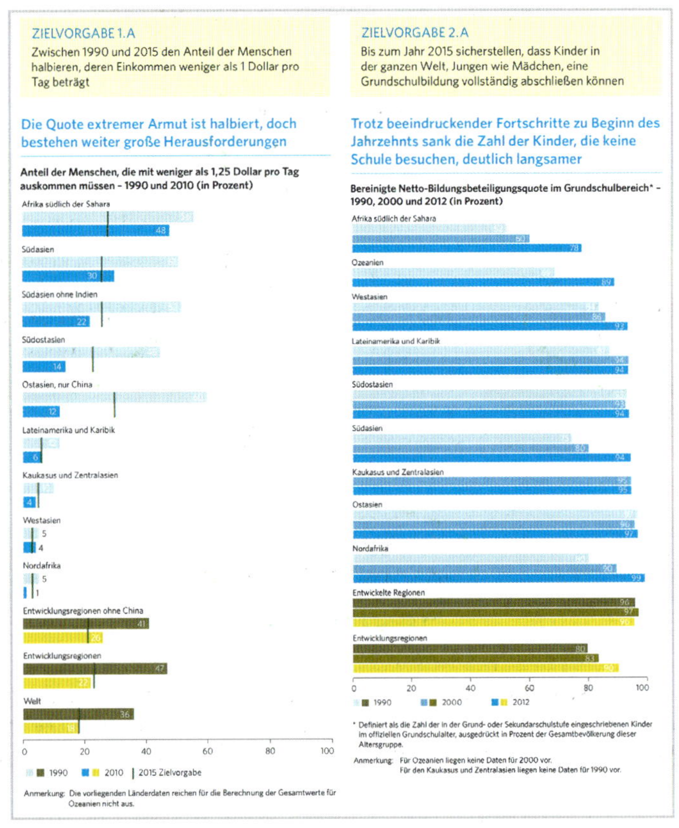

Quelle: Millenniums Entwicklungsziele 2014, Bericht der Vereinten Nationen.

(2) Official Development Assistance (Entwicklungshilfe)

Nach der Definition des **Development Assistance Committee (DAC)** umfasst die Official Development Assistance die Bereitstellung

- finanzieller,
- technischer und
- personeller Leistungen im Rahmen der öffentlichen Entwicklungszusammenarbeit.

Diese Leistungen werden

- vom öffentlichen Sektor vergeben,
- dienen in erster Linie der Förderung der wirtschaftlichen Entwicklung und der Verbesserung der Lebensbedingungen und
- sind im Falle von Darlehen mit vergünstigten Konditionen ausgestattet.

Das **Development Assistance Committee (DAC)** der Organisation für wirtschaftliche Zusammenarbeit und Entwicklung (OECD) veröffentlicht in unregelmäßigen Zeitabständen eine Liste (The DAC List of Aid Recipients), in der einzelne Staaten aufgrund ihres Entwicklungsstands und ihrer Wirtschaftskraft als Entwicklungs- oder als Schwellenländer ausgewiesen werden. Die in der DAC-Liste aufgeführten Staaten fallen in den Förderrahmen der Entwicklungszusammenarbeit.

Einen Überblick über die gewährten Leistungen gibt nebenstehende Übersicht.

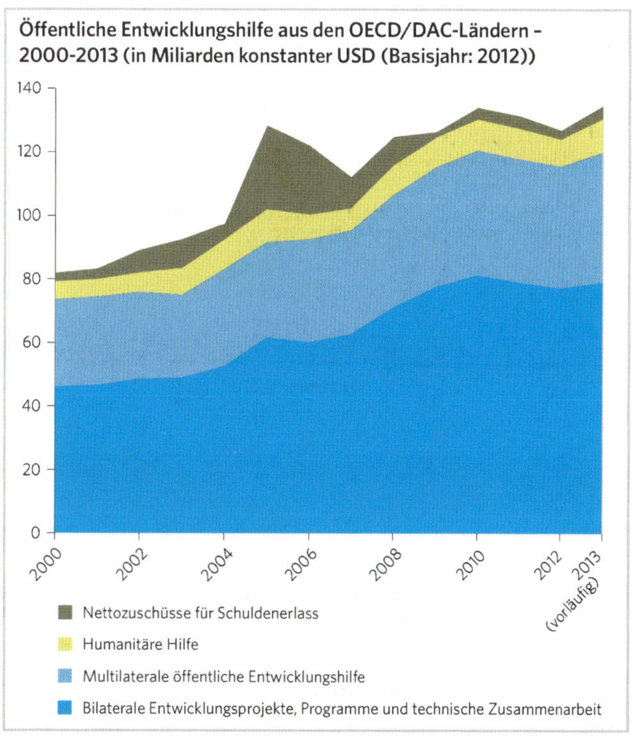

Quelle: Millenniums Entwicklungsziele 2014, Bericht der Vereinten Nationen.

2.3.5 Problembereiche der Entwicklungspolitik

2.3.5.1 Bevölkerung

Von 1950 bis heute ist die Erdbevölkerung von 2,5 auf über 7 Mrd. Menschen gestiegen. Über 80 % davon leben in den Entwicklungsländern. Kann die Nahrungsmittelproduktion mit dem Bevölkerungswachstum Schritt halten?

Das seit etwa 1800 einsetzende schnelle Wachstum der Erdbevölkerung (die sogenannte **Bevölkerungsexplosion**) gab immer wieder Anlass zu pessimistischen Prognosen. Die bekannteste ist die des englischen Geistlichen ROBERT MALTHUS (1766–1834). Nach ihm hat die Erdbevölkerung die Tendenz, sich alle 25 Jahre zu verdoppeln, sich also in einer geometrischen Reihe zu vermehren, während die Nahrungsmittelproduktion nur in arithmetischer Ordnung vergrößert werden könne. Wenn die Menschen nicht durch moralische Enthaltsamkeit („moral restraint") für eine Verminderung der Zuwachsrate sorgen, dann werden – so schloss er – Elend und Laster („misery and vices") die Zahl der Menschen dezimieren.

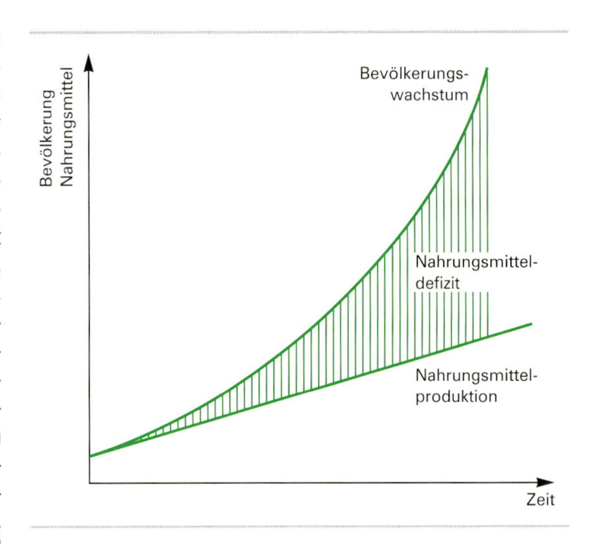

Für Europa ist die von MALTHUS aufgestellte Prognose nicht eingetroffen. Weltweit nimmt die Weltbevölkerung zwar zu, die **Zuwachsrate sinkt** jedoch.

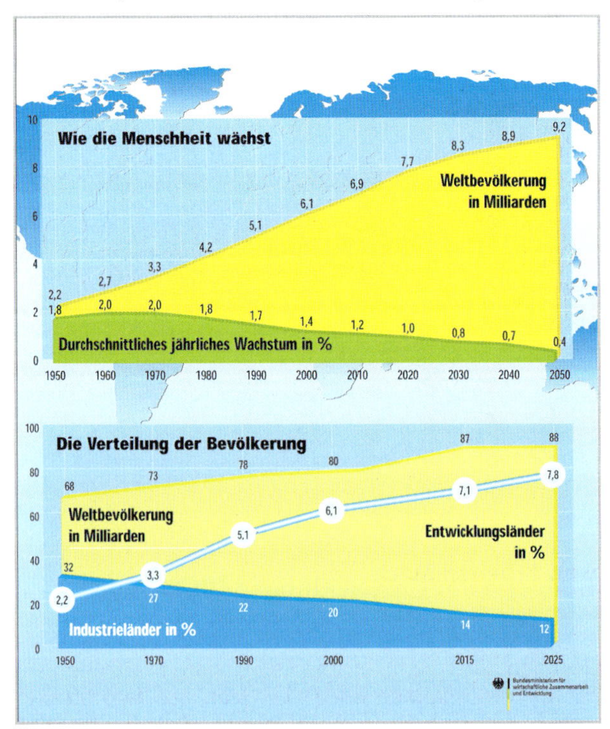

Quelle: Bundesministerium für wirtschaftliche Zusammenarbeit und Entwicklung.

2.3.5.2 Mangelernährung

Das Ernährungsproblem hängt u.a. mit dem Bevölkerungsproblem zusammen.

In den Ländern, in denen die **Bevölkerung schneller** als die **Nahrungsmittelproduktion bzw. -einfuhr** steigt, nimmt die **Unterversorgung** zu.

Unterversorgung liegt vor, wenn die Nahrungsmittelaufnahme längerfristig **weniger als durchschnittlich 2200 kcal pro Kopf und Tag** beträgt.

Neben dem Kalorienmangel ist der Mangel an bestimmten lebenswichtigen Nährstoffen (z.B. Eiweiß, Vitamine) die Ursache für Hungerkrankheiten, vor allem bei Säuglingen und Kleinkindern.

Das Wachstum der Erdbevölkerung allein ist jedoch nicht Ursache der Unterernährung, denn erdweit werden genügend Nahrungsmittel erzeugt, um alle Menschen ausreichend ernähren zu können. Die Nahrungsmittelproduktion ist in den letzten 20 Jahren sogar schneller als die Erdbevölkerung gestiegen.

Eine der Hauptursachen der Unterernährung ist die große Armut, also der Mangel an Kaufkraft, die sich sowohl als **Armut des Einzelnen** zeigt, der sich nichts zu essen kaufen kann, obwohl es genügend zu essen gibt, als auch als **Armut des Staates,** der nicht in der Lage ist, den Nahrungsmangel im Inland durch bezahlte Nahrungsmittelimporte auszugleichen.

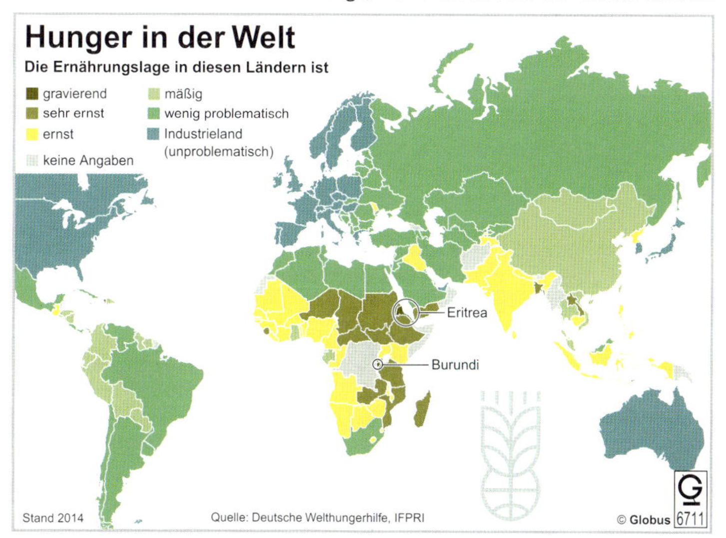

In vielen Entwicklungsländern kommt die **mangelhafte Verteilung** hinzu, z.B. die ungleiche Verteilung des Bodens, der Vermögen und der Einkommen.

2.3.5.3 Mangel an Arbeitsplätzen

(1) Probleme auf dem Land

Millionen von Menschen sind nicht in der Lage, sich ausreichend Nahrungsmittel zu beschaffen, weil sie zum einen **keinen Boden** besitzen, auf dem sie anbauen können, was sie als Nahrung brauchen und/oder es zum anderen an **Arbeitsplätzen fehlt,** die ihnen ein ausreichendes Einkommen sichern. In den meisten Entwicklungsländern besteht **kein**

„soziales Netz" wie z.B. in der Bundesrepublik Deutschland. Wer in den Entwicklungsländern weder eigenes Land noch Arbeit hat, ist darauf angewiesen, zu betteln oder das Nötigste durch Gelegenheitsarbeit zu verdienen.

Man sollte meinen, dass es den Landbewohnern in den Entwicklungsländern im Hinblick auf die Nahrungsmittelversorgung besser gehen müsste als den Stadtbewohnern. Dies ist jedoch nicht der Fall. Die Zahl der hungernden Landbewohner ohne oder mit geringem Landbesitz steigt in allen Teilen der Dritten Welt aus sehr unterschiedlichen Gründen.

Beispiele:

- In **Afrika** herrscht südlich der Sahara der Gemeinbesitz an Boden vor. Die Ausdehnung bebaubarer Böden stößt an ihre Grenzen, die Bevölkerung wächst weiter. Die Folge: Die Böden werden intensiver bebaut (z.B. die Brachzeiten verkürzt) und der Anbau wird auf weniger ertragreiche Böden ausgedehnt. Die Nahrungsmittelerzeugung pro Kopf sinkt. Die Kleinbauern müssen sich verschulden, wegen der fehlenden Sicherheiten meist zu Wucherzinsen. Treten Dürrezeiten auf, fällt die Ernte teilweise oder ganz aus. Die Kleinstlandwirte geraten in die Abhängigkeit der Geldverleiher, die sie dazu zwingen, ihre Schulden in ihren Betrieben abzuarbeiten (sogenannte „Pfandarbeit").
- In **Lateinamerika** ist der Großgrundbesitz (Latifundien) vorherrschend, der den Nachkommen der iberischen Einwanderer gehört. Man geht davon aus, dass sich in Lateinamerika rund 80 % des landwirtschaftlich nutzbaren Bodens im Eigentum von nur 6 % der Grundbesitzer befindet, eine Folge der Kolonialzeit. Neben den Latifundien gibt es Millionen von Minifundien (Klein- und Kleinstbetriebe), die häufig unter dem **Subsistenzniveau** arbeiten. In der Regel sind daher die Kleinstbauern wie die Landlosen zur Lohnarbeit oder zur Arbeit unter Geldpacht- oder Naturalpachtbedingungen bei Großgrundbesitzern gezwungen.

- Unter **Subsistenz** versteht man die Fähigkeit, sich und seine Familie gerade mit dem **Lebensnotwendigsten** versorgen zu können, ohne sich **verschulden** zu müssen.
- Unter **Subsistenzwirtschaft** versteht man eine durch ein niedriges Entwicklungsniveau der Produktionstechnik und eine geringe Arbeitsteilung gekennzeichnete landwirtschaftliche Wirtschaftsform, bei der die Produzenten (z.B. Großfamilie, Dorfgemeinschaft) vor allem für den Eigenverbrauch und nicht für den Markt produzieren. Diese Wirtschaftsform ist heutzutage vor allem in Entwicklungsländern anzutreffen.

(2) Probleme in der Stadt

Die zunehmende Bevölkerungsdichte auf dem Land führt zur **Landflucht,** weil sich die landlos gewordenen Menschen in der Stadt Arbeit und Brot erhoffen. Dies führt zu einem ungeheuren **Städtewachstum.** Den Zuwanderern ergeht es in der Regel in den Ballungszentren kaum besser als auf dem Land, denn hier benötigt man zum Überleben bares Geld.

Äußeres Zeichen der Armut in der Stadt ist die **Obdachlosigkeit** oder das Unterkommen unter menschenunwürdigen Bedingungen, wie dies z.B. in den sogenannten **Slums** der Fall ist. Es fehlt nicht nur an Wohnraum, sondern vor allem auch an **Arbeitsplätzen.** Die Not lässt Prostitution und alle Formen von Kriminalität entstehen. Kinderarbeit ist an der Tagesordnung.

Obwohl die Millenniumszielvorgabe erreicht wurde, steigt die Zahl der Menschen, die in Slumverhältnissen leben

Slums sind durch mangelnde Grundversorgung gekennzeichnet. So mangelt es an verbesserten Trinkwasserquellen und einer ausreichenden Sanitärversorgung, bestehen unsichere Nutzungs- und Besitzverhältnisse, fehlen feste Unterkünfte und herrscht Überfüllung. Zwischen 2000 und 2012 erhielten mehr als 200 Mio. Slumbewohner entweder eine verbesserte Wasser- oder Sanitärversorgung, eine feste Unterkunft oder weniger beengte Wohnverhältnisse. 2012 lebten noch immer fast 33 % der Stadtbewohner in den Entwicklungsregionen in Slums. Zwölf Jahre zuvor, im Jahr 2000, waren es noch nahezu 40 %.

Trotz dieser Fortschritte steigt jedoch die Zahl der Slumbewohner, auch bedingt durch die rasante Verstädterung. Die Zahl der Stadtbewohner, die in Slumverhältnissen leben, wurde 2012 auf 863 Mio. geschätzt, gegenüber 760 Mio. im Jahr 2000 und 650 Mio. im Jahr 1990. Besonders hoch war ihr Anteil in Afrika südlich der Sahara (62 %) und auch in Südasien (35 %), gegenüber 24 % in Lateinamerika und der Karibik und 13 % in Nordafrika. Es bedarf weiterer Anstrengungen, um die Lebensbedingungen armer Stadtbewohner in allen Entwicklungsländern zu verbessern und den Trend steigender Zahlen von Slumbewohnern umzukehren.

In Slums lebende Stadtbewohner in Entwicklungsländern – 1990-2012 (in Millionen und in Prozent)

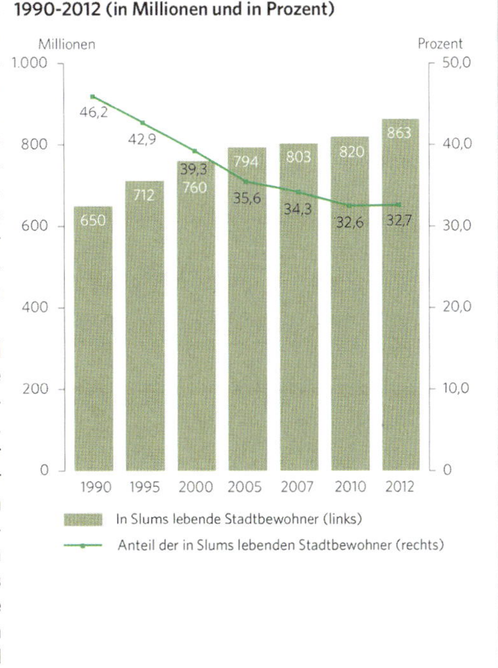

Quelle: Millenniums Entwicklungsziele 2014, Bericht der Vereinten Nationen.

2.3.5.4 Einseitige Abhängigkeit vom Weltmarkt

Bei den Entwicklungsländern, die Probleme mit der Ernährung ihrer Bevölkerung haben, muss man unterscheiden zwischen

- Staaten, die aufgrund der **natürlichen Gegebenheiten** (Bodenbeschaffenheit, Klima) und/oder hoher Bevölkerungsdichte nie in der Lage sein werden, alle Einwohner ausreichend mit einheimischen Agrarprodukten zu versorgen;
- Staaten, die zwar in der Lage wären, ihre Bevölkerung ausreichend mit eigenen Produkten zu ernähren, jedoch wegen **politischer Fehlentscheidungen** (z. B. fehlende Bodenreform, falsche Preispolitik, Hemmung der Eigeninitiative in zentralverwaltungswirtschaftlichen Systemen, einseitige Förderung der Städte und der Industrie, Waffenkäufe, Kriegführung) an Nahrungsmittelmangel leiden;
- Staaten, in denen zu bestimmten Zeiten wegen **vorübergehender Schwierigkeiten** (Überschwemmungen, Dürreperioden) Nahrungsmittelmangel herrscht.

17 Speth - ISBN 978-3-8120-0592-0

Nur wenige Entwicklungsländer sind in der Lage, Nahrungsmittel auf dem Weltmarkt zu kaufen, weil ihnen die hierfür notwendigen Devisen fehlen. Die Hauptgründe sind:

Sinkende Rohstoffpreise	Die Entwicklungsländer sind auf den Export von mineralischen, land-, forst- und fischereiwirtschaftlichen Rohstoffen angewiesen. Die Rohstoffpreise auf dem Weltmarkt schwanken stark und sinken in einigen Bereichen seit Jahren, vor allem deshalb, weil ▪ das Angebot zunahm (eben um mehr Devisen zu erlösen) und ▪ die Nachfrage durch Rezessionen und durch den Übergang zu Substitutionsgütern zurückging.
Verschuldung	Der Devisenmangel wurde (und wird) durch übermäßige Aufnahme von Auslandskrediten ausgeglichen. Dies konnte nur so lange gutgehen, wie die Schuldnerländer in der Lage waren, die Zins- und Tilgungsleistungen pünktlich zu bezahlen.

Schuldenlast der Entwicklungsländer ist viel niedriger als 2000, nimmt jedoch nicht weiter ab

Die Auslandsschuldenlast eines Landes wirkt sich auf seine Kreditwürdigkeit und seine Anfälligkeit für wirtschaftliche Schocks aus. Die Schuldenlast der Entwicklungsländer – Höhe des Auslandsschuldendiensts im Verhältnis zu den Exporterlösen – lag 2012 ähnlich wie in den beiden Vorjahren bei 3,1 % und damit viel niedriger als 2000, als sie 12 % der Exporterlöse betrug. Ein besseres Schuldenmanagement, die Handelsausweitung und erhebliche Schuldenerleichterungen für die ärmsten Länder haben die Schuldendienstlast verringert.

Höhe des Auslandsschuldendiensts im Verhältnis zu den Exporteinnahmen für alle Entwicklungsländer - 2000-2012 (in Prozent)

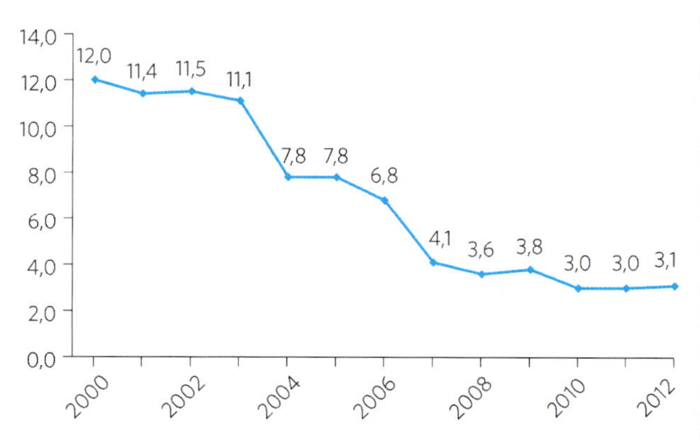

Anmerkung: Die Daten gelten nur für die Länder, die im Rahmen des Verschuldungs-Berichterstattungssystems der Weltbank Bericht erstatten.

Der Abwärtstrend bei der Schuldenquote kam durch die mit der globalen Finanzkrise stark rückläufigen Exporterlöse 2009 kurz zum Erliegen. Mit der Erholung der Exporterträge setzte die Schuldenquote 2010 jedoch ihren Abwärtstrend fort – in mehreren Regionen fiel sie unter den Wert von 2008 – und ist seither relativ konstant.

Für Ozeanien und die kleinen Inselentwicklungsländer stieg das Verhältnis Schuldendienst/Exporterlöse 2011 sprunghaft an, was vor allem auf die Rückzahlung einer 150-Millionen-Dollar-Anleihe durch Fidschi zurückging. Daher überrascht es nicht, dass Ozeanien und die kleinen Inselentwicklungsländer 2012 die Regionen waren, in denen das Verhältnis Schuldendienst/Exportertlöse am stärksten sank, da der gesamte öffentliche Schuldendienst Fidschis wieder sein normales Niveau erreichte.

Quelle: Millenniums Entwicklungsziele 2014, Bericht der Vereinten Nationen.

2.3.5.5 Mängel im Gesundheitswesen

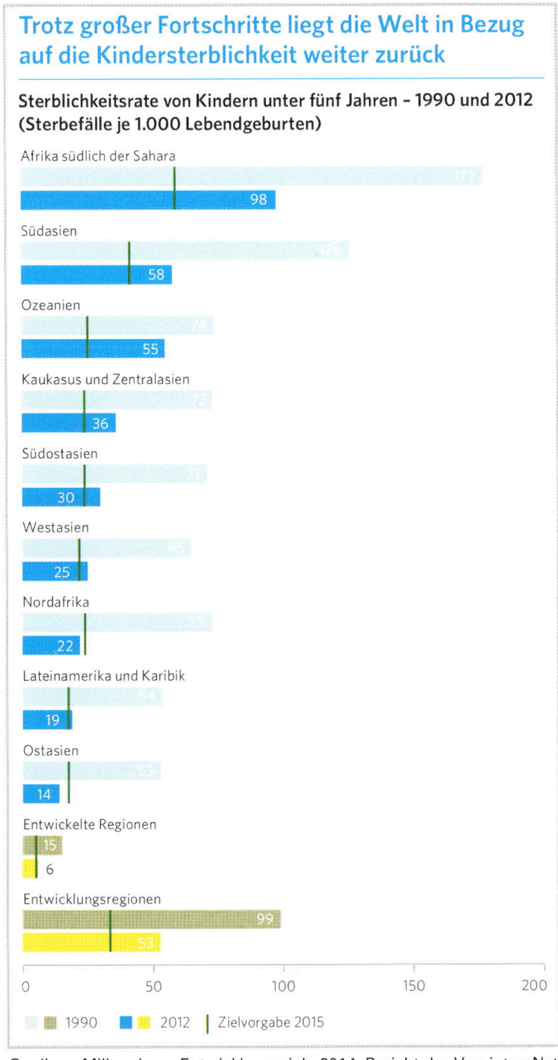

Quelle: Millenniums Entwicklungsziele 2014, Bericht der Vereinten Nationen.

Mögliche **Indikatoren** für den **Gesundheitszustand** einer Bevölkerung sind z. B. die **Zahl der Einwohner je Arzt,** die **Säuglingssterblichkeit** und die **Lebenserwartung.**

In rund 40 Entwicklungsländern kommt auf mehr als 5 000 Einwohner ein Arzt. Zum Vergleich: In Deutschland gibt es für rund 400 Einwohner einen Arzt. Von Entwicklungsland zu Entwicklungsland herrschen allerdings große Unterschiede. Am wenigsten medizinisch versorgt sind die Menschen in den afrikanischen Ländern südlich der Sahara.

In den Industrieländern werden die Menschen durchschnittlich 76 Jahre alt, in vielen afrikanischen Ländern höchstens 50 Jahre. In den meisten Ländern Afrikas erleben von 1 000 Säuglingen mindestens 100 nicht ihren ersten Geburtstag. In den Industrieländern sind es durchschnittlich acht.

2.3.5.6 Mängel im Bildungswesen

Im Jahre 1961 legte die UNESCO ein Programm für eine „Weltkampagne zur Bekämpfung des Analphabetismus" vor. Danach sollten bis 1970 alle Erwachsenen unter 50 Jahren das Lesen und Schreiben erlernt haben. Trotz eines beachtlichen Ausbaus des Bildungswesens in den Entwicklungsländern ist man heute von diesem Ziel fast genauso weit entfernt wie damals: In rund 30 Entwicklungsländern sind mehr als die Hälfte der über fünfzehnjährigen Einwohner Analphabeten.

Die mangelhafte Situation im Bildungswesen hat viele Gründe. So läuft z.B. die starke Bevölkerungszunahme dem Ausbau des Bildungswesens davon. Die finanziellen Mittel der Entwicklungsländer reichen nicht mehr aus, den steigenden Bedarf an Bildungseinrichtungen zu finanzieren.

Auch selbst dann, wenn eine Chance besteht, eine Schule zu besuchen, können sie viele Kinder und Jugendliche nicht wahrnehmen, weil sie arbeiten müssen, um den Lebensunterhalt der Familie sichern zu helfen.

Weltweit gab es 2012 nach Schätzung der Internationalen Arbeitsorganisation (ILO) etwa 168 Mio. Kinderarbeiter. Die Hälfte der 5- bis 17-Jährigen (85 Mio.) arbeitete sogar unter Bedingungen, die die Gesundheit, Entwicklung und Sicherheit der Kinder gefährden. Zu dieser „schwersten Form der Kinderarbeit" zählen Arbeiten im Steinbruch, unter Tage oder in der Nacht. Insgesamt müssen 11 % der Kinder weltweit arbeiten. Seit 2000, dem Beginn der ILO-Statistik, ging die Zahl der Kinderarbeiter um knapp ein Drittel (78 Mio.) zurück. Zu den Regionen mit den meisten Kinderarbeitern weltweit zählen Asien und der Pazifik-Raum. Den größten Anteil gibt es jedoch weiterhin im südlichen Afrika. Jedes fünfte Kind arbeitet dort. Das Ziel, die gefährlichsten Formen der Kinderarbeit bis 2016 vollständig zu beseitigen, wird nach Angaben der ILO-Experten nicht erreicht.

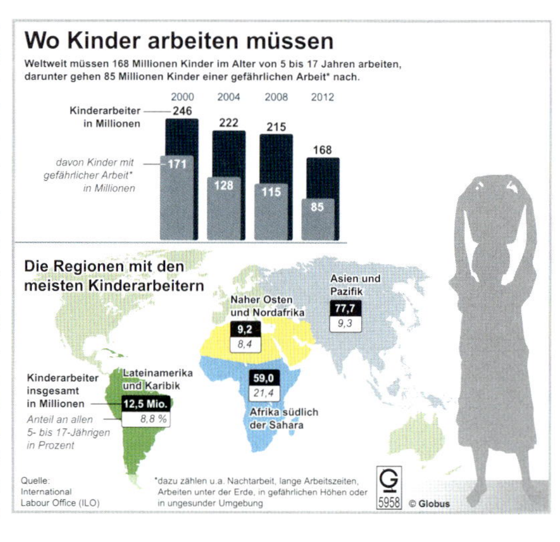

Nie wieder Schule schwänzen

Düsseldorf (ots) - Drei Wochen nach dem Start der bundesweiten Plakatkampagne der Stiftung UNESCO - Bildung für Kinder in Not setzen sich Lehrer und Schüler zunehmend mit den Botschaften der Kampagne auseinander. Das geht aus zahlreichen Zuschriften hervor, die seitdem bei der Stiftung eingegangen sind. Pädagogen begrüßen die Botschaft und thematisieren die Inhalte nun im Rahmen des Unterrichts.

Unter der Headline „Sie würden gerne mal die Schule schwänzen. Wenn es eine gäbe" steht im Focus der Kampagne die Situation von weltweit über 100 Millionen Kindern, die keine Möglichkeit haben, zur Schule zu gehen oder eine ausreichende Grundbildung zu erwerben. Aber auch das sich auf bundesweiter Ebene ausbreitende Problem des „Schulschwänzens" wird im Rahmen der Kampagne thematisiert.

In vielen Teilen der Welt ist ein Schulbesuch keine Selbstverständlichkeit: etwa 100 Mio. Kinder leben auf der Straße, mehr als 170 Mio. Kinder müssen täglich arbeiten, zahllose Kinder werden durch Kriege und soziale Katastrophen ihrer Zukunft beraubt. „Wir freuen uns über die zahlreichen Zuschriften von Lehrern, die unsere Botschaften zum Anlass nehmen, auf das Schicksal dieser Kinder hinzuweisen", erklärt Dr. Stefan Rennicke, Geschäftsführer der Stiftung in Düsseldorf.

Nicht nur Pädagogen, auch die Schüler selbst fühlen sich durch die Plakate angesprochen. „Wir haben E-Mails von Schülern bekommen, die unsere Arbeit lobten, um mehr Informationen baten und uns versprachen, nie wieder die Schule zu schwänzen. Eine Reaktion, die mich ganz besonders freut", so Rennicke.

Jedoch soll die Kampagne nicht nur zum Nachdenken aufrufen. Dringend werden weitere Spenden für zahlreiche UNESCO-Projekte benötigt. Seit 13 Jahren unterstützt das UNESCO-Sonderprogramm „Bildung für Kinder in Not" Kinder und Jugendliche, die Opfer von Kriegen und sozialen Katastrophen geworden sind. In mittlerweile 284 Projekten in 81 Ländern werden Mittel zur Schulbildung und beruflichen Qualifikation bereitgestellt, für medizinische Versorgung und ausreichende Ernährung im Rahmen der Projekte gesorgt. Finanziert werden die Projekte ausschließlich durch private Spenden.

Quelle: (ots) Stiftung UNESCO – Bildung für Kinder in Not, veröffentlicht am 2. Februar 2006.

2.3.5.7 Kriege und Konflikte

Seit Ende des Zweiten Weltkriegs wurden nur 26 Tage ohne Krieg auf der Erde registriert. Dies war im Monat September des Jahres 1945. Seitdem gab es keinen Tag ohne militärische Konflikte. 95 % aller Kriege und Konflikte wurden und werden in den Entwicklungsländern ausgetragen.

Die kriegerischen Auseinandersetzungen kosten nicht nur Menschenleben, sondern auch Geld, und zwar viel Geld. Die Entwicklungsländer sind zu den größten Waffenimporteuren der Erde geworden. Die technologisch-industriell fortgeschrittensten unter ihnen – die sogenannten **Schwellenländer** wie z. B. Brasilien und Indien – besitzen eigene Rüstungsindustrien und können eigene ABC-Waffen (**a**tomare, **b**iologische und **c**hemische Waffen) herstellen.

Die Militärausgaben der Entwicklungsländer betragen grundsätzlich mehr, als ihnen netto aus der übrigen Welt in Form von Entwicklungshilfe, Krediten, Direktinvestitionen und Schenkungen zufließt.

2.3.5.8 Globale Umweltprobleme

Einige global agierende Akteure betrachten die Umwelt in erster Linie als **kostenloses Rohstofflager** und als **Deponie**. Dieses System ist überall mit Umweltgefahren und Umweltschäden verbunden. Die wichtigsten davon sind:

- die Luft-, Boden- und Wasserverschmutzung bzw. der Mangel an sauberem Trinkwasser,
- die wachsenden Abfallberge,
- der Klimawandel,
- das Ozonloch in der oberen Atmosphäre,
- die gentechnisch veränderten Lebensmittel,
- die Abnahme der Ur- bzw. Tropenwälder,
- das Aussterben zahlloser Tier- und Pflanzenarten,
- die Abnahme der Bodenfruchtbarkeit und
- die ungelösten Fragen der Atomenergie.

Der mit diesen Problemen verbundene Produktions- und Konsumstil ist nicht globalisierbar. Hätten alle Menschen auf der Welt den gleichen Umweltverbrauch, so brauchten wir fünf Erdkugeln. Deshalb kann die Globalisierung, d.h. der Versuch der Industrieländer, ihr jetziges Wirtschaftssystem beizubehalten und überall in der Welt durchzusetzen, auf Dauer nicht gelingen. Schließlich sind die Umweltprobleme nicht nur lokaler oder regionaler sondern zunehmend globaler Natur.

Wie die Industrieländer die Entwicklungsländer als „globale Müllhalde“ missbrauchen und welche Folgen daraus resultieren, verdeutlicht beispielhaft nachfolgender Artikel.

Afrikas giftigste Müllhalde

Der Handel mit Elektroschrott in Ghana

Agbogbloshie ist ein Slum am Rande der Hauptstadt Accra in Ghana. Noch vor 15 Jahren war dort eine grüne Lagune. Heute leben die Menschen dort auf einer meterhohen Lage Elektro- und Plastikschrott. Messungen haben ergeben, dass die Schadstoffbelastung in Luft und Boden die zulässigen Grenzwerte um das 50-fache überschreitet. Es ist das andere Ende unserer Sucht nach modernster Elektronik.

50 Millionen Tonnen Elektroschrott entstehen jedes Jahr weltweit. Zwei Drittel davon wird in Entwicklungsländer exportiert. Täglich kommen Container

aus aller Welt in Ghanas Tiefseehafen Tema an. Sie sind voll mit Computern, Fernsehern oder Kühlschränken, die als gebrauchsfähige Secondhandware deklariert sind. Ein großer Teil davon ist jedoch Schrott, der exportiert wurde, um die teure Entsorgung im Ursprungsland zu umgehen.

Tausende Ghanaer, darunter viele Kinder, schlachten die alten Geräte aus. Sie durchsuchen die giftigste Müllhalde Afrikas nach Resten und leben von dem Geld, was sie für die Rohstoffe bekommen. Das Aluminium eines Monitorrahmens ist nur ein paar Cent wert, das Kupfer der Kabel, herausgelöst in giftigen Feuern bringt etwa 50 Cent. Für einen halben Beutel Eisen bekommen die Kinder knapp einen Euro. In Ghana ist Schulpflicht, doch nur wenige der Kinder gehen zur Schule. Keines von ihnen hat selbst einen Fernseher zuhause, geschweige denn einen Computer. Eltern und Kindern bleibt jedoch oft keine Wahl, denn sie brauchen das Geld dringend zum Leben.

Deutschland hat Anteil an der Misere

Ein Großteil des Elektroschrotts stammt aus Deutschland. Dabei hat Deutschland die Basel-Konvention unterzeichnet, die den Export von gefährlichem Abfall verbietet. Elektroschrott ist gefährlicher Abfall, der Deutschland nicht verlassen sollte. Mike Anane ist Journalist und Umweltschützer. Er sagt: „Jeden Tag, an dem ich am Hafen bin, sehe ich Container voller Dreck, Elektroschrott und Müll, die aus den Industriestaaten kommen. Die sollten in den Staaten Europas recycelt oder entsorgt werden, aus denen sie kommen. Aber stattdessen, werden sie auf Schiffe verladen und kommen nach Ghana."

In Accra kosten gebrauchte Fernseher zwischen 30 und 50 Euro. Thomas handelt mit solchen Geräten. Er hat einen deutschen Pass und importiert Ware von Großhändlern aus Deutschland. Er kauft containerweise ein, knapp 1 000 Fernseher pro Lieferung, und sagt: „Es gibt viele arme Leute hier in Ghana, die wollen auch fernsehen. Für die holen wir die Schrottware von Europa nach Afrika." Wie viele Apparate funktionieren, weiß er vorher nie. Meist muss er über 80 Prozent wegschmeißen.

Ein kaum zu durchbrechender Teufelskreis

Und so kommen jeden Tag Männer mit Karren, um den Händlern für ein paar Cent die unverkäuflichen Geräte abzunehmen und nach Agbogbloshie zu transportieren. Durch das ehemalige Marktviertel zieht inzwischen überall schwarzer Qualm. Und jeden Tag müssen Kinder dort arbeiten, Metall sammeln und zu den Händlern bringen. Die verkaufen wiederum alles an Großhändler, die die Rohstoffe zurück in die Industriestaaten exportieren.

Kupfer und Aluminium sind begehrte Industrierohstoffe. Solange die Weltmarktpreise hoch bleiben und der Elektroschrott einfach exportiert werden kann, wird sich nichts ändern. Doch auch wenn das Geschäft eines Tages unterbunden wird, bedeutet das nicht unbedingt eine Verbesserung für die Betroffenen. Im Gegenteil: Vermutlich werden diese Menschen arbeitslos und noch ärmer. Denn es fehlt eine Alternative zu ihrem giftigen Arbeitsplatz.

Quelle: www.3sat.de vom 25.02.2015.

Wenn kein Umdenken hin zu einer **„globalen Nachhaltigkeit"** erfolgt, drohen kaum absehbare Konsequenzen, die ansatzweise in nachfolgendem Artikel vom **Club of Rome** aufgezeigt werden.

Club of Rome: 2052. Eine globale Vorhersage für die nächsten 40 Jahre

Am 7. Mai 2012 veröffentlichte der Club of Rome auf der WWF-Jahreskonferenz in Rotterdam seinen Bericht 2052 - A Global Forecast for the Next Forty Years (2052 - Eine globale Vorhersage für die nächsten 40 Jahre). Darin trifft Club of Rome Mitglied Jorgen Randers zusammen mit weiteren Autoren ein düsteres Bild der Zukunft im Jahr 2052.

Der Bericht kritisiert die aktuelle Ausrichtung der politischen Systeme auf kurze Legislaturperioden. Eine langfristige Planung der Regierung ist notwendig um den zukünftigen Problemen entgegenzuwirken. Die bisherige Lebensweise kann so nicht fortgeführt werden. Schon heute leben die Menschen in vielen Regionen über den verfügbaren natürlichen Kapazitäten. In einigen Fällen werden schon vor 2052 lokale Zusammenbrüche der Ressourcen stattfinden. Randers Schlussworte lauten: „Bitte helft, meine Vorhersage falsch werden zu lassen. Zusammen können wir eine viel bessere Welt schaffen."

Hauptaussagen:

- Die Weltbevölkerung wird bis 2040 weiter ansteigen auf 8,1 Milliarden Menschen und damit ihren vorläufigen Höhepunkt erreichen und dann wieder abnehmen, da in den Industrieländern die Geburtenraten rückläufig sind.

- Das weltweite Bruttoinlandsprodukt (BIP) steigt langsamer als erwartet. Die Entwicklungsländer werden bis 2052 wirtschaftlich aufholen, aber die Bevölkerung der heutigen Industrienationen wird mit mehr Ungleichheit zu kämpfen haben. Der Club of Rome rechnet im Jahr 2052 mit 3 Milliarden Menschen die in Armut leben.
- Der Klimawandel wird weiter fortschreiten. Nach Schätzungen werden katastrophale Folgen des Klimawandels erst in der zweiten Hälfte des Jahrhunderts auftreten, da sich die Veränderungen dramatisch verstärken werden. „Wir stoßen jedes Jahr zweimal so viel Treibhausgas aus wie Wälder und Meere absorbieren können (...) Die negativen Auswirkungen werden deutlich sein".
- Die Folgen des Klimawandels werden mehr Dürren, Überflutungen und extreme Wetterphänomene sein.
- Die Treibhausgasemissionen werden erst 2030 ihren Höhepunkt erreichen. Dies ist viel zu spät um das Klimaziel von einer maximalen Klimaerwärmung von 2° Celsius zu erreichen. Bis 2080 wird die Temperatur bis um durchschnittlich 2,8° steigen. „Das Ausbleiben von engagierten und konsequenten Reaktionen der Menschheit in der ersten Hälfte des 21. Jahrhunderts wird die Welt in der zweiten Hälfte des Jahrhunderts auf einen gefährlichen Pfad der sich selbst verstärkenden globalen Erwärmung bringen."
- Der Meeresspiegel wird durch die Erwärmung um einen halben Meter steigen und das Arktiseis in den Sommermonaten komplett verschwinden. Auch der Permafrostboden im Norden wird auftauen und dabei eingelagertes Methan freisetzen, welches die Atmosphäre noch weiter aufheizen wird und wiederum zu weiterem Auftauen des Permafrostes führen. „Der sich selbst verstärkende Klimawandel wird die Sorge Nummer 1 sein."
- Das Club of Rome Mitglied Karl Wagner sagt im Bericht für die Zeit um 2020 einen gesellschaftlichen Umbruch durch Aufstände voraus,ähnlich den Revolutionen in der Mitte des 19. Jahrhunderts gegen das System der Feudalherrschaft.

Sechs globale Ziele

Der Club of Rome stellt sechs globale Ziele auf, die notwendig sind um den Wandel zu einer nachhaltigeren, gerechteren und „glücklicheren" Welt zu vollziehen:

1. Gesellschaftliche Werte, die unerlässlich für eine nachhaltige und gerechte Gesellschaft sind, müssen sich vollständig in allen wirtschaftlichen Entscheidungen widerspiegeln.
2. Die Volkswirtschaften der Welt müssen den Wert von Natur- und Sozialkapital erkennen, Märkte müssen in einer fairen und transparenten Weise handeln und die Waren und Dienstleistungen für eine nachhaltige Gesellschaft liefern.
3. Eine gerechtere Verteilung von Einkommen innerhalb und zwischen Ländern.
4. Der Zugang zu sinnvoller Arbeit, die genügend Einkommen bietet, um ein menschenwürdiges Leben zu führen, ist als ein wesentliches Menschenrecht garantiert und anerkannt. Die Generierung von Arbeitsplätzen wird zu einer Top-Priorität für alle Investitionen und die Kosten für die Arbeitslosigkeit werden in der Entscheidungsfindung berücksichtigt.
5. Ökologie wird als verbindliches Gebot für alle Formen menschlichen Handelns angesehen und seiner biophysikalischen und ökonomischen Bedeutung entsprechend verwaltet. Niemals sollte die Welt in Überschwingen sein.
6. Geeignete Regierungssysteme auf lokaler, nationaler und globaler Ebene, die den Übergang in eine gerechte und nachhaltige globale Welt erreichen können, müssen eingerichtet werden.

Quelle: www.nachhaltigkeit.info/.../club_of_rome_2052 vom 24.04.2014.

2.3.6 Lösungsansätze

2.3.6.1 Bevölkerungspolitische Maßnahmen

Angesichts der Tatsache, dass derzeit die Zahl der unter 15-Jährigen in den Entwicklungsländern bis zu 50 % der Gesamtbevölkerung beträgt, wird die Erdbevölkerung bis zum Jahr 2050 auf mehr als 9 Mrd. ansteigen.

Daher ist die **Beschränkung der Geburten** eine dringende Aufgabe. Mit der Verbreitung von Verhütungsmitteln in der Dritten Welt allein wird das nicht zu schaffen sein. Vielmehr müssen die **sozialen und wirtschaftlichen Voraussetzungen** geschaffen werden, dass die Eltern ein Interesse an einer kleinen Kinderzahl haben. Bis jetzt ist in den meisten Entwicklungsländern die Kinderzahl ein Symbol für das Wohlergehen der Familie. Kinder sind die sicherste Altersversorgung der Eltern. In der **Subsistenzwirtschaft**[1] sind Kinder wertvolle Arbeitskräfte.

Abhilfe kann nur geschaffen werden, wenn es gelingt, die Familien wirtschaftlich so abzusichern, dass sie nicht mehr auf Kinder bzw. Kinderarbeit angewiesen sind. Auch staatliche und/oder private Empfängnisverhütungskampagnen können zur Verringerung der Geburtenrate beitragen, wie das Beispiel Thailands beweist.

Freilich kostet die Aufklärungsarbeit Geld, das die Entwicklungsländer allein nicht aufbringen können. Der jährliche Bedarf wird auf rund 30 Mrd. US-$ geschätzt, die die reichen Länder aufbringen sollten, gewissermaßen als „Anzahlung" für eine gesicherte Zukunft.

2.3.6.2 Sicherung der Ernährung

Der Hunger in der Welt hat nicht überall die gleichen Ursachen, kann also auch nicht überall mit den gleichen Mitteln bekämpft werden. Mit Geschenken allein (z.B. Nahrungsmittelspenden) ist es nicht getan. Solche Hilfen sind nur in Katastrophenfällen angebracht. Vielmehr muss **Hilfe zur Selbsthilfe** angeboten werden.

Da die Mehrzahl der extrem Armen der Erde vor allem auf dem Land lebt (und nicht in den Slums der Großstädte), muss die Hilfe auch im ländlichen Bereich ansetzen. **Ländliche Entwicklung** heißt nicht nur Förderung der Bauern, sondern auch **Aufbau einer ländlichen Infrastruktur,** d.h. bessere Versorgung mit Handwerksbetrieben, Reparaturwerkstätten, zentralen Getreidelagern, Bewässerungsanlagen, bessere Transportwege und ausreichende Transportmittel, um auch entlegenen Ansiedlungen Verkehrsverbindungen zu den Märkten der zentralen Orte zu bieten. Hierdurch wird nicht nur die landwirtschaftliche Produktion gefördert, sondern zugleich werden kleingewerbliche Arbeitsplätze mit Ausbildungsmöglichkeiten geschaffen.

Beispiele:

- Als sehr wirkungsvoll hat sich auch die Hilfe bei der **Errichtung von Selbsthilfeeinrichtungen,** wie z.B. landwirtschaftlichen Genossenschaften und Kreditgenossenschaften, erwiesen. Hier haben vor allen Dingen die privaten Einrichtungen der Entwicklungshilfe (z.B. Kirchen, politische Stiftungen, private Organisationen) Vorbildliches geleistet.
- Eine weitere Maßnahme ist, dort die sogenannte **Cash-Crop-Produktion** zugunsten der Produktion von im eigenen Land benötigten Nahrungsmitteln **einzudämmen,** wo keine ausreichenden Weltmarktpreise mehr erzielt werden können. Cash-Crops sind „Ernten für bares Geld". Es handelt sich dabei um agrarische Rohstoffe wie z.B. Kaffee, Kakao, Baumwolle und Erdnüsse.

Überwunden werden muss auch die **Rückständigkeit der Landwirtschaft** in vielen Ländern, vor allem in Afrika. Namhafte Fachleute sind der Meinung, dass Afrika schon bald nicht nur seinen eigenen Nahrungsmittelbedarf decken wird, sondern sogar noch Nahrungsmittelexporteur für Asien werden könnte. Vergleicht man nämlich Boden, Klima, nutzungsfähige Flächen oder Durchschnittserträge Afrikas mit den Daten anderer Regionen, so zeigt sich, dass hier eine große Reserve an Entwicklungsmöglichkeiten vorhanden ist.

---

1 Vgl. hierzu Kapitel 2.3.5.3, S. 255f.

Beispiel:

Ein Bauer in Afrika ernährt mit seiner Ernte seine Familie und durchschnittlich noch **zwei** weitere Personen; ein Bauer in Europa ernährt neben seiner Familie noch durchschnittlich **fünfzig** weitere Menschen.

Sollte indessen die landwirtschaftliche Produktion auf dem Stand von heute bleiben, wird der Nahrungsmangel zunehmen. Zahlreiche afrikanische Staaten werden dann in wenigen Jahren nicht mehr in der Lage sein, sich selbst zu ernähren.

2.3.6.3 Schaffung von Arbeitsplätzen

Der Hunger ist nicht nur eine Folge einer zu geringen Nahrungsmittelerzeugung und -bereitstellung. Da erdweit genügend Nahrungsmittel hergestellt werden, um **alle** Menschen ausreichend ernähren zu können, ist er vor allem eine Folge der Armut, also des Mangels an bezahlter Arbeit.

Wie können Arbeitsplätze geschaffen werden?

(1) Maßnahmen auf dem Land

Auf dem Land müssen neben den im vorigen Kapitel genannten entwicklungspolitischen Maßnahmen **Bodenreformen** durchgeführt werden. Denn eine Voraussetzung dafür, dass mehr Menschen Arbeit finden, ist ausreichender Besitz von eigenem Grund und Boden für möglichst viele Familien.

Natürlich stoßen solche Forderungen in den Entwicklungsländern auf den Widerstand der Großgrundbesitzer, die häufig in einem Interessenverband mit der Industrie und den Regierungen stehen. Auch aufseiten der Industrieländer können Vorbehalte entstehen, weil sich durch eine verstärkte Förderung von Selbsthilfemaßnahmen im ländlichen Bereich die Exportchancen verringern könnten. Jedoch sind solche Befürchtungen kurzsichtig, denn Bodenumverteilungsmaßnahmen in den Entwicklungsländern, verbunden mit Maßnahmen zur Produktionssteigerung, erfordern Investitionen (Maschinen, Geräte, Düngemittel usw.), steigern langfristig die Einkommen, vermehren so die Kaufkraft und stärken langfristig den internationalen Güteraustausch.

(2) Maßnahmen in der Stadt

In der Stadt ist der Arbeitsplatzmangel nicht nur auf das Bevölkerungswachstum und die Landflucht zurückzuführen (siehe S. 255f.), sondern auch darauf, dass viele Regierungen in den Entwicklungsländern das Ziel einer raschen **Industrialisierung** verfolgten und den Agrarsektor vernachlässigten. Die Industrie indessen beruht i.d.R. auf importierten **kapitalintensiven Fertigungsverfahren.** Hinzu kommt, dass die billige industrielle Massenfertigung in Konkurrenz zum ansässigen Handwerk steht und dort Arbeitsplätze vernichtet.

Ein weiterer Ausbau der Industrie wird auch in Zukunft das Angebot an **offiziellen Arbeitsplätzen**[1] kaum erhöhen. Der einzige Ausweg scheint derzeit die Förderung des **informellen Sektors** zu sein.

1 **Offizielle Arbeitsplätze** sind Arbeitsplätze in der Industrie, im Handwerk, im Handel, in sonstigen Dienstleistungsbereichen sowie in staatlichen Verwaltungen (formeller Sektor).

Als **informellen Sektor** (formlos, formwidrig) bezeichnet man den Zweig der Wirtschaft, der im Verborgenen gedeiht und i. d. R. weder vom Finanzamt noch von anderen Behörden erfasst ist.

Beispiel:

Der informelle Sektor setzt sich z. B. aus Schuhputzern, Kofferträgern, fliegenden Händlern in Zügen und Bussen, Getränke- und Wasserverkäufern in den Slums, Köchinnen mit fahrbaren Kleinküchen vor Behörden und Ministerien, Kindern als Straßenhändler, Rikschafahrern, Fahrern von Taxis und Kleinbussen, ambulanten Handwerkern usw. zusammen.

Die Bedeutung des informellen Sektors für den Einzelnen als auch für die Volkswirtschaft wird mehr und mehr erkannt. Die Folge ist eine gezielte Förderung des informellen Sektors z. B. durch Zuteilung von Platzrechten für Straßenhändler oder die Bereitstellung von Grundstücken für Kleinhandwerker.

2.3.6.4 Förderung des Außenhandels

Der in den meisten Entwicklungsländern bestehende Devisenmangel ist darauf zurückzuführen, dass die Weltmarktpreise für die meisten Rohstoffe stagnieren oder zurückgehen, während die Preise für die Industrieprodukte steigen. Mit anderen Worten: Die Entwicklungsländer importieren wertmäßig mehr als sie exportieren.

Diese „Schere" lässt sich nur durch folgende **Maßnahmen** schließen:

Maßnahme 1: Die von den Entwicklungsländern als „ungerecht" empfundenen Rohstoffpreise werden in einem Rohstoffabkommen mit den Industrieländern erhöht oder zumindest stabilisiert.

Maßnahme 2: Die Fördermengen werden erhöht und es wird mehr exportiert.

Maßnahme 3: Die Entwicklungsländer produzieren das, was sie bisher einführen mussten, im eigenen Land (Importersatz).

Maßnahme 4: Die Entwicklungsländer importieren weniger als bisher.

Maßnahme 5: Die Industrieländer bauen ihre protektionistischen[1] Maßnahmen ab, um die Exportchancen der Entwicklungsländer zu stärken.

Erläuterungen:

Zu Maßnahme 1:

Hier lässt sich einwenden, dass sich die Preise auf den Märkten nach Angebot und Nachfrage richten müssen. Mindestpreise führen lediglich zu Angebotsüberschüssen (Nachfragelücken), ähnlich wie auf dem Agrarmarkt der EU. Ausgleichszahlungen der Industrieländer für Preisverluste könnten einen Ausweg bilden.

1 **Protektion:** Schutz, Abschirmung. Protektionistisch: der Abschirmung dienend.

Beispiel:

Den Weg über Ausgleichszahlungen ist die EU gegangen, indem sie mit den **AKP-Staaten**[1] folgendes Abkommen getroffen hat: Sinkt der Preis für einen Rohstoff unter eine vereinbarte Marke, wird der Ausfall an Exporterlösen aus einem Fond der EU erstattet (**Stab**ilisierungsfonds für **Ex**porterlöse: **STABEX**).

Um ihre Preisvorstellungen durchzusetzen, könnten die Entwicklungsländer auch versuchen, Kartelle zu bilden (ähnlich wie das ehemalige Ölpreiskartell der OPEC). Das könnte zwar – wenigstens zeitweise – mit Erfolg gekrönt sein. Andererseits können sich die Entwicklungsländer mit Rohstoffkartellen auch selbst schaden, insofern sie sich gegenseitig mit Rohstoffen beliefern. So trug z. B. der hohe Erdölpreis der OPEC nicht unerheblich zur heutigen Schuldenkrise der Dritten Welt bei. Außerdem besteht die Gefahr, dass die Industrieländer bei steigenden Rohstoffpreisen auf Ersatzstoffe ausweichen bzw. den Verbrauch einschränken.

Zu Maßnahme 2:

Werden die Förder- bzw. Erzeugungsmengen eines Rohstoffs erhöht, das Angebot also ausgeweitet, führt dies auf dem Weltmarkt i. d. R. zu einem Preisrückgang, falls die Nachfrage nicht in gleichem Maße wie das Angebot zunimmt. Die Folge: mehr Förderung, mehr Umweltzerstörung, mehr Export, bei unelastischer Nachfrage sinkende Exporterlöse.

Zu Maßnahme 3:

Dies ist sicherlich ein möglicher und richtiger, aber ein langwieriger Weg, weil in den Entwicklungsländern zunächst Arbeitsplätze auf dem Land geschaffen werden müssen, damit die Menschen Geld verdienen können, also Kaufkraft geschaffen wird. Denn erst, wenn Absatzmärkte vorhanden sind, können lebensfähige Industrien gegründet werden.

Zu Maßnahme 4:

Diese Maßnahme ist nur sinnvoll, wenn ein Entwicklungsland auf Einfuhren verzichten kann, die nicht lebensnotwendig sind (Luxusgüter). Dies ist jedoch i. d. R. die Ausnahme. Die meisten Entwicklungsländer sind z. B. auf die Einfuhr von Erdöl angewiesen.

Zu Maßnahme 5:

Von wachsender Bedeutung für die Entwicklungsländer ist, dass ihre Waren **freien Zugang zu den Märkten** der Industrieländer haben. Waren, die sie in Europa, Nordamerika oder Japan anbieten, sollten nicht durch Zölle oder durch andere Handelshemmnisse benachteiligt werden. Ein funktionierender Außenhandel ist nämlich die beste Hilfe für die Entwicklungsländer. Steigende Ausfuhren schaffen Arbeitsplätze und bringen Devisen, die zur weiteren Entwicklung investiert und/oder zum Abbau von Schulden verwendet werden können.

Für den **Abbau von Zöllen und anderen Handelshemmnissen** wurde bereits viel getan, vieles liegt aber noch im Argen. So hat z. B. das **GATT**[2] (siehe S. 230 f.) zum weltweiten Abbau der Zolltarife beigetragen. Andererseits gibt es immer noch – obwohl vom GATT untersagt – nichttarifäre[3] Handelshemmnisse, vor allem im Textil-, Kohle-, Stahl-, Schiffbau-

---

1 Traditionell ist die Zusammenarbeit mit den Ländern **A**frikas, der **K**aribik und des **P**azifiks (AKP-Staaten) ein Schwerpunkt der europäischen Entwicklungspolitik. Vgl. hierzu Kapitel 3.1.3.2.3, S. 294.

2 **GATT (General Agreement on Tariffs and Trade)**: Allgemeines Zoll- und Handelsabkommen. Es handelt sich um einen Vorläufer (bis 1995) der Welthandelsorganisation (WTO) mit dem Ziel, den weltweiten Handel durch Senkung der Zölle und Beseitigung anderer Außenhandelsbeschränkungen zu fördern. Das GATT wurde 1947 vereinbart. Es hatte den Status einer Sonderorganisation der Vereinten Nationen (UN) und führte bis zur Ablösung durch die WTO acht GATT-Runden durch, d.h. Vereinbarungen über den weiteren Abbau von Handelshemmnissen (zuletzt die Uruguay-Runde 1986–1993). Die im Jahr 2001 initiierte Doha-Runde verläuft bislang ergebnislos (Stand: Mai 2015).

3 Nichttarifäre Handelshemmnisse sind nicht durch Zolltarife herbeigeführte Handelshemmnisse.

und Agrarbereich. Vor allem die Landwirtschaft wird in fast allen Industrieländern durch preis- und einkommenstützende Maßnahmen (Agrarsubventionen) geschützt. Dies führt zu großen Produktionsüberschüssen, die – durch Exportsubventionen wieder verbilligt – auf dem Weltmarkt die Preise drücken, zum Schaden der Entwicklungsländer, deren Konkurrenzfähigkeit gemindert oder zerstört wird.

Es besteht somit ein grundlegender **Konflikt zwischen den Industrieländern einerseits und den Entwicklungsländern andererseits.** Etwas vereinfacht gesagt: Die Industrieländer wollen Freihandel in den Bereichen, wo sie eine starke Stellung haben, und Protektionismus dort, wo sie ihre eigenen Industrien bzw. ihre eigene Landwirtschaft schützen wollen. Die Entwicklungsländer wollen Freihandel in den Bereichen, in denen sie konkurrenzfähig sind bzw. werden wollen (z. B. bei landwirtschaftlichen Produkten, im Textilbereich), wollen aber garantierte Mindestpreise für ihre Rohstoffe. Ob dieser Konflikt in absehbarer Zeit durch die WTO mit einem tragbaren Kompromiss gelöst werden kann, ist fraglich.

Einen Ausweg bietet möglicherweise der **„faire"[1] Handel.** Er umfasst bis jetzt nur rund 3 % des Handels mit Produkten aus den Entwicklungsländern. Für die betroffenen Kleinbauern und Genossenschaften in Afrika, Lateinamerika oder Asien ist er jedoch eine große Hilfe bei der allmählichen Verbesserung ihrer sozialen Lage. Denn fairer Handel heißt Import ohne Zwischenhändler, wobei die „fairen" Importeure neben einem vereinbarten Mindestpreis einen Zuschlag für die Schaffung bzw. Verbesserung sozialer Einrichtungen an die Produzenten in den Entwicklungsländern zahlen.

Die fairen Importeure kontrollieren, ob die Produkte tatsächlich aus Betrieben und/oder aus Genossenschaften stammen, in denen die Sozialstandards eingehalten werden und zum Beispiel keine Kinder arbeiten.

2.3.6.5 Gesundheitspolitik

Aus den bisherigen Überlegungen folgt, dass die Entwicklungspolitik vorrangig auf die Sicherung der menschlichen Grundbedürfnisse ausgerichtet sein muss, wenn sie längerfristig wirksam sein soll **(grundbedarfsorientierte Entwicklungspolitik).**

Neben den Grundbedürfnissen nach ausreichendem Essen, nach sauberem Wasser, nach menschlichem Wohnen usw. besteht auch ein Grundbedürfnis nach Gesundheit. Zusätzlich zur Verbesserung der allgemeinen Lebensumstände umfasst die **Entwicklungshilfe im Rahmen der Gesundheitspolitik:**

- Bereitstellung von **Studienplätzen** für ausländische Medizinstudenten;
- Entsendung von **medizinisch ausgebildeten Entwicklungshelfern** in die Entwicklungsländer (z. B. Ärzte, Krankenpfleger, Krankenschwestern), die besonders auf ihre Tätigkeit vorbereitet sind;
- Zusammenarbeit der staatlichen mit der nichtstaatlichen Entwicklungshilfe im **medizinischen Bereich;**
- Beratung und finanzielle Unterstützung bei der **Errichtung eines Gesundheitswesens** (Krankenhäuser, medizinische Beratungsstellen);
- Finanzierung und Lieferung von **Ausrüstungen für Krankenhäuser** sowie von **Medikamenten** in die Entwicklungsländer.

Dass sich die Politik – zumindest auf parlamentarischer Ebene – dieser Aufgabe stellt, verdeutlicht ein Parlamentsbeschluss vom 29. Mai 2008.

---

1 **Fair** (engl.): angemessen, gerecht.

Entwicklungspolitik

Deutschland soll seine globale Verantwortung für die Gesundheit in Entwicklungsländern stärker wahrnehmen. Dafür hat sich der Bundestag am 29. Mai ausgesprochen. Das Parlament stimmte mit der Koalitionsmehrheit einem Antrag von CDU/CSU und SPD (16/8884) dazu zu, ein späterer Antrag der FDP zu diesem Thema (16/9309) wurde dagegen abgelehnt. Die Koalition forderte in ihrer Parlamentsinitiative die Bundesregierung auf, sich vor allem für den Zugang aller Menschen zu Medikamenten einzusetzen. „Jährlich leiden und sterben viele Millionen Menschen an Krankheiten, die vermeidbar oder behandelbar wären", so die Begründung. Daher solle die Bundesregierung die Arzneimittelunternehmen zu alternativen Preisgestaltungen „ermutigen" und sich für verstärkte Forschung und den Ausbau von Produktionskapazitäten von lebensrettenden Arzneimitteln durch die Entwicklungsländer selbst einsetzen. Notwendig sei ein breites Spektrum von Plattformen einschließlich öffentlich-privater Partnerschaften, die die Forschung armutsbedingter, tropischer und vernachlässigter Krankheiten zum Ziel hat. Die FDP forderte ihrerseits ein eigenständiges Programm für die Erforschung typischer Tropenkrankheiten und ein neues Forschungszentrum, das helfen soll, die Programme innerhalb der Fachministerien besser zu koordinieren. Multi- und bilaterale Initiativen zur Bekämpfung der Tropenkrankheiten sollten verstärkt finanziert werden, heißt es.

Quelle: Das Parlament Nr. 23/2. Juni 2008.

2.3.6.6 Bildungspolitik

Ein weiteres Grundbedürfnis ist das Bedürfnis nach ausreichender Bildung, um in der jeweiligen Gesellschaft menschenwürdig bestehen zu können. Dabei kann es nicht darum gehen, möglichst viele Akademiker auszubilden, die nach Abschluss ihrer Ausbildung arbeitslos sind oder lediglich in der öffentlichen Verwaltung Anstellung finden. Notwendig sind vielmehr **produktive Bildungsinvestitionen.** Bildung und Ausbildung müssen so gestaltet werden, dass sie auch unter den Bedingungen armer Länder wirksam zur Steigerung der gesamtwirtschaftlichen Produktivität beitragen.

Das bedeutet z. B.:

- Hilfe beim **Ausbau eines Primarschulwesens,** dessen Inhalte sich an den Bedürfnissen der künftigen Lebens- und Arbeitswelt ausrichten und den Schüler befähigen, seine Umwelt zu verstehen und seine Lebensqualität zu verbessern;
- Hilfe bei der **Errichtung eines beruflichen Schulwesens** in Form von technischer und persönlicher Hilfe (Beratung durch Handwerker, Techniker und Berufsschullehrer);
- **Förderung einer** in der Selbsthilfebewegung integrierten **Erwachsenenbildung.**

2.3.6.7 Friedenspolitik

Viele kriegerische Konflikte in und zwischen den Entwicklungsländern wurzeln in sozioökonomischen und politischen Ungleichheiten. Häufig werden sie verschärft durch das Eingreifen (durch Interventionen) von Großmächten (USA, Russland) oder auch von kleineren Staaten, deren Regierungen Aufständische mit gleicher oder ähnlicher Ideologie unterstützen (z. B. Kuba).

Folgende **Maßnahmen** können z. B. **friedenstiftende Wirkung** haben:

- der Abbau von **wirtschaftlichen und sozialen Ungleichheiten,** z. B. durch Landreformen, Förderung handwerklicher und kleinindustrieller Aktivitäten, gerechtere Einkommensverteilung und gleiche Bildungschancen;
- der Abbau **politischer Ungleichheiten** durch Demokratisierungsprozesse;
- der Abbau ethnisch-kultureller Spannungen durch Schutz von **nationalen Minderheiten** und Herausbildung **nationaler Identitäten** (nation-building);
- die Förderung einer verstärkten **Kooperation zwischen den Entwicklungsländern** (Süd-Ost-Kooperation).

2.3.6.8 Globale Nachhaltigkeit

Die in Kapitel 2.3.5.8 beschriebenen globalen Umweltprobleme wie Erwärmung der Erdatmosphäre, das Ozonloch oder die Vernichtung tropischer Regenwälder zeigen, dass eine Globalisierung zur Erhaltung unserer Lebensgrundlagen notwendig ist. Unter dem Begriff Nachhaltigkeit finden sich in bekannten Suchmaschinen über 6 Millionen Einträge. Der Begriff der Nachhaltigkeit wird inflationär benutzt und nicht alles, was heute als nachhaltig bezeichnet wird, hat mit Nachhaltigkeit allzuviel zu tun.

Nachhaltiges Wirtschaften bedeutet, dass wir heute so leben und handeln, dass künftige Generationen überall eine lebenswerte Umwelt vorfinden und ihre Bedürfnisse befriedigen können.

Nachhaltigkeit definiert sich also als ein auf Stabilität, Bewahrung der Ressourcen oder Regeneration ausgerichtetes Handlungsprinzip, welches eine langfristige Nutzung von Rohstoffen, Ökosystemen oder Produktionskreisläufen garantiert.

In dieser Konsequenz bedeutet global nachhaltiges Handeln, dass Vieles infrage gestellt werden muss.

Beispiele:

- Die Zerstörung von Urwäldern für „Bio-Kraftstoffe" oder billiges Druckerpapier,
- die Produktion von Bio-Lebensmitteln durch Brandrodung,
- das mit hohem Energieaufwand um die Welt reisen oder
- die Herstellung von Markenbekleidung für „Hungerlöhne" in Billiglohnländern.

Dabei steht außer Frage, dass die Industrieländer eine besondere Verantwortung für eine Reduzierung der weltweiten Umweltbelastungen haben, da sie für den Großteil der weltwirtschaftlichen Produktion verantwortlich sind. So verwundert es kaum, dass in der Millenniumserklärung aus dem Jahr 2000 die Staaten den Schutz der gemeinsamen Umwelt mit auf die Agenda gesetzt haben.

Zusammenfassung

- Trotz der Globalisierung zeigt die Zusammensetzung und Entwicklung der **globalen Wertschöpfung,** dass das **Wohlstandsgefälle** zwischen den reichen und den armen Staaten bis heute nicht geringer, sondern eher größer geworden ist.
- Als **Schwellenland** bezeichnet man die Staaten, die zwar noch typische Merkmale von Entwicklungsländern aufweisen, sich aber durch den **Umbau ihrer Wirtschaftsstruktur** weg von der Agrarwirtschaft hin zur Industrialisierung bewegen.
- Die **ärmsten** Staaten werden als **Least Developed Countries (LDC)** bezeichnet.
- Zu den **wesentlichen Merkmalen von Entwicklungsländern** zählen u.a.: starkes Bevölkerungswachstum, Mangelernährung, Mangel an Arbeitsplätzen, niedrige Einkommen und ungleiche Einkommensverteilung, einseitige Abhängigkeit vom Weltmarkt sowie Mängel im Gesundheits- und Bildungswesen.

- Unter Entwicklungspolitik versteht man die politischen, sozialen und wirtschaftlichen Aktivitäten verschiedener Akteure, die auf eine **Verbesserung der Lebensbedingungen** in Entwicklungsländern abzielen.
- Eine Entwicklungspolitik, die sich an der individuellen Situation der einzelnen Entwicklungsländer orientiert, bezeichnet man als **angepasste Entwicklungspolitik.**
- Die wichtigsten **Ziele der Entwicklungspolitik** sind u.a. in der sogenannten **Millenniumserklärung** der Vereinten Nationen festgelegt.
- Zu den **dringlichsten Handlungsfeldern** zur Lösung der Probleme von Entwicklungsländern zählen:
  - bevölkerungspolitische Maßnahmen
  - Sicherung der Ernährung
  - Schaffung von Arbeitsplätzen
  - Förderung des Außenhandels
  - Gesundheitspolitik
  - Bildungspolitik
  - Friedenspolitik

Übungsaufgabe

56

1. Erklären Sie den Begriff Entwicklungsländer!
2. Nennen Sie die Kriterien (Maßstäbe) für die Zugehörigkeit der Länder zu der Gruppe der „Vierten Welt", auch als Least Developed Countries (LDC) bezeichnet wird!
3. Nennen Sie mindestens fünf Merkmale eines Entwicklungslandes!
4. „Um 1960 fand die Welle der **Unabhängigkeitserklärungen** der schwarzafrikanischen Staaten ihren Höhepunkt. Gleichzeitig setzte fast weltweit eine gezielte Entwicklungspolitik ein, wobei die Vorstellung dominierte, Entwicklung sei nahezu ausschließlich mit wirtschaftlichem Wachstum, gemessen an der Steigerung des **Bruttosozialprodukts** (BSP) pro Kopf der Bevölkerung, gleichzusetzen. Dieses Wachstum sollte im Wesentlichen durch eine nachholende **Industrialisierung** und **Modernisierung** erreicht werden. Folgerichtig lagen die Schwerpunkte der Politik der ersten Entwicklungsdekaden in einer vorrangigen und kapitalintensiven Förderung des industriellen Sektors sowie in den Anstrengungen zum Ausbau einer **modernen Infrastruktur** und einer effizienten **Staatsbürokratie.** Ziel dieser Entwicklungsbemühungen, die vor allem die soziokulturelle Dimension völlig außer Acht ließen, war es, die Volkswirtschaften der Entwicklungsländer so schnell wie möglich an den Stand der westlichen Industrieländer heranzuführen. Man ging von der Annahme aus, dass auch innerhalb der einzelnen Entwicklungsländer die Wachstumsprozesse im modernen Sektor bis zu den **ärmeren Bevölkerungsgruppen durchsickern** und die Regierungen in Entwicklungsländern aus Legitimationsgründen zunehmend zu einer progressiven Besteuerung der Reichen und zu Umverteilungsmaßnahmen greifen würden."

   Quelle: Oberndörfer, D. (Hrsg.): Entwicklungspolitik, S. 194.

   Aufgaben:

   4.1 Führen Sie aus, welche Ziele der Entwicklungspolitik im obigen Text beschrieben werden!

   4.2 Erläutern Sie, worin sich diese Ziele von der heutigen „angepassten Entwicklungspolitik" unterscheiden!

5. Die Entwicklungspolitik wird immer wieder mit der Bezeichnung „Neokolonialismus" bezeichnet. „Das Wort Neokolonialismus will - wenn es exakt gebraucht wird - sagen, dass Kräfte am Werk sind, die versuchen, Abhängigkeiten und Ausbeutungsmechanismen des Kolonialzeitalters mit anderen, weniger auffälligen Mitteln zu konservieren oder neu zu etablieren. Es wäre einigermaßen erstaunlich, wenn es solche Kräfte nicht gäbe. Die koloniale Vergangenheit liegt erst wenige Jahre zurück und politische Unabhängigkeit ist nicht gleichbedeutend mit wirtschaftlicher."

Quelle: Eppler, E.: Wenig Zeit für die Dritte Welt, 5. Aufl., S. 124.

Aufgaben:

5.1 Erläutern Sie, welche Vorstellung(en) Sie mit dem Begriff Kolonialismus verknüpfen!

5.2 Beurteilen Sie, was damit gesagt werden soll, wenn behauptet wird, Entwicklungspolitik sei Neokolonialismus!

5.3 Nehmen Sie aus Ihrer Sicht Stellung zum Vorwurf des Neokolonialismus!

6. Nehmen Sie zu der These Stellung, dass die Förderung des Außenhandels die beste Entwicklungshilfe sei!

7. Erläutern Sie folgende Aussage: „Entwicklungspolitik ist auch Weltwirtschaftspolitik"!

8. 8.1 Erklären Sie, was unter fairem Handel zu verstehen ist!

   8.2 Erläutern Sie, worauf das abgebildete Kennzeichen hinweist!

   8.3 Erkunden Sie im Einzelhandel, in Kantinen und Restaurants, ob und welche Produkte aus fairem Handel stammen!

TRANSFAIR
FAIRTRADE

9. Erklären Sie den Begriff „Bevölkerungsexplosion"!

10. Ende der 60er-Jahre hatte die Wachstumsrate der Weltbevölkerung ihr Maximum von 2% pro Jahr erreicht; seither ist ein Rückgang auf 1,7% zu verzeichnen. Trotzdem wird die Bevölkerungszunahme von heute bis weit in das nächste Jahrtausend hineinreichen.

Aufgabe:

Erklären Sie, warum das so ist!

11. Nennen Sie – außer der Bevölkerungsexplosion – weitere Problembereiche der Entwicklungsländer und damit der Entwicklungspolitik!

12. Auf der Erde werden mehr Nahrungsmittel erzeugt als für die Ernährung aller Menschen notwendig ist. In vielen Ländern gibt es jedoch zu wenig Grundnahrungsmittel.

Aufgabe:

Erläutern Sie, ob es Möglichkeiten gibt, diesen Widerspruch aufzulösen!

13. Im Rahmen der Entwicklungspolitik sind die Industrieländer bestrebt, die globalen Wohlstandsunterschiede schrittweise auszugleichen. Diese Absicht steht jedoch oftmals im Widerspruch zu politischen Regelungen auf anderen Politikfeldern der Industrieländer, wie auch nachfolgender Text verdeutlicht.

Was Moses von der Milch bleibt

[...] In den Regalen der Supermarktkette Uchumi in Kampala, Uganda, herrscht kein Mangel an Milchprodukten: Mascarpone und Parmesan aus Italien, Gouda aus Holland, Milchpulver aus Irland und Südafrika. Markt-Manager Eric Korir ist stolz auf das internationale Sortiment. „Die nationale Produktion kann die Nachfrage ja längst nicht befriedigen."

Das ist wahr und falsch zugleich. Denn Ugandas Bauern liefern ausreichend Milch - viele haben schon vor Jahren Friesen-Kühe eingekreuzt, um die Erträge zu steigern. Doch der Großteil der Milch findet nicht den Weg in Molkereien. Die Vermarktung, die die staatliche Milchgesellschaft bis Anfang der 90er organisierte, funktioniert nicht mehr.

„GBK Dairy Products" ist eine der wenigen Molkereien, die den Niedergang der Milchwirtschaft nach der Liberalisierungseuphorie überlebt haben. Am einzigen Standort in Mbarara verarbeitet GBK heute gerade mal bis zu 35 000 Liter Milch am Tag - auch zu Butter und Joghurt. „Wir würden die Kapazität gerne steigern, die Nachfrage ist da, aber uns fehlen die Mittel", sagt Betriebsleiter Godwin Tumwebaze.

[...] Gegen die Dumpingimporte aus Europa haben heimische Produzenten so gut wie keine Chance. Nach Berechnungen von Oxfam liegen die Exportpreise in Deutschland im Schnitt 41 Prozent und in der EU 31 Prozent unter den Produktionskosten in Europa. „Dumping findet nach wie vor im großen Stil statt", sagt Oxfam-Agrarreferentin Marita Wiggerthale. Ein Großteil sei auf die EU-Exportsubventionen von 1,43 Milliarden Euro zurückzuführen, die auf das Konto großer Milchkonzerne gingen. [...] „Es gibt viele Milchbauern, die ihre Familien nicht mehr richtig ernähren können", weiß Farmer Patrick Bharunhanga, der rund 70 Kühe auf der Weide hat. [...] „Keiner von uns bekommt Subventionen, wie sollen wir da mit den Importen konkurrieren können?"

Für Armin Paasch, Handelsexperte des Food First Informations- und Aktions-Netzwerks (Fian), ist die Situation der Kleinbauern eine direkte Folge der europäischen Handelspolitik. „Europäische Agrarexporte zu Dumpingpreisen gefährden das Menschenrecht auf Nahrung", sagt Paasch. [...] Wehren können sich afrikanische Staaten wie Uganda gegen Importe aus der EU nicht. Dafür sorgen Wirtschaftspartnerschaftsabkommen (EPA), denen bereits zahlreiche Länder zugestimmt haben. Auch Uganda hat sich darin verpflichtet, seine Importzölle für 80 Prozent der EU-Einfuhren in den nächsten Jahren abzuschaffen und die restlichen Zölle auf niedrigem Niveau einzufrieren.[...]

Quelle: Tobias Schwab, „Was Moses von der Milch bleibt".

Aufgabe:

Lesen Sie zunächst diesen Text!

Diskutieren Sie konkrete politische Maßnahmen, wie den Landwirten aus Uganda geholfen werden könnte! Unterziehen Sie ihre Vorschläge einer kritischen Würdigung, indem Sie diese sowohl aus Sicht der Europäischen Union als auch aus Sicht des Staates Uganda beurteilen!

14. **Unterrichtsvorschlag: Projekt mit Referaten**

Sammeln Sie zunächst mittels Brainstorming Ihnen bekannte globale Umweltprobleme! Versuchen Sie anschließend die gesammelten Aspekte zu „Themenbereichen" zu bündeln!

Diese Themenbereiche sollten dann in Kleingruppen durch umfangreiche Recherchen möglichst aktuell aufbereitet und der Klasse in Form eines Referates präsentiert werden! Achten Sie bitte auch darauf, dass in dem Referat auf mögliche Fortschritte in internationalen Abkommen hingewiesen wird!

18 Speth - ISBN 978-3-8120-0592-0

3 Wirtschaftsraum Europa

3.1 Europäische Union (EU)

Die Europäische Union ist **kein Staat;** sie ist vielmehr eine **übernationale** (supranationale) **Organisation der Mitgliedstaaten,** die einen Teil ihrer nationalen Hoheitsrechte auf diese Organisation übertragen haben.

Sie unterscheidet sich von anderen internationalen Organisationen dadurch, dass sie in bestimmten Bereichen, z.B. in der Außenhandelspolitik, als **unabhängige** Rechtspersönlichkeit unmittelbar auf die Mitgliedstaaten einwirken kann. Für diese Bereiche enthalten die zwischen den Mitgliedstaaten abgeschlossenen Verträge (primäres Gemeinschaftsrecht) jeweils eine konkrete Ermächtigungsnorm.

3.1.1 Geschichtliche Entwicklung

Einen Überblick über den chronologischen Verlauf der **EU-Integration**[1] vermittelt nachfolgende Aufstellung:

Chronik der EU-Integration	
1952	Gründung der Europäischen Gemeinschaft für Kohle und Stahl (Montanunion) durch Belgien, Niederlande, Luxemburg, Frankreich, Italien und die Bundesrepublik Deutschland (6er-Gemeinschaft).
1958	Gründung der Europäischen Wirtschaftsgemeinschaft (EWG) und der Europäischen Atomgemeinschaft (EURATOM) durch die gleichen sechs Staaten.
1967	Entstehung der Europäischen Gemeinschaft (EG) durch Zusammenfassung der Organe der Montanunion, EWG und EURATOM (gemeinsamer Ministerrat und gemeinsame Kommission).
1968	Vollendung der Zollunion durch Abbau der Zölle und Handelsbeschränkungen innerhalb der EG-Länder und Errichtung eines gemeinsamen Zolltarifs gegenüber Drittländern.
1973	Beitritt Großbritanniens, Irlands und Dänemarks zur EG (9er-Gemeinschaft), Freihandelsabkommen mit den restlichen EFTA-Ländern.
1979	Erstmalige Direktwahlen zum Europäischen Parlament (Neuwahlen alle fünf Jahre) und Beginn des Europäischen Währungssystems (EWS).
1981	Beitritt Griechenlands (10er-Gemeinschaft).
1986	Beitritt Portugals und Spaniens (12er-Gemeinschaft).
1987	Einheitliche Europäische Akte mit dem Hauptzweck der Vollendung des einheitlichen Binnenmarktes bis Ende 1992.
1990	Beitritt der DDR zur Bundesrepublik Deutschland und damit zur EU.
1992	Maastricht-Vertrag über die Europäische Union als Regierungsabkommen mit anschließenden Ratifizierungen in den Mitgliedsländern. Der Vertrag regelt die Schaffung der Wirtschafts- und Währungsunion (WWU) bis spätestens Anfang 1999.
1993	Europäischer Binnenmarkt tritt zum 01.01.1993 in Kraft. Damit entsteht in der EG ein Wirtschaftsraum, in dem der freie Verkehr von Personen, Waren und Dienstleistungen und Kapital gewährleistet ist. Am 01.11.1993 wird aus der Europäischen Gemeinschaft (EG) die Europäische Union (EU).
1994	Beginn der zweiten Stufe der Währungsunion: Europäisches Währungsinstitut (EWI) – Vorläufer der EZB – wird in Frankfurt am Main eingerichtet.

1 **Integration** (lat. integer: ganz, unversehrt) bedeutet Zusammenfassung kleiner Einheiten zu einer größeren. Unter Integration im politischen und rechtlichen Sinne ist somit ein Zusammenschluss mehrerer Staaten zu verstehen, die einen Teil ihrer Souveränität an übergeordnete gemeinsame Organe übertragen.

Chronik der EU-Integration	
1995	Beitritt Österreichs, Finnlands und Schwedens (15er-Gemeinschaft).
1997	EU-Staats- und Regierungschefs verabschieden in Amsterdam einen Stabilitäts- und Wachstumspakt zur Sicherung der Stabilität des Euro nach dem Start der Währungsunion.
1999	Dritte Stufe der WWU: Euro-Einheitswährung für 11 der 15 Mitgliedsländer, die EZB übernimmt die Verantwortung für die Geldpolitik (Griechenland erfüllt die Konvergenzkriterien nicht; freiwillig bleiben der gemeinsamen Währung noch fern Großbritannien, Schweden und Dänemark).
2004	Beitritt von zehn neuen Ländern in die EU: Estland, Lettland, Litauen, Malta, Polen, Slowakische Republik, Slowenien, Tschechische Republik, Ungarn und Zypern.
2007	Beitritt der beiden Länder Bulgarien und Rumänien.
2009	Zum **1. Dezember 2009** trat der „**Vertrag von Lissabon** zur Änderung des Vertrags über die Europäische Union und des Vertrags zur Gründung der Europäischen Gemeinschaft" in Kraft. Dieser Vertrag ergänzte die bestehenden Vertragsgrundlagen des europäischen Integrationsverbandes; so erhielt die Europäische Union eine einheitliche Struktur und Rechtspersönlichkeit.
2011	Die Staats- und Regierungschefs der **Euroländer** vereinbaren weitreichende Schritte hin zu einer echten **fiskalpolitischen Stabilitätsunion** im **Euro-Währungsgebiet**. Dies beinhaltet u.a. eine verstärkte wirtschaftspolitische Koordinierung.
2012	Unterzeichnung des Vertrags über den **Europäischen Stabilitätsmechanismus** (ESM).
2013	**Aufnahme Kroatiens** als 28. Mitgliedsstaat in die **EU zum 1. Juli 2013.**

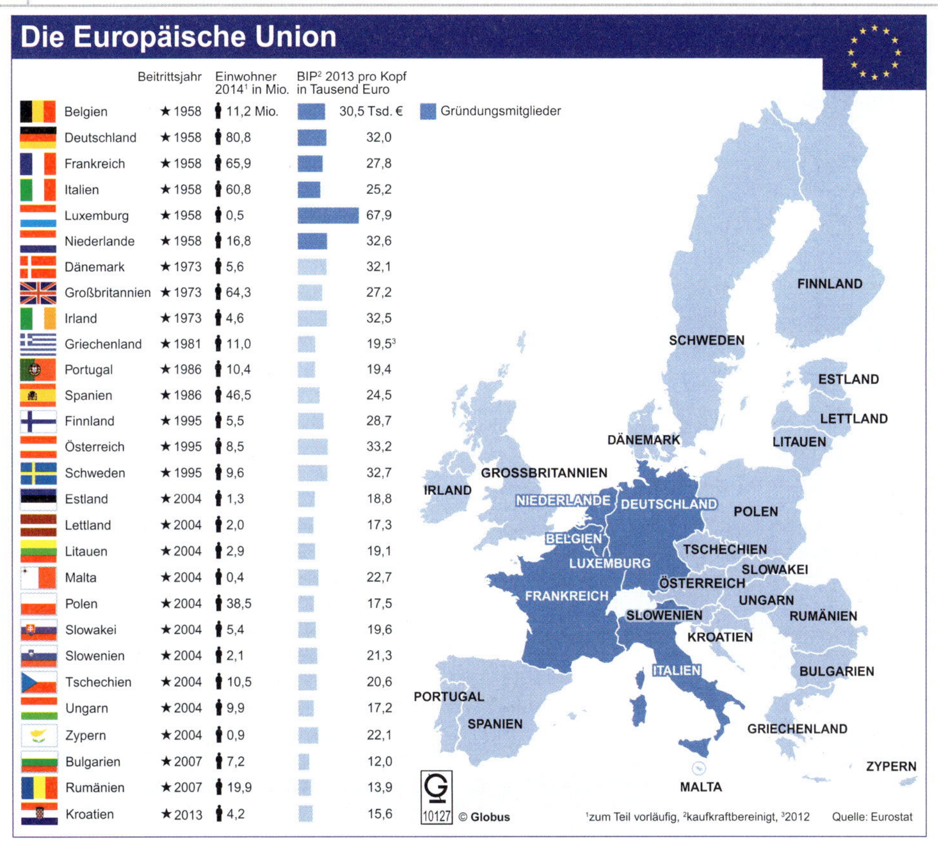

3.1.2 Organe der Europäischen Union

3.1.2.1 Überblick

Mit seinen 28 Mitgliedstaaten und knapp 500 Millionen Menschen entwickelte sich die Euroäische Union zum mittlerweile **weltweit größten Wirtschaftsraum.** Die Europäische Union wuchs in mehreren Etappen, parallel dazu weiteten sich ihre Zuständigkeiten aus. Heute ist sie auf **fast allen Politikfeldern** aktiv. Eines ihrer **zentralen politischen Ziele** hat die Europäische Union erreicht: die **dauerhafte und friedliche Integration Europas.** Unter dem Eindruck des Zweiten Weltkrieges sahen ihre Gründer in einer **engen wirtschaftlichen Verflechtung** der Staaten, die **wachsende gegenseitige Abhängigkeiten** schafft, den aussichtsreichsten Weg für ein Leben in Frieden und Wohlstand.

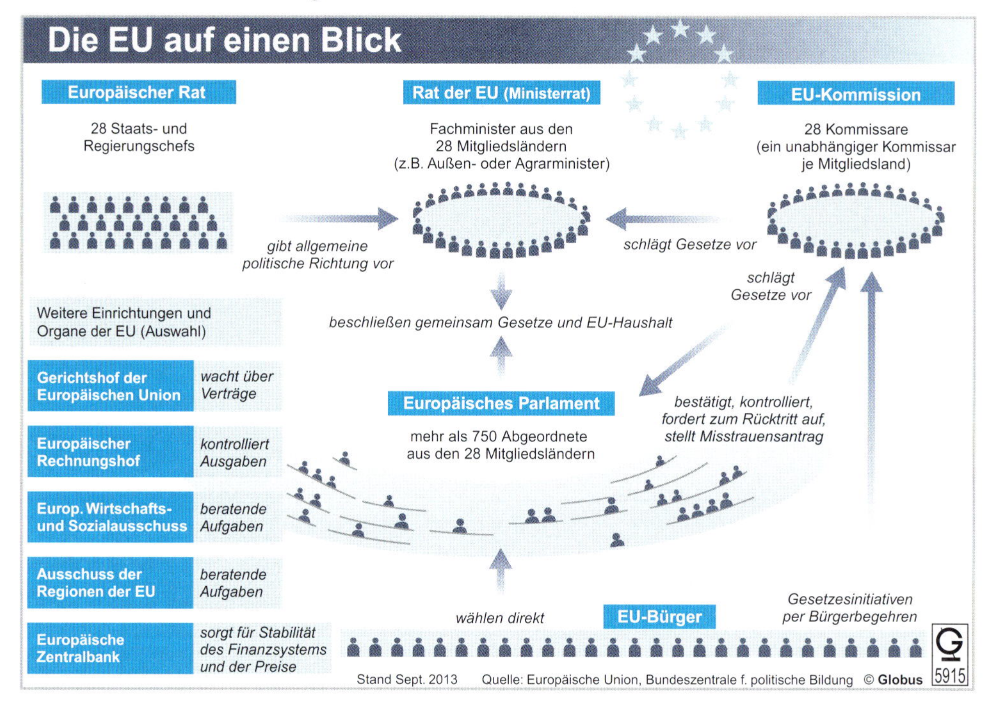

3.1.2.2 Europäischer Rat

Der Europäische Rat fungiert als „politischer Impulsgeber" und gilt somit als **Motor der europäischen Integration.** Er setzt sich aus **den jeweiligen Staats- und Regierungschefs** der einzelnen Mitgliedstaaten sowie dem **Präsidenten** zusammen. Der hauptamtliche Präsident des Europäischen Rates wird mit **qualifizierter** Mehrheit vom Europäischen Rat für zweieinhalb Jahre bei einmaliger Wiederwahlmöglichkeit gewählt.

Die **Hauptaufgabe** des Präsidenten besteht darin, die Vorbereitung und **Kontinuität** der Arbeiten des Europäischen Rates zu gewährleisten und auf einen **Konsens** hinzuarbeiten. Das Amt des Präsidenten des Europäischen Rates ist mit keinem anderen nationalen Mandat vereinbar. Zudem soll er **nicht** in die **Tagespolitik** eingreifen und kann öffentlich letztlich nur die Positionen vertreten, auf die sich die Staats- und Regierungschefs zuvor geeinigt haben.

Zu den **Kernaufgaben des Europäischen Rates** gehört die Festlegung der „allgemeinen politischen Zielvorstellungen und Prioritäten" der Europäischen Union, ohne dass der Rat selbst gesetzgeberisch tätig wird. Seine Aufgaben umfassen vielmehr **grundlegende Entscheidungen** wie etwa neue EU-Erweiterungen oder die Übertragung weiterer Kompetenzen an die EU. Des Weiteren schlägt der Europäische Rat den Kommissionspräsidenten, den Hohen Vertreter für Außen- und Sicherheitspolitik und die übrigen Kommissionsmitglieder vor. Die Entscheidungen trifft der Rat grundsätzlich „im Konsens", also **einstimmig;** nur bei Personalentscheidungen gilt die qualifizierte Mehrheit.

3.1.2.3 Rat der Europäischen Union

Der Rat der Europäischen Union (kurz: Ministerrat) **vertritt die Regierungen der Mitgliedstaaten.** Er teilt seine Aufgaben in den Bereichen Gesetzgebung und Haushalt mit dem Europäischen Parlament und spielt bei der gemeinsamen Außen- und Sicherheitspolitik und der Koordinierung der Wirtschaftspolitik eine zentrale Rolle. Der Rat besteht aus den **Ministern der einzelnen Mitgliedstaaten,** die für das jeweils aktuelle Thema, für das der Rat zusammentritt, zuständig sind. Die Präsidentschaft wechselt **halbjährlich** zwischen den Mitgliedstaaten. Eine Ausnahme bildet der „Rat für Auswärtige Angelegenheiten". Für diesen Außenministerrat wird als fester Vorsitzender der auf fünf Jahre gewählte **„Hohe Vertreter der EU für Außen- und Sicherheitspolitik"** bestimmt, der zugleich auch das Amt des Außenkommissars und des Vizepräsidenten der Europäischen Kommission innehat.

Der Ministerrat **tagt öffentlich** und trifft Entscheidungen zumeist mit qualifizierter Mehrheit, in Ausnahmefällen (z.B. Fragen der Außen- und Sicherheitspolitik, Steuerfragen) ist ein einstimmiger Beschluss erforderlich. Seit **2014** wird die qualifizierte Mehrheit durch die **doppelte Mehrheit** ersetzt, nach der 55 % der Mitgliedstaaten zustimmen müssen, die mindestens 65 % der EU-Bevölkerung repräsentieren.

3.1.2.4 Europäische Kommission

Die Europäische Kommission nimmt in der Europäischen Union in etwa die Funktionen einer **Regierung** wahr. Sie ist ein supranationales Organ, das nicht die Interessen eines bestimmten Mitgliedstaates, sondern die Interessen der Europäischen Union vertritt. Die Kommission setzt sich aus **28 Mitgliedern** zusammen, darunter der Präsident, der die Kommission leitet. Jeder Mitgliedstaat ist mit einem Kommissionsmitglied vertreten.

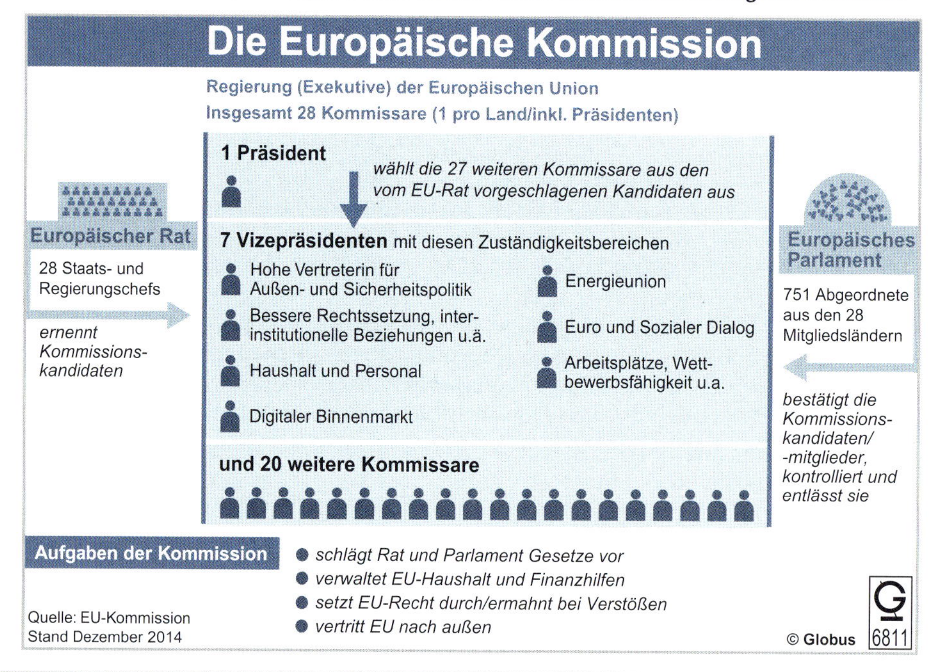

Aufgabenbereiche der Europäischen Kommission	
„Hüterin der Verträge"	Sie überwacht zum einen die Einhaltung und Durchführung der Europäischen Vertragswerke, weshalb sie auch die „Hüterin der Verträge" genannt wird.
„Herrin des Verfahrens"	Die Kommission wird als die „Herrin des Verfahrens" bezeichnet, weil nur sie allein Vorschläge für einzelne Rechtsakte der Europäischen Union machen kann. Sie besitzt damit gegenüber dem Rat und dem Parlament ein sogenanntes **Initiativmonopol**. Die Vorschläge der Kommission müssen das **europäische Interesse** in den Vordergrund stellen und den **Grundsätzen der Subsidiarität** (sofern keine ausschließliche Zuständigkeit der Gemeinschaft besteht) und der **Verhältnismäßigkeit** entsprechen.
Exekutivfunktion	Die Kommission ist für die **Ausführung von Gemeinschaftsrecht** zuständig (Exekutivfunktion).
Interessenvertretung auf internationaler Ebene	Die Kommission übernimmt die **Vertretung** der **Interessen** der Europäischen Union in **internationalen Organisationen**.

Diese umfassenden und weitreichenden Kompetenzen machen die Kommission im Vergleich zu den beiden anderen Organen des „institutionellen Dreiecks" (Rat der Europäischen Union, Europäisches Parlament) zum wichtigsten Anwalt der Unionsinteressen.

3.1.2.5 Europäisches Parlament

Das Europäische Parlament ist weltweit die **einzige direkt gewählte multinationale** parlamentarische Versammlung sowie seit 1979 das einzige Organ der Europäischen Union, das aus **direkten** Wahlen hervorgeht. Die Wahlen finden alle **fünf** Jahre statt. Die Zahl der Mitglieder hat mit den verschiedenen Erweiterungen der EU zugenommen. Seit dem Jahr 2009 zählt das Parlament maximal **751 Abgeordnete** zuzüglich des Präsidenten aus 28 Mitgliedstaaten, die sich auf der Grundlage ihrer politischen Ausrichtung und nicht nach Staatsangehörigkeit in Fraktionen zusammenschließen. Der offizielle **Sitz** des Europäischen Parlaments befindet sich in **Straßburg**.

Die genauen Bestimmungen über die **Zusammensetzung des Europäischen Parlaments** überlässt der Vertrag von Lissabon einer späteren Entscheidung des Europäischen Rates. Die Aufteilung der Sitze erfolgt jedoch nach dem **Grundsatz der „degressiven Proportionalität"**, wonach die Abgeordneten der bevölkerungsreichsten Mitgliedstaaten mehr Bürger ihres Landes vertreten als die Abgeordneten der Länder mit weniger Einwohnern. Darüber hinaus ist für jeden Mitgliedstaat eine Mindestzahl von 6 und eine Höchstzahl von 96 Abgeordneten festgelegt.

Das Europäische Parlament wird **gemeinsam** mit dem Rat der Europäischen Union als **Gesetzgeber** tätig und übt gemeinsam mit ihm die **Haushaltsbefugnisse** aus. Das Parlament besitzt das letzte Wort über alle Ausgaben der EU, die letzte Entscheidung über die Einnahmen der EU liegt aber beim Rat, sodass das Parlament nicht selbstständig den Gesamtetat erhöhen oder neue EU-Steuern einführen kann.

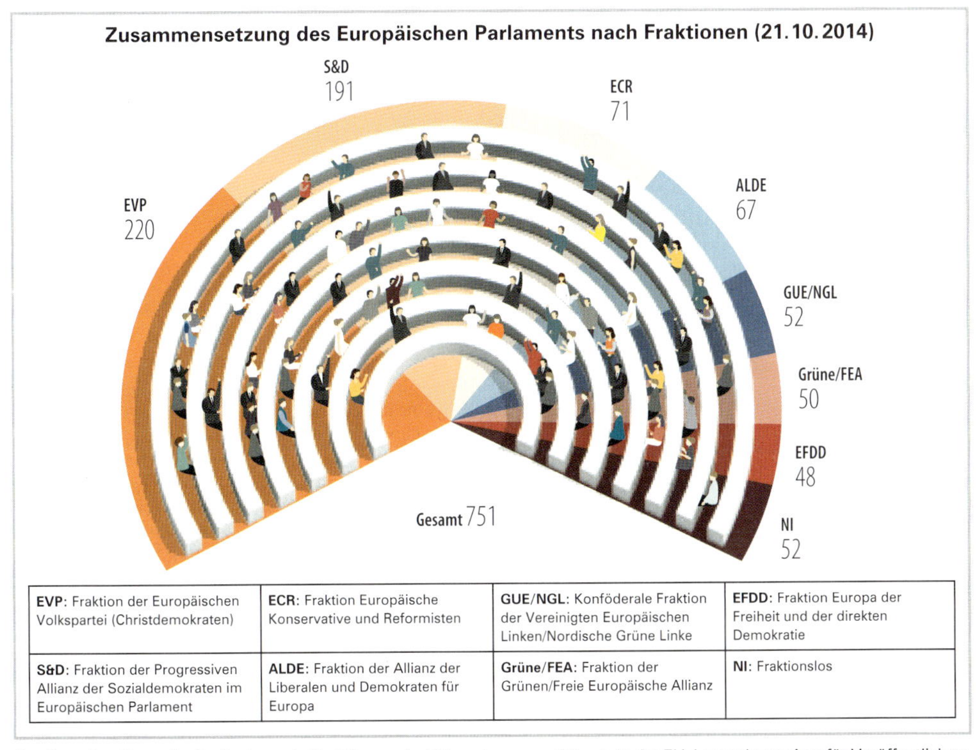

EVP: Fraktion der Europäischen Volkspartei (Christdemokraten)	**ECR**: Fraktion Europäische Konservative und Reformisten	**GUE/NGL**: Konföderale Fraktion der Vereinigten Europäischen Linken/Nordische Grüne Linke	**EFDD**: Fraktion Europa der Freiheit und der direkten Demokratie
S&D: Fraktion der Progressiven Allianz der Sozialdemokraten im Europäischen Parlament	**ALDE**: Fraktion der Allianz der Liberalen und Demokraten für Europa	**Grüne/FEA**: Fraktion der Grünen/Freie Europäische Allianz	**NI**: Fraktionslos

Quelle: Das Europäische Parlament: Die Stimme der Bürgerinnen und Bürger in der EU, Luxemburg: Amt für Veröffentlichungen der Europäischen Union, 2014.

Die **Abstimmungen** des Parlaments erfolgen regelmäßig mit **absoluter** Mehrheit der **abgegebenen** Stimmen, in der zweiten Lesung bei Gesetzgebungsprozessen mit absoluter Mehrheit der **gewählten** Mitglieder, bei Ausnahmeentscheidungen (z.B. Misstrauensantrag gegen die Kommission) mit **Zweidrittelmehrheit.**

Seit 1979 sind die Befugnisse des Parlaments durch die europäischen Verträge Schritt für Schritt erweitert worden. Das Europäische Parlament ist wohl das am meisten unterschätzte Organ der EU. Es wird in der Öffentlichkeit immer noch als machtlos und mit wenig Kompetenzen ausgestattet angesehen. Dabei hat das Parlament weitreichende Befugnisse, die fast alle klassischen Funktionen eines Parlaments umfassen.

3.1.2.6 Europäischer Gerichtshof

Der Europäische Gerichtshof (jedes Mitgliedsland stellt einen Richter) sichert die Wahrung des Rechts bei der Auslegung und Anwendung der Verträge. Er stellt z. B. fest, ob ein Mitgliedsland gegen eine vertragliche Verpflichtung verstoßen hat. Der Sitz des Europäischen Gerichtshofs ist Luxemburg.

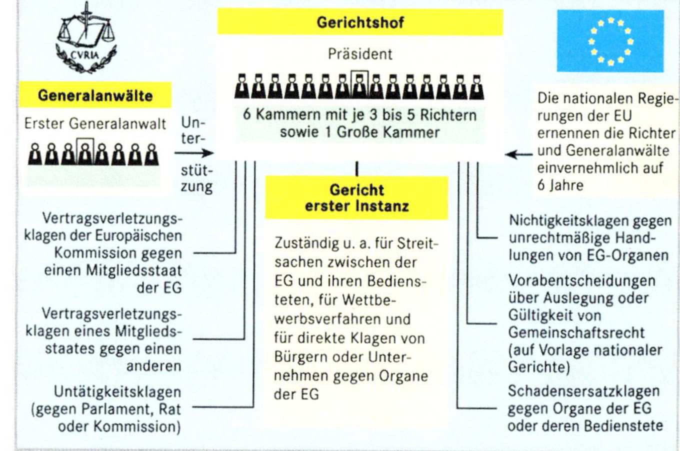

Quelle: Recht A-Z – Fachlexikon für Studium und Beruf, Bonn 2007.

3.1.2.7 Weitere EU-Institutionen

Europäische Investitionsbank	Sie hat die Aufgabe, zur Erschließung wirtschaftlich benachteiligter Gebiete in der EU und in den assoziierten Staaten durch Kreditgewährung und/oder Übernahme von Bürgschaften beizutragen. Die verschiedenen Europäischen Fonds geben Finanzhilfen in wichtigen Sonderbereichen. Innerhalb des Europäischen Währungsverbunds hat der Europäische Währungsfonds wichtige Aufgaben.
Europäischer Rechnungshof	Er legt dem Parlament und dem Rat eine Erklärung über die Zuverlässigkeit der Rechnungsprüfung vor. Nach Abschluss eines Haushaltsjahres erstattet er einen Jahresbericht. Er unterstützt den Rat und das Parlament bei der Kontrolle der Ausführung des Haushaltsplans.

Wirtschafts- und Sozialausschuss	Der Wirtschafts- und Sozialausschuss (WSA) ist ein beratendes Organ, in dem die Vertreter des wirtschaftlichen und sozialen Lebens mitwirken. Die Mitglieder bilden drei Gruppen: Arbeitgeber, Arbeitnehmer und Sonstige (z. B. Vertreter der Landwirtschaft, der Verkehrswirtschaft, der freien Berufe und der Verbraucher). Der Wirtschafts- und Sozialausschuss muss von Rat und Kommission in einer Reihe von Fällen angehört werden, z.B. bei Fragen der Agrarpolitik, der Freizügigkeit, des Niederlassungsrechts, des Dienstleistungsverkehrs, der Verkehrspolitik oder der Rechtsangleichung innerhalb der EU.
Ausschuss der Regionen	Im **Ausschuss der Regionen (AdR)** wirken entsprechend den Vorgaben des Vertrags über die Arbeitsweise der EU Vertreterinnen und Vertreter der Regionen und der kommunalen Ebene beratend an der europäischen Rechtsetzung mit. Es können auch Ministerinnen und Minister der regionalen Ebene für die Mitgliedstaaten im Rat handeln. Mit der Verankerung in Art. 352 des Vertrags über die Arbeitsweise der Europäischen Union (AEUV) wurde das **Subsidiaritätsprinzip** zur allgemein gültigen Grundlage des politischen Zusammenlebens in der Gemeinschaft. Damit ist aus regionaler Sicht auch die Bedeutung der unteren Ebene in der Gemeinschaft erkennbar gesteigert worden. Durch diese Neuerungen hat sich die Europäische Union deutlich in Richtung auf ein **„Europa der drei Ebenen"** weiterentwickelt, in dem – neben den Mitgliedstaaten und der europäischen Ebene – auch die Regionen eine eigenständige Rolle spielen.

3.1.3 Europäischer Binnenmarkt

3.1.3.1 Grundlegendes

3.1.3.1.1 Gründe für die Schaffung eines gemeinsamen Binnenmarktes

Die Schaffung eines gemeinsamen Binnenmarktes **ohne nationale Grenzen** innerhalb der Staatengemeinschaft gehört zu den Kernzielen der europäischen Integration. Gleichwohl spielen nationale Grenzen innerhalb der Europäischen Union immer noch eine größere Rolle als etwa die Grenzen zwischen den Bundesstaaten in den Vereinigten Staaten von Amerika.

Das vermutlich **wichtigste Argument** für einen grenzenlosen Binnenmarkt ist **politischer** Natur.

Eine **enge wirtschaftliche Verflechtung** von Ländern schafft durch die entstehende wechselseitige Abhängigkeit **politische Stabilität** und sichert so den **Frieden.**

Neben diesem Aspekt sind es dann aber vor allem **wirtschaftliche** Gesichtspunkte, die für einen Binnenmarkt sprechen:

- Der freie Austausch von Gütern und Dienstleistungen steigert den **Wohlstand** aller Menschen innerhalb der Europäischen Union durch eine bessere **Arbeitsteilung**[1] und eine **höhere Produktvielfalt.** Der Freihandel mit innovativen Gütern fördert auch die schnelle Verbreitung von moderner Technologie.
- Der im Vergleich zu einem abgeschotteten nationalen Markt stärkere **Wettbewerbsdruck** führt zu einem größeren Angebot von Gütern und Dienstleistungen mit einem

1 Vgl. hierzu Kapitel 2.1, S. 221.

guten Preis-Leistungs-Verhältnis. Dieser Wettbewerbsdruck und die damit einhergehenden Spezialisierungseffekte tragen mit dazu bei, dass die Unternehmen der Mitgliedstaaten auch auf den Weltmärkten erfolgreich sein können.

- Der Binnenmarkt kann somit das **Wirtschaftswachstum** steigern und damit auch den Arbeitnehmerinnen und Arbeitnehmern höhere Beschäftigungschancen und bessere Einkommensperspektiven ermöglichen. Unterentwickelten Regionen und Staaten bietet sich die Chance verbesserter Exportmöglichkeiten, und sie können in der wirtschaftlichen Entwicklung zu den wohlhabenderen Gebieten aufschließen.
- Durch all diese Effekte kann der europäische Wirtschaftsraum **besser** mit den anderen großen Wirtschaftsblöcken dieser Welt – wie Asien und Nordamerika – **konkurrieren.**

3.1.3.1.2 Vier Grundfreiheiten

Der Vertrag über die Arbeitsweise der Europäischen Union (AEUV) sieht unter anderem vor:

- (1) die Abschaffung der Zölle und mengenmäßigen Beschränkungen bei der Ein- und Ausfuhr von Waren zwischen den Mitgliedstaaten;
- die Beseitigung der Hindernisse für
  (2) freien Personen-,
  (3) Dienstleistungs- und
  (4) Kapitalverkehr
  zwischen den Mitgliedstaaten.

	Europäischer Binnenmarkt: vier Grundfreiheiten
Warenverkehrs-freiheit	Der freie Warenaustausch innerhalb der Staaten der EU wird im Rahmen der Warenverkehrsfreiheit gewährleistet. Ziel ist es dabei, über die Öffnung der nationalen Märkte das Produktangebot auf allen Märkten zu verbessern und zu erweitern sowie knappe Güter sogar zu verbilligen.
Personenverkehrs-freiheit	Im Rahmen der Personenverkehrsfreiheit genießen alle EU-Bürger das Recht, sich in jedem Land der EU aufzuhalten, einen Beruf auszuüben und dort zu verbleiben. So haben Arbeitnehmer und Selbstständige das Recht, in jedem Mitgliedsland zu leben und zu arbeiten. Kein Unionsbürger darf aufgrund seiner Staatsangehörigkeit benachteiligt werden (Diskriminierungsverbot).
Dienstleistungs-verkehrsfreiheit	Dienstleistungsverkehrsfreiheit bedeutet die Liberalisierung der Erbringung von Dienstleistungen; dazu zählen z. B. Versicherungsabschlüsse, Beratungstätigkeiten und andere Serviceleistungen.
Kapitalverkehrs-freiheit	Die Kapitalflüsse zwischen den Mitgliedstaaten unterliegen keinerlei Restriktion im Rahmen der Kapitalverkehrsfreiheit. Durch die Europäische Wirtschafts- und Währungsunion wurde der Geld-, Kapital- und Zahlungsverkehr in der EU vollständig liberalisiert sowie die Fiskal- und Geldpolitik verstärkt koordiniert.

Welch **hohes Konfliktpotenzial** die Umsetzung der vier Grundfreiheiten in sich birgt, ist am politischen Kampf um die **EU-Dienstleistungsrichtlinien** zu ersehen.

EU-Dienstleistungsrichtlinie

Dem Dienstleistungssektor kommt mit einem Anteil von 71 Prozent an allen Beschäftigten in der EU inzwischen eine überragende wachstums- und beschäftigungspolitische Rolle zu. Vor diesem Hintergrund hat die Europäische Kommission im Jahr 2004 den Entwurf einer Richtlinie zur weiteren Liberalisierung des grenzüberschreitenden Dienstleistungsgeschäfts im Binnenmarkt vorgelegt. Mit der Richtlinie sollen die immer noch weit verbreiteten bürokratischen Hürden für den Binnenmarkt im Bereich der Dienstleistungen verringert werden und auf diese Weise ein Beitrag für mehr Wettbewerb, Beschäftigung und Wachstum erbracht werden. Immer noch erschweren es heute umfassende Genehmigungs- und Anmeldevorschriften, Dienstleistern wie beispielsweise Handwerkern, Monteuren, IT-Spezialisten oder Beratern, ihre Dienste auch in einem anderen Land des Binnenmarktes anzubieten.

Obwohl der freie Dienstleistungsverkehr von Beginn an eines der zentralen Ziele des Binnenmarktes war, hat der vom damaligen Binnenmarktkommissar Frits Bolkestein vorgelegte Entwurf der Dienstleistungsrichtlinie (DLR) eine harte politische Kontroverse ausgelöst. Im Mittelpunkt dieser Debatte, die eine wichtige Rolle bei der Ablehnung des Verfassungsvertrags im französischen Referendum im Mai 2005 gespielt hat, stand dabei das sogenannte Herkunftslandprinzip. Dieses im Ursprungsentwurf der DLR zentrale Prinzip besagt, dass bei grenzüberschreitend angebotenen Dienstleistungen nicht die gesetzlichen Regelungen des Landes gelten, in dem die Dienstleistung konsumiert wird, sondern die des Herkunftslandes des Anbieters. Kritiker befürchteten als Folge dieses weit reichenden Liberalisierungsansatzes ein Absinken sozialer Standards und Löhne und auch eine Abwärtsspirale beim Umwelt- und Verbraucherschutzrecht. Befürworter verwiesen hingegen auf den Erfolg des Herkunftslandprinzips bei der Liberalisierung der Gütermärkte und auf eine Reihe von Ausnahmeregeln, die „Sozialdumping“ und andere Probleme zuverlässig vermieden hätten.

Nachdem der Ursprungsentwurf aufgrund des starken öffentlichen Protestes in Frankreich und anderen Staaten weder im Rat noch im Parlament konsensfähig war, konnte im Jahr 2006 im Parlament und im Rat ein Kompromiss erzielt werden. Dieser sieht die Streichung des umstrittenen Herkunftslandprinzips vor. Stattdessen werden die Mitgliedsstaaten mit bestimmten Übergangsfristen verpflichtet, einen freien Zugang zum tertiären Sektor zu ermöglichen und eine freie Ausübung von Dienstleistungen zu gewährleisten. Lediglich aus Gründen der öffentlichen Sicherheit, der öffentlichen Ordnung und zum Schutz der Umwelt und der Gesundheit sind Ausnahmen von dieser Regelung zulässig. Innerhalb der EU soll es demnach keine Marktzutrittsschranken für Dienstleistungen mehr geben. Vollständig ausgenommen von der Geltung der DLR sind allerdings wichtige Dienstleistungsbereiche wie Gesundheit, Verkehr, Zeitarbeitsagenturen und einige Teilbereiche der öffentlichen Dienste.

Quelle: Bundeszentrale für politische Bildung, 279/2006.

3.1.3.1.3 Weitere Maßnahmen zur Sicherung des Binnenmarktes

Die vorgenannten Grundfreiheiten des Binnenmarktes werden ergänzt durch **weitere wichtige Bestimmungen,** die unter anderem den Wettbewerb zum Wohle der Verbraucherinnen und Verbraucher sichern und Diskriminierungen von Unternehmen aufgrund ihrer nationalen Herkunft unterbinden sollen. Hierzu zählen im Einzelnen die **Wettbewerbskontrolle,** das **Subventionsverbot,** die **öffentliche Auftragsvergabe** sowie die **Wirtschafts- und Währungsunion.**

(1) Wettbewerbskontrolle

Die Verwirklichung des Binnenmarktes erfordert eine Bindung aller Beteiligten an **gleiche Regeln für den Wettbewerb.**[1] So sind Kartelle und Preisabsprachen zwischen Unternehmen untersagt und ziehen hohe Geldstrafen nach sich. Fusionen werden nicht genehmigt, wenn durch den Zusammenschluss eine **marktbeherrschende** Stellung im Binnenmarkt

1 Vgl. hierzu Kapitel 3.1.3.2.1.

droht.[1] Zudem wurden in der Vergangenheit wichtige frühere staatliche Monopole durch diese Binnenmarktprinzipien aufgelöst, wie z. B. die Monopole der deutschen Bundespost oder Bundesbahn. Um Verfälschungen des Wettbewerbs zu verhindern, müssen aber auch die **Steuervorschriften angeglichen** (harmonisiert) werden. Durch die **Angleichung des Gesellschaftsrechts** müssen die nationalen Bestimmungen zum Schutz der Gesellschaften sowie Dritter gleichwertig und damit wettbewerbsneutral verabschiedet werden.

(2) Subventionsverbot

Staatliche Beihilfen, die den Wettbewerb verzerren, sind generell verboten. Über Ausnahmen entscheidet die Europäische Kommission. Die praktischen Konsequenzen des Subventionsverbots betrafen beispielsweise die deutschen Sparkassen und Landesbanken. Ihre Eigentümer, die deutschen Bundesländer und Kommunen, gewährten diesen Institutionen in der Vergangenheit unbegrenzte Garantien für den Fall einer finanziellen Schieflage („Gewährträgerhaftung"). Diese Sicherheiten wurden von den privaten Konkurrenten und der Europäischen Kommission als verdeckte Subventionen angesehen, die den Wettbewerb erheblich verzerren. Daher war die Gewährträgerhaftung in ihrer früheren Form nicht mehr vereinbar mit dem Subventionsverbot und wird mit bis zum Jahr 2015 geltenden Übergangsfristen endgültig abgeschafft.

(3) Öffentliche Auftragsvergabe

Bei der Vergabe öffentlicher Aufträge sollen auch Unternehmen anderer EU-Staaten eine faire Chance auf den Zuschlag haben. Aus diesem Grunde besteht ab bestimmten Schwellenwerten des Auftragsvolumens die **Pflicht zur europaweiten Ausschreibung öffentlicher Aufträge.**

(4) Wirtschafts- und Währungsunion

Geschichtliche Entwicklung

Neben den vier Grundfreiheiten stellt die **Einführung des Euro** als Buchgeld im Jahr 1999 bzw. als Bargeld seit dem 1. Januar 2002 einen weiteren Meilenstein für den **Binnenmarkt** dar. Die rechtlichen Grundlagen zur Vollendung der **Wirtschafts- und Währungsunion**[2] und der Einführung des Euro bildeten verschiedene Artikel des in Maastricht geschlossenen Vertrags über die Europäische Union. Die rechtliche Ausgestaltung der Einführung der neuen Währung ist Sache des **europäischen Gesetzgebers.** Mit Beginn der dritten Stufe der Wirtschafts- und Währungsunion am 1. Januar 1999 ist die **Währungshoheit** und damit die ausschließliche Gesetzgebungskompetenz in diesem Bereich auf die Europäische Gemeinschaft übertragen worden.

Die **europäische Gemeinschaftswährung beseitigt Hindernisse** durch verschiedene nationale Währungen, die zuvor das grenzüberschreitende Wirtschaften im Binnenmarkt belastet hatten. Mit dem Euro ist zumindest in den Teilnehmerländern ein hohes Maß an **Preistransparenz** eingekehrt.

1 Vgl. hierzu die Ausführungen im Band 1, Lerngebiet 1, Kapitel 4.6.1.

2 Vgl. hierzu die Ausführungen im Band 3, Lerngebiet 5, Kapitel 2.3.6.

Veränderungen des Wechselkurses des Euro

Der Euro zählt zu den Währungen, deren Wechselkurs sich durch Angebot und Nachfrage **frei am Markt** bildet **(„Floating")**.

Unter dem **Wechselkurs** versteht man das Austauschverhältnis zwischen zwei Währungen.

Die Veränderung des Wechselkurses des Euro zeigt die nebenstehende Abbildung. Ein **Fallen des Index** bedeutet eine **Abwertung des Euro** gegenüber den Währungen der wichtigsten Handelspartner des Euro-Währungsgebiets und aller nicht dem Euro-Währungsgebiet angehörenden EU-Mitgliedstaaten.

Wie sich der Wechselkurs durch Verschiebungen von Devisenangebot und -nachfrage ändert, soll anhand der nachfolgenden Beispiele verdeutlicht werden.

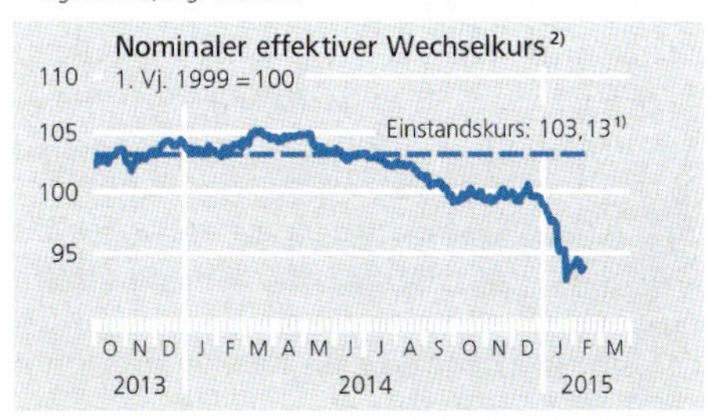

1 Kurs zu Beginn der Währungsunion am 4. Januar 1999.
2 Nach Berechnungen der EZB gegenüber den Währungen von 19 Ländern.
Deutsche Bundesbank

Quelle: Deutsche Bundesbank, Monatsbericht Februar 2015, S. 41.

Aufwertung des Euro

Beispiel:

Angenommen, die Nachfrage nach Euro steigt durch einen den Import **übersteigenden** Export von Gütern aus Deutschland in die USA (**aktive** Außenhandelsbilanz). Als Folge dieser Situation fragen die amerikanischen Importeure verstärkt Euro nach, um die auf **Euro** lautenden Rechnungen begleichen zu können (vorausgesetzt die Exporteure sind in der starken Position, die Rechnung zum Ausschluss von Währungsrisiken in Euro zu fakturieren).

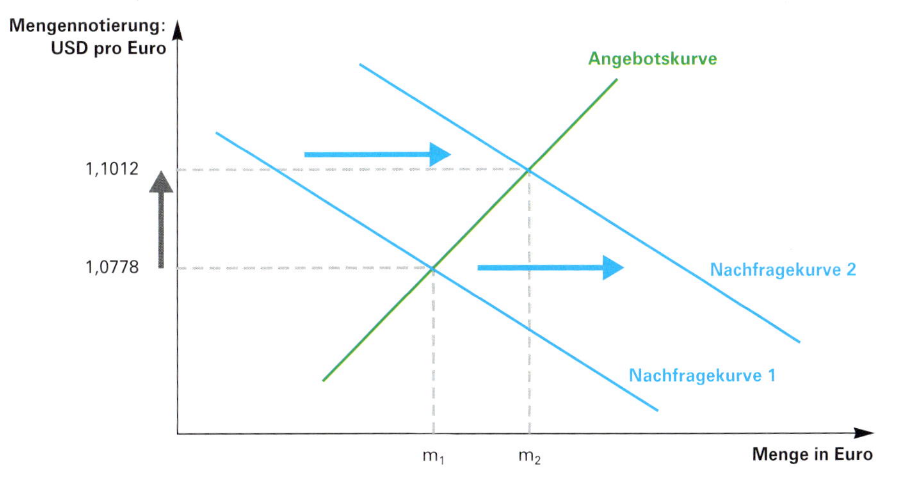

Wie aus der vorangestellten Abbildung ersichtlich, führt die **Zunahme der Devisennachfrage** nach Euro und die damit verbundene **Rechtsverschiebung** der **Nachfragekurve** (von N_1 nach N_2) zu einem Kursanstieg des Euro (der Währung des **exportierenden** Landes) im Vergleich zum USD.

Der **Wert des Euro** ist im Vergleich zum Wert des US-Dollar **angestiegen.** Erhielt man vor der Ausweitung der Nachfrage nach Euro noch 1,0778 USD, so hat sich durch die Nachfrageverschiebung das Austauschverhältnis zugunsten des Euro auf 1,1012 USD **erhöht.** Die **ausländischen Importeure** müssen also für die gleiche Gütermenge **mehr Dollar** ausgeben, wodurch sich der Import für sie verteuert. Dieser Prozess der **Erhöhung des Preises der einheimischen Währung** (hier: Euro) gegenüber ausländischen Währungseinheiten (hier: USD) wird als **Aufwertung** bezeichnet. Die **Aufwertung der inländischen Währung** (Euro) gegenüber der ausländischen Währung (USD) **bedeutet** gleichzeitig eine **Abwertung der ausländischen Währung** (USD) gegenüber der inländischen Währung (Euro).

Die wichtigsten **Folgen der Aufwertung**:

Für das „aufwertende" Land („Euroland")	Für das „abwertende" Land (USA)
■ **Verteuerung** der **Exportgüter** und damit Rückgang des Exports. ■ **Verbilligung** der **Importgüter** und somit Importanstieg. **Beispiel:** Ein deutscher Importeur kauft eine Maschine in den USA zum Preis von 500 000,00 USD. Vor der **Euro-Aufwertung** musste er hierfür 500 000 USD : 1,0778 USD/EUR = 463 907,96 EUR zahlen; nach der Euro-Aufwertung kostet ihn die gleiche Maschine nur noch 500 000 USD : 1,1012 USD/EUR = 454 050,13 EUR. **Konsequenzen**: Export geht zurück, Import steigt, Tendenz zum Gleichgewicht zwischen Ex- und Import (Außenhandelsbilanzüberschuss sinkt).	■ **Verteuerung** der **Importgüter** und damit Rückgang des Imports. ■ **Verbilligung** der **Exportgüter** und somit Exportanstieg. **Beispiel:** Ein amerikanischer Importeur kauft eine Maschine aus Deutschland zum Preis von 250 000,00 EUR. Vor der **USD-Abwertung** musste er hierfür 250 000,00 EUR · 1,0778 USD/EUR = 269 450,00 USD zahlen; nach der USD-Abwertung kostet ihn die gleiche Maschine 250 000,00 EUR · 1,1012 USD/EUR = 275 300,00 USD. **Konsequenzen**: Import geht zurück, Export steigt, Tendenz zum Gleichgewicht zwischen Ex- und Import (Außenhandelsbilanzdefizit sinkt).

■ Abwertung des Euro

Beispiel:

Im **umgekehrten Fall,** wenn also deutsche Unternehmen mehr Güter aus den USA importieren als in die USA exportieren, der Import den Export also **übersteigt** (**passive** Außenhandelsbilanz), bieten die inländischen Unternehmen als Folge dieser Entwicklung in großem Maße Euro an, um USD zur Begleichung der in Dollar fakturierten Rechnungen zu erwerben.

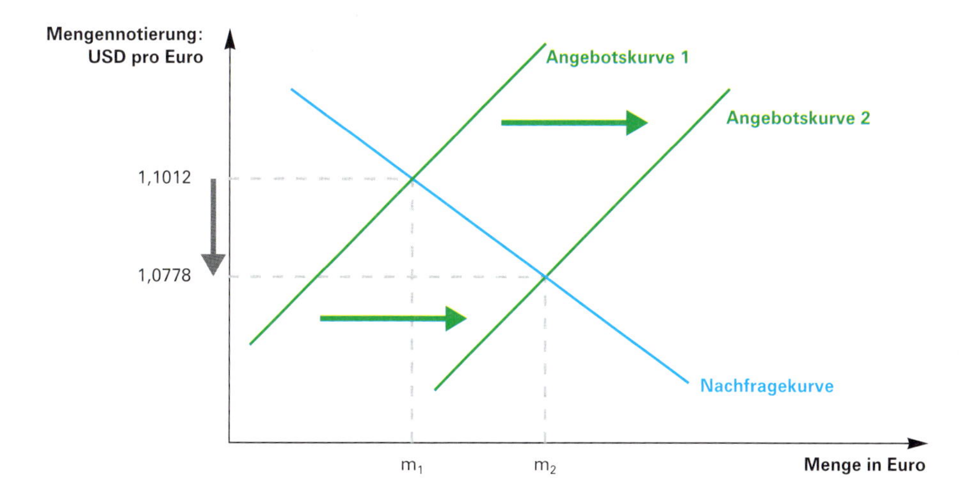

Wie aus der Abbildung ersichtlich, führt diese Zunahme des Angebots an Euro zu einer **Rechtsverschiebung** der **Angebotskurve** (von A_1 nach A_2) und somit zu einem Kursrückgang des Euro (der Währung des importierenden Landes) im Vergleich zum USD.

Der **Wert des Euro** ist im Vergleich zum US-Dollar **gefallen.** Erhielt man vor der Ausweitung des Angebots an Euro noch 1,1012 USD, so hat sich durch die Angebotsverschiebung das Austauschverhältnis zulasten des Euro auf 1,0778 USD **verschlechtert.** Die **inländischen Importeure** müssen also für die gleiche Gütermenge mehr Euro hingeben, wodurch sich der Import für sie verteuert. Dieser Prozess der **Herabsetzung des Preises der einheimischen Währung** (hier: Euro) gegenüber ausländischen Währungseinheiten (hier: USD) wird auch als **Abwertung** bezeichnet. Die **Abwertung der inländischen Währung (Euro)** gegenüber der ausländischen Währung (USD) **bedeutet** gleichzeitig eine **Aufwertung der ausländischen Währung** (USD) gegenüber der inländischen Währung (Euro).

Die wichtigsten **Folgen der Abwertung:**

Für das „abwertende" Land („Euroland")	Für das „aufwertende" Land (USA)
■ **Verbilligung** der Exportgüter und damit Anstieg des Exports. ■ **Verteuerung** der **Importgüter** und somit Importrückgang. **Beispiel:** Ein deutscher Importeur kauft eine Maschine in den USA zum Preis von 500 000,00 USD. Vor der **Euro-Abwertung** musste er hierfür 500 000,00 USD : 1,1012 USD/EUR = 454 050,13 EUR zahlen; nach der Euro-Abwertung kostet ihn die gleiche Maschine 500 000,00 USD : 1,0778 USD/EUR = 463 907,96 EUR. **Konsequenzen:** Export steigt, Import geht zurück, Tendenz zum Gleichgewicht zwischen Ex- und Import (Außenhandelsbilanzdefizit sinkt).	■ **Verbilligung** der **Importgüter** und damit Anstieg des Imports. ■ **Verteuerung** der **Exportgüter** und somit Exportrückgang. **Beispiel:** Ein amerikanischer Importeur kauft eine Maschine aus Deutschland zum Preis von 250 000,00 EUR. Vor der **USD-Aufwertung** musste er hierfür 250 000,00 EUR · 1,1012 USD/EUR = 275 300,00 USD zahlen; nach der USD-Aufwertung kostet ihn die gleiche Maschine nur noch 250 000,00 EUR · 1,0778 USD/EUR = 269 450,00 USD. **Konsequenzen:** Export geht zurück, Import steigt, Tendenz zum Gleichgewicht zwischen Ex- und Import (Außenhandelsbilanzüberschuss sinkt).

Außenwert des Geldes

Neben dem Wechselkurs gibt der **Außenwert** des Geldes – und somit auch der Außenwert des Euro – auch die **reale Kaufkraft** der über den Wechselkurs umgerechneten inländischen Währung im Ausland an. Tauscht man beispielsweise 1000,00 EUR in US-Dollar um und kann damit in den USA mehr Güter kaufen als mit 1000,00 EUR in Deutschland, dann ist der Außenwert des Euro in den USA höher als der Binnenwert,[1] die Kaufkraft des Euro in „Euroland".

Wenn der **Binnenwert** und der **Außenwert übereinstimmen,** wird von **Kaufkraftparität** gesprochen.

Folgen von Wechselkursveränderungen auf die Verbraucherpreise

(schematische und stark vereinfachte Darstellung)

	↑ **Aufwertung**	↓ **Abwertung**
Importe:	↓ günstiger	↑ teurer
Exporte:	↑ teurer	↓ günstiger
Güternachfrage im Inland:	↓ sinkt	↑ steigt
Preise (Preisniveau): (Annahme gleichbleibendes Angebot)	↓ sinken	↑ steigen

Quelle: Deutsche Bundesbank, Geld und Geldpolitik

Hinweis:

Im Folgenden werden einige ausgewählte politische Entscheidungen zur Sicherung des Binnenmarktes exemplarisch skizziert.

1 Zum Binnenwert des Geldes, vgl. Band 3: Kapitel 2.3.5.

3.1.3.2 Ausgewählte politische Entscheidungen zur Sicherung des europäischen Binnenmarktes

3.1.3.2.1 Harmonisierte Wettbewerbspolitik

Ein **Binnenmarkt** hätte wenig Sinn, wenn der Wettbewerb zwischen Unternehmen aus verschiedenen Mitgliedstaaten durch Kartelle und sonstige wettbewerbsbeschränkende Absprachen eingeschränkt werden könnte. Solche Absprachen würden den Verbraucher daran hindern, die Vorteile leistungsstarker, wettbewerbsfähiger Märkte, die im Allgemeinen eine breitere Auswahl an Gütern und Dienstleistungen zu den **niedrigst** möglichen Preisen bieten, voll auszuschöpfen. Schließlich fördert der Wettbewerb das **Qualitätsbewusstsein** der Anbieter, ihre **Innovationsbereitschaft** und ihr **Verständnis** für die Bedürfnisse der Verbraucher.

Bereits bei der Gründung der EWG waren sich die Staats- und Regierungschefs darüber einig, dass sich die allgemeinen Ziele der Gemeinschaft am besten in einem Wirtschaftssystem mit **unverfälschtem Wettbewerb** verwirklichen lassen. Die in den Artikeln 85–95 des **Maastrichter Vertrages,** die inhaltlich den Artikeln 101–109 des Vertrages über die Arbeitsweise der Europäischen Union (AEUV) entsprechen, niedergelegten Wettbewerbsregeln sollen den Wettbewerb im gemeinsamen Markt vor Verfälschungen schützen. Das **Wettbewerbsrecht der EU geht innerstaatlichem Recht vor** und ist in den Mitgliedstaaten unmittelbar anwendbar. Das Zusammenspiel zwischen der EU-Kommission einerseits und den nationalen Wettbewerbsbehörden andererseits verdeutlicht nachfolgender Auszug einer Bekanntmachung der Kommission:

Bekanntmachung der Kommission über die Zusammenarbeit zwischen der Kommission und den Wettbewerbsbehörden der Mitgliedstaaten

1. Im Bereich der Wettbewerbspolitik kommen der Gemeinschaft und den Mitgliedstaaten unterschiedliche Funktionen zu. Während die Gemeinschaft für die Durchführung der gemeinschaftlichen Wettbewerbsregeln zuständig ist, wenden die Mitgliedstaaten ihr nationales Recht an, sind aber auch in die Anwendung des AEU-Vertrags einbezogen.
2. Die Einbeziehung der Mitgliedstaaten in die gemeinschaftliche Wettbewerbspolitik ermöglicht es, die Entscheidungen möglichst bürgernah zu treffen. Die dezentrale Anwendung der gemeinschaftlichen Wettbewerbsregeln führt auch zu einer besseren Aufgabenteilung. Wenn in Anbetracht des Umfangs oder der Auswirkungen ein beabsichtigtes Vorgehen besser auf Gemeinschaftsebene verwirklicht werden kann, ist es Sache der Kommission, tätig zu werden. Im Übrigen ist es Sache der nationalen Behörden, einzugreifen.

Quelle: Die Europäische Kommission, Generaldirektion Wettbewerb.

Die Wettbewerbsvorschriften finden allerdings **nicht in allen** Wirtschaftsbereichen Anwendung. So sind die Vorschriften in den Sektoren Verkehr und Landwirtschaft nur eingeschränkt anwendbar.

Des Weiteren erfassen die gemeinsamen Wettbewerbsregeln nur solche Wettbewerbsbeschränkungen, die sich auf den Handel **zwischen Mitgliedstaaten** auswirken. Wettbewerbsbeschränkende Maßnahmen hingegen, die sich nur innerhalb eines Mitgliedstaates auswirken, unterliegen dem jeweiligen **nationalen** Kartellrecht.

Voraussetzung für die Anwendung des Gemeinschaftsrechts ist, dass von den betreffenden Maßnahmen zumindest eine **spürbare** Beeinträchtigung des Wettbewerbs innerhalb des gemeinsamen Marktes ausgehen muss. So fallen beispielsweise wettbewerbsbeschränkende Vereinbarungen von geringer Bedeutung nicht unter das Verbot. Hierzu zählen Vereinbarungen zwischen Unternehmen, deren gemeinsamer Marktanteil die

19 Speth - ISBN 978-3-8120-0592-0

Schwelle von **5 % bei horizontalen** Vereinbarungen bzw. **10 % bei vertikalen** Vereinbarungen nicht überschreitet sowie Vereinbarungen **zwischen kleinen und mittleren** Unternehmen.

Grundsätzlich unterliegt das Handeln der Kommission der Rechtsaufsicht des Gerichtshofs und des Gerichts erster Instanz der Europäischen Gemeinschaften, die für Klagen gegen Institutionen der EU in Wettbewerbssachen und anderen Fällen zuständig sind.

Während die **Kommission** die **Wettbewerbspolitik in der täglichen Praxis anwendet,** erstellt das **Europäische Parlament** jedes Jahr einen **Bericht über die Tätigkeit der Kommission.** Darüber hinaus äußert sich das Parlament zu wichtigen Entwicklungen in der Wettbewerbspolitik.

In vielen Fällen werden wettbewerbsrechtliche Probleme dadurch gelöst, dass die betreffenden Länder oder Unternehmen ihre Wettbewerbspolitik freiwillig ändern. In anderen Fällen entscheidet die Kommission, ob das Verhalten der Beklagten rechtmäßig war oder nicht und ordnet eine Änderung der Wettbewerbspolitik an oder verhängt eine Geldbuße, die bis zu **10 % des Jahresumsatzes** der beklagten Unternehmen betragen kann.

Nachfolgende Artikel aus der jüngeren Vergangenheit verdeutlichen, wie groß der **Handlungsbedarf** der Europäischen Kommission zum **Schutz des Wettbewerbs** auf einem gemeinsamen Binnenmarkt ist.

EU-Kommission: Subventionen für Zweibrücken und Nürburgring sind rechtswidrig

Für Rheinland-Pfalz ist es gleich eine Doppelpackung: Die EU-Kommission erklärte die staatlichen Beihilfen für den Flughafen Zweibrücken ebenso für rechtswidrig, wie die für Brüssel - Fast eine halbe Milliarde Euro hat der Nürburgring an staatliche Beihilfen kassiert - zu Unrecht. Die EU-Kommission erklärte die Finanzhilfen am Mittwoch in Brüssel für unvereinbar mit den Regeln der Gemeinschaft und verlangte deren Rückzahlung. Die obersten Wettbewerbshüter hatten „Beihilfen" von insgesamt 456 Millionen Euro sowie weitere Maßnahmen zur Abwendung der Insolvenz unter die Lupe genommen.

Nach Ansicht der „EU-Kommission" waren die öffentlichen Fördermaßnahmen für die Rennstrecke, den Freizeitpark und die Hotels am Nürburgring unzulässig, weil sie den damaligen Eigentümern oder Betreibern einen ungerechtfertigten Wettbewerbsvorteil verschafften. „Im Falle des Nürburgrings verstießen die Fördermaßnahmen ganz klar gegen die Beihilfevorschriften", sagte EU-Wettbewerbskommissar Joaquín Almunia.

Auch die Beihilfen für den pfälzischen Flughafen Zweibrücken stufte Almunia als rechtswidrig ein. Seit dem Jahr 2000 waren Zahlungen in Höhe von 47 Millionen Euro geflossen.

Das Geld kam vor allem vom Land Rheinland-Pfalz. Die Unternehmen sollen es nun zurückzahlen. Allerdings sind sowohl der Nürburgring und die anderen begünstigten Unternehmen ebenso zahlungsunfähig wie der Flughafen in Zweibrücken, dessen Insolvenzverfahren passgenau am Mittwoch eröffnet wurde. Der Flughafen hatte im Juli den entsprechenden Antrag gestellt.

Quelle: SPIEGEL-Online vom 01. 10. 2014.

EU ermittelt gegen Lkw-Hersteller

Die EU-Kommission ermittelt wegen eines Kartellverdachts gegen mehrere Lastwagenhersteller.

Sollte es tatsächlich Preisabsprachen gegeben haben, drohen Strafen in Höhe von bis zu zehn Prozent des Jahresumsatzes.

Ermittlungen laufen seit Jahren

Die EU-Kommission geht wegen mutmaßlicher Preisabsprachen verschärft gegen Lastwagen-Hersteller wie Daimler, MAN und Volvo vor. Eine Vielzahl von Unternehmen werde verdächtigt, gegen Kartellvorschriften verstoßen zu haben, erklärte die neue Wettbewerbskommissarin Margrethe Vestager am Donnerstag in Brüssel. Den Unternehmen würden nun formell die Beschwerdepunkte zugestellt.

Hoffnungen auf eine gütliche Einigung machte die Dänin zunichte: „Nach meiner Einschätzung werden

Vergleiche extrem schwierig.“ Das vermeintliche Kartell hat nach den Worten von Vestager mög-möglicherweise viele kleinere Unternehmen geschädigt, die auf die Lastwagen angewiesen sind.

Die Ermittlungen gegen die Hersteller laufen bereits seit Jahren. Mit der Übermittlung der Beschwerdepunkte erreicht das Verfahren allerdings eine neue Stufe.

Daimler wartet auf Beschwerdepunkte

Zu Beginn der Untersuchung im Jahr 2011 durchsuchte die EU-Kommission unangekündigt Räume mehrerer Unternehmen. Damals wie heute nannte sie zwar keine Namen - aber Daimler, MAN sowie Volvo und Scania aus Schweden und Iveco aus Italien bestätigten damals, zu den überprüften Firmen zu gehören.

Am Donnerstag sagte eine Daimler-Sprecherin auf Anfrage, der Eingang der formellen Beschwerdepunkte werde erwartet. Ein Scania-Sprecher sagte, das Unternehmen kooperiere bei den EU-Ermittlungen und dulde keine unlauteren Geschäftspraktiken.

Sollte die EU-Kommission zu dem Ergebnis kommen, dass die Hersteller tatsächlich gegen Kartellvorschriften verstießen, ist eine Strafe fällig, die bis zu zehn Prozent des Jahresumsatzes betragen kann. Nach Erkenntnissen der Kommission gab es über eine längere Zeit ein Kartell. Es habe den Straßentransport verteuert und auch dem Rest der Wirtschaft geschadet, sagte Vestager auf die Frage, warum ihre Behörde gerade jetzt gegen die Hersteller vorgehe.

Quelle: Süddeutsche Zeitung vom 20.11.2014.

EU-KOMMISSION

Schlag gegen Krabben-Kartell

Eine Erfolgsmeldung von der EU-Kommission: Sie hat ein internationales Kartell von Krabbenhändlern ausgehoben. Mehrere Unternehmen, darunter ein deutsches, hatten auf dem 100-Millionen Euro-Markt die Preise abgesprochen.

Klingt skurril, ist aber eine ernste Angelegenheit: Ein internationales Krabben-Kartell soll unter der Hand Marktanteile abgesprochen haben.

Brüssel. Die EU-Kommission hat nach eigenen Angaben ein Kartell von Krabbenhändlern ausgehoben, dem neben drei niederländischen auch eine deutsche Firma angehörte. Die Unternehmen müssten nun zusammen fast 29 Millionen Euro Strafe zahlen, teilte die Kommission am Mittwoch in Brüssel mit. Davon entfallen 1,13 Millionen Euro auf das deutsche Unternehmen Stührk, der Löwenanteil von gut 27 Millionen Euro auf Heiploeg, eine halbe Million Euro auf Kok Seafood.

Das vierte beteiligte Unternehmen, Klaas Puul, muss keine Geldbuße zahlen - es hatte das Kartell selbst bei der EU angezeigt. Die Firmen hatten laut Kommission insbesondere den Krabbenverkauf in Deutschland, den Niederlanden, Belgien und Frankreich im Visier. In informellen Kontakten hätten Vertreter der Firmen „vielerlei Aspekte des Garnelengeschäfts erörtert“, darunter ihre Preise für wichtige Kunden. Ziel war es demnach, die Marktanteile der Anbieter einzufrieren, um leichter die Preise erhöhen zu können.

Die Firmen dominierten den europäischen Markt, nach Schätzungen kamen sie zusammen auf einen Marktanteil von 80 Prozent in Europa, teilte die Kommission weiter mit. Daher hätten sich die Absprachen der Preise für die Einzelhändler „direkt auf die Endverbraucherpreise“ ausgewirkt. Somit hatten also die Kunden mehr für Garnelen zu zahlen. Die Größe des Markts für Garnelen bezifferte die EU-Behörde auf mindestens 100 Millionen Euro im Jahr.

Quelle: Handelsblatt vom 27.11.2013.

3.1.3.2.2 Harmonisierung der Außenhandelspolitik

Neben der gemeinsamen Agrarpolitik und der Wettbewerbspolitik ist die Außenhandelspolitik der Politikbereich, der der Zuständigkeit der EU-Mitgliedstaaten **weitestgehend** entzogen und seit 01.01.1973 in die Kompetenz der damaligen EG überführt worden ist.

Der Außenhandel im „Vertrag über die Arbeitsweise der Europäischen Union (AEUV)"

Artikel 206

Durch die Schaffung einer Zollunion nach den Artikeln 28 bis 32 trägt die Union im gemeinsamen Interesse zur harmonischen Entwicklung des Welthandels, zur schrittweisen Beseitigung der Beschränkungen im internationalen Handelsverkehr und bei den ausländischen Direktinvestitionen sowie zum Abbau der Zollschranken und anderer Schranken bei.

Artikel 207

(1) Die gemeinsame Handelspolitik wird nach einheitlichen Grundsätzen gestaltet; dies gilt insbesondere für die Änderung von Zollsätzen, für den Abschluss von Zoll- und Handelsabkommen, die den Handel mit Waren und Dienstleistungen betreffen, und für die Handelsaspekte des geistigen Eigentums, die ausländischen Direktinvestitionen, die Vereinheitlichung der Liberalisierungsmaßnahmen, die Ausfuhrpolitik sowie die handelspolitischen Schutzmaßnahmen, zum Beispiel im Fall von Dumping und Subventionen. Die gemeinsame Handelspolitik wird im Rahmen der Grundsätze und Ziele des auswärtigen Handelns der Union gestaltet.

(2) Das Europäische Parlament und der Rat erlassen durch Verordnungen gemäß dem ordentlichen Gesetzgebungsverfahren die Maßnahmen, mit denen der Rahmen für die Umsetzung der gemeinsamen Handelspolitik bestimmt wird.

(3) Sind mit einem oder mehreren Drittländern oder internationalen Organisationen Abkommen auszuhandeln und zu schließen, so findet Artikel 218 vorbehaltlich der besonderen Bestimmungen dieses Artikels Anwendung.

Die Kommission legt dem Rat Empfehlungen vor; dieser ermächtigt die Kommission zur Aufnahme der erforderlichen Verhandlungen. Der Rat und die Kommission haben dafür Sorge zu tragen, dass die ausgehandelten Abkommen mit der internen Politik und den internen Vorschriften der Union vereinbar sind.

Die Kommission führt diese Verhandlungen im Benehmen mit einem zu ihrer Unterstützung vom Rat bestellten Sonderausschuss und nach Maßgabe der Richtlinien, die ihr der Rat erteilen kann. Die Kommission erstattet dem Sonderausschuss sowie dem Europäischen Parlament regelmäßig Bericht über den Stand der Verhandlungen.

(4) Über die Aushandlung und den Abschluss der in Absatz 3 genannten Abkommen beschließt der Rat mit qualifizierter Mehrheit.

Über die Aushandlung und den Abschluss eines Abkommens über den Dienstleistungsverkehr, über Handelsaspekte des geistigen Eigentums oder über ausländische Direktinvestitionen beschließt der Rat einstimmig, wenn das betreffende Abkommen Bestimmungen enthält, bei denen für die Annahme interner Vorschriften Einstimmigkeit erforderlich ist.

Der Rat beschließt ebenfalls einstimmig über die Aushandlung und den Abschluss von Abkommen in den folgenden Bereichen:

a) Handel mit kulturellen und audiovisuellen Dienstleistungen, wenn diese Abkommen die kulturelle und sprachliche Vielfalt in der Union beeinträchtigen könnten;

b) Handel mit Dienstleistungen des Sozial-, des Bildungs- und des Gesundheitssektors, wenn diese Abkommen die einzelstaatliche Organisation dieser Dienstleistungen ernsthaft stören und die Verantwortlichkeit der Mitgliedstaaten für ihre Erbringung beinträchtigen könnten.

(5) Für die Aushandlung und den Abschluss von internationalen Abkommen im Bereich des Verkehrs gelten der Dritte Teil Titel VI sowie Artikel 218.

(6) Die Ausübung der durch diesen Artikel übertragenen Zuständigkeiten im Bereich der gemeinsamen Handelspolitik hat keine Auswirkungen auf die Abgrenzung der Zuständigkeiten zwischen der Union und den Mitgliedstaaten und führt nicht zu einer Harmonisierung der Rechtsvorschriften der Mitgliedstaaten, soweit eine solche Harmonisierung in den Verträgen ausgeschlossen wird.

Seit Beginn der Zollunion hat die EG/EU die **alleinige Entscheidungsbefugnis** in außenwirtschaftlichen Angelegenheiten (z.B. in Form von Verordnungen und Handelsverträgen). Die außenpolitischen Entscheidungen werden allein von den zuständigen Organen der EU getroffen und sind **unmittelbar** für die Mitgliedstaaten **rechtswirksam. Nationale Alleingänge** der Mitgliedstaaten sind **nicht erlaubt.** Die EU-Mitgliedstaaten dürfen im Außenhandelsbereich nur dann tätig werden, wenn sie von der EU dazu ausdrücklich ermächtigt worden sind. Zudem können sie nach vorheriger Abstimmung mit der EU Kooperationsabkommen mit Drittländern abschließen.

Grundlage der Außenhandelspolitik der EU ist die **Zielsetzung:**

- einen Gemeinsamen Markt der Mitgliedstaaten mit **einheitlichen** (Außen-) **Zolltarifen** und einer **gemeinsamen Handelspolitik** gegenüber Drittländern zu schaffen,
- durch schrittweise **Beseitigung der Beschränkungen** im internationalen Handelsverkehr, zum Abbau der Zollschranken und zur harmonisierten Entwicklung des Welthandels beizutragen,
- die gemeinsamen außenwirtschaftlichen **Interessen gegenüber Drittländern** zu wahren.

Die gemeinsame Handelspolitik wird gem. Art. 207 AEUV nach einheitlichen Grundsätzen durchgeführt, wobei **zwei Verfahrensweisen** zu unterscheiden sind: die autonome und die vertragliche Handelspolitik.

Autonome Handelspolitik	Sie besteht im Erlass von einseitigen Regelungen durch den Rat und findet nur auf die Mitgliedstaaten der EU bzw. der Unternehmen und Einzelpersonen Anwendung (z.B. Vereinheitlichung von Ein- und Ausfuhrbestimmungen).
Vertragliche Handelspolitik	Hierbei handelt es sich um zwei- oder mehrseitige Abkommen zwischen der EU und ihren Handelspartnern bzw. zwischen der EU und anderen internationalen Organisationen.

Während die EU mit vielen Staaten bzw. Staatengemeinschaften **Kooperationsabkommen** geschlossen hat, sind die Handelsbeziehungen der EU zu den verschiedenen Handelspartnern keineswegs einheitlich. So bestehen beispielsweise mit den beiden größten außereuropäischen Handelspartnern, den USA und Japan, keine umfassenden Außenhandelsverträge, zumal es mit diesen Staaten immer wieder zu Konflikten kommt.

So basiert der Streit zwischen der EU und den USA auf gegenseitigen Vorwürfen, insbesondere im Agrarsektor durch **protektionistische Maßnahmen** (Förderung von Agrarexporten durch Subventionen und Aufbau von Handelshemmnissen zur Verhinderung von Agrarimporten) die einheimische Produktion zu schützen.

Der Konflikt mit Japan basiert auf dem **Missverhältnis zwischen den Exporten und Importen.** Während Japan mit seinen Produkten stark auf den Markt der EU drängt, schottet sich das Land durch entsprechende Handelsmauern gleichzeitig vor Importen ab.

Mit Blick auf die selbst gesetzten Ziele im Bereich der Außenhandelspolitik muss die EU jedoch **langfristig** betrachtet ihre Marktbeschränkungen (z.B. im Agrar- und Textilbereich) abbauen und selektive Protektionismusmaßnahmen aufheben und sich dem Wettbewerb des Weltmarktes uneingeschränkt stellen. Nur so kann sie dauerhaft einen entscheidenden Beitrag zu einer harmonischen Entwicklung des Welthandels leisten.

Dass die EU allerdings bereit ist, „unfaire" Handelspraktiken – zumindest auf Drängen von Drittstaaten – abzustellen, verdeutlicht nachfolgender Artikel zur Reform der Zuckermarktordnung.

Zuckermarkt

Nach dem Wegfall der Kontingente

Bislang reguliert die Zuckermarktordnung mit Produktionsquoten, Einfuhrzöllen und Subventionen den europäischen Markt. Für die Zuckerrübenbauern bedeutet das Planungssicherheit, ihre Kontingente werden zu Garantiesummen abgenommen. Da kann nichts schiefgehen. Vom Herbst 2017 an fällt dieses Sicherheitspolster weg, denn die Europäische Union öffnet sich in Sachen Zucker dem Weltmarkt.

Anders als zum Beispiel beim Weizen, dessen Preise wie die Aktien in einem teilweise furchterregenden Auf und Ab sind, wissen die Bauern bei der Zuckerrübe bisher schon bei der Aussaat im Frühjahr, was sie im Herbst für ihre Ernte bekommen.

In Bayern beliefern rund 3.000 Bauern die Zuckerrüben-Fabrik in Plattling. Hier wird aus den Rüben das weiße Gold der niederbayerischen Bauern gemacht: feinster Kristallzucker. Jeder dieser Bauern hat ein gewisses Kontingent bei der Südzucker AG gezeichnet, das ihm die Abnahme der Rüben garantiert; und das zu einem festgeschriebenen Preis. Damit wird es 2017 zu Ende sein. Dann nämlich läuft aufgrund des Drucks anderer großer Zuckernationen wie Brasilien die Zuckermarktordnung aus, die den europäischen Markt bislang geschützt hat. Mit der sogenannten Quotenregelung fällt dann die Menge Zucker weg, die bislang den heimischen Zuckerproduzenten für den europäischen Markt reserviert war. Ein weiteres wichtiges Thema ist der Preis für den Zucker, auch damit haben heimische Bauern jetzt schlechte Karten.

Quelle: www.br.de vom 04.12.2014.

3.1.3.2.3 Assoziierungs- und Entwicklungspolitik

Der Europäischen Union können weitere europäische Länder beitreten. Europäische Staaten, für die ein Beitritt aus wirtschaftlichen oder politischen Gründen nicht oder noch nicht infrage kommt, können sich der EU assoziieren. Die Assoziierung steht auch außereuropäischen Staaten offen. Unter Assoziierung versteht man einen losen „Anschluss", der in der Regel einen Abbau von Handelshemmnissen vorsieht.

Zwischen der Türkei und der EU besteht eine Zollunion.[1] Neben den Vereinbarungen mit Marokko, Tunesien, Ägypten, Israel, Jordanien, Libanon und Syrien bestehen zurzeit mit insgesamt 77 Staaten in **A**frika, in der **K**aribik und im **P**azifik **(AKP-Staaten)** Abkommen über handelspolitische und industrielle Zusammenarbeit und über Finanzhilfe. Die Assoziierung der Entwicklungsländer ist ein wesentlicher Beitrag zur Milderung der großen Einkommensunterschiede zwischen Nord und Süd.

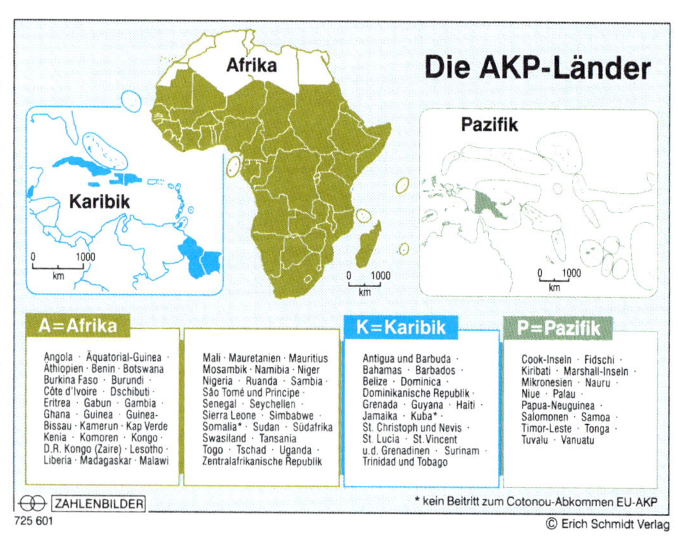

1 Eine **Zollunion** liegt vor, wenn sich bestimmte Staaten zusammenschließen, um den Handel zu liberalisieren und gegenüber Drittländern einen gemeinsamen Außenzoll zu errichten.

Dass die Europäische Union über die Assoziierung hinaus bemüht ist, einen Beitrag zum **Abbau des Wohlstandsgefälles** zwischen den Industrie- und Entwicklungsländern zu leisten, dokumentiert auch nachfolgender Artikel zur eigenständigen **Entwicklungspolitik**[1] **der EU.**

Die nächsten fünf Jahre werden für die internationale Zusammenarbeit und Entwicklung von entscheidender Bedeutung sein. Zu den größten Herausforderungen werden die Verhandlungen über den globalen Rahmen für Armutsbekämpfung und nachhaltige Entwicklung für die Zeit nach 2015 zählen. Dieses neue Rahmenwerk soll grundlegende Lebensstandards regeln, integratives und nachhaltiges Wachstum fördern, zur nachhaltigen Bewirtschaftung unserer natürlichen Ressourcen beitragen, Gerechtigkeit, Gleichheit und Gleichberechtigung sicherstellen und die besondere Situation von Krisen- und Konfliktgebieten berücksichtigen.

Die EU wird sich weiter für ein ehrgeiziges Rahmenwerk für die Zeit nach 2015 einsetzen und dafür sorgen, dass die Prioritäten der EU in alle relevanten Foren Eingang finden. Zu ihren weiteren Prioritäten zählen die Einleitung von Verhandlungen über ein [weiteres] Abkommen zwischen der EU und den AKP-Staaten [...] und die Vertiefung der strategischen Partnerschaft der EU mit Afrika.

Die EU wird der Achtung der Menschenrechte, einer verantwortungsvollen Staatsführung und der Gleichstellung der Geschlechter bei allen politischen Dialogen und Hilfeprogrammen mit Partnerländern hohe Priorität einräumen und Sorge dafür tragen, dass ihre gesamte Politik mit den Zielen der internationale Zusammenarbeit und Entwicklung in Einklang steht.

Quelle: Europäische Union, Entwicklung durch Zusammenarbeit, Armutsbekämpfung in einer Welt im Wandel. Teil der Reihe „Die Europäische Union erklärt", letzte Aktualisierung: November 2014.

3.1.3.2.4 Europäische Sozialpolitik

(1) Europäischer Sozialraum

Der **Gründungsvertrag** der Europäischen Wirtschaftsgemeinschaft (EWG) enthielt zunächst **keinen nennenswerten sozialpolitischen Auftrag** für die Gemeinschaft. Vor diesem Hintergrund ist die Sozialpolitik zwangsläufig eines jener Politikfelder, in denen eine Angleichung in Teilbereichen erst spät eingeleitet wurde und in denen es nur allmählich zu einer Ausweitung der Kompetenzen der Gemeinschaft gekommen ist.

Im Bereich der **Sozialpolitik** verfügt die **Europäische Union** also nur über sehr begrenzte Zuständigkeiten. Sie beschränken sich im Wesentlichen auf eine Unterstützung der sozialpolitischen Zusammenarbeit der Mitgliedstaaten sowie, in bestimmten Bereichen, auf die Aufstellung von **Mindeststandards** insbesondere hinsichtlich der Rechte von Arbeitnehmern. Dabei wird nach wie vor der primären Verantwortung der Mitgliedstaaten für diesen Bereich sowie der Vielfalt der nationalen Sozialsysteme Rechnung getragen.

Wie bedeutsam jedoch Fortschritte auf dem Gebiet der Sozialpolitik wären, verdeutlicht der nach wie vor hohe Anteil der **armutsgefährdeten Menschen** in den Mitgliedstaaten.

Armut und soziale Ausgrenzung

Worum geht es?

In der EU sind mehr als 120 Millionen Menschen von Armut oder sozialer Ausgrenzung bedroht. Die EU-Staats- und Regierungschefs haben sich daher verpflichtet, bis 2020 mindestens 20 Millionen Menschen aus Armut und sozialer Ausgrenzung zu holen. Auch die Strategie Europa 2020 für intelligentes, nachhaltiges und integratives Wachstum beschäftigt sich schwerpunktmäßig mit diesem Problem.

1 Vgl. hierzu auch Kapitel 2.3, S. 248ff.

Herausforderungen

Derzeit sind die EU-Länder noch weit davon entfernt, das 2020-Ziel zu erreichen. Durch die Wirtschaftskrise hat sich die Lage verschlechtert. Es ist fraglich, ob die Systeme der sozialen Sicherheit langfristig tragbar sind.

Millionen Europäerinnen und Europäer stehen immer noch außen vor – sie nehmen weder am Arbeits- noch am Gesellschaftsleben teil. Ihre Zahl steigt, wie aus den Statistiken von 2011 hervorgeht:

- 24 % der EU-Bevölkerung (über 120 Millionen Menschen) sind von Armut oder sozialer Ausgrenzung bedroht, darunter 27 % der Kinder, 20,5 % der über 65-Jährigen und 9 % der Erwerbstätigen.
- Beinahe 9 % der Europäerinnen und Europäer leiden unter materieller Armut – sie können sich keine Waschmaschine, kein Auto und kein Telefon leisten und haben auch kein Geld für Heizung oder unvorhergesehene Ausgaben.
- 17 % der Europäerinnen und Europäer leben von weniger als 60 % des in ihrem Land üblichen durchschnittlichen Haushaltseinkommens.
- 10 % leben in Haushalten, in denen niemand eine Arbeit hat.
- Die Sozialsysteme in den verschiedenen EU-Ländern sind nicht alle gleich leistungsfähig. In den Ländern mit den effizientesten Systemen konnte das Armutsrisiko um 35 % reduziert werden, in den Ländern mit den am wenigsten effizienten Systemen um weniger als 15 % (EU-Durchschnitt: 35 %).
- 12 Millionen mehr Frauen als Männer leben in Armut.
- Minderheitengruppen wie Roma sind besonders benachteiligt: zwei Drittel sind arbeitslos, nur die Hälfte der Kinder gehen in den Kindergarten und nur 15 % schließen die weiterführende Schule ab.

Politische Lösungsansätze

Die breit angelegte Europäische Plattform gegen Armut und soziale Ausgrenzung deckt mehrere Politikbereiche ab und soll dabei helfen, das 2020-Ziel zu erreichen.

Die Regierungen der EU-Länder, die EU-Institutionen und die wichtigsten Akteure können sich auf dieser Plattform gemeinsam gegen Armut und soziale Ausgrenzung engagieren und dabei auf die politischen Ziele des Sozialinvestitionspakets konzentrieren.

Beteiligung der Interessenträger

Über die Europäische Plattform gegen Armut und soziale Ausgrenzung organisiert die Kommission regelmäßig Dialoge mit NRO, den Sozialpartnern, Unternehmen und Akteuren der Sozialwirtschaft, Hochschulen, Stiftungen, Denkfabriken und internationalen Organisationen, um sicherzustellen, dass sie sich an der Entwicklung und Umsetzung politischer Initiativen zur Bekämpfung von Armut und sozialer Ausgrenzung beteiligen. Diese rufen wiederum nationale Akteure sowie regionale und lokale Behörden zur Mitarbeit auf.

Der Jahreskonvent der Europäischen Plattform gegen Armut und soziale Ausgrenzung bietet politischen Entscheidungsträgern, Interessenträgern und Menschen, die bereits in Armut gelebt haben, Gelegenheit zum Dialog. Ziele des Konvents:

- Bestandsaufnahme der Fortschritte im Hinblick auf das Erreichen des Europa-2020-Ziels,
- Überprüfung der durchgeführten und laufenden Maßnahmen,
- Unterbreitung von Empfehlungen für künftige Maßnahmen.

Quelle: Europäische Kommission

- Bis heute spielt die **Sozialpolitik** nur eine **untergeordnete** Rolle in der Europäischen Union.
- Die konkrete **Ausgestaltung der sozialen Sicherungssysteme** ist im Wesentlichen immer noch den **einzelnen Mitgliedstaaten** überlassen.

Angesichts der inzwischen mehrfach erweiterten EU und der großen Unterschiede zwischen den Sozialsystemen der einzelnen Staaten fehlt es an einem **einheitlichen europäischen Sozialmodell.** Auch von einer Sozialunion ist die EU in Anbetracht ihrer begrenzten Kompetenzen noch ein gutes Stück entfernt. Deshalb ist es passender, bislang nur von einem **europäischen Sozialraum** zu sprechen. Das **sozialpolitische Defizit** der EU ist stets ein aktuelles und überaus strittiges Thema. Während zahlreiche nationale Politiker befürchten, dass **die EU den Sozialstaat aushöhlen wird,** vertreten andere die Auffassung, dass eine positive wirtschaftliche Entwicklung in Europa durch eine **sozialpolitische Überforderung** beeinträchtigt würde.

Dass es trotz aller Anpassungsbestrebungen der letzten Jahre innerhalb der Europäischen Union zwischen den Mitgliedstaaten immer noch ein erhebliches **Wohlstandsgefälle** gibt, zeigt nebenstehende Abbildung.

Luxemburg ist das wirtschaftlich stärkste Land in der EU. Das ergeben Berechnungen von Eurostat, der Statistikbehörde der EU. Die Wirtschaftsleistung Luxemburgs – errechnet als Bruttoinlandsprodukt (BIP) je Einwohner – ist 2,6 Mal so hoch wie der Durchschnitt aller EU-Länder. Das hohe Niveau des BIP pro Kopf verdankt Luxemburg allerdings auch der großen Zahl von Grenzgängern; ihre Wirtschaftsleistung fließt in das BIP ein, bei der Berechnung des Pro-Kopf-Wertes wird aber nur die Luxemburger Wohnbevölkerung berücksichtigt. Österreich, die Nummer zwei auf der Liste, folgt mit großem Abstand und liegt gerade einmal 29 Prozent über dem Durchschnitt. Deutschlands Wirtschaftsleistung übersteigt den Mittelwert um 24 Prozent. Am unteren Ende der Wohlstands-Skala finden sich die jüngsten EU-Mitglieder Kroatien, Rumänien und Bulgarien. Die Werte in der Grafik wurden Land für Land aus den jeweiligen nationalen Währungen auf eine vergleichbare Basis umgerechnet. Für die Umrechnung wurden sogenannte Kaufkraftstandards benutzt, die Unterschiede im Preisniveau ausgleichen. So wird die tatsächliche Binnenkaufkraft einer Währung mit berücksichtigt.

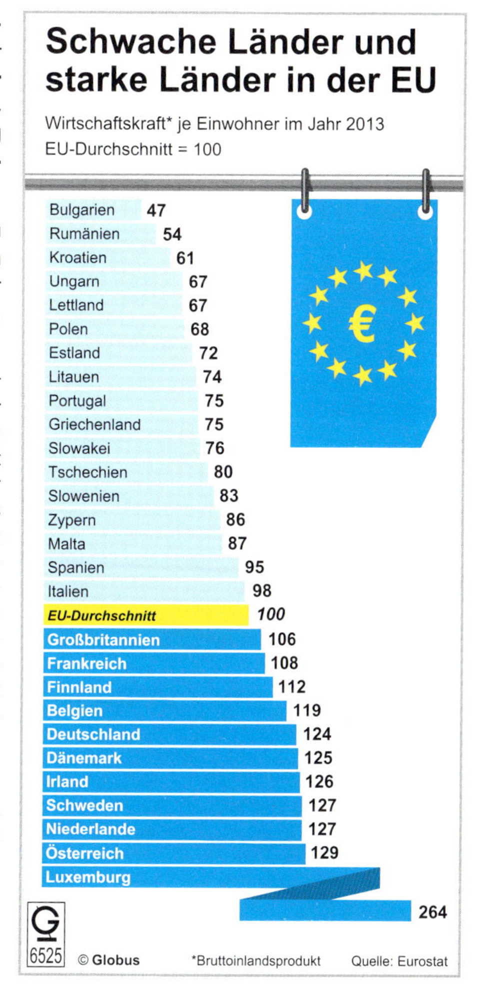

(2) Ansätze einer europäischen Sozialpolitik

Ziele der EU-Sozialpolitik

Ziel der Sozialpolitik der EU ist nach Art. 151 des Vertrages über die Arbeitsweise der Europäischen Union die **Förderung der Beschäftigung,** die Verbesserung bzw. langfristig auch die **Angleichung der Lebens- und Arbeitsbedingungen,** ein **angemessener sozialer Schutz,** der **soziale Dialog,** die **Entwicklung des Arbeitskräftepotenzials** und die **Bekämpfung von Ausgrenzungen.**

Europäischer Sozialfonds

Ein wichtiger Baustein zur Erreichung einiger dieser Ziele der Sozialpolitik der EU ist der **Europäische Sozialfonds.**

Der **Europäische Sozialfonds** (ESF) fördert die **Arbeitsmarkt- und Beschäftigungspolitik** in den Mitgliedstaaten der EU. Der ESF unterstützt die Menschen in Europa bei der **Verbesserung** ihrer Chancen auf dem Arbeitsmarkt und trägt zur Schaffung von Arbeitsplätzen bei.

Der Europäische Sozialfonds wurde bereits mit Gründung der Europäischen Wirtschaftsgemeinschaft 1957 ins Leben gerufen. Seit dieser Zeit werden mithilfe dieses Fonds **Arbeitsplätze geschaffen,** Menschen durch **Ausbildung** und **Qualifizierung unterstützt** und der **Abbau von Benachteiligungen** auf dem Arbeitsmarkt gefördert. Ziel der Europäischen Union ist es, dass alle Menschen eine berufliche Perspektive erhalten. Jeder Mitgliedstaat und jede Region entwickelt dabei im Rahmen eines operationellen Programms eine eigene Strategie. Damit kann den Erfordernissen vor Ort am besten Rechnung getragen werden.

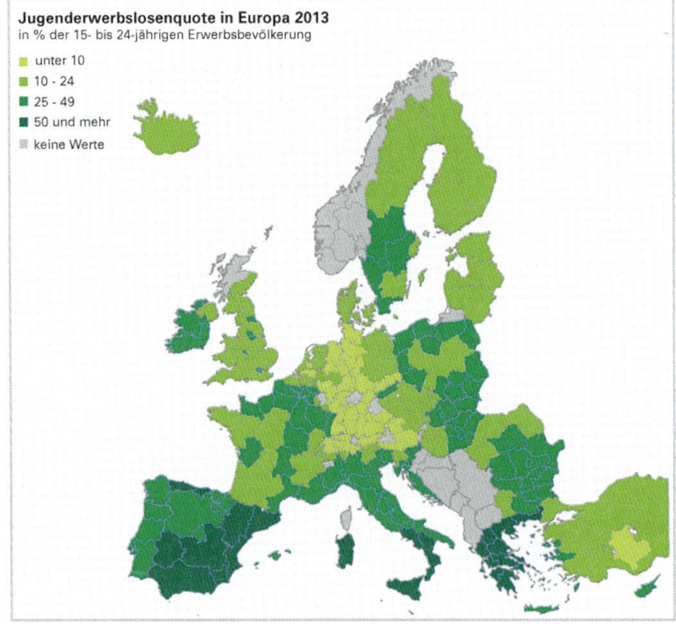

Quelle: www.destatis.de [Zugriff vom 12.05.2015].

Wie die Wanderbewegungen der Arbeitskräfte auf dem Arbeitsmarkt der Mitgliedstaaten sind, verdeutlicht nachfolgende Abbildung.

Wie viele europäische gut ausgebildete Fachkräfte verließen ihr Land in den letzten Jahren? Welche Länder profitierten am meisten von den Arbeitskräften? Die Antworten liefert die Datenbank der Europäischen Kommission zu den sogenannten reglementierten Berufen. Sie erfasst, in welchem Land jemand seinen Berufsabschluss erlangt hat und wohin er innerhalb Europas auswanderte. Allerdings werden nur solche Berufe erfasst, zu deren Ausübung man eine bestimmte Qualifikation nachweisen muss.

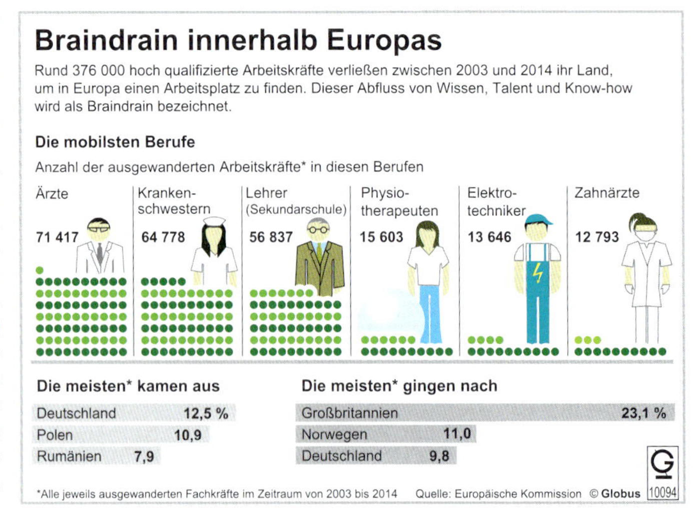

Dazu zählen beispielsweise Ärzte, Juristen und Lehrer. Von 2003 bis 2014 verließen rund 376000 Menschen ihre Heimat. Mit fast 19% aller Ausgewanderten waren Ärzte am mobilsten, gefolgt von Krankenschwestern und Lehrern für weiterführende Schulen. Den größten Abfluss von Wissen und Können (Braindrain) musste Deutschland verkraften: Zwischen 2003 und 2014 kehrten knapp 47000 Fachkräfte Deutschland den Rücken. Auch viele polnische und rumänische Arbeitskräfte mit Wissen und Know-how suchten in Europa einen neuen Arbeitsplatz. Diesen Ländern gehen wichtige Arbeitskräfte verloren. Am attraktivsten als Arbeitsland war Großbritannien. 23,1% aller ausgewanderten Fachkräfte gingen ins Königreich. Deutschland konnte mit knapp 37000 zugewanderten Arbeitskräften das eigene Braindrain ein wenig abfangen.

ESF-Förderung auf nationaler Ebene

Für die Bundesrepublik Deutschland werden aus dem ESF von 2014 bis 2020 insgesamt 18 Milliarden Euro bereitgestellt. Das Geld soll die Bundesregierung und die Länder dabei unterstützen, die Ziele der Europäischen Beschäftigungsstrategie besser zu erreichen. Die Bundesregierung hat zur Erreichung der Ziele ein eigenes Programm entwickelt – das „Operationelle Programm des Bundes für den Europäischen Sozialfonds" (OP).

Neue Förderpreise 2014–2020

In diesem Jahr beginnt die neue Förderperiode des Europäischen Sozialfonds, die sich bis 2020 erstreckt. Kennzeichnend für die künftige ESF-Förderung ist die enge Ausrichtung an der europäischen Wachstums- und Beschäftigungsstrategie „Europa 2020", die thematische Konzentration der Mittel zur Erreichung der Europa-2020-Ziele und der Ziele im Nationalen Reformprogramm sowie die Berücksichtigung der EU-Ratsempfehlungen zu Beschäftigung.

Zur Umsetzung der Ziele hat der Bund ein „Operationelles Programm des Bundes für den Europäischen Sozialfonds in der Förderperiode 2014 bis 2020" (ESF-Bundes-OP) vorgelegt, das am 21. Oktober 2014 von der EU-Kommission genehmigt wurde.

Schwerpunktmäßig wird der ESF in der neuen Förderperiode einen Beitrag zur Sicherung des Fachkräftebedarfs leisten sowie die soziale Inklusion fördern und Armut bekämpfen. Weitere Schwerpunkte bilden die Förderungen von Selbständigkeit, die Vereinbarkeit von Berufs- und Privatleben sowie die Verbesserung des Bildungsniveaus und lebenslanges Lernen.

Die drei Thematischen Ziele:

A: Förderung nachhaltiger und hochwertiger Beschäftigung und Unterstützung der Mobilität der Arbeitskräfte

B: Förderung der sozialen Inklusion und Bekämpfung von Armut und jeglicher Diskriminierung

C: Investitionen in Bildung, Ausbildung und Berufsbildung für Kompetenzen und lebenslanges Lernen

Hauptzielgruppen sind benachteiligte junge Menschen, insbesondere auch ohne Schul- und Berufsabschluss, Langzeitarbeitslose, Frauen und Erwerbstätige, insbesondere solche mit geringer Qualifikation oder geringen Einkommen, sowie Personen mit Migrationshintergrund, v. a. in schwierigen Lebenslagen (z. B. Flüchtlinge).

Quelle: Die Bundesregierung, Europäischer Sozialfonds für Deutschland.

Auf die Programme können sich Institutionen und Organisationen aus den unterschiedlichen Bereichen bewerben. Hierzu gehören die öffentliche Verwaltung, Nichtregierungsorganisationen, Wohlfahrtsverbände sowie Sozialpartner, die im Bereich Beschäftigung und soziale Eingliederung aktiv sind. Eine Förderung einzelner Personen kann nicht beantragt werden. Sie erfolgt in den unterschiedlichen Programmen über Projektträger und die verantwortlichen Institutionen. Die Mittel, die der ESF für Deutschland zur Verfügung stellt, werden vom Bund und den Ländern verwaltet.

(3) Grenzen einer Harmonisierung der Sozialpolitik

Wie schwierig es allerdings werden dürfte, die **Sozialstandards** der Mitgliedsländer in naher Zukunft zu **vereinheitlichen,** verdeutlicht nachfolgender Artikel.

Hemmnisse einheitlicher Sozialpolitik

[...] Ebenso wie der gemeinsamen Außen- und Sicherheitspolitik stehen auch einer gemeinsamen Sozialpolitik so gravierende Differenzen der nationalen Interessen und Präferenzen entgegen, dass konsensuale europäische Lösungen extrem schwierig oder sogar unmöglich erscheinen.

Was die Interessen angeht, liegen die Schwierigkeiten auf der Hand: Unter den gegenwärtigen Mitgliedstaaten der EU liegt das Verhältnis der Pro-Kopf-Einkommen im ärmsten und im reichsten Land bei 1:3 bis 1:4, und nach der Osterweiterung wird sich diese Diskrepanz noch verdoppeln. Länder wie Griechenland und Portugal, geschweige denn Polen oder die Slowakei, könnten sich den großzügigen und teuren Sozialstaat einfach nicht leisten, den etwa die Dänen für angemessen halten. Aber das ist nicht einmal der wichtigste Grund. Schweden, Großbritannien und Deutschland haben etwa das gleiche Pro-Kopf-Einkommen, aber sie gehören drei grundverschiedenen „Sozialstaats-Familien“ an - nämlich der „skandinavisch-sozialdemokratischen“, der „angelsächsisch-liberalen“ und der „kontinentaleuropäisch-konservativen“.

So wären die Briten, die sich auf einen minimalen Sozialstaat eingestellt und dafür ihre private Vorsorge aufgebaut haben, niemals bereit, die extrem hohe Abgabenlast zu akzeptieren, die in Schweden eine universalistische Rundum-Versorgung finanziert. Ebenso wenig könnten die schwedischen Familien mit dem in Deutschland herrschenden Mangel an öffentlich finanzierten sozialen Dienstleistungen auskommen; und bei uns würden Patienten und Ärzte gemeinsam rebellieren, wenn eine europäische Richtlinie die Umstellung von der Krankenversicherung auf das System des britischen National Health Service verlangen würde.

Kurz: die Rede von dem einen „europäischen Sozialmodell“ ist irreführend. Es gibt mehrere Modelle nebeneinander, die sich in ihren Leistungen und in ihrer Finanzierung grundsätzlich unterscheiden. Überall aber haben sich die Bürger in ihren Lebensplänen auf das vorhandene Sozialsystem eingerichtet - mit der Folge, dass selbst sehr begrenzte Reformen innerhalb des jeweiligen Systems auf erbitterten politischen Widerstand stoßen. Keine Regierung könnte es deshalb wagen, gemeinsamen europäischen Lösungen zuzustimmen, die im eigenen Land die Strukturen des Sozialstaats grundlegend verändern würden. [...]

Quelle: Fritz W. Scharpf, „Was man von einer europäischen Verfassung erwarten und nicht erwarten sollte“, in: Blätter für deutsche und internationale Politik 1/2003, S. 54ff.

3.1.3.2.5 Mindestlohnregelungen

(1) Grundlegendes

- **Begriff Mindestlohn**

- Der **Mindestlohn** ist das Arbeitsentgelt, das ein Arbeitgeber an einen Mitarbeiter aufgrund eines **allgemeinverbindlichen Tarifvertrags** oder einer **gesetzlichen Regelung** mindestens zahlen muss.
- Die Mindestlohnregelung kann sich auf einen **Stundensatz** oder auf einen **Monatslohn bei Vollbeschäftigung** beziehen.

Aus **volkswirtschaftlicher Sicht** wird die Höhe des Mindestlohnes von der **Lage auf dem Arbeitsmarkt** bestimmt.

Mindestlohn bei Arbeitsmarktgleichgewicht

Arbeitsmarktgleichgewicht (Vollbeschäftigung) liegt theoretisch dann vor, wenn sich Arbeitsangebot und Arbeitsnachfrage ausgleichen. Die nebenstehende Abbildung zeigt einen **ausgeglichenen Arbeitsmarkt** unter den Bedingungen der polypolistischen Konkurrenz. Bei dem sich bildenden **Gleichgewichtslohn L_0** finden alle Arbeit, die zu diesem oder einem niedrigeren Lohn zu arbeiten gewillt sind. Umgekehrt finden alle Arbeitgeber, die diesen oder einen höheren Lohn zu zahlen bereit sind, genügend Arbeitskräfte.

In unserer Wirtschaftsordnung bildet sich der Lohn bislang **nicht** auf einem freien polypolistischen Arbeitsmarkt, sondern aufgrund von Verhandlungen zwischen den **Arbeitgeberverbänden** einerseits und den **Gewerkschaften** (Arbeitnehmerverbänden) andererseits. Der vereinbarte Tariflohn darf nicht unterschritten werden. Er ist ein **Mindestlohn.**

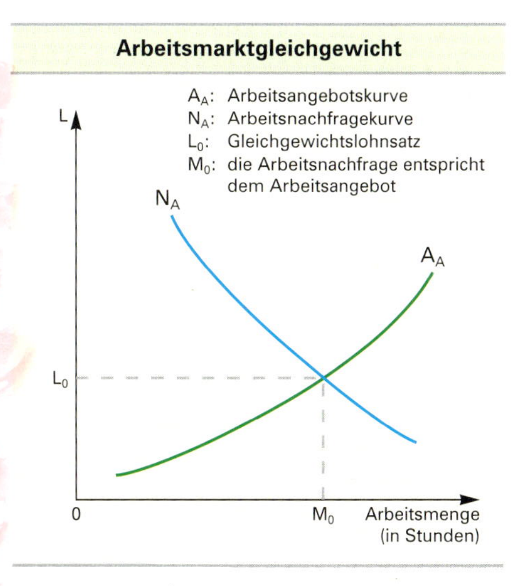

Je nachdem, ob der Mindestlohnsatz **über** oder **unter** dem Marktlohn liegt, herrscht **Unter-** oder **Überbeschäftigung.**

Mindestlohn bei Arbeitsmarktungleichgewicht

Arbeitsmarktungleichgewichte (Über- oder Unterbeschäftigung) liegen vor, wenn beim gegebenen Lohnniveau Arbeitsangebot und Arbeitsnachfrage nicht übereinstimmen.

- Liegt der Tariflohn **unter** dem Gleichgewichtslohnsatz, besteht **Überbeschäftigung.** Es wird mehr Arbeit nachgefragt (M_2) als Arbeit angeboten wird (M_1). Mit anderen Worten: Die Zahl der offenen Stellen ist größer als die Zahl der Arbeitslosen. Die Nachfrager (private Unternehmen, staatliche Betriebe und Verwaltungen) erhöhen von sich aus die Lohnsätze, um zusätzliche Arbeitskräfte zu gewinnen. Der tatsächliche Lohn (Effektivlohn) liegt über dem Tariflohn. Man zahlt übertarifliche Zuschläge, um zusätzliche Arbeitskräfte zu gewinnen (Hausfrauen, die einen „Halbtagsjob" suchen, Schüler und Studenten, ausländische Arbeitskräfte) und/oder aus Konkurrenzbetrieben an sich zu ziehen **(Abwerbung).**

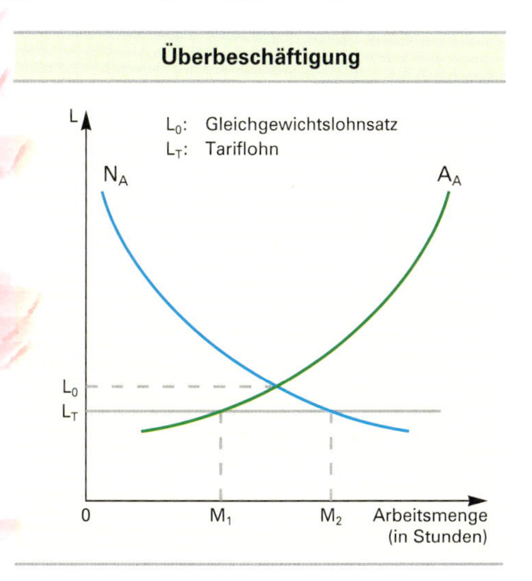

■ Liegt der Tariflohn **über** dem Gleichgewichtslohnsatz, herrscht **Unterbeschäftigung**. Es wird weniger Arbeit nachgefragt (M_1) als Arbeit angeboten wird (M_2). Mit anderen Worten: Die Zahl der offenen Stellen ist kleiner als die Zahl der Arbeitslosen **(lohnhöhenbedingte Arbeitslosigkeit).**

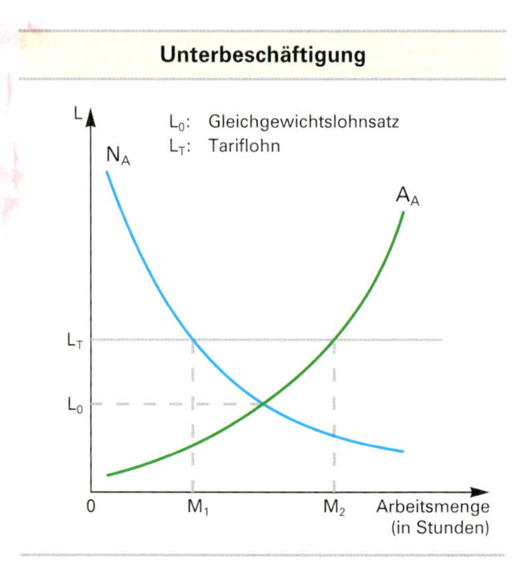

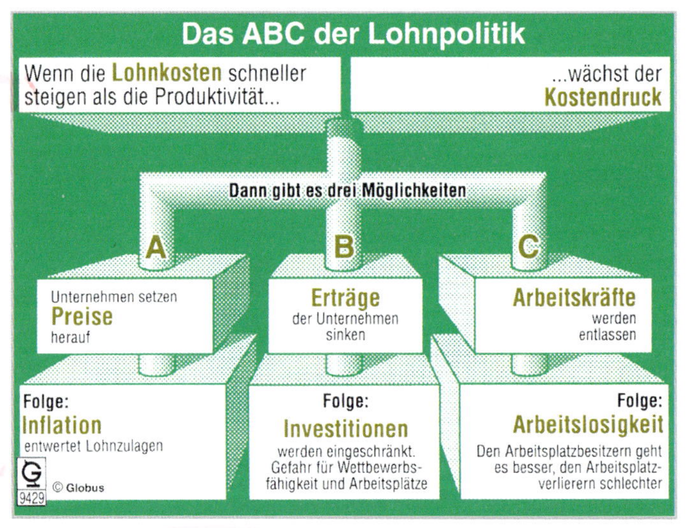

Beim Boxen steht der Sieger spätestens nach der letzten Runde fest. Bei den jährlichen Lohnrunden hingegen nicht. Denn – so drückt es die Deutsche Bundesbank aus – „hohe nominale Lohnerhöhungen sind nicht gleichzusetzen mit einer Verbesserung des Lebensstandards; Beschäftigungsverluste und zusätzliche Preissteigerungen stellen die Kehrseite dar". Am Ende eines Jahres kann es sich erweisen, dass die am Jahresanfang erstrittenen Lohnzulagen nichts mehr wert sind, weil steigende Preise die Kaufkraft des Geldes ausgehöhlt haben. Diese Gefahr besteht, wenn die Lohnkosten schneller steigen als die Produktivität, also die Mehrleistung je Stunde, Woche oder Monat. Die Unternehmen werden dann versuchen, die höheren Lohnkosten in Form von höheren Preisen an ihre Abnehmer weiterzugeben. Gelingt ihnen das nicht, sind die Konsequenzen nicht weniger schwerwiegend. Dann wird am Einsatz teurer menschlicher Arbeit gespart und es kommt zu Entlassungen. Wer auf diese Weise arbeitslos wird, muss also gewissermaßen dafür bezahlen, dass sein weiterbeschäftigter Kollege besser verdient. Oder aber die höheren Lohnkosten gehen voll zulasten der Erträge; mit sinkender Ertragskraft sinkt aber meist auch die Wettbewerbsfähigkeit und Arbeitsplätze geraten in Gefahr. Wie auch immer das ABC der Lohnpolitik buchstabiert wird, immer steht dahinter die ungeliebte Binsenweisheit, dass keine Volkswirtschaft der Welt auf die Dauer mehr verteilen kann, als sie zuvor erzeugt.

Argumente für und gegen den Mindestlohn

Die Argumente für bzw. gegen den Mindestlohn lassen sich wie folgt zusammenfassen:

Argumente für bzw. gegen einen Mindestlohn

Pro

- **Mindestlöhne verhindern Lohnarmut:** Mindestlöhne stellen sicher, dass Menschen von ihrer Arbeit leben können und keine weitere Unterstützung vom Staat benötigen.
- **Mindestlöhne sorgen vor:** Niedriglöhne heute heißt Altersarmut morgen.
- **Mindestlöhne entlasten den Staatshaushalt:** Es ist Aufgabe der Unternehmen und nicht des Staates, für existenzsichernde Einkommen zu sorgen.
- **Mindestlöhne schaffen würdigere Arbeitsbedingungen:** Existenzsichernde Einkommen sind ein Zeichen des Respekts für getane Arbeit.
- **Mindestlöhne schaffen fairen Wettbewerb:** Lohndumping ist ein unfairer Wettbewerbsvorteil zulasten der Arbeitnehmer.
- **Mindestlöhne sorgen für Gerechtigkeit:** Mindestlöhne stoppen die Abwärtsspirale der Löhne, unter der immer häufiger auch Beschäftigte mit Berufsausbildung oder Studium leiden.
- **Mindestlöhne sorgen für Gleichberechtigung:** Mindestlöhne befreien Frauen, die besonders von Niedriglöhnen betroffen sind, von Lohnarmut und Abhängigkeit.
- **Mindestlöhne kurbeln die Binnenwirtschaft an:** Mindestlöhne sorgen für mehr Nachfrage und wirken sich positiv auf die Konjunktur aus.
- **22 von 28 EU-Staaten verfügen bereits über Mindestlöhne:** Europaweit ist die Notwendigkeit von Mindestlöhnen unumstritten.
- **Mindestlöhne schaffen Klarheit:** Mit Mindestlöhnen wissen Arbeitnehmer, was ihnen an Lohn zusteht. Sie werden nicht aus Unwissenheit gezwungen, Jobs unterhalb des Existenzminimums anzunehmen.

Kontra

- **Negative Beschäftigungseffekte:** Arbeitsplätze entstehen und bleiben erhalten, wenn ihre Arbeitskosten nicht höher sind als ihre erwirtschaftete Produktivität. Ein gesetzlicher Mindestlohn hat deshalb, wenn er über der Produktivität der Arbeitskraft liegt, negative Auswirkungen auf die Beschäftigung.
- **Rationalisierung durch Ersetzung von Arbeitskräften durch Maschinen:** Arbeitskräfte werden verstärkt durch Technologie ersetzt.
- Zudem besteht die Gefahr, dass ein gesetzlicher Mindestlohn aufgrund **politischen Drucks** immer wieder angehoben wird. Dies würde zu einem ständig steigenden Produktivitätsdruck bei den Arbeitsplätzen führen.
- **Nachfragerückgang durch Erhöhung der Absatzpreise:** Unternehmen werden versuchen, die höheren Lohnkosten auf die Nachfrager abzuwälzen. Bei höheren Preisen werden die Kunden jedoch ihre Nachfrage einschränken und/oder bei ausländischen Anbietern einkaufen, die zu niedrigeren Lohnkosten produzieren.
- **Ausweichen in die Schwarzarbeit:** Wenn die Kunden nicht bereit sind, höhere Absatzpreise hinzunehmen, profitiert davon oftmals die Schattenwirtschaft. Diese Aufträge gehen dann der regulären Wirtschaft verloren.
- **Eingriff in die Koalitionsfreiheit schwächt die Tarifpartner:** Durch die staatliche Festsetzung eines Mindestlohns verlieren Lohntarifverträge und damit die Tarifpartner an Bedeutung.
- **Teure Kontrollbürokratie notwendig:** Ein gesetzlicher Mindestlohn ohne wirksame staatliche Kontrolle bleibt ein stumpfes Schwert.
- **Teilweise negative Erfahrungen im Ausland.**
- **Existenzsicherndes Mindesteinkommen existiert bereits:** Wer aufgrund seiner geringeren Produktivität nur einen niedrigen Lohn verdienen kann und deshalb bedürftig ist, dem garantiert die staatliche Fürsorgeleistung „Arbeitslosengeld II", ein Kombi-Einkommen, das den Lebensunterhalt sichert.
- **Wettbewerbsvorteile durch Anbieter aus dem Ausland sind nicht zu verhindern:** Werden Arbeitnehmer aus dem Ausland zur Erbringung von Dienstleistungen vorübergehend nach Deutschland entsandt, so bleiben erhebliche Wettbewerbsvorteile vieler ausländischer Anbieter aufgrund der Bestimmungen des europäischen Sozialversicherungsrechts bestehen. Diese erlauben im Regelfall eine Sozialversicherung nach dem Recht des Heimatlandes.

(2) Mindestlohnregelung in Deutschland

In Deutschland gibt es seit Anfang 2015 einen **branchenübergreifenden gesetzlichen Mindestlohn** in Höhe von brutto 8,50 EUR pro Stunde.

Mit dem Gesetz wurde der Verdienst von ca. 3,7 Millionen Arbeitnehmern aufgestockt, die bis zu diesem Zeitpunkt weniger als 8,50 EUR die Stunde erhielten. Die nachfolgende Abbildung zeigt die Ausnahmebereiche für den gesetzlichen Mindestlohn.

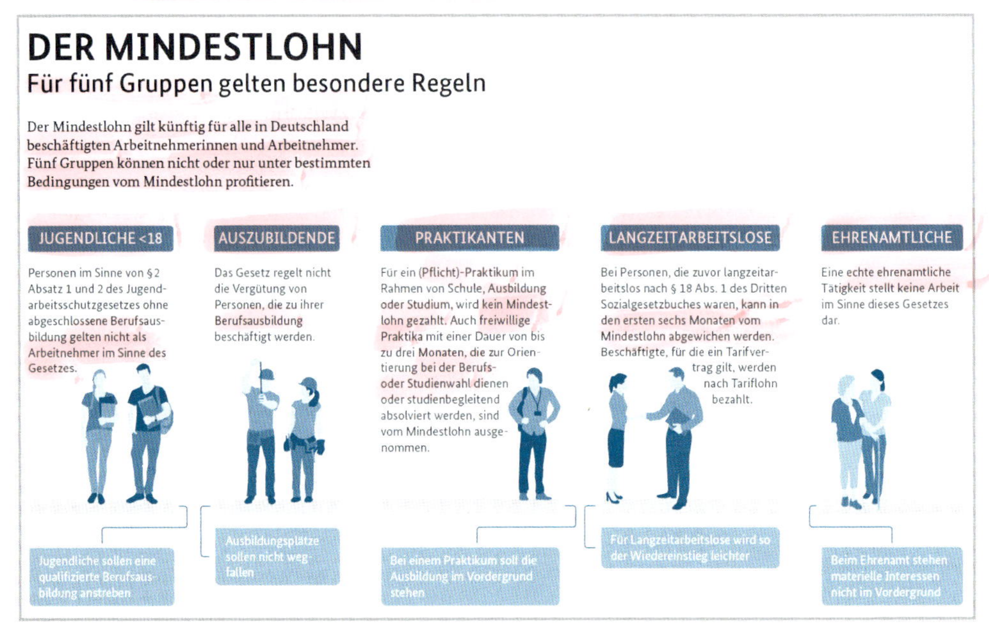

Quelle: Bundesministerium für Arbeit und Soziales 2014.

(3) Mindestlohnregelung in der EU

Wie die nebenstehende Abbildung zeigt, gibt es in vielen EU-Staaten einen gesetzlichen – also vom Staat festgesetzten – Mindestlohn. Er reicht von Bulgarien mit 1,06 EUR pro Stunde bis zu Luxemburg mit mehr als 11,12 EUR Stundenlohn (Stand Januar 2015).

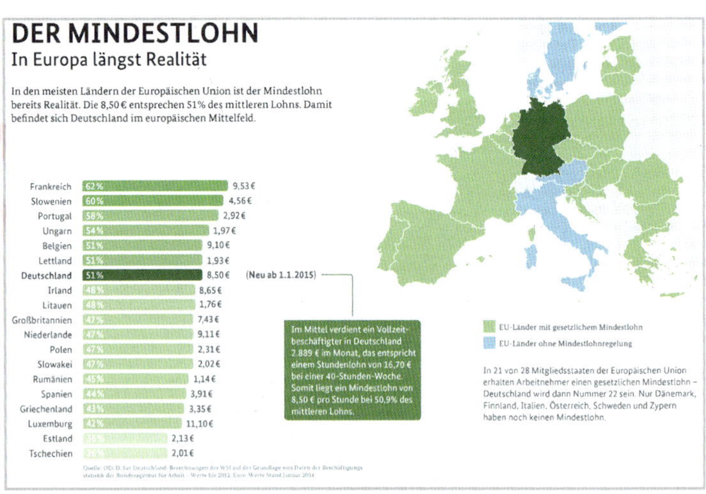

Quelle: Bundesministerium für Arbeit und Soziales 2014.

3.2 Europäische Freihandelsassoziation (EFTA)

Die Europäische Freihandelsassoziation (**E**uropean **F**ree **T**rade **A**ssociations **[EFTA]**) mit dem Sitz in Genf wurde 1960 von Dänemark, Großbritannien, Norwegen, Österreich, Portugal, Schweden und der Schweiz gegründet. 1970 traten Island und 1985 Finnland als weitere Mitglieder bei.

Nach den Beitritten Dänemarks, Großbritanniens, Irlands (1972), Portugals (1986), Finnlands, Österreichs und Schwedens (1995) zur EG bzw. EU besteht die EFTA derzeit aus vier Ländern, nämlich aus Island, Liechtenstein, Norwegen und der Schweiz.

Im Gegensatz zur EU stellt die EFTA lediglich eine **Freihandelszone** dar. Hierunter versteht man eine Gruppe von zwei oder mehreren Zollgebieten, zwischen denen die Zölle und andere den Außenhandel beschränkende Maßnahmen beseitigt werden.

Während in einem gemeinsamen Markt wie z. B. in der EU eine **Zollunion** besteht (Wegfall der Binnenzölle, Errichtung eines gemeinsamen Außenzolltarifs), behalten die in einer Freihandelszone zusammengeschlossenen Staaten ihre nationalen Außenzölle bei.

3.3 Europäischer Wirtschaftsraum (EWR)

Im Jahre 1992 haben die Außenminister der EG-Mitgliedstaaten und der damals noch sieben EFTA-Staaten das Abkommen über die Schaffung des **E**uropäischen **W**irtschafts**raums (EWR)** geschlossen. Geschaffen wurde eine Überwachungsbehörde, ein ständiger Ausschuss und ein Gerichtshof der EFTA-Länder. Da die Schweiz das Abkommen im Dezember 1992 ablehnte, trat der EWR-Vertrag erst am 1. Januar 1994 in Kraft. Liechtenstein trat dem Vertrag nach Regelung seiner Beziehungen zur Schweiz Anfang 1995 bei.

Dem Prinzip nach geht es beim EWR um die Übernahme der vier „Grundfreiheiten" des Personen-, Waren-, Dienstleistungs- und Kapitalverkehrs von der EU durch die EFTA. Allerdings hat man sich auf zahlreiche Ausnahme- und Übergangsregeln geeinigt. So müssen z. B. die EFTA-Länder das Regelwerk der EU-Agrarpolitik nicht übernehmen.

Auch sind die EFTA-Staaten nicht in die EU-Zollunion eingetreten und behalten ihre handels-, steuer- und währungspolitische Eigenständigkeit. Die Freiheit des Personenverkehrs wurde ebenfalls nicht in allen Mitgliedstaaten des EWR verwirklicht. Dem **Schengener Abkommen,**[1] durch das die Personenkontrollen an den Binnengrenzen aufgehoben wurden, sind Großbritannien und Irland noch nicht in vollem Umfang beigetreten.

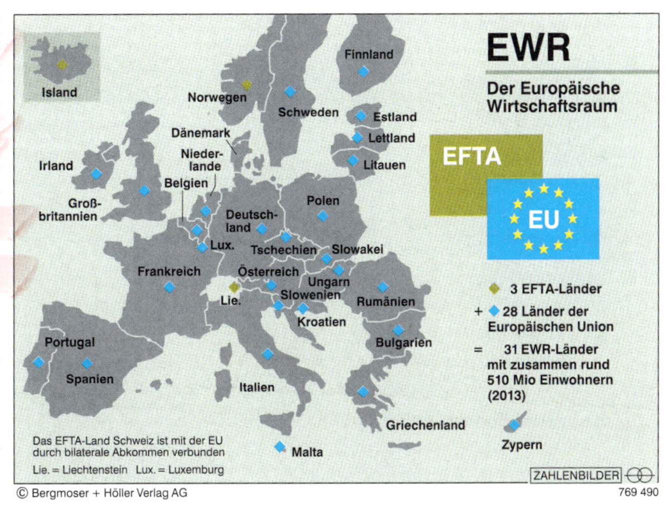

© Bergmoser + Höller Verlag AG

1 In Schengen, einem kleinen Ort in Luxemburg, kamen 1985 die Regierungen von Belgien, Deutschland, Frankreich, Luxemburg und Niederlande überein, die Passkontrollen an den Grenzen abzubauen. Erst 10 Jahre später trat das Abkommen, dem zu diesem Zeitpunkt auch Portugal und Spanien beitraten, in Kraft. Die weiteren Beitritte erfolgten ab 1997 und 2001.

20 Speth - ISBN 978-3-8120-0592-0

Zusammenfassung

- Die **Europäische Union** ist **kein Staat;** sie ist vielmehr eine **übernationale Organisation** der Mitgliedstaaten, die einen Teil ihrer nationalen **Hoheitsrechte** auf diese Organisation übertragen haben.
- Eine **enge wirtschaftliche Verflechtung** von Ländern schafft durch die entstehende wechselseitige Abhängigkeit **politische Stabilität** und sichert so den **Frieden.**
- Zu den wichtigsten **Organen der EU** gehören der **Europäische Rat,** das **Europäische Parlament,** der **Ministerrat** sowie die **Europäische Kommission.**
- Die **vier Grundfreiheiten** des europäischen Binnenmarktes umfassen den **freien Personen-, Güter-, Dienstleistungs- und Kapitalverkehr.**
- Die vorgenannten Grundfreiheiten des Binnenmarktes werden flankiert durch **weitere wichtige Bestimmungen,** die unter anderem den Wettbewerb zum Wohle der Verbraucherinnen und Verbraucher sichern und Diskriminierungen von Unternehmen aufgrund ihrer nationalen Herkunft unterbinden sollen. Mittel dazu sind die **Wettbewerbskontrolle,** das **Subventionsverbot,** die **öffentliche Auftragsvergabe** sowie die **Wirtschafts- und Währungsunion.**
- Die **europäische Gemeinschaftswährung** beseitigt Hindernisse im innereuropäischen Handel.
- Unter **Wechselkurs** versteht man das Austauschverhältnis zwischen zwei Währungen.
- Der Prozess der **Erhöhung** des Preises **der einheimischen Währung** gegenüber ausländischen Währungseinheiten wird als **Aufwertung** bezeichnet.
- Der Prozess der **Herabsetzung** des Preises der **einheimischen Währung** gegenüber ausländischen Währungseinheiten wird als **Abwertung** bezeichnet.
- Stimmen der **Binnenwert** und der **Außenwert** einer Währung überein, spricht man von **Kaufkraftparität.**
- Europäische Staaten, für die ein Beitritt aus wirtschaftlichen oder politischen Gründen nicht oder noch nicht infrage kommt, können sich der EU **assoziieren.**
- Bereits bei der Gründung der EWG waren sich die Staats- und Regierungschefs darüber einig, dass sich die allgemeinen Ziele der Gemeinschaft am besten in einem Wirtschaftssystem mit **unverfälschtem Wettbewerb** verwirklichen lassen.
- Grundlage der **Außenhandelspolitik** der EU ist die **Zielsetzung:**
  - einen Gemeinsamen Markt der Mitgliedstaaten mit **einheitlichen** (Außen-)**Zolltarifen** und einer **gemeinsamen Handelspolitik** gegenüber Drittländern zu schaffen,
  - durch schrittweise **Beseitigung der Beschränkungen** im internationalen Handelsverkehr zum Abbau der Zollschranken und zur harmonisierten Entwicklung des Welthandels beizutragen,
  - die gemeinsamen außenwirtschaftlichen **Interessen gegenüber Drittländern** zu wahren.
- Die **gemeinsame Handelspolitik** wird gem. Art. 133 nach einheitlichen Grundsätzen durchgeführt, wobei **zwei Verfahrensweisen** zu unterscheiden sind:
  - **autonome Handelspolitik:** Sie besteht im Erlass von einseitigen Regelungen durch den Rat und findet nur auf die Mitgliedstaaten der EU bzw. der Unternehmen und Einzelpersonen Anwendung (z. B. Vereinheitlichung von Ein- und Ausfuhrbestimmungen);
  - **vertragliche Handelspolitik:** Hierbei handelt es sich um zwei- oder mehrseitige Abkommen zwischen der EU und ihren Handelspartnern bzw. zwischen der EU und anderen internationalen Organisationen.
- Liegt der Tariflohn **unter** dem Gleichgewichtslohnsatz, besteht **Überbeschäftigung.**
- Liegt der Tariflohn **über** dem Gleichgewichtslohnsatz, besteht **Unterbeschäftigung.**

Übungsaufgabe

57

1. Nennen Sie die Organe und Institutionen der EU!
2. Erläutern Sie, welche Hauptaufgaben die Organe der EU erfüllen!
3. Die Außenhandelsstatistik beweist die große Bedeutung der EU für die Bundesrepublik Deutschland.

   Aufgabe:

   Versuchen Sie zu erklären, warum der Handel mit den EU-Ländern einen solchen Aufschwung nehmen konnte!
4. Nennen und beschreiben Sie, welche Hauptziele sich die EU gesetzt hat!
5. In der Bundesrepublik Deutschland verstummen auch nach Einführung des gesetzlichen Mindestlohns die Diskussionen um diese Regelung nicht komplett.

   Aufgaben:

   5.1 Diskutieren Sie mögliche Vor- und Nachteile, die mit der Einführung eines branchenübergreifenden gesetzlichen Mindestlohns verbunden sind!

   5.2 Vergleichen Sie die Mindestlohnregelungen einzelner Länder und bewerten Sie die unterschiedlichen Regelungen!
6. **Unterrichtsvorschlag Referat**

   Stellen Sie die aktuelle Entwicklung des Binnen- und Außenwertes des Euros dar! Leiten Sie anschließend auf der Basis des ausgewerteten Datenmaterials mögliche volkswirtschaftliche Konsequenzen aus dieser Entwicklung ab!
7. **Unterrichtsvorschlag: Kreuzworträtsel**

   7.1 Lösen Sie nachfolgendes Kreuzworträtsel und

   7.2 erklären Sie das Lösungswort in Verbindung mit der EU!

   1. Vorläufer der EZB, das Europäische ...
   2. Er wurde 1992 geschlossen, der Vertrag von ...
   3. Geldbußen bei Verstößen gegen europäisches Wettbewerbsrecht können bis zu 10 % des ... betragen
   4. Das Europäische Parlament erstellt jedes Jahr einen Bericht über die Tätigkeit der ...
   5. Die Abschottung von Märkten erfolgt zumeist durch ... Maßnahmen
   6. Sie wurde 1952 gegründet
   7. Instrument der europäischen Wettbewerbspolitik
   8. Hier wurde der Stabilitäts- und Wachstumspakt verabschiedet
   9. Er trat zum 01.01.1993 in Kraft, der europäische ...
   10. Schließt die EU mit Drittstaaten ab
   11. Außenpolitische Entscheidungen der EU-Organe sind für die Mitgliedstaaten ...
   12. Übernational
   13. Eine Verfahrensweise der gemeinsamen Handelspolitik ist die ... Handelspolitik
   14. Die EU ist eine übernationale ... der Mitgliedstaaten

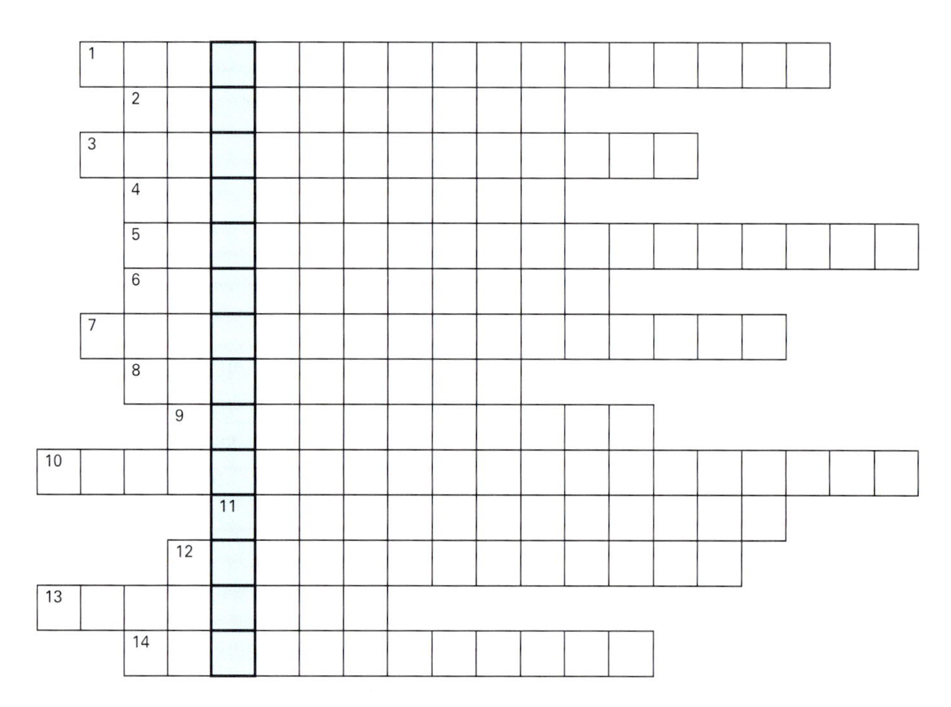

8. **Unterrichtsvorschlag: Referat**

Lesen Sie zunächst den nachfolgenden Artikel!

EU-Kommission verhängt Strafen gegen das SIM-Karten-Kartell

Die Wettbewerbsbehörde der EU-Kommission hat erneut ein Verfahren wegen illegaler Preisabsprachen zu Ende geführt und Strafen gegen mehrere Unternehmen verhängt. In diesem Fall ging es um mehrere Hersteller von Chips, die auf Smartcards zum Einsatz kommen.

Getroffen hat es Infineon, Samsung und Philips. Nach Abschluss eines Verfahrens wurde gegen diese heute eine Geldstrafe in Höhe von insgesamt 138 Millionen Euro verhängt. Bestandteil der Untersuchung war auch Renesas, das im fraglichen Zeitpunkt noch ein Joint Venture von Hitachi und Mitsubishi war. Diesem Unternehmen wurde die Geldbuße im Zuge einer Kronzeugenregelung erlassen, weil es die EU-Kommission von dem Kartell in Kenntnis gesetzt hatte, hieß es.

Die Ermittlungen gegen die Firmen kamen zu dem Ergebnis, dass diese sich im Rahmen bilateraler Kontakte in der Zeit zwischen September 2003 und September 2005 getroffen hätten. Im Zuge dessen wurde das Geschäft mit Smartcard-Chips untereinander koordiniert.

„In unserem digitalen Zeitalter kommen Smartcard-Chips fast überall zum Einsatz, sei es in Handys, bei Bankkarten oder Pässen. Es ist von entscheidender Bedeutung, dass die Unternehmen, die diese herstellen, ihre Anstrengungen darauf konzentrieren, wie sie durch Innovation und hochwertige Produkte zu attraktiven Preisen ihre Mitbewerber übertreffen. Wenn sich Unternehmen stattdessen für Absprachen entscheiden, die sowohl zulasten ihrer Abnehmer als auch der Endverbraucher gehen, müssen sie mit Sanktionen rechnen“, kommentierte EU-Wettbewerbskommissar Joaquín Almunia den Ausgang des Verfahrens.

Die am Kartell beteiligten Unternehmen unterhielten laut der EU-Kommission ein Netz bilateraler Kontakte. Sie erörterten dabei sensible Geschäftsinformationen über Preisbildung, Kunden, Vertragsverhandlungen, Produktionskapazität oder Kapazitätsauslastung und ihr künftiges Marktverhalten.

Die EU-Kommission hatte zunächst die Möglichkeit geprüft, diesen Fall mit einigen der beteiligten Unternehmen über ein Vergleichsverfahren beizulegen. Allerdings beschloss man dann im Jahr 2012, aufgrund eines offensichtlichen Mangels an Fortschritten bei den Verhandlungen, die Vergleichsgespräche abzubrechen und zum normalen Verfahren zurückzukehren.

Quelle: winfuture.de vom 03.09.2014.

Aufgabe:

Recherchieren Sie über einen Zeitraum der letzten Monate, welche „spektakulären" Verstöße von den EU-Wettbewerbshütern aufgegriffen bzw. welche Veränderungen bezüglich eines harmonisierten Wettbewerbsrechts in Angriff genommen wurden. Untersuchen Sie dabei vor allem die Gründe für das Einschreiten der EU-Kommission!

9. 9.1 Erläutern Sie die vier wichtigsten Grundfreiheiten des europäischen Binnenmarktes. Gehen Sie anschließend auch auf wichtige Bestimmungen ein, die den Wettbewerb zum Wohle der Verbraucherinnen und Verbraucher sichern sowie Diskriminierungen von Unternehmen aufgrund ihrer nationalen Herkunft unterbinden sollen!

   9.2 Skizzieren Sie kurz die wichtigsten Argumente für einen gemeinsamen europäischen Binnenmarkt!

   9.3 Dem Dienstleistungssektor kommt mit einem Anteil von 71 Prozent an allen Beschäftigten in der EU inzwischen eine überragende wachstums- und beschäftigungspolitische Rolle zu. Vor diesem Hintergrund hat die Europäische Kommission die Liberalisierung des grenzüberschreitenden Dienstleistungsgeschäfts im Binnenmarkt durchgesetzt. Seither wurden die bürokratischen Hürden für den Binnenmarkt im Bereich der Dienstleistungen verringert und auf diese Weise ein Beitrag für mehr Wettbewerb, Beschäftigung und Wachstum erbracht. Der Verabschiedung dieser Liberalisierung durch eine sogenannte Dienstleistungsrichtlinie gingen heftige politische Auseinandersetzungen voraus.

   Aufgabe:

   Erstellen Sie einen Katalog möglicher Vor- und Nachteile einer Liberalisierung des Dienstleistungsverkehrs zwischen den Mitgliedstaaten!

10. Lesen Sie zunächst nachfolgenden Text!

Trick mit der Quote

Sie wissen, wonach sie suchen. Akribisch durchforsten sie Tabellen, ziehen alles verfügbare Zahlenmaterial zurate. Die Beamten der Abteilung Intelligence der EU-Betrugsbekämpfungsbehörde Olaf sind echte Profis in der Analyse von Daten.

Sie wissen, dass jetzt, in der zweiten Augusthälfte, die ersten Ladungen geschmuggelten Knoblauchs aus China eintreffen. Denn Olaf hat den Produktionszyklus von Knoblauch in China und anderen Exportländern genau studiert.

Aber warum ist das wichtig? Ganz einfach: Der Schmuggel der Knolle ist ein Millionengeschäft. Bei keinem anderen Agrarprodukt registriert die EU vergleichbar hohe Zollausfälle durch Schmuggel. Das ist die Folge einer komplizierten Agrarpolitik und des unverhohlenen Agrarprotektionismus der EU. Mit aller Macht wollen europäische Knoblauchproduzenten den weltweit größten Anbauer China aussperren.

Als 2001 der damalige EU-Agrarkommissar Franz Fischler mit China Einfuhrquoten für Knoblauch aushandelte, ahnte er nicht, wie sich der Markt entwickeln würde. Der Vereinbarung nach dürfen die Chinesen gut 13 000 Tonnen jährlich zollfrei in die EU ausführen. Ist die Quote erschöpft, fallen 1200 Euro Zoll pro Tonne an. Vor allem die Agrarlobby aus Spanien und Italien hatte auf diese Regelung gedrungen mit dem Hinweis, dass die Produktionskosten der chinesischen Landwirte nur bei einem Zehntel des europäischen Niveaus liegen. Den eigenen Produktionsrückgang haben sie damit aber nicht aufhalten können. Seit 2002 ist die Knoblauchproduktion in der EU um 14 Prozent auf 242000 Tonnen zurückgegangen, im größten Anbauland Spanien sogar um über ein Viertel.

Gleichzeitig ist der Schmuggel aufgeblüht. Im Jahr kommen rund 25000 Tonnen Knoblauch illegal aus China in die EU, schätzen die Experten von Olaf.

In der ersten Zeit wurde der Knoblauch von China in ein Land gebracht, das für dieses Produkt zollfreien Zugang in die EU genießt: Ägypten, Jordanien oder die Türkei. Dort gibt ein Mittelsmann vor, einheimischen Knoblauch exportieren zu wollen, und erschleicht sich eine Ausfuhrgenehmigung. Den Olaf-Leuten fiel aber auf, dass kurz nach der Ernte in China die Exporte aus Ländern hochschnellten, in denen der Knoblauch überhaupt noch nicht reif war.

Darum praktizieren die Schmuggler inzwischen andere Methoden. So verstecken sie den gewöhnlichen Knoblauch unter einer Lage Elefantenknoblauch. Für dieses teurere Gewächs gelten nämlich keine EU-Quoten. Oder die Schmuggler geben vor, dass der Knoblauch gefroren ist, weil er dann ebenfalls nicht unter die Quote fällt. Seit Kurzem fälschen sie auch verstärkt Einfuhrlizenzen, um den Zoll zu umgehen.

Die Ermittler von Olaf schätzen, dass der EU durch die Trickserei im Jahr 30 Millionen Euro an Zolleinnahmen entgehen. Dem Verbraucher entstehen dadurch keine Schäden. Im Gegenteil: Die illegale Importware dürfte auf den Preis drücken, zudem gilt der chinesische Knoblauch als besonders gesund, weil er viel Selen enthält. [...]

Den Tricks der chinesischen Knoblauch-Netzwerke stellen die Fahnder immer ausgeklügeltere Methoden entgegen. Stellt der Zoll Ladungen in den Häfen sicher, die aus China stammen könnten, nehmen sie Proben und schicken sie zur Isotopenanalyse in die USA. Mit dieser Untersuchung lässt sich feststellen, wo der Knoblauch tatsächlich gewachsen ist. In jahrelanger Kleinarbeit haben die Amerikaner eine Datenbank mit den Eigenschaften von Knoblauch aus der ganzen Welt aufgebaut.

Die Fahnder von Olaf haben einen guten Riecher. „Mittlerweile erzielen wir eine gute Trefferquote“, sagt eine Ermittlerin. [...]

Quelle: WirtschaftsWoche Nr. 34 vom 21. August 2006.

Aufgabe:

Diskutieren Sie mögliche Gründe dafür, dass der Import von Knoblauch und anderen landwirtschaftlichen Produkten in die Europäische Union nicht unbegrenzt zugelassen wird und welche Auswirkungen diese Beschränkung für die Konsumenten hat!

4 Standort Deutschland

4.1 Grundlegendes

Wie die Ausführungen in den vorangegangenen Kapiteln verdeutlicht haben, sind die Unternehmen in die volks- und weltwirtschaftlichen Güter- und Geldströme „eingebettet". Deswegen müssen die Unternehmen bei der **Wahl ihrer Standorte natürliche, ökonomische** und **politische** Bedingungen der Gesamtwirtschaft berücksichtigen.

Vor diesem Hintergrund kommt dem **Image** eines Landes im In- und Ausland heute eine besondere Bedeutung zu. Gerade für die stark auf den Export ausgerichtete Bundesrepublik Deutschland spielt das Erscheinungsbild im Ausland eine ganz wesentliche Rolle, da das internationale Image eines Landes großen Einfluss auf dessen **wirtschaftliche Entwicklung** und somit auch auf dessen **Wohlstand** hat. Schließlich bestimmen die Vorstellungen, die Entscheidungsträger in international agierenden Unternehmen über einen Staat entwickeln, maßgeblich den Umfang der Direktinvestitionen, die diese Global Player weltweit tätigen.

Im **internationalen Wettbewerb** mit anderen Ländern um die Gunst der Investoren kommt der Frage nach der **Attraktivität** der Bundesrepublik Deutschland als **Investitionsstandort** eine herausragende Rolle zu.

Die wachsende weltwirtschaftliche Integration, das politische Zusammenwachsen Europas, demografische Verschiebungen, Finanzkrisen im Staatshaushalt und in den Systemen der sozialen Sicherung werden zu zentralen **Herausforderungen** für den **Wirtschafts- und Sozialstandort** Deutschland.

Die **Leistungs- und Anpassungsfähigkeit** der wirtschafts- und sozialpolitischen Institutionen bestimmt entscheidend über Deutschlands Chancen, unter **veränderten Rahmenbedingungen** wieder zu einem hohen Beschäftigungsstand und stetigem Wachstum zu kommen.

Die Wirtschafts- und Gesellschaftsordnung der Bundesrepublik Deutschland und ihre Institutionen **zukunftsfähig** zu gestalten, erfordert eine gesellschafts- und wirtschaftspolitische Orientierung, die einen Begründungszusammenhang für eine beständige Reformpolitik bietet und bei den Bürgern Verständnis für die Notwendigkeit von Veränderungen fördern kann. Dies setzt jedoch auch eine kontinuierliche Positionsbestimmung voraus, die sich zentral mit den Fragen auseinandersetzt: Wo steht die Bundesrepublik Deutschland etwa hinsichtlich wirtschaftlicher Entwicklung und Beschäftigung, Wettbewerb und Regulierung? Und welche Schritte sind erforderlich, um festgestellte Defizite zu beheben?

4.2 Standort

4.2.1 Begriff Standort

Unter **Standort** versteht man die örtliche Lage eines Betriebs.

Der Standort ist also der geografische Ort, an dem ein Betrieb seine Produktionsfaktoren[1] einsetzt, um seine Produkte (Sachgüter und Dienstleistungen) zu erstellen.

Die meisten Betriebe haben bei Neugründungen, aber auch bei der Gründung von Zweigbetrieben sowie bei Betriebsverlagerungen die Wahl zwischen mehreren Standorten. Lediglich die reinen Gewinnungsbetriebe, also Betriebe, die z.B. Kohle, Erdöl, Gas, Erze, Kies, Lehm und Ton fördern, sind an einen bestimmten Standort gebunden.

Die übrigen Betriebe haben i.d.R. die Wahl zwischen mehreren Standorten. Bei der Wahl des optimalen[2] (bestmöglichen) Standorts werden sogenannte **Standortfaktoren** herangezogen. Dabei müssen die Kostenvor- und Kostennachteile der infrage kommenden Standorte gegeneinander abgewogen werden. Dieser Abwägungsprozess wird als **Kosten-Nutzen-Analyse**[3] oder kurz als **Nutzwertanalyse** bezeichnet.

4.2.2 Standortfaktoren

Wesentliche Bestimmungsgründe für die Standortwahl (Standortfaktoren) sind:

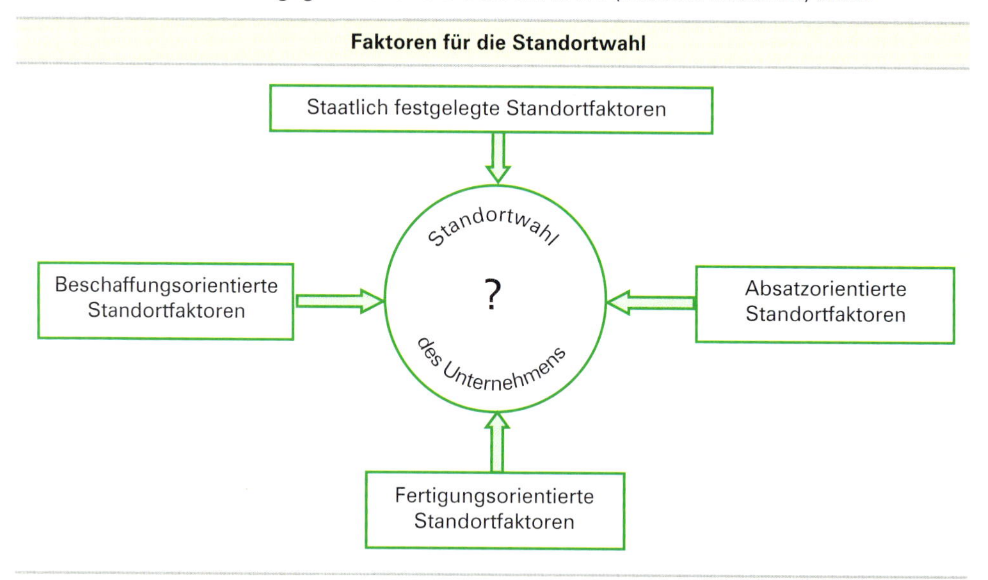

1 Zur Wiederholung: Die betriebswirtschaftlichen Produktionsfaktoren sind die **Elementarfaktoren** (ausführende Arbeit, Betriebsmittel, Werkstoffe) und der **dispositive Faktor** (Leitung, Planung, Organisation und Überwachung). **Faktor** (lat.): Mitbewirker. Produktionsfaktoren sind folglich alle Faktoren, die an der Produktion (Leistungserstellung) mitwirken. Der dispositive Faktor ist der anordnende Faktor. **Disposition** (lat.): Anordnung, Verfügung.

2 **Optimal** (lat.): bestmöglich. **Optimum**: das Beste, das Wirksamste.

3 **Analyse**: zergliedernde (bis ins Einzelne gehende) Untersuchung.

(1) Beschaffungsorientierte Standortfaktoren

Hierbei geht es nicht nur um die Beschaffungsmöglichkeiten von Roh-, Hilfs- und Betriebsstoffen sowie Handelswaren, sondern auch um die Beschaffung von Grundstücken (z.B. die Größe, ihr Anschaffungspreis), von Arbeitskräften, von der technisch-wirtschaftlichen **Infrastruktur**[1] (z.B. Energieversorgung, Autobahnanschluss, Flughafennähe, Hafenanlagen).

Für bestimmte Betriebe spielt das Vorkommen **natürlicher** Energiequellen eine entscheidende Rolle (**energieorientierte** Betriebe). Hierzu gehören z.B. Elektrizitätswerke an Flüssen und Stauseen und Kraftwerke (Wasser zur Kühlung).

Insbesondere bei der **Beschaffung von Arbeitskräften** spielen mehrere Gesichtspunkte eine Rolle. Einmal mag es sein, dass Betriebe deswegen in entferntere Gegenden ausweichen müssen, weil im Bereich der an sich günstigeren Standorte Arbeitskräftemangel herrscht. Werden vorwiegend ungelernte und angelernte Arbeitskräfte benötigt, werden Gegenden bevorzugt, in denen die **Arbeitskosten** (Löhne bzw. Gehälter und Entgeltnebenkosten) am niedrigsten sind. Andererseits kann es günstiger sein, sich gerade in solchen Gebieten niederzulassen, in denen bereits ähnliche Betriebe arbeiten (Zusammenballung, Agglomeration). Hier nämlich sind die etwa erforderlichen Facharbeitskräfte vorhanden. Man spricht deshalb auch von **arbeitsorientierten Betrieben.**

(2) Fertigungsorientierte Standortfaktoren

Bei diesen Faktoren wird untersucht, ob z.B. der infrage kommende Boden für die geplanten Bauvorhaben geeignet ist (sandiger oder steiniger Untergrund, erdbebensicheres Gebiet oder nicht) und ob sich das Klima für die vorgesehene Produktion eignet.

(3) Absatzorientierte Standortfaktoren

Diese Faktoren sind z.B. das Absatzpotenzial,[2] der Verkehr und die Absatzkontakte.[3] Das **Absatzpotenzial** wird u.a. bestimmt durch die Bevölkerungsstruktur,[4] die Kaufkraft der Kunden und dem sogenannten **Herkunftsgoodwill**,[5] d.h. dem Standort, der bezüglich der dort hergestellten Produkte einen guten Ruf hat (z.B. Stahl aus Solingen, Lebkuchen aus Nürnberg, Schinken aus Westfalen).

Je nach Wirtschaftszweig (Branche) kann auch die **Bevölkerungsstrukur** ein wichtiger Standortfaktor sein, z.B. für eine Kleiderfabrik mit Direktverkauf. In diesem Zusammenhang ist auch die Kaufkraft der künftigen Abnehmer zu untersuchen.

Ebenso wie bei der Beschaffung spielt der **Verkehr** bei der Analyse der Standortfaktoren eine wichtige Rolle. Untersucht werden müssen z.B. die Verkehrsanbindung (Eisenbahn, Straßen) einschließlich der Versandkosten.

Schließlich müssen bei der Abwägung der Vor- und Nachteile verschiedener infrage kommender Standorte die vorhandenen (oder nicht vorhandenen) Absatzhilfen (Handelsvertreter, Handelsmakler, Werbeagenturen, Messen) berücksichtigt werden.

---

1 **Infrastruktur** (lat.): wirtschaftlich-organisatorischer Unterbau einer arbeitsteiligen Wirtschaft. Die Vorsilbe „Infra…" bedeutet unter, unterhalb.

2 **Potenzial** (lat.): Leistungsfähigkeit, Möglichkeit. **Potenzielle Kunden**: mögliche, infrage kommende Kunden.

3 **Kontakt** (lat.): Berührung, Verbindung.

4 **Struktur** (lat.): Aufbau, (inneres) Gefüge, Zusammenstellung.

5 **Goodwill** (engl.): wörtl. „guter Wille". Mit dem Begriff Goodwill wird vor allem der gute Ruf eines Unternehmens bzw. sein Geschäftswert bezeichnet.

(4) Staatlich festgelegte Standortfaktoren

Die Staaten haben einen beträchtlichen Einfluss auf die Standortwahl der Betriebe, denn sie legen die Rahmenbedingungen[1] für die Wirtschaftssubjekte[2] fest. Einer der wichtigsten staatlich festgelegten Standortfaktoren ist also die **Wirtschaftsordnung.**

In diesem Zusammenhang ist auch die Bedeutung der **Verlässlichkeit (Beständigkeit) der staatlichen Politik** (z. B. Wirtschafts- und Sozialpolitik) für die Güte eines Standorts zu erwähnen, denn die Unternehmen (Investoren) brauchen Planungssicherheit. Investitionsentscheidungen sind Entscheidungen für die Zukunft.

Ein weiterer Standortfaktor sind die **Steuern.** Vor allem international gibt es ein beträchtliches „Steuergefälle". (Die Länder, die im internationalen Vergleich am steuergünstigsten sind, werden als „Steueroasen" bezeichnet. Dazu gehören z. B. die Schweiz, Liechtenstein und Luxemburg.)

Die Standortwahl der Betriebe wird weiterhin durch **außenwirtschaftliche Regelungen** der verschiedenen Staaten bzw. Staatengemeinschaften beeinflusst. Hierzu rechnen Zölle, Ein- und Ausfuhrbeschränkungen für bestimmte Güter, die Währungsordnung und Exportsubventionen.[3]

Eine wichtige Rolle spielen auch die unterschiedlichen **Umweltschutzmaßnahmen** in den verschiedenen Ländern. Auflagen zur Verminderung (Reduktion) von Umweltbelastungen verteuern die Produktion. Staatliche Umweltschutzvorschriften können sich auch auf die Produkte selbst beziehen, indem die Verwendung umweltschädlicher Bestandteile verboten oder zumindest eingeschränkt wird.

Nicht zuletzt tragen **staatliche Hilfen** dazu bei, die Standortwahl der Betriebe zu beeinflussen. Solche Hilfen sind z. B. Förderungsprogramme in Form von Investitionshilfen für strukturschwache Regionen (Regionalförderung), Hilfen bei der Existenzgründung, Förderung von Forschungs- und Entwicklungsvorhaben. Die genannten Maßnahmen zur **Wirtschaftsförderung** gehören zum großen Bereich der **Wachstums- und Strukturpolitik**, die im Kapitel 1.3.3 näher besprochen wurde.

4.2.3 Staatliche Beeinflussung der Standortwahl

(1) Notwendigkeit staatlicher Einflussnahme

Die staatlich festgelegten Standortfaktoren liegen nicht für alle Zeit fest. Die Regierungen sehen sich häufig gezwungen, diese aufgrund der sich ständig ändernden binnen- und außenwirtschaftlichen, technischen, sozialen[4] und demografischen[5] Bedingungen zu ändern. Auch kann es der Staat den Unternehmen und Kapitalgebern (Investoren) nicht einfach überlassen, ihre Standorte völlig frei zu wählen, denn es würde den Belangen des

1 Zu den Rahmenbedingungen (den Ordnungsmerkmalen) der deutschen Wirtschaftsordnung siehe Band 1, Lerngebiet 1, Kapitel 4.1, S. 69f.

2 **Wirtschaftssubjekte** sind wirtschaftlich handelnde Menschen sowie ihre Organisationen wie z.B. private Haushalte, Unternehmen, Arbeitgeberverbände, Gewerkschaften, die Länder, der Bund (der Staat) und das Ausland (z.B. einzelne Staaten, eine Staatengemeinschaft wie die EU).

3 **Subventionen** (lat.): zweckgebundene Unterstützung aus öffentlichen (staatlichen) Mitteln.

4 **Sozial** bedeutet in diesem Zusammenhang „die Gesellschaft betreffend". Gesellschaftliche (soziale) Veränderungen sind z.B. die zunehmende Erwerbstätigkeit der Frauen und die Einwanderung.

5 **Demografie** (griech.): Bevölkerungswissenschaft. Demografische Veränderungen sind z.B. der Geburtenrückgang und die Zuwanderung.

Umweltschutzes, des Naturschutzes und der **Infrastruktur** in aller Regel nur unzureichend Rechnung getragen werden. Schon allein deshalb muss der Staat die Standortwahl der Betriebe lenken: er betreibt **Raumordnungspolitik.**[1] Ein weiteres Ziel der Raumordnungspolitik ist, in strukturschwachen Gebieten **Arbeitsplätze** zu schaffen.

Die **Strukturpolitik in der Europäischen Union** ist nicht mehr nur eine nationale, sondern **eine Gemeinschaftsaufgabe,** denn zwischen den Regionen der EU bestehen zum Teil erhebliche Unterschiede im Hinblick auf Entwicklungsstand, Einkommen und Beschäftigung.[2]

Aus dem Europäischen Fonds für Regionale Entwicklung (EFRE) und dem Europäischen Sozialfonds (ESF) fließen bis 2020 rund 18 Milliarden Euro nach Deutschland. Die Fördergelder sind für die Unterstützung strukturschwacher Regionen, den Ausbau von Infrastruktur und die Förderung von Arbeitsplätzen und Beschäftigung gedacht. Mit 2,75 Milliarden erhält das Bundesland Sachsen den größten Anteil der Fördergelder. Der Bund selbst erhält für seine Programme 2,7 Milliarden, Sachsen-Anhalt 2,04 Milliarden. Die EU-Strukturfonds EFRE und ESF funktionieren nach dem Kofinanzierungsprinzip: Um Fördergelder für ein Projekt zu erhalten, müssen zusätzlich eigene öffentliche Mittel des Bundeslandes fließen.

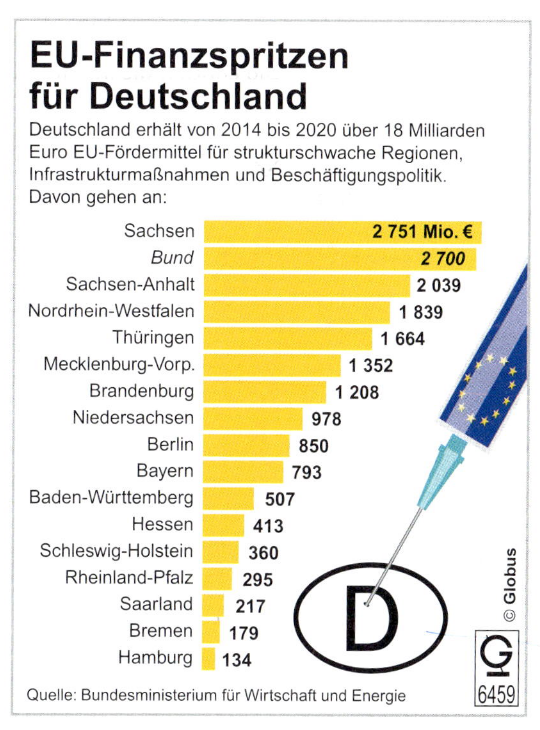

(2) Mögliche Zielkonflikte

Bei der gleichzeitigen Verfolgung mehrerer politischer Ziele können immer **Zielkonflikte** auftreten. Ein Zielkonflikt liegt immer dann vor, wenn bestimmte wirtschaftspolitische Maßnahmen zwar der Erreichung eines der ins Auge gefassten Ziele dienlich ist, gleichzeitig aber die Erreichung eines anderen Ziels gefährdet.

Beispiel:

In einem strukturschwachen Gebiet sollen mithilfe direkter und indirekter Subventionen die Infrastruktur ausgebaut, neue Betriebe angesiedelt und die Arbeitslosigkeit verringert werden. Es treten folgende Zielkonflikte auf: Die staatlichen Subventionen führen zwar zu mehr Beschäftigung in den geförderten Gebieten, gefährden aber das Ziel, die Staatsschulden abzubauen. Außerdem führt die Bautätigkeit zu Umweltschäden (Versiegelung der Landschaft durch Straßen- und Industriebau, Schadstoffabgaben der Industriebetriebe, zunehmender Verkehr).

1 **Politik** (griech.): Staatskunst, Staatsführung, zielgerichtetes Handeln.
2 Siehe hierzu Kapitel 1.3.3, insbesondere S. 213f.

4.3 Wettbewerbsposition und Anpassungsprozesse des Standortes Deutschland

(1) Standortfaktoren aus Investorensicht

Die nachfolgenden Abbildungen zeigen auf, welche Standortfaktoren für international tätige Unternehmen wichtig sind und wie diese Unternehmen den Standort Deutschland diesbezüglich bewerten:

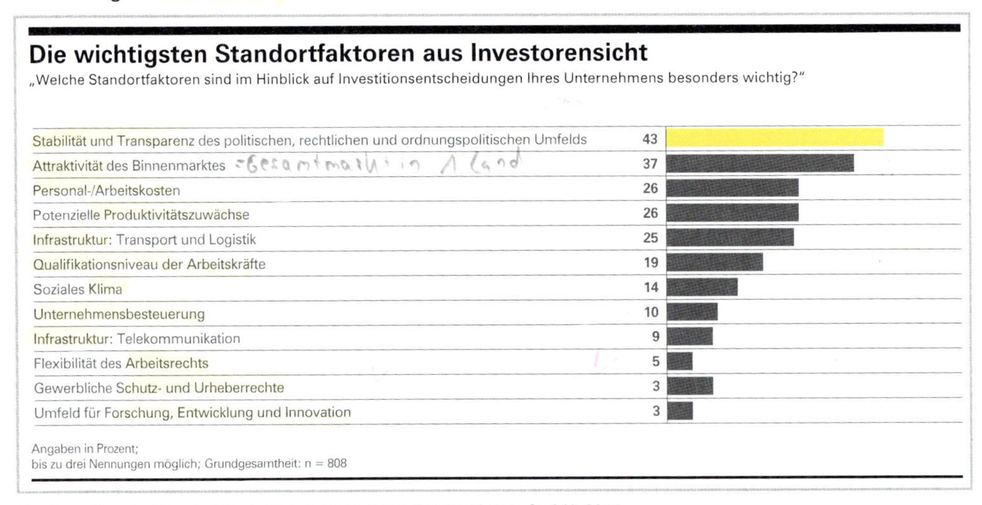

Quelle: Standort Deutschland 2014, hrsg. von der Ernst & Young GmbH, 2014.

Standort Deutschland: Stärken

„Wie bewerten Sie Deutschland hinsichtlich folgender Standortfaktoren?"

Standortfaktor	Gesamt (Vorjahr)	Sehr attraktiv	Eher attraktiv
Stabilität und Transparenz des politischen, rechtlichen und ordnungspolitischen Umfelds	85 (83)	47	38
Infrastruktur: Transport und Logistik	84 (84)	45	39
Qualifikationsniveau der Arbeitskräfte	84 (85)	44	40
Soziales Klima	83 (88)	47	36
Infrastruktur: Telekommunikation	82 (83)	45	37
Attraktivität des Binnenmarktes	77 (79)	31	46
Potenzielle Produktivitätszuwächse	77 (75)	22	55
Flexibilität der arbeitsrechtlichen Bestimmungen	59 (48)	13	46
Unternehmensbesteuerung	54 (40)	12	42
Personal-/Arbeitskosten	52 (44)	11	41

Angaben in Prozent;
Vorjahreswerte in Klammern; Grundgesamtheit: n = 201

Quelle: Standort Deutschland 2014, hrsg. von der Ernst & Young GmbH, 2014.

Besonders geschätzt werden am Standort Deutschland seine **Stabilität** und **Transparenz,** die **Infrastruktur,** das **Qualifikationsniveau der Arbeitskräfte** und das **soziale Klima.**

Zu den **Schwächen** des Standorts Deutschland gehören die **mangelnde Flexibilität des Arbeitsrechts,** die **hohen Arbeitskosten und Unternehmenssteuern.**

(2) Arbeitskosten als Beispiel für einen Standortfaktor

Gerade die vermeintlich hohen Arbeitskosten werden in der öffentlichen Diskussion als Standortnachteil genannt. Internationale Vergleiche sind hier zwar schwierig und nur begrenzt aussagefähig. Allerdings: So schlecht wie oft behauptet schlägt sich Deutschland nicht.

Betrachtet man die Arbeitskosten im verarbeitenden Gewerbe, so scheint sich der Eindruck zu bestätigen: (West-)Deutschland liegt hier im internationalen Vergleich an sechster Stelle.

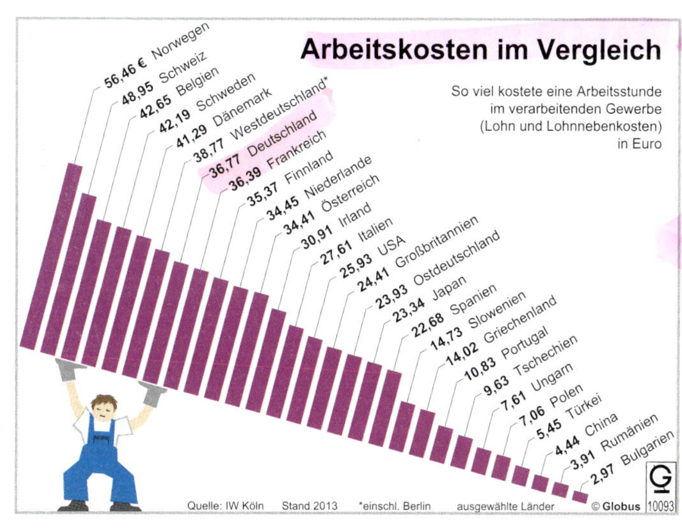

Deutschland liegt bei den Arbeitskosten im weltweiten Vergleich im oberen Bereich. Die Arbeitskosten in der westdeutschen Industrie lagen 2013 bei 38,77 Euro je Stunde. Das ist rund ein Viertel mehr als im Durchschnitt der fortgeschrittenen Industrieländer, wie das Institut der deutschen Wirtschaft feststellt. Damit kamen die westdeutschen Industrieunternehmen im internationalen Vergleich auf den sechsten Rang. In Ostdeutschland betrugen die Arbeitskosten in der Industrie nur 23,93 Euro je Stunde. Blickt man nur auf das sogenannte Direktentgelt, schlägt sich die heimische Industrie im internationalen Vergleich ganz beachtlich; hierzulande sind es die Personalzusatzkosten, die den Faktor Arbeit deutlich verteuern: Landesweit müssen zu durchschnittlich 21 Euro Direktentgelt noch einmal mehr als 15 Euro Lohnnebenkosten hinzugerechnet werden.

Setzt man hingegen die **Lohnkosten in Beziehung zur Arbeitsproduktivität,**[1] entsteht ein vorteilhafteres Bild für den Standort Deutschland:

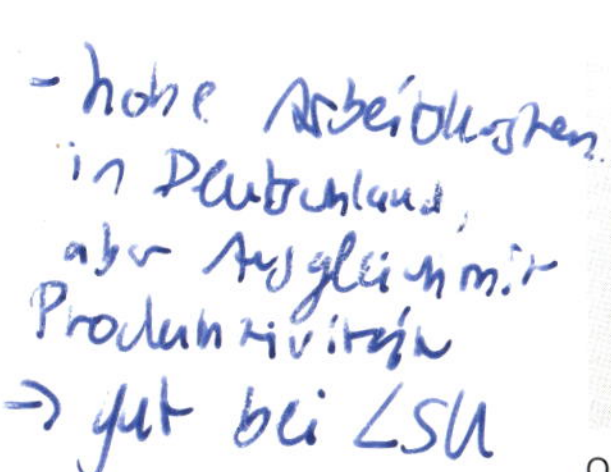

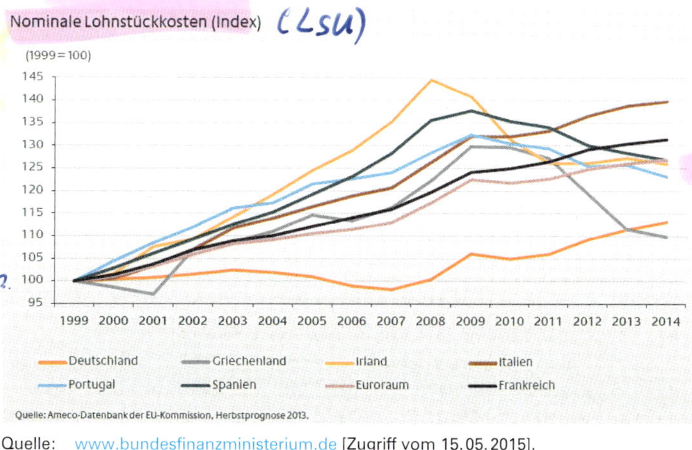

Quelle: www.bundesfinanzministerium.de [Zugriff vom 15.05.2015].

1 **Lohnstückkosten** sind die durchschnittlichen Arbeitskosten je Produktionseinheit. Sie können als das Verhältnis zwischen Gesamtarbeitsentgelt je geleisteter Arbeitsstunde und **Produktion je geleisteter Arbeitsstunde (Arbeitsproduktivität)** ausgedrückt werden (OECD-Definition). Siehe hierzu auch Kapitel 2.1.1, S. 221.

Noch vor wenigen Jahren war Deutschland internationaler Spitzenreiter bei den Arbeitskosten. Während hierzulande die Lohnstückkosten im Zeitraum von 1999 bis 2012 sogar gefallen sind, sind die Lohnstückkosten in den europäischen Vergleichsländern deutlich gestiegen. Da deutsche Unternehmen in der Wirtschaftskrise 2008/2009 kaum Entlassungen vorgenommen haben, haben sich die Lohnstückkosten zuletzt allerdings deutlich erhöht.

Das folgende Beispiel zeigt auf, dass eine hohe Arbeitsproduktivität die hohen Arbeitskosten einer Volkswirtschaft mehr als nur ausgleichen kann.

Beispiel:

Im Land A betragen die Arbeitskosten im Durchschnitt 15,00 GE,[1] im Land B hingegen 18,00 GE je Arbeitsstunde (h). Unter sonst gleichen Bedingungen erzeugt das Land A 400 Mio. t, das Land B 500 Mio. t eines Guts. Es ergibt sich folgende Vergleichsrechnung:

Länder	Arbeitskräfte	Arbeitskosten insgesamt in GE	Erzeugte Waren	Preis je t in GE	Erzeugter Warenkorb in GE	Arbeitsstunde je Arbeitskraft je Jahr	Arbeitsstunden insgesamt
A	20 Mio.	600 Mrd.	400 Mio. t	2000	800 Mrd.	2000	40 Mrd.
B	20 Mio.	720 Mrd.	500 Mio. t	2000	1000 Mrd.	2000	40 Mrd.

Länder	Arbeitskosten je Stunde	Arbeitsproduktivität (mengenmäßig)	Arbeitsproduktivität (wertmäßig)	Arbeitskostenanteil je t und in % vom Verkaufspreis
A	15,00 GE	$\frac{400 \text{ Mio. t}}{40 \text{ Mrd. h}} = 0{,}01 \text{ t/h}$	$\frac{800 \text{ Mrd. GE}}{40 \text{ Mrd. h}} = 20 \text{ GE/h}$	1500 GE = 75 %
B	18,00 GE	$\frac{500 \text{ Mio. t}}{40 \text{ Mrd. h}} = 0{,}0125 \text{ t/h}$	$\frac{1000 \text{ Mrd. GE}}{40 \text{ Mrd. h}} = 25 \text{ GE/h}$	1440 GE = 72 %

Folgerung: Das Land B hat einen Wettbewerbsvorteil, obwohl seine absoluten Arbeitskosten (18,00 GE je Arbeitsstunde) höher sind als die des Landes A. Der Grund: Die Arbeitsproduktivität des Landes B ist höher als die des Landes A.

(3) Fazit und Ausblick

Der Standort Deutschland ist in den letzten Jahren für international agierende Unternehmen immer attraktiver geworden. Zu diesem positiven Ergebnis kommen zahlreiche aktuelle Studien, die sich mit der Standortfrage beschäftigt haben. Deutschland hat aufgeholt, den Titel des Schlusslichts in Europa abgelegt und ist wieder zum Spitzenreiter aufgestiegen. Ökonomen sind sich einig: Daran haben nicht nur die **Unternehmen** und die **Arbeitnehmer,** sondern auch der **Staat** mitgewirkt. Die Unternehmen stellten ihre Organisationsstrukturen neu auf, Arbeitnehmer und Gewerkschaften übten Lohnzurückhaltung und der Staat kürzte bei seinen Wohltaten und flexibilisierte den Arbeitsmarkt. Das machte die Unternehmen auf dem Weltmarkt wettbewerbsfähiger.

Auch wenn ein Großteil der international tätigen Unternehmen kurzfristig einen noch höheren Grad an Attraktivität für den Standort Deutschland prognostizieren, sehen sie zugleich **weiteren Optimierungsbedarf** in den folgenden Bereichen:

1 **GE**: Geldeinheiten.

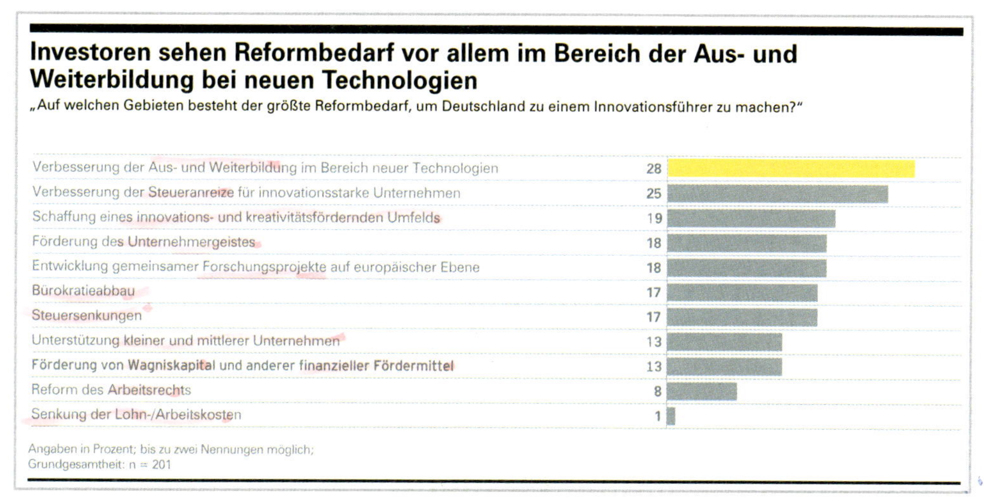

Quelle: Standort Deutschland 2014, hrsg. von der Ernst & Young GmbH, 2014.

Wie eine Studie des Internationalen Währungsfonds (IWF) dokumentiert, gehört die EU – und somit auch die Bundesrepublik Deutschland – nicht zu den Standorten mit den höchsten Wachstumsprognosen für die nächsten Jahrzehnte.

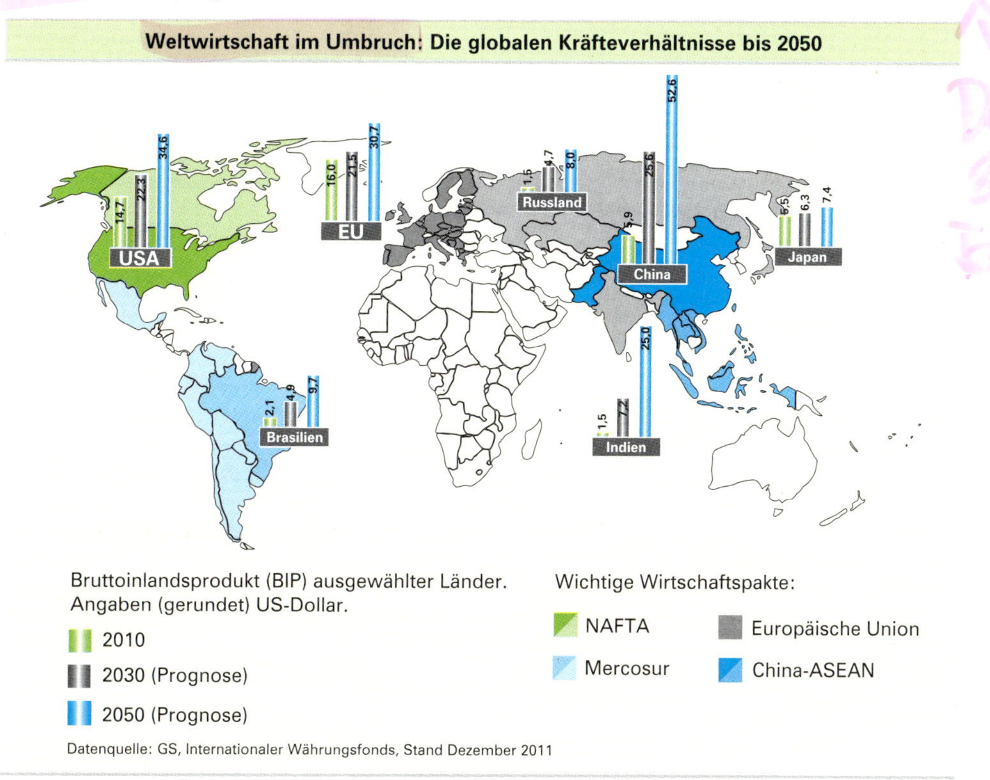

Quelle: In Anlehnung an Deutsche Bank, Perspektiven 02/2012, S. 5.

Gemäß dieser Studie wird China bereits 2030 wahrscheinlich die USA als führende Wirtschaftsnation ablösen. Danach wird China seinen Abstand zu den übrigen Wirtschaftspakten überproportional ausweiten können. Die EU wird 2030 in etwa auf derselben Stufe wie die USA stehen. Danach werden die USA aber ihren Vorsprung gegenüber der EU ausbauen. Beide werden aber nicht nur von China, sondern auch von Indien bis 2050 überflügelt werden.

Deutschland alleine hätte 2050 nur noch ein Zehntel der Wirtschaftsleistung Chinas. Nur die EU könnte ihr relatives Gewicht in der Weltwirtschaft einigermaßen halten. Das wirtschaftliche Gewicht der EU wäre mit dem der USA und Indiens vergleichbar.

Zusammenfassung

- Im **internationalen Wettbewerb** mit anderen Ländern um die Gunst der Investoren kommt der Frage nach der **Attraktivität** der Bundesrepublik Deutschland als **Investitionsstandort** eine herausragende Rolle zu.
- Die **Leistungs- und Anpassungsfähigkeit** der wirtschafts- und sozialpolitischen Institutionen bestimmt entscheidend über Deutschlands Chancen, unter veränderten Rahmenbedingungen wieder zu einem hohen Beschäftigungsstand und stetigem Wachstum zu kommen.
- Der **Standort** ist die örtliche Lage eines Betriebs.
- Die **Standortfaktoren** der Industriebetriebe lassen sich wie folgt einteilen:

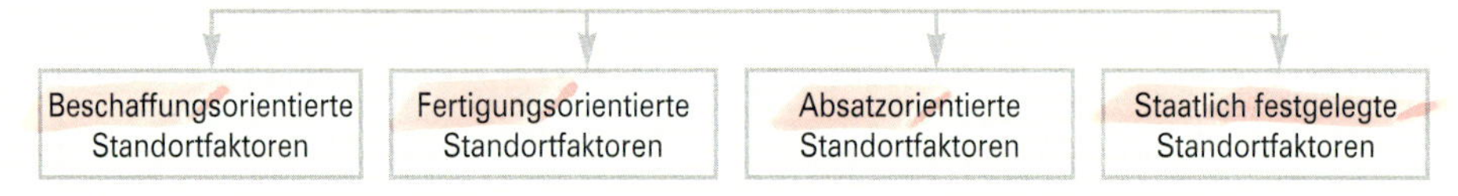

- Die **Globalisierung** ermöglicht es den Unternehmen, sich die in den verschiedenen Ländern der Erde ergebenden Standortvorteile zunutze zu machen.
- Besonders geschätzt werden am Standort Deutschland seine **Stabilität** und **Transparenz,** die **Infrastruktur,** das **Qualifikationsniveau der Arbeitskräfte** und das **soziale Klima.**
- Zu den **Schwächen** des Standorts Deutschland gehören die **mangelnde Flexibilität des Arbeitsrechts.** Kritisiert werden außerdem die **hohen Arbeitskosten und Unternehmenssteuern.**

Übungsaufgabe

58

1. 1.1 Beschreiben Sie den Standort eines Unternehmens Ihrer Region!
   1.2 Erkunden Sie die Gründe, die zur Wahl dieses Standorts geführt haben!
   1.3 Nennen Sie Vor- und Nachteile des Standorts des von Ihnen gewählten Betriebs! Begründen Sie Ihre Aussagen!
2. **Projektvorschlag:**

   Vor- und Nachteile staatlicher Wirtschaftsförderung am Beispiel
   2.1 des deutschen Steinkohlebergbaus und
   2.2 der deutschen Landwirtschaft.
3. Lesen Sie zunächst die folgenden Textauszüge!

Textauszug 1:

Standort Deutschland

Gewerkschaft schlägt sich auf Seite der Unternehmen

Hohe Energiepreise gefährden Investitionen in Deutschland. Sogar Gewerkschaften sind in Sorge. Sie kämpfen nun Seit' an Seit' mit der Wirtschaft.

Die Verständigung am Ort des Geschehens fällt etwas schwer: Der Geräuschpegel zwischen den Kesseln und Rohren der großen Chemieanlage in Port Arthur (Texas) ist ohnehin nicht niedrig - und da der Betreiber, ein Gemeinschaftsunternehmen unter Führung des deutschen BASF-Konzerns, Sicherheit großschreibt, müssen alle Besucher außerdem Ohrenstöpsel tragen.

Einige Wortfetzen aus dem Mund von Michael Vassiliadis kommen aber an. „Game changer" ist einer der Begriffe, die haften bleiben. Und der nebenbei die Mission beschreibt, die der Vorsitzende der deutschen Gewerkschaft Bergbau, Chemie, Energie (IGBCE) hier in Texas verfolgt: Vassiliadis sorgt sich um die Zukunft des Industriestandorts Deutschland.

Als „Game changer" gelten Leute oder Ereignisse, die den Verlauf eines Wettbewerbs auf den Kopf stellen. Für die Industrie könnte der neue Energie-Boom in Texas, gestützt auf das hierzulande umstrittene Fracking-Gas, so ein Fall sein.

Fracking hat Amerika einen Aufschwung beschert

Für einige Branchen gilt das umso mehr, als für sie neben niedrigen Energiepreisen auch die Nähe zu den Gasquellen ein Standortargument ist - etwa für den Betrieb sogenannter Dampf-Cracker, die aus Öl-Rohstoffen Ethylene machen, die Grundlage von Kunststoff aller Art. BASF hat in Port Arthur gerade kräftig investiert. Wenige Kilometer weiter baut der Energieriese Exxon Mobil seinen Cracker auf gut das Doppelte der bisherigen Kapazität aus.

Nach den Werksbesuchen ist Vassiliadis dann besser zu verstehen, und die Botschaft wird noch deutlicher: In Deutschland seien allzu viele Leute unterwegs, die solche Entwicklungen gar nicht zur Kenntnis nähmen oder so täten, als werde sich das alles bald wieder erledigen - ohne jeden Einfluss auf die Investitions- und Standortentscheidungen hiesiger Unternehmen. „Das nenne ich schlicht Biedermeierlichkeit", redet er sich in Rage. Nein, natürlich wolle auch er in Deutschland nicht einfach Texas kopieren. „Aber man muss doch die Fakten wahrnehmen und offen diskutieren, was daraus folgt."

Dass der Vorsitzende der IGBCE nicht den linken Klassenkämpfer unter den deutschen Gewerkschaftsführern gibt, ist zwar Tradition. In jüngerer Zeit haben sich die Akzente aber noch etwas mehr verschoben. Während sich andere - ob GDL oder Verdi - vor allem an Verteilungskonflikten berauschen, wendet er sich geradezu demonstrativ der Frage zu, wie stabil eigentlich die industriellen Grundlagen unseres Wohlstands sind. Und lud dafür jüngst sogar Journalisten zu einer Reise nach Texas ein, um jenen Aufschwung zu besichtigen, den Fracking und Cracking dem Land bescheren.

Gewerkschaften setzen sich für den Industriestandort Deutschland ein

Beispielhaft für eine Veränderung der wirtschaftspolitischen Auseinandersetzung in Deutschland, die vor allem innerhalb der Gewerkschaftsbewegung zu beobachten ist: Auch die anderen Industriegewerkschaften, allen voran die IG Metall, setzen sich neuerdings sichtbar für die Verteidigung des hiesigen Industrie- und Investitionsstandorts gegen sozialökologische Träumereien ein.

Sie spüren über ihre Mitglieder in den Betrieben: Die holprige Energiewende und eine von ökonomischen Erwägungen wenig beeinflusste Klimapolitik sind nicht nur für Unternehmen ein Planungs- und Investitionsrisiko - sie könnten auch zunehmend zum Arbeitsplatzrisiko werden.

Besonders sichtbar wird es durch eine neue „Allianz für energiepolitische Vernunft", zu der sich kürzlich IG Metall, IGBCE, IGBau und die Eisenbahnergewerkschaft EVG zusammengeschlossen haben und die eine Unterschriftenaktion „für bezahlbaren Strom und gute Arbeitsplätze" aus der Taufe gehoben hat. „Die Energiewende ist dann eine große Chance, wenn sie zu mehr Beschäftigung führt, statt gute Arbeit zu vernichten", heißt es in dem Aufruf. Die Gewerkschaften seien ja bereit, den für die Energiewende nötigen Strukturwandel der Wirtschaft mitzugestalten. „Aber wenn aus ideologischen Motiven Arbeitsplätze aufs Spiel gesetzt werden, wehren wir uns mit aller Kraft!"

Quelle: Frankfurter Allgemeine Zeitung vom 26.11.2014.

21 Speth - ISBN 978-3-8120-0592-0

Textauszug 2:

Umkehr der Globalisierung

Die Heimkehr der Zahnstocherbox

Alexander Fackelmann besitzt eines der weltweit größten Unternehmen für Haushaltswaren. Vor 20 Jahren verlegte er einen Großteil der Produktion nach China. Jetzt kommt die Fertigung nach Deutschland zurück. Viele Unternehmer gehen diesen Weg.

Die Heimkehrer sind in Halle 6 versammelt. Sie waren lange weg, hatten sich im Süden von China niedergelassen, weil das Leben in Deutschland zu teuer geworden war. Niemand hat damit gerechnet, sie je in dieser Gegend wiederzusehen. Die Sache schien endgültig und unumkehrbar zu sein. Die Globalisierung hatte die Welt verändert, sie mussten gehen. Und nun sind sie also wieder da.

Die Heimkehrer sind echte Klassiker. Da ist zum Beispiel die Fliegenklatsche mit elastischem Rasterblatt, die so ähnlich auch schon in den Sechzigerjahren hier am Stammsitz von Fackelmann in Hersbruck bei Nürnberg hergestellt wurde. Oder der Schlitzwender aus ABS-Kunststoff, mit dem man panierte Steaks in der Pfanne umdrehen kann und der in dieser Saison in der Trendfarbe Violett angeboten wird. Oder die weißen Abfluss-Siebe, die in fast jedem deutschen Haushalt zu finden sind.

Der Champion der Halle 6 ist allerdings die hundertmillionenfach verkaufte Zahnstocher-Box mit Spendeloch. Rundes Unterteil aus schwarzem PVC, durchsichtiger Deckel, gefüllt mit 190 Zahnstochern, beidseitig gespitzt. Jahrzehntelang wurde diese Box hier in Franken gefertigt. Ende der Neunzigerjahre verlagerte Fackelmann die Produktion nach Pingdi Yangjiang in der Nähe von Macau. Der Standort Deutschland und die Zahnstocher-Box mit Spendeloch passten nicht mehr zusammen. Weil, sehr vereinfacht ausgedrückt, der Standort zu teuer und die Box zu billig war.

Alexander Fackelmann hat ein kantiges Haupt und sanfte Augen. Er ist 56 Jahre alt und seit einer kleinen Ewigkeit alleiniger Eigentümer und Chef einer der weltweit führenden Hersteller von Haushaltswaren. Fackelmann macht 300 Millionen Euro Umsatz im Jahr und beschäftigt 3.500 Mitarbeiter an 35 Standorten in Europa, Asien und Australien. Er ist ein Mann, für den der Begriff Weltwirtschaft eine konkrete Bedeutung hat.

Fackelmann steht in der Halle 6 vor der voll automatisierten Kunststoffspritzmaschine, in der Unterteil und Deckel der Zahnstocher-Box gepresst werden. Die Plastikteile kullern auf ein Band, fallen in einen Behälter und werden später von Heimarbeitern aus dem Unterfränkischen Land befüllt und zusammengesetzt.

Die Zahnstocher kommen nach wie vor aus China, weil die Holzpreise in Europa zu hoch sind. Noch zu hoch sind, sollte man wohl sagen. Fackelmann hebt an, den Zusammenhang zwischen der Weltwirtschaft und der Zahnstocher-Box zu erklären, die nun wieder zu Hause angekommen ist. Irgendwann wird er bei den Griechen und den Römern angekommen sein. Er wird vom Pendel der Geschichte sprechen, das mal zur einen und mal zur anderen Seite schwingt.

Aber der Reihe nach und noch mal in die Neuzeit zurück. Das heißt, etwa in die Mitte der Neunzigerjahre. Damals hatte Fackelmann schon einen Teil der Fertigung seiner etwa viertausend Haushaltsprodukte nach Osteuropa und China verlagert, und es stellte sich die Frage, ob es richtig wäre, Deutschland ganz zu verlassen. „Nichts währt ewig" und „Wenn es um die Existenz der Firma geht, muss man zu allem bereit sein" - das waren so die Sätze, die damals in den Krisensitzungen des Vorstands fielen.

„Mein Herz schlägt hier"

Wenn Alexander Fackelmann nur die Bilanzzahlen betrachtet hätte, dann wäre er wohl nicht umhingekommen, den großen Schnitt zu machen. Das Geschäft in Deutschland brachte zu kleine Gewinne oder gar Verluste, was an den hohen Personalkosten lag, aber auch an den niedrigen Verkaufspreisen, die von der Konkurrenz verdorben wurden. Der Konkurrenz, die verstärkt im billigen Ausland produzierte.

„Wir haben das damals durchgerechnet, wir hätten unseren Gewinn erheblich steigern können, wenn wir hier alles abgewickelt hätten", sagt Fackelmann. Er sieht auf einmal nachdenklich aus, als spüre er noch einmal den Gefühlen nach, die ihn in diesen Jahren hin- und hergerissen haben. Einerseits liegt es nicht in der Tradition der Fackelmanns, um jeden Preis Profit zu machen. Andererseits durfte er seine Firma nicht durch Zaudern gefährden.

Am Ende entschied ein Gedanke, der weitab der ökonomischen Logik lag: „Wissen Sie, ich bin Deutscher, mein Herz schlägt hier, meine Wurzeln sind hier. So schöpfe ich meine Kraft. Wenn ich es mir einigermaßen leisten kann, bleibe ich bei meinen Wurzeln."

Trotzdem verlor der deutsche Stammsitz mit den Jahren an Bedeutung. Anfang 2000 erzielte Fackelmann bereits zwei Drittel seines Umsatzes im Ausland. Von den damals noch 4.500 Mitarbeitern waren nur noch 750 in Deutschland beschäftigt. Es sah auch lange nicht so aus, dass sich dieser Trend noch mal umkehren würde. Fackelmanns Wurzeln wurden immer schwächer.

„Aber dann erreichte das Pendel seinen Scheitelpunkt und schlug in die andere Richtung zurück", sagt er. Weil in Osteuropa und in China dieselbe Entwicklung begann, wie sie in Deutschland in den Fünfzigerjahren stattgefunden hatte. Der Wirtschaftsboom verändert die Gesellschaft. Die Menschen wollen etwas abhaben vom neuen Reichtum. Die Löhne steigen, die sozialen Errungenschaften nehmen zu. Gesetze zum Umweltschutz und zur Arbeitssicherheit kommen. Die Billig-Länder werden teuer.

Seit ein paar Jahren steigen in China die Löhne jährlich um etwa zwanzig Prozent. Streiks, Aufstände und soziale Unruhen verunsichern die Unternehmer. Der Wettbewerb mit Europa und den USA führt zu Handelsbeschränkungen und Strafzöllen. Und halbwegs geschultes Personal ist kaum noch zu finden. Ließ Fackelmann Mitte der Neunzigerjahre in China noch sehr viel manuell produzieren, weil Arbeitskräfte so gut wie gar nichts kosteten, wurde die Fertigung später zunehmend automatisiert. Arbeitskräfte wurden systematisch durch Maschinen ersetzt - wie früher in Deutschland.

Diese Entwicklung hat das globale Gleichgewicht verändert. Auf einmal ist der Standort Deutschland wieder konkurrenzfähig geworden, weil alles, was voll automatisiert aus einer Maschine herausfällt, hierzulande zu den gleichen Kosten produziert werden kann wie in den einstigen Billiglohnländern. Deshalb sind die Zahnstocher-Box mit Spendeloch, die Fliegenklatsche und der Schlitzwender jetzt wieder da.

Fackelmanns Geschäftsberichte machen deutlich, wie heftig das Pendel mittlerweile zurückschlägt. Im Berichtsjahr 2011 wurden in der gesamten Gruppe tausend Beschäftigte entlassen. Allerdings nur in China. In Deutschland blieb die Mitarbeiter-Zahl konstant. Gleichzeitig nahm die Zahl der hier hergestellten Artikel um zwanzig Prozent zu. Seit diesem Jahr, sagt Alexander Fackelmann, findet fünfzig Prozent der gesamten Wertschöpfung des Unternehmens wieder in Deutschland statt. „Ich bin heilfroh, dass wir die Fertigung hier nie aufgegeben haben."

Dieser Trend zurück zu „Made in Germany" ist überall im Land zu beobachten. Eine im vergangenen Dezember veröffentlichte Studie vom Verband Deutscher Ingenieure geht davon aus, dass mehr als ein Viertel aller ins Ausland abgewanderten deutschen Unternehmen mittlerweile wieder zurück sind. Die meisten der etwa 400 Gesellschaften geben als Gründe für ihre Rückkehr an, sie hätten im Ausland Qualitätsprobleme in der Fertigung gehabt und seien zudem in ihrer Flexibilität eingeschränkt gewesen. Durch die Rückverlagerung der Produktion entstehen laut der VDI-Studie jedes Jahr etwa zehntausend Arbeitsplätze in Deutschland.

Fackelmann ist ein Familien-Unternehmen, eine dieser typischen deutschen Mittelstandsfirmen, die heute mehr als je zuvor das ökonomische Fundament des Landes bilden. Unter den Rückkehrern sind viele solcher Unternehmen, die vor fünfzehn Jahren ganz oder teilweise ins Ausland gingen. „Keiner von uns hat das gerne gemacht. Es ging auch nicht um Profitsteigerung, es ging ums Überleben", sagt Alexander Fackelmann. „Um das Erbe der Familie."

Seine Familie, das waren ursprünglich Bauern, die ihre Höfe in der Nähe von Würzburg hatten. Großvater Fackelmann ging in den Zwanzigerjahren in die Stadt und gründete einen Eisenwarenhandel in Nürnberg. 1948 übernahm Sebastian Fackelmann, der Vater von Alexander. Der baute eine Handelsvertretung für Eisen- und Haushaltswaren auf. Sie wohnten in einem vierstöckigen Haus im Stadtzentrum. Unten hatte der Vater seine Firma, in der Beletage wohnte die Familie, im dritten und vierten Stock betrieb die Mutter ein Hotel Garni. Als Kind spielte Alexander Fackelmann am liebsten Büro. Mit alten Akten vom Vater und einer ausrangierten Schreibmaschine saß er im Kinderzimmer und führte ein Fantasie-Imperium.

Mit achtzehn bekam Alexander Fackelmann den alten Opel Kadett seiner Mutter, und der Vater bot ihm an, neben dem Studium als Vertreter für die Firma zu arbeiten. Zu den für alle Mitarbeiter geltenden Bedingungen. Er reiste übers Land und verkaufte und verdiente ziemlich schnell um die achttausend Mark im Monat. Der Vater sah es mit Freude und Grausen. „Er hatte Angst, dass mir das Geld zu wichtig wird", sagt Alexander Fackelmann. In der Familie ging es nämlich nie ums Geld, immer nur um die Firma. Um das Werk der Generationen, das es zu bewahren und zu mehren galt. Dieser Geist hat immer alles bestimmt. Und es wirkt offenbar bis heute fort.

Man sieht das, wenn man nach Hersbruck kommt, wo Fackelmann seit 1957 seinen Hauptsitz hat. Hersbruck ist ein fränkisches Dorf, eingerahmt von geschwungenen Äckern, auf denen die Maispflanzen kniehoch stehen. Unspektakulärer kann kaum ein Firmensitz gelegen sein. Grau verkleidete Werkshallen stehen aneinandergereiht in der Landschaft. In einer dieser Hallen ist die Verwaltung untergebracht und damit auch der Firmenchef. Fackelmann hat hier einen verglasten Verschlag, der aussieht wie ein unbeheiztes ICE-Wartehäuschen. Es gibt in dieser Firma kein Empfangsgebäude, keine repräsentativen Räume. Es genügt, wenn die Dinge funktionieren.

Der Junge dolmetschte für den Vater

Fackelmanns Vater musste als Jugendlicher in den Krieg und hatte deshalb nur so eine Art Notabitur absolvieren dürfen. Deshalb konnte er kein Englisch und deshalb nahm er seinen Sohn manchmal mit, wenn er auf lange Reisen ging. Mit fünfzehn kam Alexander Fackelmann so zum ersten Mal nach Japan, Hongkong und Taiwan. Der Vater traf Geschäftspartner, der Sohn übersetzte. Zuerst kaufte Fackelmann nur Vorprodukte in Fernost ein. Später verkaufte er dort auch. 1987 hatten sie ihre erste Fabrik in der Freihandelszone Shenzhen.

In den Jahren danach kamen weitere Fabriken dazu. Fackelmann sah China wachsen und Deutschland schrumpfen. Er spürte in Asien den unbändigen Willen nach Wachstum und Aufschwung. Es gab Zeiten, Ende der Neunzigerjahre, da war sich Fackelmann nicht mehr sicher, ob Deutschland den Aufsteigern überhaupt noch etwas entgegensetzen kann. „Deutschland war Europas kranker Mann. Wie sollte der mit den Tigern kämpfen?"

Der Umschwung, da ist sich Fackelmann sicher, kam erst mit der Agenda 2010 von Kanzler Gerhard Schröder. „Das war ein Befreiungsschlag, das hat uns wieder wettbewerbsfähig gemacht." Seitdem sinken die Lohnstückkosten in Deutschland. Seitdem müssen aber auch viele deutsche Arbeitnehmer für Hungerlöhne arbeiten. „Besser als Nichtbeschäftigung zu finanzieren", sagt Fackelmann. „Wenn es diesen Schnitt nicht gegeben hätte, sähe dieses Land heute sehr viel trauriger aus."

Gleichzeitig begannen in China die Probleme. Es gab soziale Unruhen, weil immer deutlicher wurde, wie das gewaltige Wachstum das Land zerstört. Fackelmann erzählt, dass auf dem Fensterbrett seines chinesischen Büros auf einmal eine dicke Rußdecke lag. Dass die Sonne wochenlang vom Smog verdeckt blieb. Das erinnerte ihn an seine Kindheit in Nürnberg. Da war sein Fensterbrett auch immer schwarz, wenn gerade eine Dampflok vorbeigefahren war. China beschreitet denselben Weg wie Deutschland nach dem Krieg. Es ist dieselbe Geschichte, nur viel schneller. Viel gieriger. Und noch viel erfolgreicher.

So kommt Fackelmann dann übrigens auch auf die Römer zu sprechen, die den Griechen die Macht entrissen, als die zu bequem und satt geworden waren. Und was passierte mit den Römern? Auch sie wurden dekadent und fielen den hungrigen Germanen zum Opfer. Und jetzt sind eben die Chinesen wieder dran, die ja schon mal Jahrhunderte lang die Weltwirtschaft beherrschten. Dass sich Deutschland gerade wieder ein wenig vom Verlorengegangenen zurückholt, wird den mächtigen Trend nicht aufhalten können. Es gibt eben die großen und die kleinen Pendel.

Jedes Mal, wenn Fackelmann von einer längeren Asienreise nach Deutschland zurückkommt, ist er wie verzaubert. „Es ist alles so schön, so friedlich, so verlässlich und geregelt hier. Auch das sind wichtige Faktoren für einen Standort. Man begreift ihre Bedeutung erst so richtig, wenn man es mal anders gesehen hat." Letztes Jahr hat Alexander Fackelmann in Hersbruck ein neues Logistikzentrum eingeweiht, und er hat gerade noch mal Land dazu gekauft, weil das Betriebsgelände zu klein geworden ist und er bald neue, wahrscheinlich grau verkleidete Hallen bauen will.

Im kommenden August wird Fackelmanns Tochter im Unternehmen anfangen. Sie ist 27 Jahre alt, hat Marketing in London studiert. Es heißt, sie spreche Chinesisch.

Quelle: Berliner Zeitung vom 23.02.2015.

Aufgabe:

Diskutieren Sie in Form eines Szenariums die zukünftige Entwicklung der Attraktivität des Standortes Deutschland. Gehen Sie dabei insbesondere auf die einzelnen Faktoren ein, welche diese mögliche Entwicklung maßgeblich positiv bzw. negativ beeinflussen könnten!

Hinweise zur Szenario-Technik:

(1) Begriffsklärungen

Die Szenario-Technik versucht, die Komplexität der Veränderungen durch Verarbeitung qualitativer und quantitativer Informationen in Zukunftsbildern darzustellen, die unterschiedliche mögliche Zukunftssituationen und Zukunftsentwicklungen erfassen. Dabei findet auch die Wahrscheinlichkeit dieser Ereignisse Berücksichtigung. Das wahrscheinlichste Szenario bildet das sogenannte **Trendszenario;** bei den eher unwahrscheinlichen Szenarien spricht man von **Extremszenarien.**[1] Die beiden Extremszenarien beschreiben ein positives (bestmögliche Entwicklung) und ein negatives (schlechtestmöglicher Entwicklungsverlauf) Zukunftsbild. Diese Bandbreite erlaubt die Berücksichtigung vieler Aspekte bei der Erarbeitung von Handlungsalternativen.

Die Berücksichtigung von unvorhersehbaren **Störereignissen** und **Maßnahmen** zur Beeinflussung der Entwicklungen verändert die Wahrscheinlichkeiten, sodass das dann mit hoher Wahrscheinlichkeit eintretende Szenario vom Trendszenario deutlich abweichen kann.

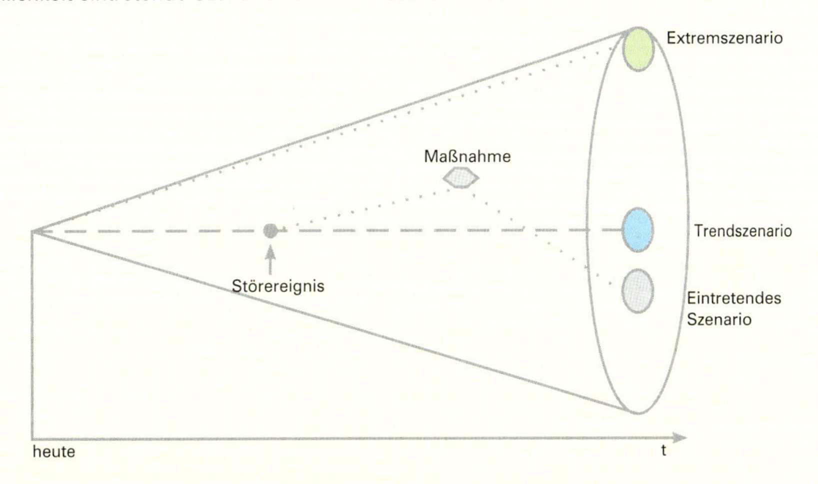

(2) Ablauf der Entwicklung von Szenarien

Nach der Festlegung des Untersuchungsgegenstands und einer Umfeldanalyse erfolgt eine ausführliche Beschreibung des gegenwärtigen Zustands. Der Ist-Zustand bildet die Grundlage für die eigentliche Szenario-Entwicklung. Diese erfolgt meistens in vier Phasen:[2]

---

1 Vgl. Ibers, Tobias; Hey, Andreas: Risikomanagement, Rinteln 2005, S. 96.

2 Vgl. http://www.scmi.de/Szenario-Management_Umfeldszenarien.html, 10.02.07.

- **Auswahl von Schlüsselfaktoren (Phase 1)**

Das betrachtete Themenfeld wird zunächst in Einflussbereiche gegliedert. Innerhalb der Einflussbereiche lassen sich konkrete Einflussfaktoren beschreiben. Basierend auf einer Bewertung der wechselseitigen Abhängigkeiten dieser Faktoren werden in einer Einflussanalyse die Schlüsselfaktoren ermittelt, die die Zukunftsentwicklung des Untersuchungsgegenstands maßgeblich prägen.

- **Entwicklung von Zukunftsprojektionen (Phase 2)**

In dieser Phase werden je Schlüsselfaktor mögliche künftige Entwicklungen – sogenannte Zukunftsprojektionen – entwickelt und ausformuliert. Die Zukunftsprojektionen beschreiben strategisch relevante, charakteristische und qualitative Entwicklungsalternativen der einzelnen Schlüsselfaktoren.

- **Verknüpfung der Zukunftsprojektionen zu Szenarien (Phase 3)**

Szenarien sind prägnante Darstellungen möglicher alternativer Zukünfte. Ihre Erstellung basiert auf der Ermittlung möglichst widerspruchsfreier Kombinationen der Zukunftsprojektionen. Die alternativen Zukunftsbilder werden anschließend so aufbereitet, dass sie zur Kommunikation zukünftiger Entwicklungsmöglichkeiten eingesetzt werden können.

- **Strategische Interpretation des Zukunftsraums (Phase 4)**

Im Anschluss an ihre Entwicklung werden die Szenarien strategisch interpretiert: Wer sind die Gewinner und Verlierer? Wer treibt die Entwicklung eines Szenarios an? Was sind die Indikatoren, die frühzeitig auf das Eintreten eines Szenarios hinweisen? Dieser Schritt dient neben der Verdichtung der Ergebnisse auch der Vorbereitung einer Nutzung der Szenarien im Rahmen der strategischen Planung.

Die Ergebnisse der Szenarien sollen dazu führen, zukunftsbezogene Entscheidungen zu erleichtern und zu verbessern.

Anhang: Die Eurokrise

(1) Krisenursachen

Der Euro ist in der jüngeren Vergangenheit wegen der Verschuldungskrise einiger Mitgliedstaaten, die ihren Zahlungsverpflichtungen zur Bedienung der aufgenommenen Kredite ohne Unterstützung Dritter nicht mehr nachkommen konnten, stark unter Druck geraten.

Ausgangspunkt war die **Immobilienkrise (Subprime-Krise)** in den Vereinigten Staaten, die schließlich im Jahr 2008 zum Zusammenbruch der amerikanischen Großbank Lehman Brothers führte. Dadurch kamen weltweit zahlreiche große Banken und Versicherungen in Zahlungsschwierigkeiten und mussten von den Staaten durch Fremd- und Eigenkapitalspritzen gerettet werden. Die **Finanzkrise** führte zu einer **Wirtschaftskrise,** diese wiederum zu einer **Staatsschulden-** und der hieraus folgenden **Eurokrise,** die in der Europäischen Wirtschafts- und Währungsunion einige Schwachstellen offenlegte.

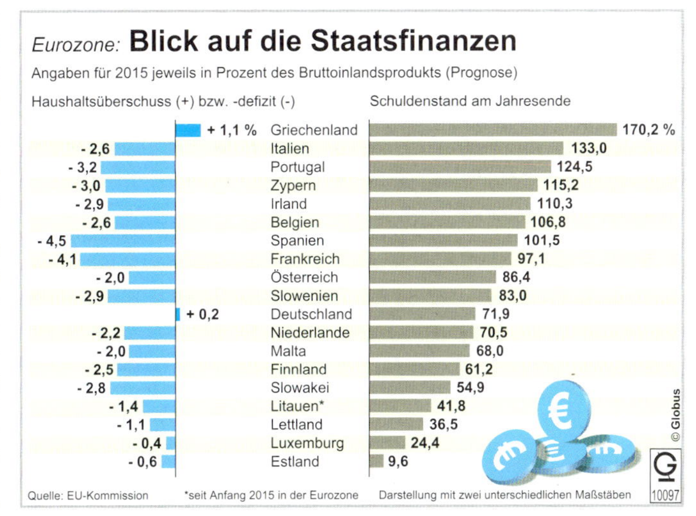

Die EU-Kommission hat ihre Prognose für das Jahr 2015 nach oben korrigiert: Statt 1,1 % Wachstum für die Eurozone erwartet die Kommission nun 1,3 %. Möglich machen dies der niedrige Ölpreis und der schwache Euro, der dem Export gut tut. Allerdings gibt es beim Blick auf die Staatsfinanzen auch 2015 viele Sorgenkinder: Griechenland bleibt mit einer Schuldenquote von 170 % seiner Wirtschaftsleistung weiterhin das Land mit der größten Schuldenlast (2014: 176,3 %). Allerdings könnte das Land der jüngsten Prognose zufolge 2015 sogar einen Haushaltsüberschuss in Höhe von gut einem Prozent erwirtschaften. Dabei setzt die EU-Kommission aber voraus, dass der Kurs aus Reformen und Haushaltsdisziplin weiter eingehalten wird. Größte Defizitsünder werden voraussichtlich Spanien und Frankreich sein. Dort liegen die Haushaltsdefizite über der Vier-Prozent-Marke.

Schwachstellen dieser Union waren insbesondere:

- eine **übermäßige Verschuldung** einiger Mitgliedstaaten der Eurozone,
- eine **unzureichende wirtschaftspolitische Koordination und Überwachung** zum Erkennen von Ungleichgewichten,
- **unzureichende Regeln** für Finanzprodukte und
- ein **fehlender Mechanismus,** der die Stabilität der Euroländer wahrt und einem Mitgliedstaat Schutz und Nothilfe anbieten kann.

Als Auslöser dieser Staatsschuldenkrise im Euroraum gilt Griechenland, welches nach einer neuen Regierungsbildung das tatsächliche Ausmaß seiner bisher verschleierten Haushaltsdefizite und seines Schuldenstandes offenlegte und dann die EU und den Internationalen Währungsfonds (IWF) um Hilfe bat, um seine Staatsinsolvenz abzuwenden. Nach Griechenland gestaltete es sich aber auch für Irland und Portugal sowie in vergleichsweise geringerem Maße für Italien und Spanien zunehmend schwieriger, ihre Staatsverschuldung am Kapitalmarkt zu refinanzieren.

(2) Finanzpolitische Maßnahmen

Zur Rettung des Euro wurde nach langem Ringen der Staats- und Regierungschefs Anfang 2012 ein neuer sogenannter **„finanzpolitischer Pakt"** geschlossen, der folgende Maßnahmen umfasst:

Schuldenschnitt („Hair-Cut")	Griechenland hat sich – wie auch die übrigen EU-Staaten – in der Vergangenheit über den Kapitalmarkt durch die Ausgaben von **Staatsanleihen** immer wieder finanzielle Mittel beschafft, um die über den Einnahmen des Staates liegenden Ausgaben zu finanzieren. Im Rahmen eines zweiten Hilfspaketes für Griechenland haben Banken und Versicherungen Griechenland unter anderem die Hälfte seiner Schulden erlassen, was einem Volumen von ca. 107 Milliarden Euro entspricht.
Rettungshilfen	Durch den IWF sowie den 2010 neu eingerichteten Europäischen Finanzstabilisierungsmechanismus (EFSM) wurden mehrere sogenannte Rettungsschirme verabschiedet, die mittels umstrittener politischer Mittel (Bürgschaften, die Verschaffung neuer Zahlungsmittel zur Aufrechterhaltung der Liquidität) eine Staatsinsolvenz in einem der betroffenen Länder bislang verhindert haben. Auch die Europäische Zentralbank intervenierte mehrfach. Zur **Rettung von notleidenden Euroländern** wurde der bisherige **Euro-Stabilitäts-Fonds (EFSF)** mit Wirkung zum 01.01.2013 durch den **Europäischen Stabilitätsmechanismus (ESM)** abgelöst.

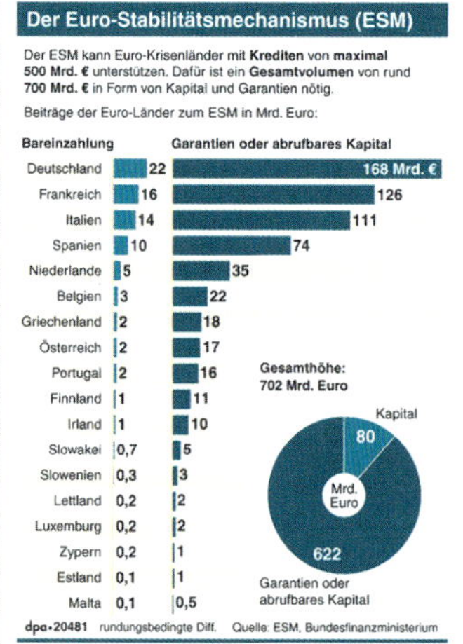

Der ESM ist nicht zeitlich begrenzt, sondern dauerhaft angelegt. Er ist mit bar eingezahltem Kapital (80 Mrd. EUR) ausgestattet und stützt sich darüber hinaus auf Garantien der Euro-Staaten. Der Fonds kann auch Anleihen der Krisenländer kaufen oder maroden Banken direkt unter die Arme greifen. Um 500 Mrd. EUR Kredite verleihen zu können, verfügt der ESM über ein Stammkapital von 700 Mrd. EUR. Das ist notwendig als Sicherungsreserve, damit der Fonds von den internationalen Ratingagenturen die Spitzennote für seine Kreditwürdigkeit erhält.

Aufstockung des Bankenkapitals	Damit Banken in Zukunft besser für Krisen gerüstet und in ihrer Existenz nicht bedroht sind, mussten diese **bis Mitte 2012** ihr **Eigenkapital auf 9 Prozent** der Bilanzsumme ausweiten.
Bankenunion	Zudem übernimmt die EZB über die 120 führenden Banken in der Eurozone seit 2014 im Rahmen der europäischen **Bankenunion** die zentrale Aufsicht. Das soll die grenzübergreifende Kontrolle verbessern und Risiken bei einzelnen Instituten frühzeitig offenbaren. Tausende EZB-Experten, nationale Aufseher und externe Wirtschaftsprüfer durchleuchten dabei die Bilanzen der Banken auf der Suche nach Altlasten oder **Kapitallöchern**. Verknüpft wird dieser Bilanzcheck mit einem sogenannten **Stresstest**. Dieser Krisentest simulierte, ob die Institute auch dann ausreichend Kapital für ihr Geschäft haben, wenn die Wirtschaft einbricht und die Immobilienpreise in den Keller rauschen. Für ihren ersten Stresstest nahm die EZB ca. 130 Banken im Euroraum unter die Lupe. Darunter 23 deutsche Institute plus der Deutschland-Ableger der schwedischen SEB. Die **Europäische Bankenaufsicht (EBA)** überprüft auch EU-Banken in Nicht-Euro-Staaten, etwa im wichtigen Bankenmarkt Großbritannien.

(3) Merkmale der Stabilitätsunion

Des Weiteren haben die europäischen Regierungen die Währungsunion nun auf ein ganz neues Fundament gestellt und eine **finanz- und wirtschaftspolitische Stabilitätsunion** geschaffen. In einem gemeinsamen Vertrag der 19 Eurostaaten, der allen EU-Staaten zum Beitritt offen steht, wurden **neue Verpflichtungen und Regeln** festgeschrieben, um haushaltspolitische Disziplin, eine vertiefte Integration des Binnenmarkts sowie ein kräftigeres Wachstum, eine größere Wettbewerbsfähigkeit und einen stärkeren sozialen Zusammenhalt zu fördern und sicherzustellen.

„Schuldenbremse"	Nach dem Vorbild der grundgesetzlich verankerten deutschen **Schuldenbremse** haben sich die Euroländer verpflichtet, eine nationale Haushaltsregel für einen ausgeglichenen Haushalt einzuführen. Die Verpflichtung zu einem strikten Sparkurs soll die Schuldenkrise eindämmen und verhindern, dass Staaten wie Griechenland jemals wieder gigantische Schuldenberge anhäufen können. Laut Vertragstext streben die Unterzeichner nahezu ausgeglichene Haushalte an. Das oberste EU-Gericht überprüft, ob die Staaten die Schuldenbremse auch in nationales Recht umsetzen.
Deckelung der Neuverschuldung	Das jährliche konjunkturbereinigte Defizit soll zukünftig **nicht mehr als maximal 0,5 Prozent des Bruttoinlandsprodukts (BIP)** betragen. Mitgliedstaaten, die die Haushaltsregel noch nicht sofort einhalten können, müssen darlegen, wie sie den Referenzwert auf mittlere Sicht erreichen wollen.
Rechtliche Aufwertung der Haushaltsregel	Die präventiv wirkende Haushaltsregel ist zwar auch heute schon Bestandteil des Stabilitäts- und Wachstumspaktes; neu ist jedoch, dass sie nun auf **Verfassungs- oder vergleichbarer Ebene in die nationalen Rechtsordnungen** aufgenommen wird und ihre Umsetzung vor dem **Europäischen Gerichtshof einklagbar wird.** Sie erhält damit eine vollkommen neue Qualität, die die Glaubwürdigkeit des finanzpolitischen Paktes unterstreicht.
Überwachung durch die EU-Kommission	Die präventive Überwachung der nationalen Haushaltspolitiken wird spürbar gestärkt werden. Dies geht so weit, dass die **Europäische Kommission** sogar die **Vorlage eines neuen Haushalts** von einem Mitgliedstaat verlangen kann. Dies soll verfassungsrechtlich ausgestaltet werden.

„Reform-partnerschaft"	Auch der korrektive Arm des Stabilitäts- und Wachstumspaktes wird gestärkt. Mitgliedstaaten, die sich derzeit in einem Defizitverfahren befinden – also zu viele Schulden haben – sollen sich in einer „Reformpartnerschaft" auf **detaillierte Konsolidierungs- und Anpassungsmaßnahmen verpflichten,** deren Einhaltung durch die **Europäische Kommission und den Rat der Europäischen Union überwacht wird.**
Automatische Sanktion	Die EU kann zukünftig Länder, die zu hohe Haushaltsdefizite haben, **automatisch bestrafen.** Die Strafen sollen nur noch mit einer qualifizierten Mehrheit der Eurostaaten gestoppt werden können. Es gilt dann also eine umgekehrte qualifizierte Mehrheit.
Rechtlich verankerter Defizitabbau	Zudem soll die Schuldenstandregel des überarbeiteten Stabilitäts- und Wachstumspaktes, nach der Mitgliedstaaten die Differenz zwischen ihrem tatsächlichen Schuldenstand und dem 60-Prozent-Grenzwert **jährlich um ein Zwanzigstel** abbauen müssen, vertraglich verankert werden.

(4) Europa 2020

Im Bereich der Wirtschaftspolitik wurde vereinbart, konsequenter als bisher auf das Instrument der verstärkten Zusammenarbeit zurückzugreifen. So hat der **Europäische Rat** unter der Bezeichnung **Europa 2020** eine **Wachstumsstrategie** entworfen, um zukünftigen Krisensituationen besser begegnen zu können. Die **Kommission** hat Kernziele vorgeschlagen, um die strategischen Ziele zu erreichen.

Hauptziele der Strategie 2020	EU-Kernziele
1. **Intelligentes Wachstum:** Entwicklung einer auf Wissen und Innovation gestützten Wirtschaft. 2. **Nachhaltiges Wachstum:** Förderung einer ressourcenschonenden, ökologischen und wettbewerbsfähigeren Wirtschaft. 3. **Integratives Wachstum:** Förderung einer Wirtschaft mit hoher Beschäftigung und ausgeprägtem sozialen und territorialen Zusammenhalt.	■ **Mehr Beschäftigung** Erhöhung der Beschäftigungsquote der 20-Jährigen bis 64-Jährigen von derzeit 69 % auf mindestens 75 %. ■ **Mehr Innovation** Angestrebt wird eine Investitionsquote in Forschung und Entwicklung in Höhe von 3 % des BIP. ■ **Mehr Klimaschutz und Energiewende** Verringerung der Treibhausemissionen um mindestens 20 % gegenüber 1990. Erhöhung des Anteils erneuerbarer Energien am Energieendverbrauch auf 20 % sowie Steigerung der Energieeffizienz um 20 %. ■ **Mehr Bildung** Verringerung der Schulabbrecherquote von derzeit 15 % auf 10 % sowie Erhöhung des Anteils der 30-Jährigen bis 34-Jährigen mit Hochschulabschluss von 31 % auf mindestens 40 %. ■ **Bekämpfung der Armut** Verringerung der Zahl der unter den nationalen Armutsgrenzen lebenden Europäer um 25 %.

(5) Indikatoren zur Messung von Ungleichgewichten

Des Weiteren wurden erstmalig auch die **Indikatoren** definiert, an denen **externe und interne makroökonomische Ungleichgewichte** gemessen werden.

Indikatoren zum Erkennen externer Ungleichgewichte	Indikatoren zum Erkennen interner Ungleichgewichte
■ **Leistungsbilanzsaldo:** +6 %/–4 % (3-Jahres-Durchschnitt); in Relation zum BIP ■ **Nettoforderungsposition gegenüber dem Ausland:** –35 % gegenüber BIP ■ **Exportmarktanteile:** –6 % (5-Jahres-Veränderung) ■ **Nominale Lohnstückkosten:** + 9 % für Eurostaaten/+ 12 % für Nicht-Eurostaaten (3-Jahres-Durchschnitt) ■ **Realer effektiver Wechselkurs:** +/–5 % für Eurostaaten; +/– 11 % für Nicht-Eurostaaten (3-Jahres-Veränderung)	■ **Schuldenstand d. Privatsektors:** 160 % des BIP ■ **Schuldenstand d. Staatssektors:** 60 % des BIP ■ **Kreditvergabe an Privatsektor:** 15 % des BIP ■ **Hauspreisindex:** +6 % gegenüber Verbraucherpreisanstieg ■ **Arbeitslosenquote:** 10 % (3-Jahres-Durchschnitt)

Stichwortverzeichnis